Kohlhammer

Kohlhammer

Hella Schick

Entwicklungspsychologie der Kindheit und Jugend

Ein Lehrbuch für die Lehrerausbildung und schulische Praxis

Verlag W. Kohlhammer

Dieses Werk einschließlich aller seiner Teile ist urheberrechtlich geschützt. Jede Verwendung außerhalb der engen Grenzen des Urheberrechts ist ohne Zustimmung des Verlags unzulässig und strafbar. Das gilt insbesondere für Vervielfältigungen, Übersetzungen, Mikroverfilmungen und für die Einspeicherung und Verarbeitung in elektronischen Systemen.

Die Wiedergabe von Warenbezeichnungen, Handelsnamen und sonstigen Kennzeichen in diesem Buch berechtigt nicht zu der Annahme, dass diese von jedermann frei benutzt werden dürfen. Vielmehr kann es sich auch dann um eingetragene Warenzeichen oder sonstige geschützte Kennzeichen handeln, wenn sie nicht eigens als solche gekennzeichnet sind.

Es konnten nicht alle Rechtsinhaber von Abbildungen ermittelt werden. Sollte dem Verlag gegenüber der Nachweis der Rechtsinhaberschaft geführt werden, wird das branchenübliche Honorar nachträglich gezahlt.

1. Auflage 2012

Alle Rechte vorbehalten
© 2012 W. Kohlhammer GmbH Stuttgart
Umschlag: Gestaltungskonzept Peter Horlacher
Umschlagabbildung: © contrastwerkstatt – Fotolia.com
Gesamtherstellung:
W. Kohlhammer Druckerei GmbH + Co. KG, Stuttgart
Printed in Germany

ISBN 978-3-17-020879-7

Geleitwort

Die Entwicklungspsychologie stellt mittlerweile einen umfangreichen und lehrreichen Fundus an Theorien und Befunden auch für Lehramtsstudierende und Lehrkräfte bereit, wenn es um Fragen geht wie diese: Wie kann ich das Erleben und Handeln von Schülerinnen und Schülern auf dem Hintergrund ihrer Entwicklung verstehen und einordnen? Wie kann ich alterstypischen Entwicklungsproblemen, die Auswirkungen auf das schulische Lernen haben, angemessen begegnen? Wie kann ich einen erfolgreichen Unterricht gestalten, der auf das Entwicklungsniveau in den verschiedenen Jahrgangsstufen abgestimmt ist?

Für die Beantwortung solcher Fragen ein geeignetes Lehrbuch zu finden, war bislang nicht recht möglich. Denn die meisten entwicklungspsychologischen Lehrbücher stellen vornehmlich die Systematik des Faches, aber nur randständig den Bezug zu schulrelevanten Themen her.

Mit dem vorliegenden Buch wird endlich diese Brücke geschlagen. Dem Leser werden die schulrelevanten Bezüge und Anwendungsmöglichkeiten des entwicklungspsychologischen Wissens anschaulich vor Augen geführt, Kapitel für Kapitel. Dabei führt das Buch in vier zentrale Stränge der Entwicklung ein: die körperliche Entwicklung, die Entwicklung der kognitiven Funktionen (Wahrnehmen, Handlungssteuerung, Denken, Sprechen, Intelligenz und die Entfaltung schulischer Fähigkeiten), die emotionale und soziale Entwicklung sowie die Entfaltung der Persönlichkeit (Identität und Selbstkonzept) als Integration der psychischen Komponenten. Darauf aufbauend wird der Stand der Forschung zu den zugehörigen schulrelevanten Aspekten schlüssig und prägnant zusammengefasst wie z. B. zu ADHS-Kinder im Unterricht, Schrift- und Zweitspracherwerb, Hochbegabung, Lernstörungen insbesondere beim Erwerb von Lesen, Schreiben und „Rechnen", Peerbeziehungen und deren Störungen, Bullying. Einschlägige Literaturhinweise zum vertiefenden Lesen runden das Bild ab.

Indem das Buch der Systematik des Faches in den vier Entwicklungssträngen folgt und die schulrelevanten Themen dazu in Beziehung setzt, ergibt sich ein zweifacher Nutzen für den Leser: Er erfährt einen systematischen Überblick über zentrale Befunde der entwicklungspsychologischen Forschung, und er erfährt eine Verortung der schulrelevanten Themen und Probleme. Daher kann ich dem am schulischen Lehren und Lernen interessierten Leser dieses Lehrbuch nachhaltig und mit Überzeugung empfehlen. Ich wünsche dem Leser ein erkenntnisreiches Lesen und dem Buch seinen ihm gebührenden Platz in der Reihe an entwicklungspsychologischen Lehrbüchern.

Münster, im Februar 2011   Manfred Holodynski

Vorwort

Lehrerinnen und Lehrer nehmen heutzutage in der Schule einen erzieherischen Auftrag wahr, der weit über die reine Vermittlung von Kulturtechniken und Wissensbeständen hinausgeht. So wird in den von der Kultusministerkonferenz festgeschriebenen Standards zur Lehrerbildung der Ausbildung diagnostischer Kompetenzen ein hoher Stellenwert eingeräumt und es werden konkrete Anforderungen formuliert, denen die Ausbildung der Lehrerinnen und Lehrer genügen soll: Sie sollen nicht nur Lernstand und Leistungsdefizite erkennen, sondern auch individuelle Lernprozesse analysieren, intellektuelle Begabungen erkennen sowie motivationale Ressourcen identifizieren und aktivieren können.

Die Entwicklungspsychologie stellt Lehrkräften für diese Aufgaben wichtige Erkenntnisse zur Verfügung: Wissen über typische Verläufe in speziellen Entwicklungsbereichen und ihre Störungen hilft, die individuelle Lernentwicklung zu beurteilen. Wissen über altersabhängige Entwicklungsvorgänge hilft einzuschätzen, was wann erwartet und erreicht werden kann. Wissen über Anforderungen im Entwicklungsverlauf und über den Einfluss von besonderen Lebensumständen hilft abzuschätzen, wann Interventionen notwendig sind und wer anzusprechen ist.

Das vorliegende Buch will Studierenden des Lehramtes im Primar- und Sekundarbereich ein entwicklungspsychologisches Basiswissen vermitteln, das es ihnen ermöglicht, sich mit speziell interessierenden Teilgebieten vertieft auseinanderzusetzen. Die Ausführungen beziehen sich entsprechend vorwiegend auf die Entwicklung im frühen, mittleren und höheren Schulalter. In einem einführenden ersten Kapitel werden zunächst die zentralen entwicklungspsychologischen Konzepte und Forschungsmethoden vorgestellt, um die Grundlage für ein Verständnis der Besonderheiten des Aufwachsens im Gesamtzusammenhang der Entwicklung zu schaffen und in ihrer Bedeutung für das pädagogische Handeln zu begreifen. In vier inhaltlichen Kapiteln werden dann die Entfaltung von körperlichen, intellektuellen, emotionalen und sozialen Funktionen und Fertigkeiten sowie zentrale Aspekte der Persönlichkeitsentwicklung beschrieben. Nach der Vorstellung der neurowissenschaftlichen Grundlagen und der zentralen entwicklungspsychologischen Aspekte erfolgt jeweils eine Diskussion der Befunde hinsichtlich ihrer pädagogisch-psychologischen Implikationen im Schulalltag: Es wird aufgezeigt, wo diese (auch im Hinblick auf Fehlentwicklungen) die Möglichkeiten der schulischen Erziehung tangieren, und es werden Hinweise für den praktischen Umgang mit diesen Besonderheiten im Schulalltag aus den vorgestellten Theorien und Befunden abgeleitet. Literaturhinweise am Ende jedes Abschnitts erleichtern die vertiefende Beschäftigung mit den besprochenen Themen und/oder speziellen Aspekten.

Dieses Buch verdankt seine Entstehung und die spezifische Aufbereitung der Inhalte nicht zuletzt den Fragen und Diskussionen, die sich im Rahmen meiner Lehrveranstaltungen für Studierende des Lehramtes ergeben haben. Dem Lektorat des Kohlhammer-Verlages und insbesondere Ulrike Merkel möchte ich herzlich danken für die Geduld und engagierte Unterstützung bei der Fertigstellung des Buchprojektes. Mein besonderer Dank gilt Mirko Knicker für seine kritische Durchsicht und Kommentierung des Manuskripts aus der Perspektive eines Lehramtsanwärters, Prof. Hilde Haider für ihre hilfreichen Anmerkungen aus der Sicht einer Kognitionspsychologin und Prof. Manfred Holodynski für die freundliche Erstellung des Geleitwortes.

Bonn, im September 2011   Hella Schick

Inhalt

Geleitwort 5

Vorwort 7

1   Einführung 13
1.1 Grundlagen der Entwicklungspsychologie 13
     1.1.1 Definition und Gegenstand 13
     1.1.2 Anspruch entwicklungspsychologischer Forschung 15
     1.1.3 Forschungsmethoden der Entwicklungspsychologie 16
1.2 Allgemeine Entwicklungspsychologie 24
     1.2.1 Modellvorstellungen über den Entwicklungsverlauf 24
     1.2.2 Erklärungskonzepte: Anlage und Umwelt 26
     1.2.3 Entwicklungsmodelle der Lebensspanne 30
1.3 Entwicklung und Erziehung 39
     1.3.1 Definition und Gegenstand von schulischer Erziehung ... 39
     1.3.2 Normative Pädagogik vs. empirische Psychologie 40
     1.3.3 Entwicklungspsychologische Bedingungen von Erziehung . 41
1.4 Entwicklungspsychologie in Erziehung und Unterricht 44
     1.4.1 Schulisch relevante Entwicklungsbereiche 44
     1.4.2 Veränderung von Funktion und Bild des Lehrpersonals ... 45
     1.4.3 Entwicklungsgeschehen und unterrichtliche Praxis 48
1.5 Zusammenfassung 49

2   Körperliche Entwicklung 51
2.1 Meilensteine pränataler Entwicklung 51
     2.1.1 Entwicklungsgeschehen in der Pränatalzeit 51
     2.1.2 Prä- und perinatale Schädigungen 53
     2.1.3 Bedeutung pränataler Entwicklung für schulisches Lernen 56
2.2 Meilensteine vorschulischer Entwicklung 57
     2.2.1 Hirnorganische Entwicklung 57
     2.2.2 Motorische Entwicklung 64
     2.2.3 Entwicklungsstand zur Einschulung 69

2.3	Entwicklung im Schulalter	72
	2.3.1 Bewegungsstatus von Kindern und Jugendlichen	72
	2.3.2 Pubertät	74
	2.3.3 Folgerungen für Lehren und Lernen	81
2.4	Zusammenfassung	82

3 Entwicklung kognitiver Funktionen ... 85

3.1	Was sind „kognitive Funktionen"?	85
3.2	Entwicklung der Wahrnehmung	86
	3.2.1 Was ist „Wahrnehmung"?	86
	3.2.2 Entwicklung visueller Wahrnehmung	88
	3.2.3 Entwicklung auditiver Wahrnehmung	96
	3.2.4 Entwicklung intermodaler Wahrnehmung	100
	3.2.5 Wahrnehmung und der Erwerb von Kulturtechniken	102
3.3	Aufmerksamkeit und Handlungssteuerung	104
	3.3.1 Aufmerksamkeitssystem	104
	3.3.2 Handlungssteuerung	108
	3.3.3 Entwicklung der Aufmerksamkeit	109
	3.3.4 Störungen der Aufmerksamkeits- und Handlungssteuerung	110
	3.3.5 Aufmerksamkeitsleistungen im Unterricht	116
3.4	Entwicklung des Denkens	117
	3.4.1 Komponenten des Denkens	117
	3.4.2 Entwicklung des Gedächtnisses	119
	3.4.3 Höhere Funktionen des Denkens	124
	3.4.4 Piaget und die Folgen: Entfaltung der Denkfähigkeit	126
	3.4.5 Entwicklung des Denkens durch Unterricht	136
3.5	Entwicklung der Sprachfähigkeit	138
	3.5.1 Hirnorganische Voraussetzungen des Spracherwerbs	138
	3.5.2 Komponenten der Sprache	140
	3.5.3 Entwicklung des Sprechens	142
	3.5.4 Störungen der Sprachentwicklung	145
	3.5.5 Mehrsprachigkeit	147
	3.5.6 Sprache und der Erwerb von Kulturtechniken	149
3.6	Intelligenz	151
	3.6.1 Intelligenzkonzeptionen	151
	3.6.2 „Messung" von Intelligenz	156
	3.6.3 „Entwicklung" von Intelligenz	160
	3.6.4 Intelligenz und Schulleistungen	162
	3.6.5 Intellektuelle Hochbegabung	163
3.7	Entfaltung schulischer Fähigkeiten	170
	3.7.1 Erwerb elementarer Kulturtechniken	170

		3.7.2 Lernen und Wissensaufbau	180
		3.7.3 Entwicklung des Leistungshandelns	189
3.8	Zusammenfassung		196

4 Emotionale und Soziale Entwicklung ... 201

- **4.1** Grundlagen sozio-emotionaler Entwicklung ... 201
- **4.2** Emotionale Entwicklung ... 207
  - 4.2.1 Emotionen und Emotionalität ... 207
  - 4.2.2 Entwicklung emotionaler Kompetenz ... 213
  - 4.2.3 Förderung emotionaler Kompetenz ... 217
  - 4.2.4 Emotionales Erleben in der Schule ... 219
- **4.3** Entwicklung des Sozialverhaltens ... 224
  - 4.3.1 Grundlagen prosozialen Verhaltens ... 224
  - 4.3.2 Kooperation und Wettbewerb ... 226
  - 4.3.3 Gerechtigkeitssinn und Moralität ... 229
  - 4.3.4 Entwicklung sozialer Kompetenz ... 238
  - 4.3.2 Entwicklungsstörungen des Sozialverhaltens ... 239
  - 4.3.6 Aggressives Verhalten in der Schule ... 243
- **4.4** Soziale Beziehungen im Kindes- und Jugendalter ... 245
  - 4.4.1 Funktion und Bedeutung ... 245
  - 4.4.2 Entwicklung von Freundschaftsbeziehungen ... 247
  - 4.4.3 Entwicklungsstörungen in Peerbeziehungen ... 249
- **4.5** Zusammenfassung ... 251

5 Entfaltung der Persönlichkeit ... 256

- **5.1** Selbstkonzept und Identität ... 256
- **5.2** Entwicklung des Selbstkonzepts im Grundschulalter ... 259
  - 5.2.1 Entwicklung des allgemeinen Selbstkonzepts ... 259
  - 5.2.2 Entwicklung des Fähigkeitsselbstkonzepts ... 260
  - 5.2.3 Schule und Fähigkeitsselbstkonzept ... 262
- **5.3** Identitätsentwicklung im Jugendalter ... 264
  - 5.3.1 Entwicklung personaler Identität ... 264
  - 5.3.2 Entwicklung nationaler und ethnischer Identität ... 267
  - 5.3.3 Identitätsentwicklung und Schule ... 271
- **5.4** Zusammenfassung ... 272

Literatur ... 274

Stichwortverzeichnis ... 311

1 Einführung

1.1 Grundlagen der Entwicklungspsychologie

1.1.1 Definition und Gegenstand

Der Begriff „Entwicklung" geht sowohl auf das lateinische *explicare* als auch das französische *évoluer* zurück und meint etwas, das sich allmählich herausbildet (vgl. Kluge, 2002). In dieser Umschreibung sind die Aspekte *Richtung*, *Veränderung* und *Zeitbezug* enthalten. Der Begriff „Entwicklung" kann damit zunächst ganz allgemein bestimmt werden als eine *zielgerichtete Veränderung, die auf der Zeitachse beobachtet wird*. In der Entwicklungspsychologie werden als Zeitvariable die Abschnitte des Lebenslaufes gesetzt.

Eine Veränderung wird im Verständnis der traditionellen Entwicklungspsychologie jedoch nur dann als Entwicklungsgeschehen aufgefasst, wenn neben der *Zielgerichtetheit* (auch: Unidirektionalität) auf einen qualitativ immer höherwertigen Endzustand hin drei weitere Kriterien erfüllt sind: Erstens muss es sich um eine Veränderung handeln, die trotz unterschiedlicher Entwicklungsbedingungen in allen Kulturen so oder so ähnlich wiederzufinden ist (Universalitätskriterium). Zweitens muss es sich um eine Veränderung *qualitativ-struktureller* und nicht nur quantitativer Art handeln. Und drittens muss die Veränderung *nachhaltig* sein, d. h. sie muss eine dauerhafte Wirkung auf nachfolgendes Geschehen haben und wird nicht mehr verloren gehen (Irreversibilitätskriterium).

Tatsächlich ist die menschliche Entwicklung jedoch deutlich vielgestaltiger, als es mit dieser engen Definition fassbar ist: Unterschiedliche Merkmale verändern sich auf unterschiedliche Weise und zu unterschiedlichen Zeiten (Multidimensionalität), es gibt keine universell gültigen Zielzustände (Multidirektionalität) und Entwicklungsveränderungen haben in der Regel nicht singuläre, sondern multiple Ursachen (Multikausalität, vgl. Rothgang, 2009). In der modernen Entwicklungspsychologie wurde deshalb die oben beschriebene Entwicklungsdefinition erweitert: Als „Entwicklung" werden heute sämtliche Veränderungen im Rahmen der Individualentwicklung (Ontogenese) verstanden, die relativ überdauernd sind, einen inneren Zusammenhang aufweisen und mit dem Lebensalter in Zusammenhang stehen (vgl. z. B. Trautner, 2006; Montada, 2008a; Berk, 2005; Siegler, DeLoache & Eisenberg, 2008).

Die Wurzeln der Entwicklungspsychologie reichen bis in die Antike zurück. Schon in der vorwissenschaftlichen Zeit wurden Beschreibungen der Entwicklung und des Aufwachsens von Kindern und Jugendlichen publiziert. Erste Schriften finden sich bereits bei Platon (z. B. „Gesetze") und Aristoteles (z. B. „Nikomachische Ethik"). Im Mittelalter war in der europäischen Welt die Vorstellung verbreitet, Kinder seien bereits kleine Erwachsene und als solche zu behandeln (vgl. Lück, 2009). Erst bei den Philosophen der Aufklärung (z. B. Locke, 1690/2006, 1693/2007; Rousseau, 1762/1998) finden sich wieder Schriften, die sich mit der Entwicklung im Kindes- und Jugendalter beschäftigen und eine Anpassung des pädagogischen Handelns an die Entwicklungsbesonderheiten dieser Altersphase fordern. Die Anfänge einer wissenschaftlich-standardisierten Annäherung an die Besonderheiten kindlicher Entwicklung finden sich z. B. bei Tetens (1777; Forderung nach Verwissenschaftlichung der Entwicklungspsychologie), Tiedemann (1787; Systematisierung von Verhaltensbeobachtung), Quetelet (1835/1914; Einführung statistischer Methoden) und Preyer (1882/2007; Systematisierung der biografischen Methode; vgl. Trautner, 2003, S. 15ff.). Die ab der Mitte des 19. Jahrhunderts durch die Veröffentlichungen Darwins (1860/2008, 1871/2010) angeregte Verknüpfung von Entwicklungsdenken und Biologie brachte viele Aufzeichnungen von Beobachtungen kindlichen Aufwachsens hervor, aber auch tierpsychologische und völkerpsychologische Studien (vgl. Weinert & Weinert, 2006). Auch die mit Beginn des 20. Jahrhunderts einsetzende systematisch-empirische Erforschung allgemeiner Veränderungen des Aufwachsens beschränkte sich weiter größtenteils auf das Kindes- und Jugendalter, da die Vorstellung, Entwicklung sei mit dem Eintritt in das Erwachsenenalter abgeschlossen, weit verbreitet war (Petermann & Schneider, 2008). Eine Erweiterung der Forschungsperspektive auf die gesamte Lebensspanne ist verstärkt seit Ende der 1960er Jahre zu beobachten (siehe unten Abschnitt 2.2.2). Einen Grund sehen Siegler, DeLoache und Eisenberg (2008) in der veränderten Lebenserwartung sowie der robusteren Gesundheit und damit einhergehenden größeren Aktivität älterer Menschen. Seit Mitte des 20. Jahrhunderts stehen zudem verstärkt differentielle Betrachtungen sowohl spezieller Entwicklungsbereiche als auch interindividueller Unterschiede von Entwicklungsverläufen im Mittelpunkt der Forschung. Zunehmend wird in diesem Zusammenhang auch den Störungen normaler Entwicklung, Veränderungen auf Grundlage spezieller Voraussetzungen oder Defizite sowie den Besonderheiten der Entwicklung spezieller Gruppen (z. B. Hochbegabte, Migranten, Hochbetagte) Aufmerksamkeit geschenkt (Montada, 2008a).

Dollase (1985, S. 5) sieht Entwicklung und Veränderung als „fraglos wichtige(n) Aspekt jedes psychologischen Phänomens". Die Entwicklungspsychologie stellt sich heute als ein vielfältig differenziertes Teilgebiet der Psychologie dar, das auf alle Grundlagenfächer der Psychologie (Allgemeine Psychologie, Biologische Psychologie, Differentielle Psychologie, Sozialpsychologie) rekurriert und mit verschiedenen anderen Wissenschaftsdisziplinen vernetzt ist (z. B. Medizin, Biologie, Soziologie, Kulturanthropologie, Ethologie). Sie definiert sich dabei durch ihren besonderen Fokus, nämlich die Betrachtung der Veränderungen und Stabilitäten der Phänomene menschlichen Erlebens und Verhaltens im Lebenslauf (vgl. Trautner, 2006; Montada, 2008a).

Literaturhinweis

Trautner, H. M. (2003). *Allgemeine Entwicklungspsychologie*. Stuttgart: Kohlhammer.

1.1.2 Anspruch entwicklungspsychologischer Forschung

Die Entwicklungspsychologie befasst sich also mit der Beschreibung, Erklärung und Vorhersage von zielgerichteten, geordneten und nachhaltigen Veränderungen im Lebenslauf. Gegenstand dieser Betrachtung sind alle im Zusammenhang mit der Ausreifung körperlicher Funktionen, Entfaltung der Persönlichkeit und Erlangung von Handlungskompetenzen stehende Phänomene. Dazu zählen Überzeugungen, Interessen, Motive und Selbstkonzepte ebenso wie die körperliche Reifung, die Entfaltung kognitiver Funktionen, die Kontrolle emotionaler Reaktionen und die Prozesse der Aneignung von motorischen, sozialen und intellektuellen Fertigkeiten.

Ziel der Forschungsbemühungen ist es einerseits, Wissen über „typische" Entwicklungsverläufe bereitzustellen und die Entwicklungsbedingungen zu identifizieren, unter denen einen Entwicklung „normal" verlaufen kann. Andererseits sollen auch die Entwicklungsbedingungen identifiziert werden, die Entwicklungsprozesse behindern oder die Entwicklungsprozesse optimieren helfen. Solche Erkenntnisse unterstützen die Beratung von Eltern genauso wie die Begründung sozialpolitischer Entscheidungen, bilden aber auch die Grundlage für das Verständnis des Wesens des Menschen allgemein (Siegler, DeLoache & Eisenberg, 2008).

Moderne entwicklungspsychologische Forschung dient also zwei Zielen: der Bereitstellung von Basiswissen über das Entwicklungsgeschehen (Grundlagenforschung) und der Ableitung von Maßnahmen zur Optimierung von Entwicklungsprozessen (Anwendungsforschung) bzw. Vermeidung von Entwicklungsbeeinträchtigungen (Präventionsforschung). Sie berücksichtigt dabei die Perspektive der Veränderung über die gesamte Lebensspanne und den Einfluss biologischer Prozesse genauso wie den Einfluss der Bedingungen des Aufwachsens (ökologische Perspektive). Neben der Beschreibung, Erklärung und Vorhersage interessiert also auch die Frage nach Möglichkeiten der *Beeinflussung* menschlichen Erlebens und Verhaltens. Denn aus Alterskurven und Normtabellen über die Entfaltung körperlicher und psychischer Funktionen kann z. B. abgeleitet werden, wie Kindern und Jugendlichen verschiedener Altersstufen Lehrstoff angemessen vermittelt werden kann (Berk, 2005). Aus diesem Anspruch heraus etablierte sich die „Angewandte Entwicklungspsychologie" als neue Teildisziplin der Psychologie. Diese versteht sich als eigenständiges Anwendungs- und Forschungsfeld, das unter starker Betonung der Lebensspannenperspektive, der Entwicklung in natürlichen Kontexten sowie der Einbeziehung nahezu aller menschlichen Lebensbereiche unter individueller wie familiärer Perspektive Entwicklungsprozesse beschreibt und zu optimieren sucht. Als zentrale Aufgaben gelten Entwicklungsdiagnostik, entwicklungsorientierte Intervention sowie die Ermittlung präventions- und bewältigungsorientierter Maßnahmen (Petermann & Schneider, 2008).

Literaturhinweis

Trautner, H. M. (2003). *Allgemeine Entwicklungspsychologie*. Stuttgart: Kohlhammer.

1.1.3 Forschungsmethoden der Entwicklungspsychologie

Die Basis entwicklungspsychologischer Forschung ist wie in den anderen Fächern der Psychologie auch die Einhaltung bestimmter Forschungsstandards. Grundlegend sind die Realisierung von *Objektivität* (Unabhängigkeit des Messergebnisses vom Untersucher: Gelangt ein anderer Untersucher unter den gleichen Umständen zum selben Messergebnis?), *Reliabilität* (Zuverlässigkeit des Messergebnisses: Wird bei wiederholter Messung unter gleichen Umständen das gleiche Messergebnis erzielt?) und *Validität* (Gültigkeit des Messergebnisses: Sind die erhobenen Kennzahlen inhaltlich geeignet, die Forschungsfrage zu beantworten?). Ein Forschungsvorgehen, das diesen Standards genügen will, zeichnet sich durch die Einhaltung folgender Eckpunkte aus:

- Das Untersuchungsinstrument wird theoriegeleitet sorgfältig ausgewählt bzw. konstruiert und erprobt.
- Das Untersuchungsvorgehen ist maximal standardisiert, d. h. die Untersuchung wird auf immer dieselbe Weise und möglichst unter immer denselben Bedingungen durchgeführt.
- Das Untersuchungsvorgehen und die speziellen Bedingungen der Durchführung werden genau dokumentiert in späteren Veröffentlichungen transparent gemacht.
- Es wird darauf geachtet, dass die Stichprobe ein adäquates Abbild der Grundgesamtheit darstellt, d. h. sie ist im Hinblick auf die gewählte Auswertungsmethode groß genug und berücksichtigt relevante Untergruppen (Subpopulationen) in einem angemessenen Verhältnis.
- Eine ggf. notwendige Zuweisung zu unterschiedlichen Untersuchungsbedingungen wird nach dem Zufallsprinzip („randomisiert") vorgenommen.

Darüber hinaus kommt der Einhaltung *ethischer Standards* gerade bei Untersuchungen im Kindes- und Jugendalter eine große Bedeutung zu:

- Die Untersuchungspartnerinnen und Untersuchungspartner nehmen ausschließlich freiwillig teil und willigen nach erfolgter Aufklärung ein (sog. informierte Einwilligung).
- Die Anonymität wird sichergestellt.
- Das Untersuchungsvorgehen führt zu keiner Schädigung.
- Das Vorgehen wird nach der Untersuchung transparent gemacht.

- Die Ergebnisse werden den Untersuchungspartnerinnen und Untersuchungspartnern auf verständlichem Niveau zur Kenntnis gebracht und erklärt.

Die gebräuchlichsten Datenerhebungsmethoden der Entwicklungspsychologie sind standardisierte Testverfahren, die Beobachtung von Verhalten und die mündliche wie schriftliche Befragung.

Standardisierte Testverfahren kommen z. B. im Rahmen einer Entwicklungsdiagnostik zum Einsatz. Es handelt sich hier um Verfahren, die für die verschiedensten Entwicklungsbereiche Normwerte von Vergleichsgruppen bereitstellen und so eine Einschätzung der Individualleistung hinsichtlich einer Abweichung vom zu erwartenden Leistungsstand ermöglichen. Kurzverfahren (sog. „Screenings") ermöglichen eine erste Grobeinschätzung im Sinne auffällig vs. unauffällig. Allgemeine Entwicklungstests bieten einen Einblick in ein breites Spektrum der Fertigkeiten eines Kindes. Für die Untersuchung spezieller Entwicklungsbereiche stehen Sprachtests, Intelligenztests, Tests motorischer Verhaltensweisen und Wahrnehmungsfähigkeiten sowie projektive Verfahren (Zeichentests) zur Verfügung. Schultests dienen der Erfassung der Schulfähigkeit (Einschulungsdiagnostik), des Fähigkeitsstandes hinsichtlich verschiedener Kulturtechniken (Lesen, Schreiben, Rechnen) und des Sozialverhaltens.

Die *Verhaltensbeobachtung* ist einerseits Teil jeder entwicklungsdiagnostischen Untersuchung und bildet andererseits eine Klasse eigenständiger Datenerhebungsverfahren im Rahmen entwicklungspsychologischer Forschung. Verhaltensbeobachtung als Forschungsmethode kann in *naturalistischer Umgebung* (z. B. in einer Kindergartengruppe; vgl. Kasten 1 Beispiel a) oder einem eigens dafür hergerichteten Raum (Labor) erfolgen. Ein solches Labor kann von den Probandinnen und Probanden als künstlich geschaffene Untersuchungsumgebung begriffen werden (z. B. *offene Beobachtung* bei der Konfrontation mit einer Aufgabe in einem Untersuchungsraum der Universität; vgl. Kasten 1 Beispiel b) oder aber als natürliche Situation aufgefasst werden (z. B. bei Säuglingen Herstellung einer Wartezimmersituation und verdeckte Beobachtung via Einwegspiegel; vgl. Kasten 1 Beispiel c).

Die Beobachtung kann sich auf die Aufzeichnung spontanen Verhaltens beschränken (naturalistische Beobachtung), oder aber die Personen mit vorarrangierten Aufgaben oder Begebenheiten konfrontieren (strukturierte Beobachtung).

Kasten 1.1: Beispiele für Beobachtungssettings

a) Offene Beobachtung in naturalistischer Umgebung
Blatchford (2003) untersuchte die Effekte der Klassengröße auf Unterrichtsklima und Lernverhalten von Schülerinnen und Schülern. 235 Kinder in 39 Klassen (durchschnittlich 33 vs. durchschnittlich 19 Schüler/innen) wurden während verschiedener vordefinierter natürlicher Unterrichtssituationen in 5-Minuten-Einheiten beobachtet. Das Verhalten wurde alle 10 Sekunden hinsichtlich der Häufigkeit bestimmter Aspekte von den Beobachterinnen und Beobachtern im Klassenraum durch Einordnung in ein theoriegeleitet erstelltes Kategoriensystem dokumentiert („Strichliste"). Als Beobachter

1 Einführung

fungierten erfahrene Lehrkräfte, die sich für die Beobachtung zusätzlich im Hintergrund des Klassenraumes aufhielten. Insgesamt wurden 97 140 Beobachtungseinheiten zu je 10 Sekunden in die Auswertung einbezogen. Die Ergebnisse zeigen, dass in kleineren Klassen zwar häufigere und persönlichere Interaktionen zwischen Lehrkräften und Schülerinnen und Schülern stattfinden, jedoch zeigten die Kinder in großen Klassen ein günstigeres Sozialverhalten. Auch hinsichtlich der Aufmerksamkeitsleistungen schnitten die größeren Klassen besser ab: Die Schüler/innen waren zwar häufiger unaufmerksam, arbeiteten aber insbesondere bei Gruppenaufgaben umso intensiver mit.

b) Offene Beobachtung im Untersuchungslabor
Piaget (z. B. Piaget & Inhelder, 2009; vgl. Kap. 3.4.4) untersuchte die Charakteristika der Denkfähigkeit von Kindern u. a. dadurch, dass er ihnen zwei niedrige, breite Gläser vorsetzte und ein schmales, hohes Glas. In den beiden niedrigen, breiten Gläsern befand sich jeweils exakt gleich viel Flüssigkeit, was Piaget zunächst von den Kindern feststellen ließ. Die Flüssigkeit aus einem der beiden Gläser wurde danach vor den Augen des Kindes in das hohe, schmale Glas gegossen. Die Kinder wurden dann befragt, was sie denken würden: Dass nun nach dem Umfüllen in dem einen der beiden flüssigkeitsgefüllten Gläser weniger bzw. mehr Flüssigkeit enthalten sei als in dem anderen oder ob in beiden gleich viel Flüssigkeit enthalten sei. Typischerweise antworteten Kinder bis zum Alter von etwa neun Jahren, dass in dem schmalen, hohen Glas mehr Flüssigkeit enthalten sei als in dem breiten, flachen. Ältere Kinder antworten hingegen korrekt, nämlich dass auch nach dem Umfüllen in beiden Gläsern gleich viel Flüssigkeit enthalten sei („Volumeninvarianz").

c) Verdeckte Beobachtung im Labor via Einwegspiegel
Um Aufschluss über die Qualität der Beziehung von Müttern und Kleinkindern zu erhalten („Bindung", vgl. Kap. 4.1), untersuchten Ainsworth und Mitarbeiter/innen (z. B. Ainsworth, Blehar, Waters & Wall, 1978), wie Kleinkinder reagieren, wenn sie kurzzeitig allein gelassen werden („strange situation test"). Die Kinder wurden in einen Laborraum gebracht, der mit allem ausgestattet war, was ein Wartezimmer z. B. bei einem Arztbesuch ausmacht. Das Kind betrat mit der Mutter den Raum, in dem sich bereits eine andere erwachsene Frau mit einer Zeitschrift die Zeit vertrieb. Die Mutter führte das Kind an das bereitgestellte Spielzeug heran und verließ den Raum, als das Kind sich ins Spiel vertieft hatte. Das Verhalten des Kindes wurde über einen Einwegspiegel aus einem benachbarten Raum heraus beobachtet und dokumentiert. Die Kinder reagierten unterschiedlich: Die meisten Kinder fingen an zu weinen, nachdem die Mutter den Raum verlassen hatte, einige ließen sich jedoch recht gut von der fremden Erwachsenen trösten, spielten nach kurzer Zeit weiter und reagierten freudig auf die Rückkehr der Mutter („sichere Bindung"). Andere ließen sich durch die fremde Erwachsene nicht beruhigen, sie fanden bis zur Rückkehr der Mutter nicht mehr ins Spiel hinein, klammerten sich bei ihrer Rückkehr sowohl an sie, brachten aber gleichzeitig auch Wut über ihr Weggehen zum Ausdruck („unsicher-ambivalente Bindung"). Eine dritte Gruppe spielte trotz Abwesenheit der Mutter scheinbar unbeeindruckt weiter und reagierte auch kaum auf ihre Wiederkehr. Allerdings zeigten Messungen physiologischer Parameter wie der Herzschlagrate, dass bei diesen Kindern das höchste Stresserleben vorlag („unsicher-vermeidende Bindung").

Personen mit vorarrangierten Aufgaben oder Begebenheiten zu konfrontieren und ihre Reaktionen zu beobachten entspricht dem sog. *experimentellen Vorgehen* in der Psychologie, wenn bestimmte zusätzliche Randbedingungen erfüllt sind:

1.1 Grundlagen der Entwicklungspsychologie

- Die vorgegebenen Aufgaben bzw. Begebenheiten werden auf Basis einer Hypothese generiert, das sog. *hypothesengeleitete Vorgehen*.
- Die Vorgabe der Aufgaben erfolgt auf die immer gleiche Weise (Standardisierung).
- Die Vorgabe der Aufgaben erfolgt an eine *zufällig* ermittelte Gruppe von Personen und ihre ebenso zufällige Aufteilung auf die Untersuchungsbedingungen (Randomisierung).
- Die Vorgabe der Aufgaben erfolgt unter *systematischer Variation* der vorgegebenen Aufgaben bzw. Begebenheiten (experimentelle Kontrolle der unabhängigen Variablen).
- Die Vorgabe der Aufgaben erfolgt unter *Ausschaltung von störenden Umgebungsreizen* (Störvariablen).
- Die Vorgabe der Aufgaben erfolgt unter *systematischer Beobachtung* der Effekte (der Veränderungen in den abhängigen Variablen).

Nur ein solches Vorgehen lässt den Schluss zu, dass das beobachtete Verhalten ursächlich durch die gestalteten Bedingungen hervorgerufen wird. Dieser Zusammenhang ist umso sicherer anzunehmen, je höher der Standardisierungsgrad der Beobachtungssituation ist (interne Validität).

Ein zunehmender Standardisierungsgrad bringt es jedoch mit sich, dass sich die Beobachtungssituation zunehmend der natürlichen Umgebung entfremdet: Das zu beobachtende Verhalten wird aus dem in natürlichen Situationen gezeigten komplexen Gesamtverhalten herausgelöst. So wird fraglich, ob in einer realen Situation unter den gegebenen Bedingungen das Verhalten in derselben Weise wie in der Untersuchungssituation hervorgerufen wird (externe Validität). Zudem liefert dieses Vorgehen keine Einsichten in das subjektive Erleben der Individuen.

Diese Möglichkeit eröffnet die *Befragungsmethode*. Eine Befragung kann mündlich oder schriftlich erfolgen. Auch bei der Befragung kann ein unterschiedlicher Standardisierungsgrad realisiert werden. So können im Rahmen eines Interviews als mündlicher Befragungsmethode die Fragen so eng gestellt werden, dass sie nur knappe Antworten im Sinne der Fragestellung evozieren. Sie können aber auch so weit gefasst sein, dass sie zu längeren Ausführungen zu unterschiedlichen Aspekten des Frageinhaltes anregen. Im Rahmen einer schriftlichen Befragung können standardisierte Messinstrumente zur Selbstbeurteilung (z. B. Persönlichkeitsfragebögen) vorgelegt werden, knappe Antworten im Rahmen von Satzergänzungstests erbeten oder aber so weite Fragen zur Beantwortung vorgelegt werden, dass sie eine ausführliche Stellungnahme zu dem Frageinhalt ermöglichen (z. B. in Form eines Aufsatzes). Eine mündliche Befragung bietet den Vorteil, Nachfragen stellen zu können, jedoch bedingt sie in der Regel einen Einzelkontakt. Der Vorteil einer schriftlichen Befragung liegt in ihrer Ökonomie, da sie als Gruppenerhebungsverfahren eingesetzt werden kann.

Während Beobachtungsverfahren gerade auch unter Realisierung eines experimentellen Designs schon bei Säuglingen oder gar pränatal eingesetzt werden können, eignen sich Befragungsmethoden erst, wenn eine zureichende sprachliche Kompetenz und ggf. auch Reflexionsfähigkeit erreicht ist. Sie kön-

1 Einführung

nen dann auch in Verbindung mit experimentellen Designs als zusätzliche Informationsquelle genutzt werden. Entwicklungspsychologisch besonders interessant ist zudem die Analyse von spontan (nichtreaktiv) über die Zeit entstandenen Dokumenten wie Tagebüchern oder Bildern und Zeichnungen.

Datenauswertungsstrategien dienen dem Zweck, Prognosen zukünftigen Verhaltens auf der Basis belastbarer statistischer Daten zu ermöglichen. In der Entwicklungspsychologie werden insbesondere drei Datenauswertungsstrategien verfolgt: die Auszählung von Häufigkeiten, die unterschiedshypothetische Betrachtung und die korrelationsstatistische Betrachtung.

Die *Auszählung von Häufigkeiten* kommt vorwiegend bei der Analyse qualitativer Daten zum Einsatz. Dazu zählen die oben beschriebenen naturalistischen Beobachtungsdaten, Daten, die durch Interviews, offene schriftliche Befragungsmethoden und die Analyse von nichtreaktiv entstandenen Dokumenten gewonnen wurden. Sie steht häufig in Verbindung mit einer inhaltsanalytischen Auswertung (Rustemeyer, 1992; Groeben & Rustemeyer, 2001), bei der das Datenmaterial in kleine Einheiten zerlegt wird, zuvor theoriegeleitet erstellten Kategorien zugeordnet und ausgezählt werden. Anschließend wird die Häufigkeit des Auftretens eines Verhaltens/einer Aussage in den unterschiedlichen Kategorien durch ein statistisches Verfahren miteinander verglichen.

Der unterschiedshypothetische und der korrelationsstatistische Ansatz werden vorwiegend bei der Analyse quantitativer Daten eingesetzt.

Bei einer *unterschiedshypothetischen Betrachtung* wird danach gefragt, inwieweit sich zwei oder mehr Gruppen in einem Merkmal (z. B. der Ausprägung eines beobachteten Verhaltens oder der Ausprägung von Einstellungen und Merkmalen der Selbsteinschätzung aus Fragebogendaten) unterscheiden. Dabei wird vorausgesetzt, dass sich die Gruppen durch nichts sonst unterscheiden als in den mit ihrer Gruppenzugehörigkeit verbundenen Eigenschaften (personenbezogene Eigenschaften wie Geschlecht, Alter, Schulbildung oder durch die vorgegebenen Untersuchungsbedingungen geschaffene „Eigenschaften" = Zugehörigkeit zu der einen oder anderen Untersuchungsbedingung; „ceteris-paribus-Bedingung"). Die quantitativen Unterschiede in den Ausprägungen der untersuchten Variablen (die sog. „Streuung" der Messwerte) werden damit auf die Unterschiede in den Gruppenmerkmalen zurückgeführt und durch diese erklärt (vgl. Bortz, 2005).

Bei einer *korrelationsstatistischen Betrachtung* wird danach gefragt, ob in einer Gruppe ein Zusammenhang zwischen zwei oder mehr der untersuchten Variablen besteht: Geht die Erhöhung der Ausprägung in einer Variablen mit einer Erhöhung (positiver Zusammenhang) oder Erniedrigung (negativer Zusammenhang) in einer anderen Variable einher? Es werden hier also „Je-desto-Beziehungen" untersucht, die auch auf die Variable der Gruppenzugehörigkeit erweiterbar sind. Damit kann jede unterschiedshypothetische Fragestellung in eine zusammenhangshypothetische Fragestellung überführt werden (vgl. Bortz, 2005).

Ziel beider Auswertungsvorgehensweisen ist es, einen möglichst hohen Anteil der Streuung der Messwerte (Varianz) in den beobachteten Merkmalen erklären zu können, denn daraus ergibt sich die zu erwartende Prognosesicherheit. Statistische Auswertungsmethoden berücksichtigen dabei die stichprobenbedingte unterschiedliche Variabilität der Merkmale. Im unterschiedshypothetischen Ansatz wird diese jedoch auf die Mittelwerte und ihre Streuungen reduziert (z. B. uni- und multivariate Varianzanalyse), weil die Vielzahl der Messwerte künstlich zu Gruppen von Messwerten zusammengefasst und in der Folge nur noch mit den Mittelwerten weiter verfahren wird. Dies suggeriert eine größere Unterschiedlichkeit der Gruppen, als sie tatsächlich mit den Daten belegt ist. Der korrelationsstatistische Ansatz (z. B. bivariate Korrelation, multiple Regression) bezieht hingegen die ganze Bandbreite der erhobenen Werte ein (Cohen, Cohen, West & Aiken, 2003). Zudem erlauben es Weiterentwicklungen dieses Ansatzes, multiple Beziehungsgeflechte auch unter Berücksichtigung von Einflüssen aus Messfehlern, parallel erhobenen Variablen und Klassenzugehörigkeiten zu modellieren (Strukturgleichungsmodelle, hierarchisch lineare Modelle). Diese können die in naturalistischen Kontexten vorgefundenen komplexen Bedingungszusammenhänge angemessener nachbilden, als dies mit einem unterschiedshypothetischen bzw. bivariaten Auswertungsverfahren möglich ist. Da diese Verfahren jedoch sehr große Stichproben mit mehreren Hundert Probandinnen und Probanden erfordern, müssen sehr ökonomische Datenerhebungsstrategien eingesetzt werden. Der oben beschriebene gegenläufige Mechanismus von interner und externer Validität (hohe Standardisierung führt zu Messgenauigkeit, aber bedingt eine Reduzierung der Komplexität des Kontextes und schränkt damit die Generalisierbarkeit auf natürliche Situationen ein), setzt sich so auch hinsichtlich der Datenauswertung fort (vgl. Bortz, 2005).

Durch *laborexperimentelles Vorgehen* kann die Ursache-Wirkungsrichtung einer untersuchten Beziehung genau bestimmt werden und die Reduzierung von Störreizen führt dazu, dass ein großer Anteil der Varianz in der interessierenden Variablen durch die untersuchten Merkmale aufgeklärt werden kann. Jedoch erfordert diese Methode eine Reduzierung auf bivariate Zusammenhänge und der hohe Untersuchungsaufwand lässt häufig nur die Untersuchung kleiner Stichproben und damit eine unterschiedshypothetische Auswertung zu. Befragungsverfahren zeichnen sich hingegen durch eine hohe Ökonomie aus, und es können mit relativ wenig Aufwand große Stichproben für komplexe Analysen gewonnen werden. Jedoch bleibt die Verursachungsrichtung in einer korrelationsstatischen Analyse per definitionem unbestimmt und durch die mangelnde Kontrollmöglichkeit von Störreizen ist der Anteil an aufgeklärter Varianz in der Regel klein (vgl. Cohen, Cohen, West & Aiken, 2003).

Ein Kompromiss kann eine Datenerhebung durch ein sog. *feldexperimentelles Vorgehen* sein. Die feldexperimentelle Methode ist eine Bezeichnung für eine Klasse von Erhebungsverfahren, die in einer natürlichen Umgebung durchgeführt werden (dem sog. Feld), z. B. einer Schulkasse, gleichzeitig aber auch die Merkmale eines experimentellen Vorgehens erfüllt, d. h. dass z. B. Schulklassen zufällig auf unterschiedliche Untersuchungsbedingungen verteilt und Störreize weitgehend ausgeschaltet werden. Ein solches Vorgehen lässt mit gewissen Einschränkungen ebenfalls sowohl eine Aussage über die Richtung der Abhängigkeiten zu als auch die ökonomische Erhebung größerer Stichproben – und damit die Modellierung der interessierenden Zusammenhänge in komplexen Bedingungsgefügen (vgl. Lamnek, 2005).

1 Einführung

Eine Besonderheit entwicklungspsychologischer Forschung besteht in dem hohen Anteil von Untersuchungen im Feld (z. B. Beobachtungsstudien in Kindergärten und Schulen) sowie dem relativ häufigen Einsatz *qualitativer Verfahren*. Qualitative Verfahren zeichnen sich durch eine große Offenheit gegenüber den möglichen Antworten der Untersuchungspartnerinnen und Untersuchungspartner aus. So werden Fragen in einem Interview maximal offen gestellt, die ganz individuelle – aber damit eben auch auf den ersten Blick nicht miteinander vergleichbare – Antworten evozieren. Oder aber es wird ganz darauf verzichtet, die Untersuchungspartnerinnen und Untersuchungspartner in irgendeiner Weise in ihrem Verhalten zu lenken, z. B. bei einer Beobachtung im Feld. Auch Untersuchungen, die allein auf nichtreaktiv entstandenen Dokumenten basieren (z. B. Kinderzeichnungen oder Tagebücher) zählen zur Klasse der qualitativen Verfahren. Die Stichproben sind in der Regel klein, u. U. bestehen sie auch nur aus einer Person (Einzelfallbetrachtung). Die Aussagefähigkeit solcher Verfahren ist natürlich stark eingeschränkt, allerdings gewähren sie einen intensiven Einblick in das subjektive Erleben der Individuen. Sie werden deshalb insbesondere als Ergänzung zu der oben beschriebenen quantitativen Methodik zunehmend geschätzt. Ein Überblick über die Möglichkeiten qualitativer entwicklungspsychologischer Forschung findet sich bei Mey (2005).

Das originäre Anliegen entwicklungspsychologischer Forschung ist es, Daten über Veränderungen im Lebenslauf zu gewinnen. Städtler (1998) stellt jedoch fest, dass die meisten empirischen Untersuchungen, die unter entwicklungspsychologischer Perspektive unternommen werden, nicht im eigentlichen Sinne entwicklungspsychologisch sind: Denn sie unternehmen vielfach lediglich einen Vergleich von Ausprägungen in spezifischen Persönlichkeitsbereichen in unterschiedlichen Altersgruppen (Querschnittmethode). Problematisch ist daran, dass aus den *punktuell* erhobenen, gemittelten Daten auf die Entwicklungs*linien* von Individuen geschlossen wird. Dieser „zentrale systematische Fehler" („central systematic error", Valsiner, 2000, S. 77; siehe auch Valsiner, 2006) wird – wenn die Gruppen altersmäßig weit genug auseinanderliegen – durch den sog. Kohorteneffekt verstärkt: Individuen wachsen eben nicht in immer denselben Bedingungen eines gegebenen kulturellen Kontextes auf, sondern epochale Besonderheiten (z. B. Krieg, Wirtschaftskrisen genauso wie geänderte Lehrpläne) nehmen einen großen Einfluss auf die jeweiligen Entfaltungsmöglichkeiten.

Ein solches *querschnittliches Untersuchungsdesign* geht damit streng genommen eher einer allgemeinpsychologisch oder differenzialpsychologisch angelegten Fragestellung nach als einer entwicklungspsychologischen. Die originär entwicklungspsychologische Perspektive wird tatsächlich nur erfasst, wenn dieselben Personen über einen längeren Zeitraum in den interessierenden Merkmalen beobachtet werden. Dieses als *Längsschnittmethode* bezeichnete Forschungsvorgehen ist insbesondere für die Angewandte Entwicklungspsychologie von großer Bedeutung, weil Prognosen über einen langen Entwicklungszeitraum gestellt werden sollen. Längsschnittuntersuchungen benötigen allerdings einen sehr hohen Aufwand bei der Durchführung. Zudem sind sie ihrerseits durch methodenbedingte Probleme belastet: So reduziert sich aufgrund der langen Durchführungsdauer ein relativ hoher Prozentsatz an Teilnehmerinnen und Teilnehmern nach und nach aus („Drop-out"), was immer dann problematisch ist, wenn sich eine Systematik abzeichnet hinsichtlich der Merkmale der Personen, die ausscheiden bzw. dabeibleiben, da dadurch die Stichprobe ihre Repräsentativität für die Gesamtpopulation verliert. Ein weiteres Problem sind Verzerrungen im Antwortverhalten, die sich einstellen, wenn die Probandinnen und Probanden durch entweder immer denselben oder gerade wechselnde Untersuchungsleiterinnen und Untersuchungsleiter befragt werden (Testleitereffekte). Ein ähnliches Problem sind Verzerrungen im Antwortverhalten durch Ermüdungs- oder Trainingseffekte aufgrund der Konfrontation mit dem notwendigerweise immer gleichen Untersuchungsmaterial (Testungseffekte).

Auch für den Vergleich von Quer- vs. Längsschnittmethode ist also der gegenläufige Effekt zu konstatieren, dass eine hohe Ökonomie zur Einschränkung der Aussagekraft einer Untersuchung führt, aussagekräftige Untersuchungen aber wegen des hohen Aufwandes nur mit kleinen Stichproben durchgeführt werden können, was wiederum die Generalisierbarkeit der Aussagen einschränkt. Einen Mittelweg bietet ein Forschungsvorgehen, dass eine Querschnittuntersuchung an mehrere Alterskohorten über einen längeren Zeitraum und eine Längsschnittuntersuchung an denselben Personen über einen kürzeren Zeitraum kombiniert (Kohorten-Sequenz-Plan). **Abbildung 1.1** zeigt ein Beispiel eines Kohorten-Sequenz-Planes, wie er von Lehr und Thomae in der Bonner gerontologischen Längsschnittstudie verwendet wurde (Lehr & Thomae, 1987). Die Jahreszahlen entsprechen den Erhebungszeitpunkten, die Zahlen in den Blöcken entsprechen den Probanden/innenzahlen je Kohorte.

Kohorte	Messzeitpunkte, Alter der Proband/innen und Kohortengröße								
1980/1981						75–80 Jahre N = 19			85–90 Jahre N = 33
1976/1977					71–76 Jahre N = 34			81–86 Jahre N = 47	
1972/1973				67–72 Jahre N = 67			77–82 Jahre N = 54		
1969/1970			64–69 Jahre N = 78			74–79 Jahre N = 68			
1967/1968		62–67 Jahre N = 95			72–77 Jahre N = 89				
1966/1967	61–66 Jahre N = 105			71–76 Jahre N = 97					
1965/1966	60–65 Jahre N = 114		70–75 Jahre N = 118						
	Kohorte 1: Vor dem Ruhestand (Geburtsjahrgänge 1900 – 1905)		Kohorte 2: Vor dem Ruhestand (Geburtsjahrgänge 1890 – 1895)						

Kohorteneffekt: Teilnehmer/in von einem vs. zwei Weltkriegen

Abb. 1.1: Beispiel eines Kohorten-Sequenz-Planes

Literaturhinweis

Mey, G. (Hrsg.). (2005). *Handbuch Qualitative Entwicklungspsychologie*. Köln: Kölner Studien Verlag.

1.2 Allgemeine Entwicklungspsychologie

1.2.1 Modellvorstellungen über den Entwicklungsverlauf

In der traditionellen Entwicklungspsychologie werden neben der Explikation von Gegenstand, Begriff und Methoden des Faches Beschreibungen typischer menschlicher Entwicklung vorgestellt, die Aussagen über allgemeine Entwicklungsgesetze beinhalten. Diese Beschreibungen werden von den Forscherinnen und Forschern, die sie vornehmen, in Form von Theorien zusammengefasst. Eine Theorie ist eine geordnete und in sich geschlossene Sammlung von Aussagen, welche die Phänomene beschreiben, erklären und vorhersagen wollen, die im Zusammenhang mit dem Aufwachsen stehen. Eine Theorie enthält zumeist auch eine Modellvorstellung über den typischen Entwicklungsverlauf. Modellvorstellungen formalisieren in Ergänzung zur Theorie die Vorstellungen von Kontinuität und Diskontinuität des Entwicklungsverlaufs auf einer metatheoretischen Ebene und verbinden sie mit Erklärungskonzepten über das Zustandekommen von Entwicklungsimpulsen. Modellvorstellungen kommunizieren somit eine Zusammenfassung der Grundannahmen einer Theorie auf einem sehr hohen Abstraktionsniveau in Form einer grafischen Darstellung.

Die in den Theorien der traditionellen Entwicklungspsychologie enthaltenen Modellvorstellungen können bezüglich der in ihnen enthaltenen Grundannahmen zu Theorieklassen (Metatheorien) zusammengefasst werden. Dies sind Wachstumsmodelle, Stufentheorien, Phasentheorien, Modelle wellenförmiger Aufgipfelung und Modelle des Fließgleichgewichts.

Wachstumsmodelle sehen das Entwicklungsgeschehen in Analogie und enger Beziehung zu körperlichem Wachstum und beschreiben diese als kontinuierlich fortschreitende, aufbauende Entwicklung (siehe unten **Abb. 1.2 a**). Reifung ist das zentrale Erklärungskonzept solcher Theorien.

Stufentheorien begreifen Entwicklung als ein diskontinuierlich, sich abschnittsweise ereignendes Geschehen, das aus einer Abfolge von einmaligen und qualitativ besonderen Abschnitten (Stufen) besteht (siehe unten **Abb. 1.2 b**). Der Übergang von Abschnitt zu Abschnitt erfolgt abrupt und immer in Richtung auf ein jeweils höheres Entwicklungsziel hin (unidirektional). Stufentheorien postulieren zudem, dass durch den Übergang auf eine neue Stufe alle Entwicklungsbereiche gleichzeitig erfasst werden (synchroner Entwicklungsfortschritt). Stufentheorien betonen ebenfalls den Einfluss von Reifung auf das Entwicklungsgeschehen, ein Einfluss von Übung und Umwelt wird als sehr begrenzt gesehen.

Phasentheorien verstehen in Abgrenzung zu Stufentheorien Entwicklung als einen Prozess des Hinaufschaukelns, der asynchron verläuft: Es stehen jeweils bestimmte Bereiche im Mittelpunkt der Entwicklung; eine Phase wird als ein in gleicher oder ähnlicher Form (periodisch) wiederkehrender Zustand begriffen, der jedoch ein immer höheres Niveau aufweist (siehe unten **Abb. 1.2 c**). Auch in diesen Theorien wird der Anteil des (endogenen) Reifungsgeschehens stark betont.

1.2 Allgemeine Entwicklungspsychologie

In Abgrenzung zu Stufentheorien sehen die *Modelle wellenförmiger Aufgipfelung* die verschiedenen Entwicklungsbereiche nicht in einem Höher und Niedriger, sondern in einem Nebeneinander angeordnet. Bei einem wellenförmigen Verlauf werden einzelne Entwicklungsbereiche über einen längeren Zeitraum aktuell. Sie weisen dabei Überschneidungen mit den Wellen anderer Bereiche auf, der Übergang zwischen der Aktualisierung von Entwicklungsbereichen ist gleitend (siehe unten **Abb. 1.2 d**). Modelle wellenförmiger Aufgipfelung weisen eine gewisse Nähe zu Phasenmodellen auf, der wesentliche Unterschied besteht in der Absage an die Betonung der endogenen Determiniertheit, der Berücksichtigung von exogenen Faktoren (bestimmen die Höhe des Gipfels) und der Vorstellung, dass die Entwicklungswellen in den einzelnen Bereichen auch nach ihrem Abklingen in der Gesamtpersönlichkeit wirksam bleiben.

Modellen des Fließgleichgewichts bzw. Regelkreismodellen (siehe unten **Abb. 1.2 e**) liegt die Annahme zugrunde, dass Entwicklung zu jeder Zeit sowohl Aufbau als auch Abbau einschließt. Der momentane Entwicklungsstand ist stets das augenblickliche Verhältnis der beiden Prozesse zueinander, das durch Ist-Sollwertfühler und -geber in einem labilen Gleichgewicht gehalten wird („Äquilibrium").

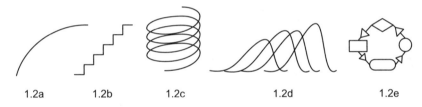

1.2a   1.2b   1.2c   1.2d   1.2e

Abb. 1.2: Piktogramme der Modellvorstellungen von Entwicklung

Traditionelle Entwicklungstheorien und Entwicklungsmodelle verdeutlichen die zentralen Denkansätze des Faches. Eine Zuordnung von konkreten Vertretern und ihren Theorien zu diesen Modellvorstellungen fällt jedoch schwer, da sie häufig Aspekte gleich mehrerer Modelle enthalten. So formalisiert zum Beispiel Jean Piaget in seiner Theorie der kognitiven Entwicklung (vgl. Kap. 3.4.4) die Entwicklung des Denkens in einem Stufenmodell, welches das endogene Reifungsgeschehen beim Übergang von Stufe zu Stufe betont. Als Motor von Entwicklung sieht er aber gleichzeitig das Prinzip der Äquilibration, das Bestreben des „Im-Gleichgewicht-Haltens" von Individuum und Umwelt. Und obwohl Piaget im Sinne eines Stufenmodells vorwiegend (passives) Reifungsgeschehen als ursächlich für das Zustandekommen von Entwicklungsimpulsen (eines Stufenüberganges) sieht, beschreibt er dennoch das Individuum als aktiven Gestalter seiner Entwicklung, da es in spontanen Aktivitäten auf die Umwelt zugeht und sie darin erkennt (vgl. Flammer, 2009).

Bei der Rezeption von traditionellen Entwicklungstheorien ist zudem zu berücksichtigen, dass sie unter dem Einfluss kultureller Wertvorstellungen und epochaler Besonderheiten entstanden sind. Auch wenn diese Theorien wichtige Beschreibungen menschlichen Erlebens und Verhaltens im Kontext des Aufwachsens verfügbar machen, werden sie deshalb heute zumeist kritisch gesehen. Denn sie stehen auf dem Boden ganz bestimmter Annahmen, die zur Zeit ihrer Entstehung handlungsleitend waren, heute jedoch als überholt angesehen werden (z. B. die starke Betonung des Reifungsgeschehens, Entwicklung als Abfolge von Stufen, die Beschränkung von Entwicklung auf das Kindes- und Jugendalter, Betonung von Kontinuität und geordnetem Wandel; vgl. Fuhrer, 2005). Die Reduzierung von Entwicklungstheorien auf die in ihnen enthaltenen Aspekte einer Modellvorstellung des Entwicklungsverlaufs erleichtert es jedoch, sie im Hinblick auf ihre zentralen Bestandteile zu kritisieren und auf ihre Brauchbarkeit hin zu bewerten. Insbesondere gilt dies auch für die in ihnen enthaltenen Erklärungskonzepte für das Zustandekommen von Entwicklungsimpulsen.

Literaturhinweis

Trautner, H. M. (2003). *Allgemeine Entwicklungspsychologie.* Stuttgart: Kohlhammer.

1.2.2 Erklärungskonzepte: Anlage und Umwelt

Um die im Laufe der Entwicklung eintretenden und in den allgemeinen Entwicklungstheorien in ihren typischen Verläufen beschriebenen intraindividuellen Veränderungen zu erklären, können prinzipiell zwei Konzepte herangezogen werden. Das ist einerseits das Konzept der natürlichen Veranlagung, d. h. genetisch bedingter Prozesse, bei denen im Sinne eines biologischen Reifungsgeschehens Entwicklungsimpulse inhärent gegeben sind. Dieser Erklärungsansatz ist in allen oben beschriebenen Modellvorstellungen prominent. Andererseits ist offensichtlich, dass auch der Entwicklungsumwelt, d. h. alle Gegebenheiten der physischen und sozialen Umwelt, ein Erklärungswert zukommt. Die nach wie vor kontrovers diskutierte Frage, welches relative Gewicht (endogenen) Anlage- vs. (exogenen) Umweltfaktoren bei der Erklärung des Entwicklungsgeschehens zukommt, begleitet die Psychologie seit ihrer Entstehung als eigenständige Wissenschaft (vgl. z. B. Flammer, 2009; Montada, 2008a; Petermann, Niebank & Scheithauer, 2004) und gibt auch heute noch immer wieder Anlass zu teils heftig geführten Diskussionen.

Als Methode der Wahl zur Bestimmung des relativen Anteils von Anlage und Umwelteinfluss dient der Vergleich von Merkmalen bei Verwandten unterschiedlichen Verwandtschaftsgrades unter Variation des Ausmaßes geteilter Umwelt des Aufwachsens: Während Eltern, Kinder, Geschwisterkinder und zweieiige Zwillinge eine genetische Ähnlichkeit von 50 % aufweisen, teilen eineiige Zwillinge normalerweise 100 % ihres genetischen Materials, durch Adoption entstandene Verwandte hingegen teilen 0 % ihres genetischen Materials. Der Anteil geteilter Umwelt variiert mit der Nähe des Alters der Kinder und dem Ort des Aufwachsens: Während bei gemeinsam aufgewachsenen eineiigen Zwillingen eine nahezu hundertprozentige gleiche Entwicklungsumwelt angenommen wird, wird dies bei getrennt aufgewachsenen Geschwistern zu 0 % angenommen. Typischerweise wird ein bestimmtes Merkmal (z. B. Intel-

1.2 Allgemeine Entwicklungspsychologie

ligenz) in einer hinreichend großen Gruppe von Geschwistern unterschiedlichen Verwandtschaftsgrades und unterschiedlicher Bedingungen der Nähe des Aufwachsens untersucht. Kommt der genetischen Anlage die größere Bedeutung zu, wird über alle Bedingungen der Unterschiedlichkeit von Entwicklungsumwelten hinweg die Merkmalsausprägung zwischen den Geschwistergruppen umso ähnlicher sein, je höher der Verwandtschaftsgrad ist. Kommt den Umweltfaktoren die größere Bedeutung zu, wird unabhängig vom Verwandtschaftsgrad die Merkmalsausprägung zwischen den Geschwistergruppen umso ähnlicher sein, je größer der Anteil geteilter Entwicklungsumwelt ist. Allerdings ist anzumerken, dass häufig nicht klar bestimmbar ist, *wie* ähnlich oder unähnlich die Entwicklungsumwelten tatsächlich waren. So haben u. U. selbst gemeinsam aufgewachsene eineiige Zwillinge einen je eigenen Freundeskreis und unterscheiden sich damit in einem wesentlichen Entwicklungseinfluss. Andererseits sind die Entwicklungsumwelten von in Adoptivfamilien aufgewachsenen Geschwistern häufig ähnlicher als angenommen, z. B. hinsichtlich des sozioökonomischen und kulturellen Hintergrundes.

Tab. 1.1: Systematik geteilter Umwelt und Gene

Verwandtschaft		Eltern	Kind leibl.	Zwilling ez	Zwilling zz	Kind adopt.
Aufwachsen						
Eltern	entfällt	A=0 %	A=50 %	A=50 %	A=50 %	A=0 %
		U entf.	U entf.	U entf.	U entf.	U entf.
Kind, leibl.	gemeinsam	A=50 %	A=50 %	A=50 %	A=50 %	**A=0 %**
		U entf.	U=100 %	U=100 %	U=100 %	**U=100 %**
Kind, leibl.	getrennt	A=50 %	A=50 %	A=50 %	A=50 %	**A=0 %**
		U entf.	**U=0 %**	U=0 %	U=0 %	**U=0 %**
Zwilling, ez	gemeinsam	A=50 %	A=50 %	**A=100 %**	A=50 %	A=0 %
		U entf.	U=100 %	**U=100 %**	U=100 %	U=100 %
Zwilling, ez	getrennt	A=50 %	A=50 %	**A=100 %**	A=50 %	A=0 %
		U entf.	U=0 %	**U=0 %**	U=0 %	U=0 %
Zwilling, zz	gemeinsam	A=50 %	A=50 %	A=50 %	**A=50 %**	A=0 %
		U entf.	U=100 %	U=100 %	**U=100 %**	U=100 %
Zwilling, zz	getrennt	A=50 %	A=50 %	A=50 %	**A=50 %**	A=0 %
		U entf.	U=0 %	U=0 %	**U=0 %**	U=0 %
Kind, adopt.	gemeinsam	**A=0 %**	A=0 %	A=0 %	A=0 %	**A=0 %**
		U entf.	U=100 %	U=100 %	U=100 %	**U=100 %**

Anmerkung: A % = Prozent geteilter Gene, U % = Prozent geteilter Umwelt; ez = eineiig, zz = zweieiig; fett markiert sind die in der Forschung miteinander kontrastierten Paare

1 Einführung

Die im Hinblick auf Umwelteinflüsse relevanten Aspekte sind vielfältig. Urie Bronfenbrenner (*1917, Russland, †2005, USA) hat einen vielbeachteten Versuch unternommen, Sozialisationsbedingungen der Entwicklung mit Hilfe von systemischen Ebenen zu formalisieren, die ineinander verschachtelt sind. Bronfenbrenner (1981) postuliert, dass Menschen in „ökologischen Systemen" leben. Darunter versteht er, dass Personen und in der Kultur erzeugte Gegenstände, Regeln des Zusammenlebens und soziale Gruppen aufeinander bezogen sind. Analog zu physikalischen und biologischen Systemtheorien versteht auch Bronfenbrenner seine „ökologischen Systeme" so, dass sich alle Elemente gegenseitig beeinflussen und Veränderungen an einem Element Veränderungen der anderen Elemente zur Folge haben können. Ein ökologisches System in diesem Sinne ist zum Beispiel ein Kind mit seinen Bezugspersonen der Kernfamilie in der gegebenen Lebensumwelt „Wohnung". Ein solches unmittelbares, enges Beziehungssystem wird Mikrosystem (gr. mikros = klein) genannt. Die Umwelten und Bezugspersonen wechseln im Laufe der Entwicklung: Nach und nach erschließt sich das Kind immer weiter von der Ursprungsgruppe entfernte Handlungsfelder. So erweitert sich die Gruppe der Bezugspersonen um zunächst die nächsten Verwandten, dann die Kindergartengruppe und die Schule. Mit diesen neuen Bezugsgruppen treffen sie in einer neuen Umwelt zusammen. Auch diese neuen Beziehungssysteme (Kindergarten, Schule) stellen „Mikrosysteme" dar, da das Individuum auch hier in einem durch bestimmte physikalische und materielle Bedingungen beschränkten Umweltrahmen unmittelbar handelt. Da sie aber vor allem in ihrer Wechselwirkung mit weiteren Mikrosystemen anderer Umwelten erfahren werden, bilden sie in ihrer Gesamtheit ein eigenes System, das Bronfenbrenner (1981) als Mesosystem (gr. mesos = mittel) bezeichnet. Ein Mesosystem ist also definiert als ein Wechselwirkungsgefüge aus Mikrosystemen.

Neben den Wechselwirkungen auf der Mikroebene sind jedoch auch Einflüsse bedeutsam, die nur mittelbar auf das Kind wirken, nämlich über die Elemente (Personen), mit denen das Kind in den Mikrosystemen handelnd verbunden ist. So kann der Ärger, den ein Vater auf der Arbeitsstelle hat, durchaus auch das Beziehungssystem zum Kind verändern, wenn der Vater diesen in die Familie hineinträgt. Insbesondere aber Veränderungen in materieller Hinsicht (Beförderung oder Verlust der Arbeitsstelle) dürften sich regelmäßig auf die Gestaltung der Mikrosysteme auswirken. Diese Ebene ökologischer Systeme, in denen das Kind selbst nicht handelt, aber seine Wirkungen mittelbar erfährt, nennt Bronfenbrenner Exosystem (gr. exo = außen). Mikro-, Meso- und Exosystem verbindet jedoch auch eine Gemeinsamkeit, das ist der kulturelle Rahmen. Diese Ebene bezeichnet Bronfenbrenner (1981) als Makrosystem (gr. makros = groß), wobei hiermit sowohl die Gesamtkultur als auch nur eine Subkultur gemeint sein kann. Entscheidend ist das Vorhandensein verbindender, gemeinsamer Elemente, die gleichzeitig alle drei Ebenen beeinflussen. Später fügte Bronfenbrenner (1990) die Ebene „Zeit" hinzu, die den Einfluss markanter biografischer Übergänge formalisiert und als Chronosystem (gr. chronos = Zeit) bezeichnet wird. Gleichzeitig versteht er darunter aber auch die kumulativen Wirkungen einer Biografie, die

1.2 Allgemeine Entwicklungspsychologie

epochale Besonderheiten der Lebensgeschichte widerspiegeln (vgl. Bronfenbrenner & Morris, 2006).

Mit diesem formalisierten Modell ökologischer Ebenen von Entwicklungsbedingungen ist ein methodologisches und ein sozialpolitisches Anliegen verbunden: Bronfenbrenner fordert zum einen, dass entwicklungspsychologische Forschung den natürlichen Kontext einbezieht. Dies bedeutet, dass die Untersuchungen in natürlichen Kontexten bzw. als natürlich erlebten Kontexten stattfinden müssen, um ökologisch valide zu sein. Zudem reicht es nicht, das singuläre Individuum zu betrachten, sondern es müssen größere Interaktionseinheiten (mindestens Dyaden) untersucht werden. Die von Bronfenbrenner vorgenommene Formalisierung der Umweltkontexte macht zum anderen deutlich, dass auch fernere Entwicklungskontexte, in denen das Kind nicht direkt handelt, entwicklungspsychologisch bedeutsam sind. Sozialpolitische Maßnahmen sind damit immer auch entwicklungspsychologische (vgl. Flammer, 2009).

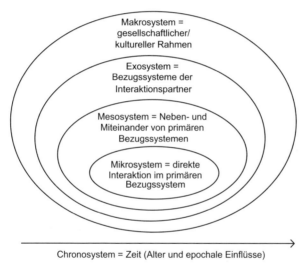

Abb. 1.3: Ebenen in der ökologischen Systemtheorie (nach Flammer, 2009, S. 249)

Die im Rahmen der Anlage-Umwelt-Debatte seit so vielen Jahrzehnten intensiv diskutierte Frage ist, welchem Erklärungskonzept (Anlage oder Umwelt) für welche Personmerkmale der größere Erklärungswert zukommt. Letztlich ist dies die Frage danach, ob im Hinblick auf das Entwicklungsgeschehen der Schwerpunkt eher auf der Stabilität (Betonung der Rolle der Erbanlagen) oder Plastizität von Personmerkmalen (Betonung des Umwelteinflusses) gelegt wird. Die oben explizierte Bestimmung von Entwicklung als in der Zeit beobachteten zielgerichteten Veränderungen legt zunächst eine Betonung genetischer Faktoren nahe. Verschiedene Theorien sehen demgegenüber in den Umweltbedingungen den entscheidenden Einflussfaktor. Eine solche, in der Vergangenheit häufig in einem strengen Entweder-oder formulierte Position, wird jedoch heute nicht mehr vertreten. Es ist allgemein akzeptiert, dass der Ausgang eines *jeden* Entwicklungsgeschehens durch das *gemeinsame* Wirken von Anlage und Umwelt bestimmt wird, und zwar im Sinne eines *Wechselwirkungsgeschehens*. Dabei können durchaus einige Funktionen identifiziert werden, die sich stärker anlagedeterminiert, und andere, die sich stärker umweltdeterminiert entfalten. Der genetische Einfluss ist dabei umso stabiler, je näher das Merkmal an *physische* Funktionen gebunden ist. Der Umwelteinfluss ist umso bedeutender, je näher das Merkmal an *psychische* Funktionen gebunden ist. So kommen z. B. Poortinga, Kop und van de Vijver (1990) auf der Grundlage kultureller Unterschiede in einer Forschungsübersicht zu dem Schluss, dass im Bereich der Wahrnehmung (Sehen, Hören) die größte Anlagedeterminiertheit, im Bereich des sozialen Verhaltens die größte Umweltdetermination anzunehmen ist. Weiter ist der Einfluss genetischer Bedingungen umso größer, je jünger das betrachtete Entwicklungsstadium ist, bzw. wird die Erklärungskraft von Umweltmerkmalen für ein bestimmtes Verhalten mit zunehmendem Alter immer größer (pränatale Entwicklung vs. Entwicklung im Jugendalter). Nichtsdestoweniger ist ein Einfluss von Umweltmerkmalen bereits im Mutterleib nachgewiesen, und dies bezieht sich nicht nur auf materielle bzw. biochemische Einflüsse wie z. B. eine Viruserkrankung der Mutter (z. B. Röteln) oder durch den Kontakt mit fruchtschädigenden (teratogenen) Substanzen über die Plazenta (z. B. Alkohol, Medikamente), sondern auch auf psychologische, wie beispielsweise die Stimme und die Stimmung der Mutter (z. B. Lecanuet, Granier-Deferre & Busnel, 1995; DeCaspar & Spence, 1986).

Literaturhinweis

Bronfenbrenner, U. (1981). *Die Ökologie der menschlichen Entwicklung. Natürliche und geplante Experimente*. Stuttgart: Klett-Cotta.

1.2.3 Entwicklungsmodelle der Lebensspanne

In der modernen Entwicklungspsychologie wird Entwicklung als ein lebenslanger Prozess begriffen, in dem Persönlichkeit und die engere und weitere soziale und materielle Umwelt miteinander interagieren. Moderne Entwicklungstheorien zeichnen sich neben der Einbeziehung der Lebensspanne auch durch die Abmilderung der Extrempositionen traditioneller Entwicklungstheorien aus: Entwicklung wird nicht als ein Entweder-oder von Kontinuität und Diskontinuität, von Plastizität oder Stabilität begriffen, sondern als ein Sowohl-als-auch. Moderne Entwicklungstheorien berücksichtigen zudem neben universellen auch individuelle Merkmale als Auslöser von Entwicklung und sehen diese nicht immer nur in Zugewinnen und Fortschreiten, sondern auch in Verlusten und Rückschritt gegeben (vgl. Berk, 2005).

Auch wenn bereits vor Beginn des 20. Jahrhunderts einzelne Autorinnen und Autoren der traditionellen Entwicklungspsychologie die heute als „modern" geltende Ansicht äußerten, Entwicklung erstrecke sich über die gesamte

1.2 Allgemeine Entwicklungspsychologie

Lebensspanne (z. B. Bühler, 1933), wurde der Terminus „life-span development" bzw. „Entwicklung der Lebensspanne" erst in den 1970er Jahren durch die Publikationen der West Virginia Conference on Life-Span Developmental Psychology begründet (z. B. Goulet & Baltes, 1970). Nach Brandtstätter (2007) sind Lebensspannentheorien durch vier Annahmen charakterisiert: Entwicklung ist a) ein lebenslanger Prozess, der b) mehrdimensional in verschiedenen Bereichen verläuft, der c) eine hohe Plastizität aufweist und d) eingebettet ist in unterschiedliche Entwicklungskontexte. Die Altersvariable wird nicht länger in Form eines starr altersabhängigen Stufenkonzept berücksichtigt, sondern der Lebenslauf wird in zeitlich *individuell bestimmbare* Abschnitte eingeteilt, in denen Veränderungen auf drei Ebenen stattfinden: physisch, kognitiv und sozial. Darüber hinaus werden altersabhängige, epochal bedingte und nichtnormative Einflüsse unterschieden (vgl. Baltes, Reese & Lipsett, 1980; Baltes, Lindenberger & Staudinger, 2006; Weinert & Weinert, 2006). **Abbildung 1.4** fasst die Annahmen und ihr Zusamenspiel in Anlehnung an Baltes (1990) zusammen.

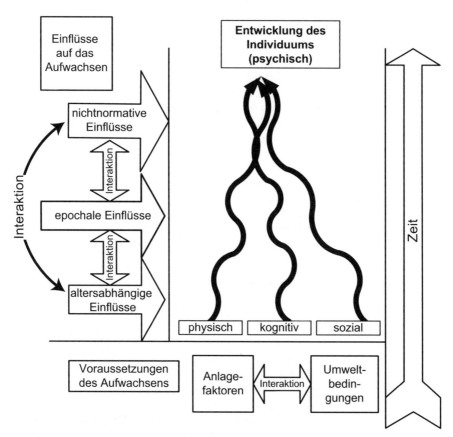

Abb. 1.4: Systematik der Annahmen von Lebensspannentheorien

1 Einführung

Der nachfolgende Abschnitt stellt beispielhaft prominente Konzeptionen moderner allgemeiner Entwicklungstheorien vor, die auch heute noch große Beachtung erfahren: Die Theorie der psychosozialen Krisen (Erikson, 1980, 1988), die Theorie der Entwicklungsaufgaben (Havighurst, 1972) und die Theorie der kritischen Lebensereignisse (Filipp, 1999a).

Erik Homburger Erikson (*1902 Frankfurt, †1994 USA) beschreibt in Anlehnung an das psychoanalytische Entwicklungsmodell von Sigmund Freud Entwicklung als eine *Abfolge psychosozialer Krisen* (Erikson, 1980, 1988). Er erweiterte dies jedoch um die Lebensspannenperspektive, in dem er dem Jugendalter eine eigene Entwicklungsqualität zuweist und das Erwachsenenalter in drei Abschnitte mit einer je eigenen Thematik unterteilt. Erikson stellt die Prämissen voran, dass Entwicklung stufenförmig, gerichtet und universell verläuft. Jede Stufe weist nach Erikson eine je besondere psychosoziale Thematik auf, die im Rahmen der Herausbildung der Persönlichkeit bearbeitet wird. Die Aktualität eines Themas steigert sich nach Erikson nach und nach jeweils so weit, bis sie im Sinne eines krisenhaften Geschehens eine Lösung unabdingbar verlangt. Mit der Lösung der Krise wird die nächste Stufe der Entwicklung erreicht und eine neue Thematik aktuell. Wird die Krise nicht bewältigt, stagniert die Entwicklung. Die Lösung der Krise kann also dem Individuum in positivem oder negativem Sinne gelingen. Erikson geht dabei davon aus, dass die Art der Bewältigung das Leben hindurch fortwirkt. Erikson fasst im Gegensatz zu Freud das Ich nicht als defensive Instanz auf, sondern als in jeder Stufe aktiv und spontan die Erfahrung suchend. Erikson gilt deshalb als Vertreter der sog. Ich-Psychologie (Conzen, 2010).

In Kasten 1.2 sind die psychosozialen Krisen und ihre Lösungsmöglichkeiten beschrieben, unter Auslassung der von Erikson postulierten psychosexuellen und psychodynamischen Aspekte.

Kasten 1.2: Psychosoziale Krisen nach Erikson (1988, in Anlehnung an Conzen, 2010)

Urvertrauen gegen Ur-Misstrauen (1. Lebensjahr)
Im Säuglingsalter sollte sich nach Erikson ein Vertrauen in die Welt entwickeln, dass man immer versorgt sein werde und sich alle Dinge letztlich zum Guten wenden. Dieses Bewusstsein entsteht nach Erikson im Rahmen der Erfahrungen mit der primären Bezugsperson (typischerweise der Mutter). Der Säugling erlebt jedoch nicht nur, dass die Mutter da ist und sich um ihn kümmert, sondern er muss es auch ertragen, ohne sie auszukommen. Aus dieser Spannung konstituiert sich die erste psychosoziale Krise. Aus der positiven Lösung erwächst die psychische Grundstärke, nach dem „Prinzip Hoffnung" zu leben, im negativen Falle resultiert eine konstitutionelle Handlungstendenz, die man als „Prinzip Rückzug" zusammenfassen kann.
Nach Ochse und Plug (1986) würde eine erwachsene Person, der die Lösung dieser Krise gelungen ist, z. B. folgender Aussage zustimmen: „Ich sehe optimistisch in die Zukunft." Ist es ihr nicht gelungen, diese Krise positiv zu lösen, würde die Person eher folgender Aussage zustimmen: „Wenn ich mich auf ein Ereignis freue, meine ich immer, irgendwas werde schiefgehen und alles verderben."

Autonomie vs. Scham und Zweifel (2./3. Lebensjahr)
Im Kleinkindalter steht die Erlangung der Kontrolle über die Muskelfunktionen im Mittelpunkt der Entwicklung. Dadurch erlangt das Kind einen immer größeren Akti-

onsradius und kann von seiner Umwelt zunehmend Besitz ergreifen. In diesem Bemühen muss es von den Elternpersonen durch ein angemessenes Maß an Gewährenlassen und Kontrolle unterstützt werden. Denn das Kind erlebt auch täglich Rückschläge in diesem Bemühen, deren Konsequenzen es überfordern, entweder weil es noch nicht so viel kann wie für das, was es erlangen möchte, nötig wäre, oder aber weil es die Situationen, in die es sich bringt, nicht beherrscht. Aus dieser Spannung konstituiert sich die zweite psychosoziale Krise. Aus der positiven Lösung erwächst die psychische Grundstärke eines festen Willens, im negativen Falle resultiert eine konstitutionelle Handlungstendenz, sich zwanghaft Regeln und Geboten unterzuordnen.
Nach Ochse und Plug (1986) würde eine erwachsene Person, der die Lösung dieser Krise gelungen ist, z. B. folgender Aussage zustimmen: „Wenn Menschen mich zu etwas überreden wollen, das ich nicht will, wehre ich mich." Ist es ihr nicht gelungen, diese Krise positiv zu lösen, würde die Person eher folgender Aussage zustimmen: „Ich habe Sorge, dass man etwas Schlechtes über mich herausfinden könnte."

Initiative vs. Schuldgefühl (4./5. Lebensjahr)
Im Vorschulalter steht weiter die zunehmende Verbesserung der motorischen Fertigkeiten im Vordergrund der Entwicklung. Das Kind agiert vorwiegend im Rahmen der Kernfamilie, kann hier jetzt bereits Aufgaben übernehmen, beispielsweise bei der Betreuung eines jüngeren Geschwisters. Allerdings hat das Kind jetzt so viel Kraft erlangt, dass es mit seinen Aktionen anderen auch Schaden zufügen kann, zumeist unbedacht beim Toben im Spiel. Aus dieser Spannung konstituiert sich die dritte psychosoziale Krise. Aus der positiven Lösung erwächst die psychische Grundstärke „Entschlusskraft", im negativen Falle resultiert „Hemmung", d. h. Handlungsimpulsen aus Angst vor Strafe nur zögerlich nachzugehen.
Nach Ochse und Plug (1986) würde eine erwachsene Person, der die Lösung dieser Krise gelungen ist, z. B. folgender Aussage zustimmen: „Ich bin zuversichtlich, dass ich meine Pläne zu einem guten Gelingen bringen werde." Ist es ihr nicht gelungen, diese Krise positiv zu lösen, würde die Person eher folgender Aussage zustimmen: „Ich scheue mich, Dinge auf eine neue Weise auszuprobieren."

Werksinn vs. Minderwertigkeitsgefühl (6. Lebensjahr bis Pubertät)
Im Schulalter ist das Kind typischerweise nicht mehr nur im Spiel aktiv, sondern auch begierig auf ernsthafte Lerngegenstände. Sein Aktionsradius erstreckt sich dabei nun über die Familie hinaus auch auf die Nachbarschaft und die Schule. Es macht jedoch nicht nur die Erfahrung, dass es ihm gelingt, die Zusammenhänge zu verstehen, sondern auch, dass es ihm schwer fällt, es u. U. daran scheitert und ihm eigene Schwächen offenbar werden. Aus dieser Spannung konstituiert sich die vierte psychosoziale Krise. Aus der positiven Lösung erwächst die psychische Grundstärke „Kompetenz", die sich in Regsamkeit und Fleiß ausdrückt. Im negativen Falle etabliert sich ein Gefühl der Minderwertigkeit, das zu „Trägheit" führt und dauerhaft die Überwindung dieser Schwächen erschwert.
Nach Ochse und Plug (1986) würde eine erwachsene Person, der die Lösung dieser Krise gelungen ist, z. B. folgender Aussage zustimmen: „Ich habe viel Freude an der Arbeit." Ist es ihr nicht gelungen, diese Krise positiv zu lösen, würde die Person eher folgender Aussage zustimmen: „Ich vermeide es, schwierige Dinge anzugehen, weil ich denke, ich werde es sowieso nicht schaffen."

Identität vs. Rollendiffusion (ca. 13. bis etwa 20. Lebensjahr)
Im Jugendalter ist das Entwicklungsgeschehen geprägt von dem Bemühen, die eigene Identität zu finden. Wer bin ich? Was kann ich? Woher komme ich? Was ist mir wichtig? Wo will ich hin? Das sind die zentralen Fragen, die Jugendliche auch mit ihrem Handeln zu ergründen versuchen. Die Ursprungsfamilie nimmt in diesem Geschehen einen immer

weniger wichtigen Platz ein, zentral werden jetzt die Beziehungen zu Gleichaltrigen und die Auseinandersetzung mit fremden Gruppen. Aus der Spannung zwischen Akzeptanz und Ablehnung dessen, was man in diesem Prozess über sich herausfindet, erwächst die fünfte psychosoziale Krise. Im Fall der positiven Lösung resultiert daraus eine handlungskompetente Persönlichkeit, die sich als kohärent in allen verschiedenen Erlebnis- und Handlungsbereichen erlebt. Dies geht einher mit der psychischen Grundstärke „Treue", die sich in einer Verpflichtung, einem Einstehen für die als wichtig erachteten Werte und Handlungsmustern äußert. Im negativen Falle verharrt die Person in der „Identitätskonfusion" oder auch „Rollendiffusion", sie agiert in den verschiedenen Handlungsbezügen mit einem Gefühl des Geworfenseins, ohne ihr Handeln als innerlich zusammenhängend zu erleben. Erikson beschreibt als Konsequenz die Ausbildung der Kernpathologie „Rollen-Zurückweisung", sich für die Entwicklung notwendigen und nützlichen Rollen und Werten zu verschließen oder ihnen aktiv Widerstand entgegen zu setzen. Zurückweisung kann nach Erikson als mangelndes Selbstvertrauen oder aber „penetranter Trotz" in Erscheinung treten.

Nach Ochse und Plug (1986) würde eine erwachsene Person, der die Lösung dieser Krise gelungen ist, z. B. folgender Aussage zustimmen: „Ich bin stolz darauf, genau die Person zu sein, die ich bin." Ist es ihr nicht gelungen, diese Krise positiv zu lösen, würde die Person eher folgender Aussage zustimmen: „Ich frage mich, wer ich eigentlich bin."

Intimität und Solidarität vs. Isolierung (ca. 20. bis etwa 45. Lebensjahr)
Im frühen Erwachsenenalter steht nach Erikson vor allem die Suche nach einer festen Partnerschaft im Mittelpunkt des Entwicklungsgeschehens. Die Person zieht sich dazu immer wieder aus der Gruppe heraus in Zweierbeziehungen zurück. Durch die enge Bindung an eine andere Person entsteht zwangsläufig eine Isolierung, die umso stärker wird, je exklusiver die Beziehung gestaltet ist. Exklusivität ist zudem kein Garant, dass sich auch eine enge Vertrautheit in der Beziehung einstellt, die Person kann sich dennoch isoliert (weil unverstanden) fühlen. Aus dieser Spannung konstituiert sich die sechste psychosoziale Krise. Aus der positiven Lösung erwächst Intimität, eine reife gegenseitige Bezogenheit, die sich in der psychischen Grundstärke „Liebe" ausdrückt: der Fähigkeit, Bedürfnisse und Wünsche des anderen Menschen zu achten und für ihre Erfüllung zu sorgen. Im negativen Falle verfestigt sich Isolierung, eine Unfähigkeit, sich in tiefere Beziehungen einzulassen, die aus der Angst heraus, dauerhaft allein zu bleiben, mit einer ständigen Forderung nach Exklusivität einhergeht.

Nach Ochse und Plug (1986) würde eine erwachsene Person, der die Lösung dieser Krise gelungen ist, z. B. folgender Aussage zustimmen: „Es gibt jemanden, der meine Sorgen und Ängste mit mir teilt." Ist es ihr nicht gelungen, diese Krise positiv zu lösen, würde die Person eher folgender Aussage zustimmen: „Ich fühle mich, als wäre ich allein auf der Welt".

Generativität vs. Stagnation (ca. 45. bis etwa 65. Lebensjahr)
Im Erwachsenenalter stellt nach Erikson die Produktion von Gütern und Werten, Ideen und Erkenntnissen und ihre Weitergabe das zentrale Entwicklungsgeschehen dar, das er als „Generativität" bezeichnet. Die Beziehungsperspektive erweitert sich jetzt wieder, bleibt aber nicht wie vormals auf die eigene Gruppe beschränkt, sondern nimmt die Gesamtgesellschaft in den Blick. Etwas weiterzugeben bedeutet zwangsläufig auch, anderen etwas von dem eigenen Gut abzugeben, ohne dadurch einen direkten Vorteil zu erlangen. Aus dieser Spannung konstituiert sich die siebte psychosoziale Krise. Aus der positiven Lösung erwächst die psychische Grundstärke „Fürsorge", im negativen Falle „Abweisung", die letztlich zur Stagnation der eigenen Entwicklung führt mit depressiven oder narzisstischen Tendenzen.

Nach Ochse und Plug (1986) würde eine erwachsene Person, der die Lösung dieser Krise gelungen ist, z. B. folgender Aussage zustimmen: „Ich helfe Menschen gern dabei, sich zu verbessern." Ist es ihr nicht gelungen, diese Krise positiv zu lösen, würde die Person eher folgender Aussage zustimmen: „Junge Menschen vergessen schnell, was man für sie getan hat."

(Ich-)Integrität vs. Verzweiflung (ca. 65. bis Tod)
Das zentrale Thema des Alters sieht Erikson in der Auseinandersetzung mit dem eigenen Lebenszyklus gegeben. Tod bedeutet Loslassen, und das kann nur gelingen, wenn die Widerfahrnisse des Lebens akzeptiert werden, wenn erkannt wird, dass die Dinge sich letztlich sinnvoll ineinandergefügt haben. Die Beziehungsperspektive erweitert sich nun auf die gesamte Menschheit und bettet die eigene Geschichte in die größeren Abläufe der Welt- und Gesellschaftsgeschichte ein. Aus der Spannung von Bewertung und aktuell erlebter Lebenszufriedenheit konstituiert sich die achte psychosoziale Krise. Aus der positiven Lösung erwächst ein Gefühl des Einsseins mit sich Selbst, seiner Geschichte und der Menschheit, die sich in der psychischen Grundstärke „Weisheit" äußert. Im negativen Falle resultiert Verzweiflung, dass das Leben sich bereits dem Ende neigt und die Dinge noch nicht so bereitet sind, wie man sie gern hätte. Sie äußert sich u. U. in „Hochmut", die sich im körperlichen Verfall immer deutlicher aufdrängenden Anzeichen des nahenden Endes zu negieren.
Nach Darling-Fisher und Leidy (1988) würde eine erwachsene Person, der die Lösung dieser Krise gelungen ist, z. B. folgender Aussage zustimmen: „Meine Leistungen und meine Misserfolge sind im Wesentlichen die Konsequenz meiner Handlungen." Ist es ihr nicht gelungen, diese Krise positiv zu lösen, würde die Person eher folgender Aussage zustimmen: „Wenn ich mein Leben überblicke, möchte ich noch viel verlorene Zeit nachholen."

In Anlehnung an Erikson und deshalb in einigen Punkten ähnlich beschreibt Robert J. Havighurst (*1900, USA, †1991, USA) den Lebenslauf als strukturiert durch eine typische Folge von Problemstellungen. Ein Problem ist in der Psychologie dadurch definiert, dass der Überführung eines Ausgangszustandes in einen erwünschten Zielzustand ein Hindernis im Wege steht, das nicht ohne Weiteres (z. B. weil bereits bekannt ist wie) beseitigt oder überwunden werden kann, sondern erst durch aktive Denkhandlungen eine Lösung gefunden werden muss (Hussy, 1998, S. 20). Havighurst bezeichnet solche Problemstellungen als „Entwicklungsaufgaben", die er folgendermaßen definiert: „A developmental task is a task which arises at or about a certain period in the life of an individual, successful achievement of which leads to happiness and to success with later tasks, while failure leads to unhappiness in the individual, disapproval by the society, and difficulties with later tasks" (Havighurst, 1948/1972, S. 2).

Nach Havighurst (1972) konstituieren sich Entwicklungsaufgaben aus drei möglichen Quellen: physische Reife (z. B. pubertäre Veränderungen), kultureller Druck (Erwartungen der Gesellschaft, die an das heranwachsende Individuum herangetragen werden) und individuelle Zielsetzungen oder Werte (die sich das Individuum selbst sucht). Entwicklung ergibt sich aus der Diskrepanz zwischen jetzigem Entwicklungsstand und erwünschtem, aktiv vorweggenommenem Status. Auch Havighurst (1972) weist dem Individuum eine aktive Rolle bei der Bewältigung der Aufgaben zu. Eine gelungene Lösung einer Entwicklungsaufgabe führt nach Havighurst (1972) zu Glück und Erfolg, ein gescheiterter Bewältigungsversuch zu Unzufriedenheit und zu Schwierigkeiten bei der Bewältigung späterer Aufgaben. Kasten 1.3 stellt beispielhaft typische Entwicklungsaufgaben im Schulalter zusammen.

> **Kasten 1.3:** Entwicklungsaufgaben im Schulalter (in Anlehnung an Havighurst, 1972)
>
> *Grundschulalter*
> - Spielen und Arbeiten im Team (soziale Kooperation)
> - Entwicklung von Selbstbewusstsein
> - Entwicklung eines Verständnisses für Moral und Werte
> - Erwerb grundlegender Kulturtechniken (Lesen, Schreiben, Rechnen)
> - Bereitschaft zum Leistungshandeln
>
> *Jugendalter*
> - Aufbau eines Freundeskreises
> - Verarbeitung der körperlichen Veränderungen
> - Akzeptierung des eigenen Aussehens
> - Aufnahme enger/intimer Beziehungen
> - Ablösung vom Elternhaus
> - Orientierung auf Ausbildung und Beruf
> - Entwicklung von Vorstellungen bezüglich Partnerschaft und Familie
> - Gewinnung von Klarheit über sich selbst
> - Entwicklung einer kritischen Haltung gegenüber der Gesellschaft
> - Entwicklung einer eigenen Weltanschauung
> - Entwicklung einer Zukunftsperspektive

Sigrun-Heide Filipp sieht Entwicklungsimpulse durch *kritische Lebensereignisse* gegeben (Filipp, 1999a, 2007; Filipp & Aymanns, 2010). Sie baut dabei u. a. auf Erkenntnisse von Lehr und Thomae (1987) auf, die im Rahmen einer umfassenden Längsschnittuntersuchung, der sog. „Bonner gerontologischen Längsschnittstudie" (BOLSA), Hochbetagte in einer Interviewstudie nach subjektiv erlebten Einschnitten und Markierungspunkten im Leben gefragt hatten. Dabei stellte sich heraus, dass den objektiven Merkmalen des Erlebnisses weniger Bedeutung zukam als seiner subjektiven Interpretation: Ereignisse mit objektiv demselben Inhalt wurden von einer Person als Einschnitt oder Markierungspunkt erlebt, für andere Personen war ein sehr ähnliches Ereignis nicht derart klassifiziert. Zwei Drittel der beschriebenen Ereignisse wurden als belastend bis krisenhaft erlebt, ein Drittel jedoch als ausschließlich positiv. Filipp (1999b, Filipp & Aymanns, 2010) versteht ein kritisches Lebensereignis als eine reale Lebenserfahrung, die als Zäsur im Geschehensablauf erlebt wird und einen unsicheren Ausgang hat: Ereignisse, die „mehr oder minder abrupt und unvorhergesehen eintreten, die mehr oder minder gravierend in alltägliche Handlungsvollzüge eingreifen, die mehr oder minder dramatisch verlaufen und der Person Umorientierungen in ihrem Handeln und Denken, in ihren Überzeugungen und Verpflichtungen abverlangen" (Filipp, 1999b, S. 3). Sie sind durch folgende drei Charakteristika gekennzeichnet: Sie stellen eine „raumzeitliche, punktuelle Verdichtung im Geschehensablauf" dar, erscheinen der Person als „Stadien relativen Ungleichgewichts in dem bis dato aufgebauten Passungsgefüge zwischen Person und Umwelt" (Filipp, 1999b, S. 24) und werden von entsprechenden affektiven Reaktionen begleitet. Beispiele sind z. B. die Geburt eines Geschwisterkindes, Tod eines Angehörigen, Scheidung der Eltern, aber auch ein Orts- und Schulwechsel, eine schwerwiegende Erkrankung

1.2 Allgemeine Entwicklungspsychologie

oder eine Viktimisierung. Solche Ereignisse gehören zwar zum Erfahrungshorizont fast aller Menschen, werden aber von unterschiedlichen Personen in einem ganz individuellen Ausmaß als mehr oder weniger kritisch erlebt. In jedem Fall wohnt solchen Ereignissen ein Potential inne, das die Betroffenen in eine tiefe emotionale Krise stürzen und tiefgreifende Erschütterungen des Selbst- und Weltbildes zur Folge haben kann. Inwieweit eine solche Krise zu Entwicklungsgewinnen führt oder eine nachhaltige Störung in der Individualentwicklung hervorruft, hängt wesentlich vom Umgang der Person mit diesem Ereignis (Bewältigungsverhalten) und von den zur Verfügung stehenden Bewältigungsressourcen ab (vgl. Kasten 1.4).

Was ein Ereignis als kritisch ausweist, ist also individuell unterschiedlich. Filipp (2007, S. 359ff.) nennt jedoch typische Konstellationen, unter denen ein Mensch ein Ereignis eher als kritisch erleben wird:

- je größer das Ausmaß der Bedrohung des Person-Umwelt-Passungsgefüges ist,
- je mehr Lebensbereiche tangiert sind (Wirkungsgrad),
- wenn wichtige Ziele der Person betroffen sind (Zielrelevanz),
- je höher die ausgelösten Emotionen sind (affektiver Gehalt),
- je weniger kontrollierbar das Ereignis ist,
- je weniger vorhersehbar es war,
- je seltener es auch bei anderen Personen auftritt (Nonnormativität),
- wenn es den Selbstwert der Person infrage stellt (Selbstwertbezug),
- wenn es Erinnerungen an frühere Traumen weckt (Entwicklungsbezug),
- wenn es mit einer Verlusterfahrung einhergeht.

Kasten 1.4: Stadien der Krisenentwicklung und ihre Bewältigung unter handlungstheoretischer Perspektive (nach Kommer & Röhrle, 1981, sowie Schwarzer, 2000)

Ein unerwartetes negatives Ereignis stellt sich ein, wie z. B. die Kündigung der Wohnung oder des Arbeitsplatzes, die Diagnostizierung einer chronischen Erkrankung, eine schwere Erkrankung oder der Tod eines nahen Angehörigen oder Freundes. Der normale Lebensvollzug wird dadurch zunächst gestört (Handlungsbeeinträchtigung). Wenn sich dies nicht kurzfristig auflöst, der Alltagsvollzug empfindlich erschwert bleibt (Handlungserschwernis) und das Leben mehr und mehr eine Richtung nimmt, auf welche die Person nicht vorbereitet ist und die sie nicht akzeptieren möchte, ist das Stadium der Krise (Lebenskrise) erreicht: eine Entscheidungssituation, den Zustand in die eine oder andere Richtung zu beenden, um einen (neu) geordneten Lebensvollzug zu ermöglichen. Typischerweise wird zunächst versucht, der Auseinandersetzung zu entgehen. Auch das Nicht-Wahrhaben-wollen und die Verleugnung sind bereits Teil des Verarbeitungsprozesses. In dieser Phase wehrt sich die Person gegen die Veränderung, indem sie die Krise nicht wahrhaben will und sie leugnet. In einer zweiten Phase steht das Aufbrechen der Gefühle im Vordergrund: Insbesondere Machtlosigkeit und Hadern mit dem Schicksal schüren Ängste, Hoffnungslosigkeit und Unsicherheit, aber auch Wut und Selbstzweifel. Im negativen Fall bleibt die Person in dieser Phase verhaftet. Im positiven Fall erlangt die Person die Entschlusskraft zur Neuorientierung (dritte Phase): Sie beginnt, nach Lösungsmöglichkeiten und Auswegen Ausschau zu halten, die sie bisher noch nicht

genutzt hat. Dies kann u. U. auch durch eine Umbewertung der Geschehnisse, die zur momentanen Situation geführt haben, erreicht werden.
Gelingt die Neuorientierung, stellt sich ein neues Gleichgewicht ein (vierte Phase): Die neue Situation ist akzeptiert, ein geregelter Lebensvollzug wiederhergestellt. Unter Umständen haben sich im Rahmen der Neuorientierung Veränderungen ergeben, die letztlich dazu führten, dass die Person zufriedener ist als vor dem kritischen Ereignis.

Den hier beispielhaft dargestellten modernen Entwicklungstheorien ist die Ausweitung der Entwicklungsperspektive auf die gesamte Lebensspanne sowie die Formulierung von Bedingungen für die Erklärung individueller Entwicklungspfade anstatt der Beschreibung typischer Entwicklungsverläufe gemeinsam. Darüber hinaus weisen sie dem Individuum eine aktive Rolle bei der Gestaltung des Entwicklungsgeschehens zu. Sie ähneln sich zudem in Art der beschriebenen Auslöser für Entwicklungsimpulse. Bei Erikson (1980) ist es die Steigerung des bearbeiteten Themas zu einer Krise, auch Filipp (1999a) verwendet den Begriff Krise. Bei Lehr und Thomae (1987) heißen die „kritischen Lebensereignisse" von Filipp „biografische Wendepunkte" und Havighurst (1972) spricht von „Entwicklungsaufgaben", die in ihrem psychosozialen Charakter und der deutlichen Anlehnung an Entwicklungsabschnitte stark dem Modell von Erikson (1980) ähneln. Lohaus, Vierhaus und Maass (2010) fassen all diese Theorien unter dem Oberbegriff „Anforderung-Bewältigungs-Theorien" zusammen. Dennoch bestehen jeweils charakteristische Unterschiede: Die beiden Theorien der „kritischen Lebensereignisse" und der „biografischen Wendepunkte" beziehen sich insbesondere auf den speziellen Aspekt der Auswirkung nichtnormativer Ereignisse, die bei Erikson (1980) keine und bei Havighurst (1972) wenig Berücksichtigung finden. Erikson (1980) und Filipp (1999a) konzeptualisieren zudem die Auslöser von Entwicklungsimpulsen explizit als krisenhaftes Geschehen, Havighurst (1972) sowie Lehr und Thomae (1987) sprechen hingegen von „Aufgaben" und „Wendepunkten" und stellen damit sehr viel deutlicher die entwicklungsförderlichen Aspekte auch eines als zunächst belastend erlebten Entwicklungsgeschehens heraus. Sie betonen damit stärker die Aktivität des Individuums als Gestalter seiner Entwicklung.

So ähnlich sich die Modelle auch sind, ergänzen sie sich damit gegenseitig. Es sind sowohl bestimmte „große" Themen im Lebenslauf, die mit Blick auf einen positiven Fortgang der Gesamtentwicklung eine Bearbeitung verlangen („psychosoziale Krisen"), als auch „kleinere" Anforderungen, die bewältigt werden müssen, die jedoch nicht unbedingt ein bestimmtes „Nacheinander" einhalten müssen oder an einen bestimmten Lebensabschnitt gebunden sind („Entwicklungsaufgaben"). Und es können sowohl plötzlich eintretende belastenden Geschehnisse („kritische Lebensereignisse"), als auch eher unspektakuläre Ereignisse sein, die den individuellen Entwicklungsverlauf in eine bestimmte Richtung lenken („biografische Wendepunkte"). In der modernen Entwicklungspsychologie werden Entwicklungstheorien deshalb nicht mehr mit dem Anspruch verbunden, ein für das gesamte Entwicklungsgeschehen gültiges Erklärungsmodell zu liefern, sondern sie erheben lediglich für den jeweils beschriebenen, u. U. sehr engen Phänomenbereich Gültigkeit. Erst auf der Basis einer breiten Kenntnis verschiedener Theorien und Untersuchungsbefunde zu einem Gegenstandsbereich ist es möglich, zu einer validen Einschätzung der möglichen Ursachen eines Phänomens gelangen. Ebenso kann eine Prognose über einen Entwicklungsausgang sinnvoll nur unter Einbeziehung *aller* Lebensumstände vorgenommen werden.

Literaturhinweis

Rothgang, G.-W. (2009). *Entwicklungspsychologie* (2. aktual. Aufl.). Stuttgart: Kohlhammer.

1.3 Entwicklung und Erziehung

1.3.1 Definition und Gegenstand von schulischer Erziehung

Die oben dargestellte Diskussion über die relative Bedeutung von Anlage- und Umweltfaktoren für den Ausgang eines bestimmten Entwicklungsgeschehenes verknüpfen Gruber, Prenzel und Schiefele (2006) mit der Frage, welcher Spielraum für Veränderung durch Erziehung jeweils angenommen wird. Fuhrer (2005) unterstreicht, dass Entwicklung damit immer sowohl Ziel als auch Ergebnis von Erziehung sei.

Mit „Erziehung" ist in einem allgemeinen Verständnis jegliche Form von Einflussnahme gemeint, die ein bestimmtes Verhalten (Wissen, Können, Wollen; vgl. Krapp, Prenzel & Weidenmann, 2006) unter Berücksichtigung normativer Ansprüche in eine bestimmte Richtung (im Hinblick auf eine Verbesserung) nachhaltig verändert. Brezinka (1990) hat in einer vielbeachteten Publikation die in der Pädagogik als auch der Psychologie über die Jahrhunderte verwendeten Erziehungsbegriffe und ihre jeweiligen Charakteristika beschrieben. Die Definitionen unterscheiden sich vor allem in vier Punkten: Erstens gelten in einigen Definitionen nur solche Einflussnahmen als Erziehung, die intentional erfolgen (z. B. Lochner, 1934; Langeveld, 1962; Dolch, 1966, zit. n. Brezinka, 1990), andere berücksichtigen auch nicht-intendierte Einflüsse (z. B. Durkheim, 1972; Kroh, 1952, zit. n. Brezinka, 1990). Zweitens wird in einigen Definitionen zur Bedingung gemacht, dass tatsächlich Wirkungen eintreten (z. B. Peters, 1972; Dolch, 1966; Waitz, 1898; Heyde, 1929; Kroh, 1952, zit. n. Brezinka, 1990), in anderen wird dies nicht gefordert oder offen gelassen (z. B. Lochner, 1934, zit. n. Brezinka, 1990). Drittens können die Definitionen dahingehend unterschieden werden, ob die dann eintretenden Wirkungen auch die beabsichtigten sein müssen (z. B. Heyde, 1929, zit. n. Brezinka, 1990), oder ob auch nicht beabsichtigte Wirkungen Erziehung definieren (z. B. Langeveld, 1962, zit. n. Brezinka, 1990). Und viertens können die Definitionen dahingehend unterschieden werden, ob es für Erziehung immer einer Interaktion zwischen Personen bedarf (z. B. Langeveld, 1962; Dolch, 1966, zit. n. Brezinka, 1990) oder ob auch Wirkungen anderer Einflüsse (z. B. Medien, kultureller Rahmen) als Erziehung gelten (z. B. Henz, 1964; Schneider, 1953, zit. n. Brezinka, 1990). Dieser Sonderfall wird in der Pädagogik unter dem Begriff „funktionale Erziehung" zusammengefasst. In der Psychologie wird dies hingegen eher als „Sozialisation" oder „implizites Lernen" aufgefasst (Krapp, Prenzel & Weidenmann, 2006). Die in der Psychologie wohl am häufigsten zitierte Definition von Erziehung stammt von Wolfgang Brezinka selbst: *„Unter Erziehung werden Handlungen verstanden, durch die Menschen versuchen, das Gefüge der psychischen Dispositionen anderer Menschen in irgendeiner Hinsicht dauerhaft zu verbessern oder seine als wertvoll beurteilten Bestandteile zu erhalten oder die Entstehung von Dispositionen, die als schlecht bewertet werden, zu verhüten."* (Brezinka, 1990, S. 95; Hervorhebung im Original).

Im Entwicklungskontext Schule lässt sich der Erziehungsbegriff relativ eindeutig auch näher bestimmen: Schulische Erziehung stellt eine intentionale Einflussnahme durch einen Erzieher dar, die auf eine Verbesserung von Wissen und Können in ganz bestimmten Bereichen, nämlich dem Erwerb von Kulturtechniken und darauf aufbauenden Wissensbeständen zielt. Für ihre Umsetzung wird ein spezieller Rahmen hergestellt, der von Krapp, Prenzel und Weidenmann (2006) als „Pädagogische Situation" bezeichnet wird: Die lernende Person findet sich in einer speziell arrangierten Umgebung einem Erzieher gegenüber, der mit Hilfe von Medien so auf ihn einwirkt, dass eine Verbesserung des Wissens und Könnens erreicht wird. Die Wirkungen stellen sich wesentlich durch die Interaktion zwischen der lernenden Person und ihrer Umwelt ein. Am Ausmaß der Verbesserung wird der Erfolg der erzieherischen Einwirkung gemessen.

Literaturhinweis

Brezinka, W. (1990). *Grundbegriffe der Erziehungswissenschaft*. München: Reinhardt.

1.3.2 Normative Pädagogik vs. empirische Psychologie

Es ist im vorangegangenen Abschnitt bereits deutlich geworden, dass das von der Psychologie bearbeitete Thema „Erziehung" auch den zentralen Gegenstandsbereich des Faches Pädagogik ausmacht.

In der Pädagogik wird erzieherisches Handeln typischerweise im Hinblick auf das „Wünschenswerte" der intendierten Veränderung des Verhaltens auf dem Boden eines mehr oder weniger bewussten Menschenbildes betrachtet. Dieses auch als normative Erziehungswissenschaft bezeichnete Forschungsfeld gehört zu den zentralen Arbeitsfeldern der Allgemeinen Pädagogik (Wulf, 2001). Sie leistet eine Reflexion über die Erziehbarkeit und Erziehungsbedürftigkeit der Edukandinnen und Edukanden.

Letztlich ist dies auch der Boden, auf dem eine Psychologie der Erziehung steht. Dennoch unterscheiden sich pädagogische und psychologische Herangehensweisen in charakteristischer Hinsicht. Herzog (2005) hat hierzu eine vergleichende Inhaltsanalyse von Begriffen in einem pädagogischen und psychologischen Wörterbuch vorgenommen. Hiernach liegt der Schwerpunkt der

Psychologie auf den psychischen Funktionen, ihren biologischen Grundlagen und Störungen. Die Psychologie ist zudem originär in der Wissenschaft verwurzelt. Der Schwerpunkt der Pädagogik liegt auf Bildung, Erziehung und Unterricht und ist originär in der Praxis verwurzelt. In der Pädagogik wird zudem sehr viel stärker als in der Psychologie auf eine normative, gesamtgesellschaftliche und kulturelle Perspektive rekurriert. Ein weiterer wesentlicher Unterschied besteht darin, dass Bildung, Erziehung und Unterricht in der Psychologie Anwendungsbereiche sind, die einen starken Fokus auf das Individuum haben und einen streng empirischen Zugang realisieren. Nach Nickel (2000) und Fuhrer (2005) bestehen die Aufgaben einer Erziehungspsychologie darin, beobachtetes Erziehungsverhalten, Erziehungspraktiken und Erziehungsziele zu erheben und zu beschreiben, eine Bedingungsanalyse zu unternehmen und eine Erklärung der Ausprägungsgrade zu versuchen. Sie überprüft zudem die Wirkungen auf den Edukanden/die Edukandin, sie erarbeitet theoretische Erklärungsmodelle für die Wirkungen von Erzieher-Edukanden/innen-Interaktionen sowie Verfahren für systematische Modifikationen in unterschiedlichen Untersuchungsanordnungen (Settings).

Diese hier bisher als unterschiedlich beschriebenen Entwicklungslinien laufen jedoch in neuerer Zeit zusammen: So wie sich die Psychologie insbesondere in der Teildisziplin „Pädagogische Psychologie" durch die Bestimmung ihrer Aufgabenfelder – neben der Bereitstellung empirisch-wissenschaftlich gewonnenen, grundlagenorientierten wie praxisrelevanten Wissens – auch in der Vermittlung dieses Wissens und deren praktischer Umsetzung an Experten unterschiedlicher Fachrichtungen sieht (Gage & Berliner, 1996; Krapp, Prenzel & Weidenmann, 2006), hat sich in der Pädagogik das Teilgebiet der empirischen Erziehungswissenschaft herausgebildet, die ebenfalls einen empirischen Forschungszugang zu ihren Themenfeldern realisiert (Bauer & Marotzki, 1998).

Auf dem Boden der oben zitierten Definition des Erziehungsbegriffs durch Brezinka fordert Fuhrer (2005, S. 32f.) von einer *Psychologie der Erziehung*, dass sie a) wissenschaftlich begründetes und praktisch verwertbares Wissen an Erziehungsexperten vermittelt, dass sie b) erziehungsrelevante Einflussfaktoren und Wirkungen von Erziehung und ihren Störungen identifiziert, analysiert und damit Prognosen ermöglicht, dass sie c) damit Beratungsprozesse und Interventionen unterstützt und dass sie d) pädagogische Maßnahmen evaluiert, um Effekte und Nebenwirkungen festzustellen.

Literaturhinweis

Herzog, W. (2005). *Pädagogik und Psychologie*. Stuttgart: Kohlhammer.

1.3.3 Entwicklungspsychologische Bedingungen von Erziehung

Im Mittelpunkt der von Brezinka (1990) formulierten Definition von Erziehung steht die erwünschte und nachhaltige Veränderung von „psychischen

Dispositionen" bzw. eines bestimmten Verhaltenspotentials. Eine Verhaltensänderung zu erreichen ist auch das entscheidende definitorische Kriterium von Lernvorgängen, die zentraler Bestandteil insbesondere der schulischen Erziehung sind. Spielräume und Grenzen von (schulischer) Erziehung werden durch die Bedingungen gesetzt, die das zu erziehende Individuum mitbringt: Körperliche Reifung ist zum einen eine Vorbedingung für Lernen und Lernerfolg, zum anderen wirken Lernen und Reifung kompensatorisch. So sieht Weinert (2010, S. 132) Entwicklung „einmal als notwendige Voraussetzung, ein anderes Mal als beliebiges Ergebnis und schließlich auch als wichtiges Ziel der Erziehung". Fuhrer (2005) weist noch auf einen weiteren Aspekt hin: Ziele, die in jüngerem Alter von den Erziehenden verfolgt werden, werden von dem Heranwachsenden mit zunehmender Entwicklung selbst gesetzt und verfolgt.

Entwicklung wird damit zu einem Prozess, der Erziehung bedingt und ergänzt – ebenso wie Erziehung die Entwicklung bedingt, indem sie bemüht ist, ihr eine bestimmte Richtung zu geben bzw. sie zu unterstützen. Fuhrer (2005, S. 57) fasst Erziehung in diesem Zusammenhang auch als „Entwicklungsintervention" auf. Erziehung muss sich auf die Entwicklungsvoraussetzungen einerseits einstellen, andererseits soll sie diese durch bestimmte Maßnahmen zu einer möglichst optimalen Entfaltung führen. Diskutiert wird in diesem Zusammenhang das Konzept der *sensiblen Phasen*.

Die Verwendung des Begriffs in der Psychologie geht zurück auf die Prägungsexperimente, die der Ethologe Konrad Lorenz mit Graugansküken durchführte. Er beobachtete, dass diese bis zum Beginn ihrer Pubertät dem ersten sich bewegenden Objekt nachfolgen, das sie nach dem Ausschlüpfen sehen, als wäre es das Muttertier (Lorenz, 1965, 1988). Dieses als Prägung bezeichnete Verhalten definiert Nickel (1972, S. 71) als einen „einmaligen irreduziblen Vorgang während einer bestimmten Zeitspanne in der Kindheit eines Tieres, meistens in den ersten Stunden oder Tagen nach der Geburt, durch den einzelne Reize oder Reizkombinationen aus der Umwelt zu Auslösern von Instinkthandlungen werden". Die auslösenden Reize oder Reizkonstellationen werden auch als „Schlüsselreize" bezeichnet. Zugrunde liegt diesem Vorgang ein angeborener auslösender Mechanismus, der zu einer irreduziblen Verbindung von Schlüsselreiz und einem Instinktverhalten (z. B. Angreifen, Fliehen, Fressen, Paarungsverhalten, Nestverhalten) führt. Zusammen mit Nikolaas Tinbergen erforschte Lorenz, bis zu welchem Grad man die Eigenschaften des natürlichen Schlüsselreizes abstrahieren kann. Eckhard Hess (1959) wies später experimentell nach, dass es bestimmte Zeiträume gibt, in denen dieser Vorgang nur stattfinden kann. Sie wurden analog zu pränatalen Zeitabschnitten, in denen der Organismus besonders anfällig für schädigende Einflüsse ist, als *kritische Phasen* bezeichnet (vgl. Trautner, 2007).

Die Übertragung des Prägungskonzeptes aus dem Tierreich auf die Humanentwicklung ist problematisch, da die hohe Variabilität und Kompensierbarkeit menschlicher Entwicklung weder ein ausschließlich instinktgesteuertes Verhalten noch in dem beschrieben Sinne irreduzible Verbindungen zwischen auslösenden Reizen und Verhalten kennt. Eine Übertragung wurde im Sinne einer vorsichtigen Analogie mit den sensiblen Phasen vorgenommen. Gruber, Prenzel und Schiefele (2006, S. 118) definieren sensible Phasen als „zeitlich begrenzte Entwicklungsabschnitte, in denen spezifische Umwelteinflüsse zu einer besonderen Wirkung gelangen". Damit ist gemeint, dass in bestimmten Lebensabschnitten unter dem Einfluss von Umwelteinflüssen spezifische überdauernde Verhaltensmuster besser ausgebildet werden können als in anderen Entwicklungsabschnitten. In Bezug auf Lernvorgänge gilt der Entwicklungspsychologie allerdings die gesamte frühe Kindheit als sensible Phase. Die Autoren weisen zudem darauf hin, dass „die Bedeutung früher Lebens- oder Lernphasen auch ohne biologische oder anthropologische Annahmen begründet werden (kann)" (Gruber, Prenzel & Schiefele, 2006, S. 118).

Ähnlich wird der Begriff auch in der Pädagogik verwendet. Hier ist er vor allem durch die Arbeiten von Maria Montessori bekannt geworden (vgl. Kap. 3.4.4). Maria Montessori (1950/2009) versteht unter einer sensiblen Phase ein Zeitfenster, in dem sich ein Kind für etwas ganz Bestimmtes interessiert. Sensible Phasen sind deshalb optimale Lernphasen für ganz bestimmte körperliche wie kognitive Funktionen und um sich mit der Umwelt auseinanderzusetzen. Allerdings verwendet Montessori im Original nicht den Begriff „Phase" (der etwas Einmaliges und unwiederbringlich Vorübergehendes impliziert), sondern „Periode", und meint damit einen prinzipiell wiederkehrenden Zustand.

Mehr noch als eine auf die Zeiten besonderer Empfänglichkeit abgestimmte Förderung ist für eine gesunde Entwicklung vor allem der familiäre und soziale Rahmen bedeutsam. Bereits René Spitz (1945) und John Bowlby (1969/1975) haben dies eindrücklich in ihren Beobachtungen an Heimkindern beschrieben: Kinder, denen es an zureichender Betreuung mangelte, blieben in ihrer Entwicklung zurück und entwickelten häufig psychische Störungen und sozial problematisches Verhalten. Fuhrer (2005) formuliert fünf Grundbedürfnisse, die Kinder haben und deren Erfüllung sie für ihre psychische Entwicklung brauchen. Dies sind a) ein Grundbedürfnis nach Geborgenheit und beständigen liebevollen Beziehungen, b) ein Bedürfnis nach Unversehrtheit, Sicherheit und Regulation, c) ein Bedürfnis nach individuell zugeschnittenen Erfahrungen, d) ein Bedürfnis nach entwicklungsgerechten Erfahrungen und e) ein Bedürfnis nach Grenzen und Strukturen. Störungen in diesen Grundbedürfnissen können je nach Ausmaß, Dauer und kompensatorischen Ressourcen u. U. dauerhafte Entwicklungsdefizite nach sich ziehen und die Lernfähigkeit allgemein beeinträchtigen.

Literaturhinweise

Lorenz, K. (1988). *Hier bin ich – wo bist Du? Ethologie der Graugans*. München: Piper.
Montessori, M. (1950/2009). *Kinder sind anders*. Stuttgart: Klett-Cotta.

1.4 Entwicklungspsychologie in Erziehung und Unterricht

1.4.1 Schulisch relevante Entwicklungsbereiche

Die Schule stellt für Kinder und Jugendliche einen bedeutsamen Entwicklungsrahmen dar: Hier verbringen sie einen Großteil des Tages, hier werden sie mit Leistungsansprüchen konfrontiert, deren Erfüllung oder Nicht-Erfüllung wesentlichen Einfluss auf ihre weiteren Berufschancen hat, und hier sind sie einem Zusammensein mit Gleichaltrigen ausgesetzt, dem sie sich kaum entziehen können. Schule übernimmt zudem einen Teil der Erziehungs- und Betreuungsfunktionen, die ursprünglich den Eltern zukamen. Pekrun (1994) benennt die Funktionen von Schule folgendermaßen:

- Vermittlung von Wissensbeständen und Fertigkeiten (Qualifikationsfunktion).
- Ermöglichung des Zugangs zu Ausbildungs-, Berufs- und Lebenschancen (Allokationsfunktion).
- Vermittlung von Werthaltungen, Gefühlsdispositionen und Verhaltensbereitschaften, die von Berufswesen und Gesellschaft erwartet werden (Sozialisationsfunktion).
- Bereitstellung von Gleichaltrigen.

Sowohl der Reifungsstand als auch Anforderungen, die sich aus dem allgemeinen Entwicklungsgeschehen ergeben, bilden die Rahmenbedingungen schulischen Lernens: Die Entwicklung körperlicher Funktionen (Gestalt, Motorik, Hören und Sehen) ist eine Vorbedingung des (regelgerechten) schulischen Lernens, weil sie z. B. das Halten eines Stiftes und die selbstständige körperliche Versorgung erst ermöglichen. Die für das schulische Lernen vor allem relevanten Entwicklungsbereiche sind die Entfaltung der kognitiven Funktionen: Wahrnehmung, Aufmerksamkeit, Sprache, Denken und Gedächtnis spielen bei der Aneignung von Kulturtechniken und Wissensbeständen zusammen. Die Entwicklung eines angemessenen Leistungshandelns bestimmt mit, welche Ausbildungs-, Berufs- und Lebenschancen zugänglich werden. Eine altersangemessene emotionale und soziale Entwicklung bildet die Basis für eine Eingliederung in das schulische Zusammenleben. Aber auch die Entfaltung der Persönlichkeit ist sowohl Begleitumstand als auch Ergebnis schulischen Lernens: Insbesondere das Fähigkeitsselbstkonzept entwickelt sich wesentlich auf dem Boden der in der Schule erhaltenen Leistungsrückmeldungen, gleichzeitig wirkt es auf die Leistungsbereitschaft zurück.

Schule ist jedoch nicht nur ein Ort, an dem gelernt wird, sondern sie ist als ein Lebensraum zu verstehen, in dem miteinander umgegangen wird und in dem Erfahrungen gemacht und ausgetauscht werden. Der Einfluss von Schule auf die Entwicklung der Persönlichkeit konstituiert sich dabei aus der Gesamtheit von Unterricht und Nicht-Unterricht. Beziehungsfähigkeit, Selbstverantwortung und Selbstkontrolle sind einige Persönlichkeitsmerkmale, die in diesem Kontext gebraucht und entwickelt werden. In der Schulzeit werden damit nicht nur Lebenswege vorgezeichnet, sondern es ist davon auszugehen, dass sie auch nachhaltige Auswirkungen auf die Entwicklung der Gesamtpersönlichkeit hat.

Literaturhinweis

Ritter, S. (2008). *Lebensraum Schule. Möglichkeiten, das Wohlbefinden von Kindern in Schulen zu verbessern.* Hamburg: Diplomica.

1.4.2 Veränderung von Funktion und Bild des Lehrpersonals

Das ursprüngliche Verständnis von Funktion und Bild des Lehrpersonals ist das einer Erzieherin bzw. eines Erziehers, die bzw. der Kinder und Jugendliche dabei unterstützt, sich Bildung anzueignen bzw. eine Ausbildung erfolgreich zu beenden. Daneben soll sie bzw. er die Kinder und Jugendlichen dabei unterstützen, ihre Persönlichkeit so weiterzuentwickeln, dass sie in der Gesellschaft erfolgreich agieren können. Tausch und Tausch (1998, S. 9) formulieren in ihrem Standardwerk der Erziehungspsychologie diesen Anspruch folgendermaßen: „Wie können Lehrer, Erzieher und Eltern wichtige seelische Vorgänge der persönlichen Entwicklung und des fachlichen Lernens von Kindern und Jugendlichen fördern?" Tausch und Tausch benennen unter Rückgriff auf die Konzeption von Carl Rogers (1961/2004) vier „Dimensionen von Verhaltensformen", die diesen Zielen der Lehrer-Schülerinteraktion besonders förderlich sind. Eine Dimension wird bestimmt durch ein spezifisches Zusammenspiel von kongruenten Haltungen, Reaktionsweisen und Aktivitäten (Tausch & Tausch, 1998, S. 101).

Die erste Dimension wird von Tausch und Tausch als „Achtung – Wärme – Rücksichtnahme" (kurz: „Achtung") bezeichnet. Sie wird z. B. durch folgende Charakteristika beschrieben: den anderen wertschätzen, an ihm Anteil nehmen, mit ihm freundlich und herzlich umgehen, mit ihm nachsichtig sein, ihn ermutigen, ihn wohlwollend behandeln, ihm vertrauen, zu ihm halten, ihm beistehen (vgl. Tausch & Tausch, 1998, S. 120).

Die zweite Dimension ist „Einfühlendes Verstehen" (kurz: „Verstehen"). Sie wird z. B. durch folgende Charakteristika beschrieben: die von der Person geäußerten gefühlsmäßigen Erlebnisinhalte und gefühlten Bedeutungen verstehen, gewahr sein, was diese für das Selbst des anderen bedeuten, dem anderen mitteilen, was von seiner inneren Welt verstanden wird, die eigenen Handlungen und Maßnahmen dem persönlichen Erleben des Gegenübers angemessen gestalten (vgl. Tausch & Tausch, 1998, S. 181).

Die dritte Dimension lautet „Echtheit – Aufrichtigkeit" (kurz: „Echtheit"). Sie wird z. B. durch folgende Charakteristika beschrieben: sich so geben, wie man wirklich ist, sich ungekünstelt und natürlich verhalten, ehrlich sich selbst gegenüber sein, sich anderen offenbaren und mit seinem Ich zu erkennen geben, gefühlsmäßige Erlebnisse dem anderen gegenüber ausdrücken (vgl. Tausch & Tausch, 1998, S. 215).

1 Einführung

Die vierte Dimension ist die sog. „Lenkungsdimension". Darunter werden förderliche Attitüden im Rahmen des konkreten Unterrichtshandelns verstanden. Ein „nicht-dirigierender" Lenkungsstil zeichnet sich dadurch aus, dass der Schülerin/dem Schüler Angebote gemacht, Anregungen gegeben, Alternativen vorgeschlagen und informierende Hinweise gegeben werden, dass Materialien und andere Hilfsquellen verfügbar gehalten werden, dass durch Vorleben ermöglicht wird, ein günstiges Selbstkonzept zu entwickeln, dass eine förderliche Lernumwelt geschaffen wird durch Mitlernen, gemeinsame Aktivitäten und gemeinsame, gefühlsmäßig bereichernde Erlebnisse (vgl. Tausch & Tausch, 1998, S. 247).

Während bis in die 1980er Jahre hinein die Vorstellung vorherrschte, bestimmte Personeigenschaften der Lehrkraft könnten das erfolgreiche Lernen von Schülerinnen und Schülern sicherstellen, wird heute die Schülerleistung als ein Prozessprodukt verstanden: Einzelne Lehrerfertigkeiten entfalten eine Wirkung auf eng umschrieben Schülerleistungen (vgl. Bromme, 1997). Lernerfolg wird also nicht mehr als auf (genetischen) Persönlichkeitseigenschaften beruhend verstanden, sondern Lehrkräfte weisen (mehr oder weniger ausgeprägt) bestimmte (erlernbare) Kompetenzmerkmale auf, die das Lernhandeln von Schülerinnen und Schülern günstig beeinflussen. Die Lehrkraft gilt als „kompetenter Fachmann (Experte) für die Kunst des Unterrichtens" (Bromme, 1997, S. 186).

Aktuell wird vor allem die Ausweitung diagnostischer Kompetenz von Lehrkräften gefordert: Lehrerinnen und Lehrer sollen in der Lage sein, Lernstand und Leistungsdefizite zu erkennen und zu benennen, sie sollen individuelle Lernprozesse identifizieren sowie intellektuelle Begabungen und motivationale Ressourcen erkennen und fördern können. Die Kultusministerkonferenz hat diesen Anspruch in Standards zur Lehrerbildung festgeschrieben (Sekretariat der Ständigen Konferenz der Kultusminister, 2004). Die in den Schulgesetzen der Länder formulierten Bildungs- und Erziehungsziele sehen für das neue Berufsbild vor, dass Lehrerinnen und Lehrer nicht nur Fachleute für das Lehren und Lernen sind, sondern ihren Erziehungsauftrag in enger Kooperation mit den Eltern wahrnehmen. Besondere Bedeutung wird der Beurteilungs- und Beratungsaufgabe zugewiesen, die „kompetent, gerecht und verantwortungsbewusst" ausgeführt werden soll (Sekretariat der Ständigen Konferenz der Kultusminister, 2004, S. 3). Hohe pädagogisch-psychologische und diagnostische Kompetenzen sind dafür unabdingbar. Lehrerinnen und Lehrer sind aufgefordert, ihre Kompetenzen ständig weiterzuentwickeln und Fort- und Weiterbildungsangebote zu nutzen. Verpflichtend ist darüber hinaus auch die Beteiligung an der Gestaltung einer „lernförderlichen Schulkultur und eines motivierenden Schulklimas" (Sekretariat der Ständigen Konferenz der Kultusminister, 2004, S. 3).

Aus diesen Anforderungen sind Kompetenzbereiche und zugehörige Standards abgeleitet, denen die Ausbildung des Lehrpersonals in Zukunft genügen soll (vgl. Sekretariat der Ständigen Konferenz der Kultusminister, 2004, S. 7–14):

- *Unterrichten*: Lehrerinnen und Lehrer planen Unterricht fach- und sachgerecht und führen ihn sachlich und fachlich korrekt durch. Sie unterstützen

1.4 Entwicklungspsychologie in Erziehung und Unterricht

durch die Gestaltung von Lernsituationen das Lernen von Schülerinnen und Schülern. Sie motivieren Schülerinnen und Schüler und befähigen sie, Zusammenhänge herzustellen und Gelerntes zu nutzen. Lehrerinnen und Lehrer fördern die Fähigkeiten von Schülerinnen und Schülern zum selbstbestimmten Lernen und Arbeiten.

- *Erziehen*: Lehrerinnen und Lehrer kennen die sozialen und kulturellen Lebensbedingungen von Schülerinnen und Schülern und nehmen im Rahmen der Schule Einfluss auf deren individuelle Entwicklung. Sie vermitteln Werte und Normen und unterstützen selbstbestimmtes Urteilen und Handeln von Schülerinnen und Schülern. Sie finden Lösungsansätze für Schwierigkeiten und Konflikte in Schule und Unterricht.
- *Beurteilen*: Lehrerinnen und Lehrer diagnostizieren Lernvoraussetzungen und Lernprozesse von Schülerinnen und Schülern; sie fördern Schülerinnen und Schüler gezielt und beraten Lernende und deren Eltern. Sie erfassen Leistungen von Schülerinnen und Schülern auf der Grundlage transparenter Beurteilungsmaßstäbe.
- *Innovieren*: Lehrerinnen und Lehrer sind sich der besonderen Anforderungen des Lehrerberufs bewusst. Sie verstehen ihren Beruf als ein öffentliches Amt mit besonderer Verantwortung und Verpflichtung. Sie verstehen ihren Beruf als ständige Lernaufgabe. Sie beteiligen sich an der Planung und Umsetzung schulischer Projekte und Vorhaben.

Diese Vorgaben stärken insbesondere die Vermittlung von Fachdidaktik und Bildungswissenschaften in der Lehramtsausbildung. Seit dem Ausbildungsjahr 2005/2006 sind diese Standards in der Lehrerbildung in den Ländern implementiert. Im Jahr 2008 hat die Kultusministerkonferenz zusätzlich die „Ländergemeinsamen inhaltlichen Anforderungen für die Fachwissenschaften und Fachdidaktiken in der Lehrerbildung" verabschiedet (Sekretariat der Ständigen Konferenz der Kultusminister der Länder in der Bundesrepublik Deutschland 2008). In dieser Schrift sind Fachprofile formuliert, welche die in Deutschland studierbaren 19 Unterrichtsfächer (Alte Sprachen, Bildende Kunst, Biologie, Chemie, Deutsch, Geographie, Geschichte, Informatik, Mathematik, Musik, Neue Fremdsprachen, Philosophie, Physik, Evangelische Religionslehre, Katholische Religionslehre, Sozialkunde/Politik/Wirtschaft, Sport, Grundschulbildung, Sonderpädagogik) hinsichtlich der im Studium aufzubauenden Kompetenzen sowie die dazu notwendigen einzelnen inhaltlichen Schwerpunkte universitärer Unterrichtung genau beschreiben.

Literaturhinweise

Tausch, R. & Tausch, A.-M. (1998). *Erziehungspsychologie*. Göttingen: Hogrefe.
Kultusministerkonferenz (2005). *Bildungsstandards der Kultusministerkonferenz*. Berlin: Luchterhand.
Driescher, E. (2005). *Bildungsstandards praktisch*. Wiesbaden: Verlag für Sozialwissenschaften.

1.4.3 Entwicklungsgeschehen und unterrichtliche Praxis

Entwicklungspsychologisches Wissen unterstützt Lehrerinnen und Lehrer im Unterrichtsalltag auf verschiedene Weise, diese Aufgaben zu erfüllen. Auch wenn, wie Oerter (2005, S. 52) betont, die Idee allgemeingültiger Gesetzmäßigkeiten hinsichtlich des kognitiven Entwicklungsstandes in einer bestimmten Altersstufe aufgegeben werden muss, ist doch der erreichte ebenso wie der zu erreichende Lernstand immer auch abhängig vom jeweils aktuellen *individuellen* Entwicklungsstand der zugrunde liegenden Basisfertigkeiten. Obwohl diese natürlich stark von der jeweilig erfahrenen Förderung und Eigenaktivität des Kindes bzw. Jugendlichen abhängen (vgl. Kluge, 2008), ist die Kenntnis von Entwicklungsnormen grundlegend für eine sichere entwicklungsdiagnostische Beurteilung. Nur wenn Bildungsmaßnahmen den individuellen Entwicklungsstand des Kindes berücksichtigen, kann individuell und gezielt gefördert werden. Eine nur grobe Orientierung an dem, was altersgemäß zu erwarten ist, geht an der Wirklichkeit vorbei – zu unterschiedlich sind die Kontexte des Aufwachsens und die Eingangsvoraussetzungen, die Kinder beim Eintritt in die Schule mitbringen. Oerter (2008a, S. 12) weist darauf hin, dass die Entwicklungsunterschiede im Grundschulalter so groß sind, dass aus seiner Sicht ein Frontalunterricht für ganze Klassen nicht erfolgreich sein könne. Das Hauptproblem aller schulischen Förderung liegt nach Oerter (2008a) in der Orientierung an einer Durchschnittspopulation der Altersstufe – die aber de facto gar nicht existiert.

Neben einer unzureichenden Unterstützung der vorschulischen Entwicklung kann auch eine klinisch bedeutsame Entwicklungsverzögerung einem Entwicklungsrückstand zugrunde liegen. Nicht immer bemerken Eltern eine verzögerte Entwicklung ihrer Kinder, wenn ihnen z. B. Vergleichsmöglichkeiten fehlen, oder aber weil man sich im täglichen Miteinander so eingerichtet hat, dass Defizite kompensiert werden. Dies gilt insbesondere für Defizite im motorischen oder sensorischen Bereich. Liegen tatsächlich Entwicklungsstörungen vor, wachsen sie sich nicht einfach so aus, sondern führen häufig zu langfristigen emotionalen, kognitiven und/oder sozialen Beeinträchtigungen (von Suchodoletz, 2005a). Daraus können sich weitere (sekundäre) Probleme im sozialen Bereich ergeben, weil die Kinder von Altersgleichen zurückgewiesen und ausgegrenzt werden, da sie bei den Spielen nicht mithalten können und deshalb nicht als wertvolle Spielpartnerinnen und Spielpartner erkannt werden (vgl. Kap. 4.3).

Aber auch in der täglichen Unterrichtung ist entwicklungspsychologisches Wissen gefragt. So weist Imhof (2010) zum einen darauf hin, dass Lehrerinnen und Lehrer in den pädagogischen Situationen das Verhalten ihrer Schülerinnen und Schüler nicht nur wahrnehmen, sondern es auch interpretieren und beurteilen müssen. Welchen Entscheidungsbedarf dies mit sich bringt und welche Handlungsspielräume den Lehrkräften zur Verfügung stehen, wird auch durch den Entwicklungsstand der Kinder und Jugendlichen bestimmt. Zum anderen setzen Lernvorgänge einen gewissen Entwicklungsstand nicht nur voraus, sondern sie gelingen auch in bestimmten Bereichen in unterschiedlichem Alter unterschiedlich gut (vgl. Kap. 3). So kann sich die häufig vorgebrachte Klage von

Schülerinnen und Schülern, eine vorgelegte Unterrichtsaufgabe sei „zu schwer", auf ganz unterschiedliche Aspekte beziehen: Ist ein grundlegendes Vorwissen vielleicht noch nicht vorhanden, ist die Aufgabe zu komplex formuliert und wird nicht durchschaut, oder aber ist sie zu umfangreich und ihre Bearbeitung verlangt mehr Zeit, als die Kinder in der Lage sind sich zu konzentrieren.

Das Wissen über typische Verläufe in speziellen Entwicklungsbereichen und ihrer Störungen hilft also, die individuelle Lernentwicklung sicher zu beurteilen und die jeweils geeigneten Unterstützungsmaßnahmen einzuleiten. Wissen über altersabhängige Entwicklungsvorgänge (z. B. Pubertät; vgl. Kap. 2.3.2 und Kap. 5.2) und die psychischen Belastungen, die sich daraus ergeben, hilft zudem einzuschätzen, was im Hinblick auf die Mobilisierung motivationaler Ressourcen bei den Schülerinnen und Schülern wann erwartet und erreicht werden kann (vgl. Kap. 3.7). Es hilft darüber hinaus einzuschätzen, wann ein Entwicklungsverlauf so problematisch wird, dass Interventionen angezeigt sind und wer dazu anzusprechen ist. Denn auch in der Schule selbst findet Entwicklung statt, die die Richtung des Entwicklungsausgangs zum Positiven wie Negativen hin beeinflussen kann: Die erlebte Schulumwelt und das wahrgenommene Schulklima wirken sich bedeutsam auf Befinden und Verhalten aus. Winkler-Metzke et al. (2006, S. 102) stellen Leistungsdruck, Disziplinierung und übermäßige Kontrolle, Konkurrenzverhalten der Schülerinnen und Schüler untereinander sowie mangelnde soziale Unterstützung durch die Lehrpersonen als pathogene Faktoren heraus. Aus den Erfahrungen des Unterrichtsgeschehens generieren sich zudem Vorstellungen der eigenen Leistungsfähigkeit, was wesentlich die Entwicklung des Selbstwertes tangiert (Maag Merki, 2006). Im ungünstigen Fall entwickeln sich Leistungsängste (Suhr-Dachs, 2006), die sich auf das aktuelle Lernverhalten auswirken, aber auch die Lebensplanung tangieren können, weil spezielle Leistungsziele nicht erreicht werden.

Ein sensibler Umgang mit den Entwicklungsvoraussetzungen und sich daraus ergebenden Bedürfnissen der Kinder und Jugendlichen ist die Grundlage einer gesunden Entwicklung im Schulalter. Die Entwicklungspsychologie stellt Konzepte bereit, die eine differenzierte Analyse der vorgefundenen Unterrichtswirklichkeit ermöglicht und die Ableitung des jeweils angemessenen Handelns erlaubt.

Literaturhinweis

Steinhausen, H.-C. (Hrsg.). (2006). *Schule und psychische Störungen*. Stuttgart: Kohlhammer.

1.5 Zusammenfassung

Unter „Entwicklung" werden in der modernen Entwicklungspsychologie sämtliche Veränderungen im Rahmen der Individualentwicklung (Ontogenese) verstanden, die relativ überdauernd sind, einen inneren Zusammenhang aufweisen und mit dem Lebensalter in Zusammenhang stehen. Die Entwicklungspsychologie ist ein vielfältig differenziertes Teilgebiet der Psychologie, das sich durch ihren besonderen Fokus, die Betrachtung der Veränderungen und Stabilitäten der Phänomene menschlichen Erlebens und Verhaltens im Lebenslauf, definiert. Entwicklungspsychologische Forschung hat das Ziel, sowohl Wissen über „typische" Entwicklungsverläufe und ihre Begleitumstände bereitzustellen, als auch die Entwicklungsbedingungen zu identifizieren, die Entwicklungsprozesse behindern oder die Entwicklungsprozesse optimieren helfen. Die originär entwicklungspsychologische Forschungsmethode ist die Längsschnittuntersuchung, es werden zudem viele Untersuchungen im Feld durchgeführt und häufig durch qualitative Verfahren ergänzt.

In der traditionellen Entwicklungspsychologie werden Beschreibungen typischer menschlicher Entwicklung vorgestellt, die Aussagen über allgemeine Entwicklungsgesetze beinhalten. Entwicklungsmodelle verdeutlichen die zentralen Denkansätze des Faches. Entwicklungsveränderungen werden durch Anlagefaktoren (genetisch bedingte Prozesse) oder Umweltfaktoren erklärt. Anlagefaktoren kommt umso mehr Bedeutung zu, je enger ein betrachtetes Verhalten an körperliche Vorgänge gebunden ist und je jünger das Individuum ist. Umweltfaktoren sind umso bedeutender, je näher das Merkmal an psychische Funktionen gebunden ist und je älter das Individuum ist. In der modernen Entwicklungspsychologie wird Entwicklung als ein lebenslanger Prozess begriffen, in dem Persönlichkeit und die engere und weitere soziale und materielle Umwelt miteinander interagieren. Moderne Entwicklungstheorien sind nicht mit dem Anspruch verbunden, ein für das gesamte Entwicklungsgeschehen gültiges Erklärungsmodell zu liefern, sondern erheben lediglich für den jeweils beschriebenen Phänomenbereich Gültigkeit. Erst eine breite Kenntnis verschiedener Theorien und Untersuchungsbefunde zu einem Gegenstandsbereich ermöglicht es, zu einer validen Einschätzung der möglichen Ursachen eines Phänomens zu gelangen.

Entwicklung ist damit immer sowohl das Ziel, als auch das Ergebnis von Erziehung. Schulische Erziehung ist eine intentionale Einflussnahme durch einen Erzieher in einem speziellen Rahmen, die auf eine Verbesserung von Wissen und Können zielt. Pädagogik und Psychologie sind zwei Wissenschaftsgebiete, die sich mit Blick auf das gemeinsame Ziel, eine Verhaltensänderung zu erreichen, ergänzen: Entwicklung ist ein Prozess, der Erziehung bedingt und ergänzt. Erziehung bedingt die Entwicklung, indem sie ihr eine bestimmte Richtung gibt oder sie unterstützt.

Der aktuelle Reifungsstand und die Anforderungen, die sich aus allgemeinen Entwicklungsgeschehen ergeben, bilden die Rahmenbedingungen schulischen Lernens. Schule ist nicht nur ein Ort, an dem gelernt wird, sondern ist auch ein Lebensraum, der sich aus dem Zusammenwirken von Unterricht und Nicht-Unterricht konstituiert. Schule hat einen großen Einfluss auf die Entwicklung der Persönlichkeit. Von Lehrerinnen und Lehrern werden heute nicht nur didaktische und erzieherische Kompetenzen erwartet, sondern auch diagnostische Kompetenzen. Entwicklungspsychologisches Wissen unterstützt Lehrerinnen und Lehrer im Unterrichtsalltag auf vielfache Weise, diese Aufgaben zu erfüllen.

2 Körperliche Entwicklung

2.1 Meilensteine pränataler Entwicklung

2.1.1 Entwicklungsgeschehen in der Pränatalzeit

Die Pränatale Entwicklung gliedert sich in drei Abschnitte: das Stadium der befruchteten Eizelle (Zygote), die Embryonalphase und die Fetalphase.

Der erste Abschnitt, das Stadium der *Zygote*, umfasst die Zeit von der Verschmelzung von Ei- und Samenzelle (Befruchtung) bis zum Ende des 14. Tages nach der Empfängnis. In dieser Zeit befindet sich der Keimling noch auf dem Weg vom Eierstock in die Gebärmutter (Uterus). Dennoch schreitet die Entwicklung bereits voran: Durch ständige Zellteilungen entsteht ein mehrzelliger undifferenzierter Organismus, nach drei Tagen sind bereits 32 Zellen aus fünf Teilungsvorgängen hervorgegangen (vgl. Moore & Persaud, 2007).

Nachdem der Keimling um den vierten Tag herum die Gebärmutter erreicht hat, differenzieren sich die Zellen in einen mit Flüssigkeit gefüllten Ballon (Blastozyte). An der Innenwand der Blastozyte finden sich diese wenigen Zellen in Form eines Zellhaufens (Embryoblast). Daraus entsteht der neue Organismus, die Zellen der Außenwand (Trophoblast) bilden später die Fruchtblase. Etwa am siebten bis neunten Tag nach der Befruchtung beginnt sich die Blastozyte in der Gebärmutterwand einzunisten. Auf der Außenseite des Trophoblasten entsteht die Zottenhaut (Chorion), aus deren fingerähnlichen Zottenhaaren sich der Mutterkuchen (Plazenta) ausbildet. Die Zellen der Embryoblasten differenzieren sich in dieser Zeit zunächst in äußeres Keimblatt (Ektoderm), inneres Keimblatt (Endoderm) und mittleres Keimblatt (Mesoderm). Aus dem Ektoderm bilden sich die Haut und die Neuralplatte heraus. Diese Neuralplatte entsteht an der Kontaktstelle mit dem Mesoderm und erscheint als ein verdicktes Epitel im Rücken des Embryos. Aus ihm entsteht das gesamte zentrale Nervensystem. Aus dem restlichen Mesoderm entstehen Muskeln, Skelett, Kreislaufsystem und innere Organe. Aus dem Endoderm bilden sich Harn- und Verdauungstrakt, Lunge und Drüsen (vgl. Moore & Persaud, 2007).

Der zweite Abschnitt, die *Embryonalphase*, umfasst die 3.–8. Woche nach der Empfängnis (rechnerisch die 5.–10. Schwangerschaftswoche, da die Zählung am ersten Tag der letzten Menstruationsblutung beginnt, also 14 Tage vor der Empfängnis). Die Embryonalphase beginnt per definitionem, wenn die Einnistung der Zygote in die Gebärmutterwand abgeschlossen ist. Das Herz beginnt Ende der dritten Woche nach der Empfängnis zu schlagen und erste Blutgefäße sind vorhanden. In der vierten Woche knospen die Extremitäten und Augen, Ohren sowie das Verdauungssystem formen sich. In der fünften Woche bilden sich Nabelschnur und Muskelmasse aus. In der sechsten Woche werden Strukturen des Gesichts (Kiefer, Ohr) angelegt und die Gehirnentwicklung ist stark beschleunigt. Danach bildet sich der Verdauungsapparat aus. Am Ende der achten Woche sind alle Organe, die Extremitäten, alle Körperproportionen und die Gewebe entsprechend differenziert. Der Embryo macht bereits kleine Bewegungen und reagiert auf Stimuli im Mundbereich (vgl. Moore & Persaud, 2007).

In der *Fetalphase*, dem dritten Abschnitt der Entwicklung in der Pränatalzeit, die ab der 9. Woche nach der Empfängnis gezählt wird (also der 11. Schwangerschaftswoche), findet keine weitere Differenzierung des Gewebes mehr statt, sondern die bis zum Ende der achten Woche nach Empfängnis angelegten Strukturen wachsen und reifen aus. Nach und nach nimmt der Fetus auch psychische Funktionen auf:

Erste reflexartige *Bewegungen* des Fetus sind ab der 9. Woche nach der Empfängnis zu beobachten, so auch Mundbewegungen und das Schlucken von Fruchtwasser. Ab der 14. Woche erfolgen die Bewegungen von Armen und Beinen koordiniert, im Ultraschall können spontane Bewegungen wie das Schlagen von Purzelbäumen beobachtet werden, später dann auch gezielte Reaktionen auf äußere Reize (z. B. bei Auflegen der Hand auf den Bauch) in Form von Tritten gegen die Bauchdecke (vgl. Moore & Persaud, 2007). Die Mutter kann diese ab etwa der 19. Schwangerschaftswoche auch spüren. Eaton und Saudino (1992) wiesen individuelle Unterschiede im Aktivitätsausmaß bereits in diesem Entwicklungsalter nach. DiPietro et al. (DiPietro et al., 1996a; DiPietro et al., 1996b) konnten zeigen, dass das pränatale Aktivitätsausmaß das postnatale Aktivitätsniveau bedeutsam vorhersagt. Auch Tag/Nacht-Unterschiede im Aktivitätsniveau (zirkadiane Verhaltensmuster) wurden beobachtet (Arduini, Rizzo & Romanini, 1995).

Nach und nach eröffnet die Ausreifung der Sinnesorgane dem Fetus verschiedene Erlebnisqualitäten: Zunächst reifen Tastsinn, Geruch (7.–12. Woche) und Geschmack (11.–13. Woche) aus.

Der *Tastsinn* sensibilisiert sich durch den Kontakt mit Oberflächen. Der Fetus erfährt taktile Reize zunächst passiv durch die eigene Aktivität, später scheint er sie aktiv zu suchen, indem er die Nabelschnur umfasst und an seinem Gesicht reibt oder am Daumen lutscht. Aus tierexperimentellen Untersuchungen wird abgeleitet, dass eine Reaktion auf Schmerzreize ab der 24. Woche zu erwarten ist (Meßlinger, 2002; vgl. auch Berk, 2005; Siegler, DeLoache & Eisenberg, 2008).

Geschmacks- und Geruchsnerven sensibilisieren sich über den Kontakt mit dem Fruchtwasser. Ab etwa der 26. Woche sind eindeutige Reaktionen in der Mimik durch bittere Substanzen beobachtbar (vgl. Moore & Persaud, 2007).

Ab der 20. Woche sind *Innen- und Mittelohr* voll ausgebildet (vgl. Moore & Persaud, 2007). Das Hören von inneren (Herzschlag) und äußeren Geräuschen (ab 90 Dezibel Lautstärke) ist möglich. Der Fetus reagiert auf plötzliche laute Geräusche mit einer Schreckreaktion und tritt z. B. bei Änderungen der Umgebungslautstärke kräftig gegen die Bauchdecke (vgl. Moore & Persaud, 2007; Berk, 2005; Siegler, DeLoache & Eisenberg, 2008).

Bereits ab der 14. Woche sind langsame *Augenbewegungen*, ab der 21. Woche schnelle Augenbewegungen möglich. Die Augenlider öffnen sich in der 26. Woche. Ab der 30. Woche reagiert der Fetus auf starken Lichtschein z. B. mit einer Reflexbewegung (Zukneifen der Augen), ab der 35. Woche kann eine spontane Orientierung zum Licht hin beobachtet werden (vgl. Moore & Persaud, 2007).

Der Fetus ist jedoch nicht nur verhaltens- und erlebensfähig, sondern ab etwa der 32. Schwangerschaftswoche auch zu einer einfachen Form des Lernens fähig: Als Reaktion auf einen neuen oder bekannten, aber länger nicht erfahrenen Reiz verändern sich physiologische oder stressabhängige Maße, wie z. B. die Herzschlagrate oder die Saugfrequenz. Dauert dieser Reiz länger an, gehen die Maße wieder auf das Ausgangsniveau zurück, um sich bei Eintreten eines neuen Reizes wieder zu verändern. Dieser Vorgang wird „Habituation" oder „Habituationslernen" genannt. So konnten z. B. Lecanuet, Granier-Deferre und Busnel (1995) zeigen, dass sich die Herzschlagrate eines Fetus bei wiederholtem Abspielen eines Silbenpaares über dem Bauch der Mutter in diesem Sinne veränderte, und dass zwischen nur wenig unterschiedlichen Reizen diskriminiert wurde. DeCaspar und Spence (1986) wiesen nach, dass sich der Saugrhythmus von Neugeborenen änderte, wenn sie eine Geschichte vorgelesen bekamen, welche die Mutter in den letzten Wochen der Schwangerschaft täglich vorgesprochen hatte. Neben dem Habituationslernen sind also auch Gedächtnisleistungen möglich. Marlier, Schaal und Soussignon (1998) wiesen nach, dass Neugeborenen eine Geruchspräferenz für ihr eigenes Fruchtwasser zeigen, und Mennella, Jagnow und Beauchamp (2001) fanden, dass Säuglinge auf einen Brei, der mit Karottensaft angemacht wird, positiver reagieren, als auf einen Brei, der mit Wasser angemacht ist, wenn die Mütter in den letzten Wochen der Schwangerschaft mehrmals wöchentlich Karottensaft tranken (dies gibt dem Fruchtwasser eine besondere Geschmacksnote).

Literaturhinweis

Rittelmeyer, C. (2006). *Frühe Erfahrungen des Kindes*. Stuttgart: Kohlhammer.

2.1.2 Prä- und perinatale Schädigungen

Die pränatale Entwicklung weist jedoch auch in allen Stadien der Entwicklung eine hohe Störbarkeit (Vulnerabilität = Verletzlichkeit) auf. Schölmerich und Pinnow (2007) sehen dies vor allem in dem hohen Entwicklungstempo und der Komplexität des Entwicklungsgeschehens begründet. Schädigende Faktoren (Noxen) können eine Fehlbildung bewirken (dann werden sie als Teratogene = fruchtschädigende Substanzen bezeichnet). Zu den Teratogenen zählen insbesondere Umweltgifte (z. B. Abgase, Pflanzenschutzmittel, Schwermetalle) und Strahlung (z. B. Röntgenuntersuchung, Radioaktivität), Infektionskrankheiten der Mutter (z. B. Röteln, Masern, Zytomegalie) und nutritive (die Nahrung bzw. Ernährung betreffende oder damit in Zusammenhang stehende) Giftstoffe (z. B. Medikamente, Alkohol, Drogen). Die schädigende Wirkung ist umso größer, je früher sie einsetzt und je länger sie andauert.

Störungen im Stadium der Zygote führen zu genetischen Defekten, die zumeist mit einem in diesem Stadium von der Schwangeren unbemerkten Abort enden (Moore & Persaud, 2007). Zwei Störungsmechanismen sind zu unterscheiden: die Mutation (Änderung der Basensequenz, während der identischen Replikation) und die fehlerhafte Zellteilung (Chromosomenaberration). Solche Störungen können jedoch auch spontan zu jedem späteren Zeitpunkt auftreten. Unterschieden werden eine Abweichung in der Chromosomenzahl durch fehlerhafte Aufteilung der Chromosomen (Non-disjunktion) und eine Abweichung in der Gestalt einzelner Chromosomen. Letztere kann durch den Einbau einer zusätzlichen Basensequenz (Insertion) oder das Abbrechen eines Chromosomenteils (dadurch entstehender Verlust der darauf gelegenen Erbinformation = Deletion) bzw. seinen fehlerhaften Wiedereinbau (an anderer Stelle = Translokation oder verdreht an derselben Stelle = Inversion) bedingt sein (Klug, Cummings & Spencer, 2007). Die fehlerhafte Zelle redupliziert sich bei den weiteren Zellteilungen in dieser Konstellation weiter. Je früher also dieser Fehler auftritt, desto mehr Zellen des Körpers tragen diesen in sich und desto größer ist die Funktionsbeeinträchtigung, die darauf basiert bzw. umso mehr Organe sind davon betroffen.

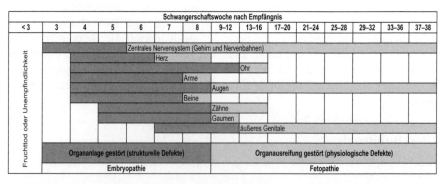

Abb. 2.1: Kritische Phasen der Embryonal- und Fetalentwicklung (nach Moore & Persaud, 2007)

Generell haben Störungen in der Embryonalphase größere strukturelle Fehlbildungen an den Gliedmaßen, den Sinnesorganen oder dem zentralen Nervensystem zur Folge. Störungen in der Fetalphase führen hingegen zu kleineren strukturellen Fehlbildungen und vor allem physiologischen Defekten. Anhand des Störungsbildes kann der Zeitraum der Schädigung eingegrenzt werden, denn jedes Organ hat eine kritische Phase, in der Schädigungen wahrscheinlich oder möglich sind (vgl. Kap. 1.3.3). Davor und danach wird die Entwicklung des bestimmten Organs nicht (mehr) durch die Noxe beeinträchtigt (vgl. Moore & Persaud, 2007). Abbildung 2.1 stellt die kritischen Phasen der Organentwicklung in Embryonal- und Fetalphase zusammen.

Eine häufig unterschätze Gefahr für die Entwicklung des Ungeborenen stellt insbesondere ein *Alkoholkonsum der Mutter* dar. Vielfach ist nicht bekannt, dass Alkohol ungehindert die Plazenta passiert und sich der Alkoholspiegel von Ungeborenem und Mutter angleichen. Kommt eine Mutter betrunken zur Geburt, dann ist entsprechend auch in der Atemluft des Neugeborenen Alkohol nachweisbar. Hinzu kommt, dass der Alkohol im Blut des Kindes wesentlich langsamer abgebaut wird, weil die dafür zuständigen Organe (Leber, Niere) noch nicht ausgereift sind. Selbst mäßiges Trinken (weniger als ein Getränk pro Tag) kann kurz- und langfristige negative Auswirkungen auf die Entwicklung haben (deutsch: Alkoholembryopathie, engl.: Fetal Alcohol Syndrome – FAS). Je früher die Exposition mit dieser Noxe beginnt und je ausgeprägter sie ist, desto schwerwiegender wird das Krankheitsbild sein. Allerdings ist der tatsächlich fruchtschädigende Mechanismus nicht bekannt, und es lassen sich auch keine Grenzwerte angeben, bei deren Überschreitung sicher mit einer Schädigung zu rechnen ist (Feick, Haas & Singer, 2006). Bei einer entsprechenden Alkoholexposition bereits in der Embryonalphase sind typische Deformationen des Kopfes und Gesichtsausdrucks (Mikroenzephalie, Gesichtsdysmorphien), Organschäden (insbesondere Herz, Gaumen und Genitalien) und geistigen Retardierungen zu erwarten. Bei einer solch schwerwiegenden Schädigung (bezeichnet als Klasse III) kann anhand des typischen Aussehens, das die betroffenen Kinder wie Geschwister erscheinen lässt, ein mütterlicher Alkoholkonsum in der Schwangerschaft sicher abgeleitet werden (Huch, 2006). Bei weniger ausgeprägten Formen muss für die Diagnosestellung der mütterliche Alkoholkonsum anderweitig belegt werden (Spohr, 2006). Ist die Störung weniger ausgeprägt, geht sie vor allem mit einer Vielzahl an neurophysiologischen Beeinträchtigungen und weniger den auffälligen körperlichen Veränderungen einher. Zu den neurophysiologischen Beeinträchtigungen zählen Aufmerksamkeitsstörungen, Hyperaktivität, Beeinträchtigungen der Sprachentwicklung und Störungen bei Lern- und Gedächtnisleistungen (Feldmann, 2006). Solche Beeinträchtigungen können jedoch nicht per se auf einen mütterlichen Alkoholkonsum zurückgeführt werden (es sei denn, dieser ist bekannt), da eine solche Symptomatik ihre Ursache auch in Schädigungen anderer Art haben kann. Neben den oben bereits erwähnten Infektionskrankheiten der Mutter kann sie z. B. auch erst unter der Geburt (perinatal) eingetreten sein.

Zu den möglichen Komplikationen unter der Geburt zählt der *Sauerstoffmangel*, der ebenfalls dauerhafte Beeinträchtigungen der Entwicklung zur Folge haben kann. Ein *Mangel* an Sauerstoff unter der Geburt ist jedoch zunächst physiologisch: Während der Muskelkontraktion der Gebärmutter im Rahmen der Wehentätigkeit unterbrechen Scherkräfte den Blutfluss zwischen Mutter und Kind über die Plazenta bzw. Nabelschnur, aus dem das Kind all seinen Sauerstoff bezieht. Das Kind reagiert unter der Geburt mit einer Stressreaktion (Ausschüttung von Katecholaminen), die diesem Mangel entgegenwirken. Die Katecholamine bewirken, dass sich die Herzschlagrate verlangsamt (dadurch wird die Stoffwechselrate gesenkt, was zu einem geringeren allgemeinen Sauerstoffbedarf führt) und der Kreislauf auf die Bereiche zentralisiert, in dem die lebenswichtigen Organe liegen (Kopf und Rumpf). Der Effekt ist jeweils von kurzer Dauer, die Herzschlagrate normalisiert sich in jeder Wehenpause. Eine *Unterbrechung* der Sauerstoffzufuhr ist hingegen lebensbedrohlich und führt zur sogenannten „peripartalen Asphyxie", einem schweren Sauerstoffmangel des Feten bzw. Neugeborenen mit Atemstörung und Kreislaufzusammenbruch (Schneider & Gniers, 2006). Eine solche Komplikation kann zu schwerwiegenden Schäden an vielen Organen führen, insbesondere des Gehirns. Zwischen einem noch kompensierbaren und einem schädigenden Sauerstoffmangel liegt nur ein schmaler Grad (Goeschen, 1994). Symptome eines perinatalen Sauerstoffmangels sind eine Atemdepression des Neugeborenen, blaue oder weiße Verfärbung der Haut, eine Herzschlagrate unter 100 Schlägen je Minute sowie eine schlaffe Muskulatur (Korinthenberg, 1992). Eine typische Folge eines schweren, nicht mehr kompensierbaren Sauerstoffmangels unter der Geburt ist die Zerebralparese (spastische Lähmung). Sie kommt in einer Störung des für die willkürliche Bewegungskoordination zuständigen Nerven- und Muskelsystems zum Ausdruck, häufig in Verbindung mit einer Spastik (Verkrampfung) des Bewegungsapparates und kann mit einer Epilepsie oder geistiger Behinderung verknüpft sein (Schneider & Gniers, 2006; Groneck, 2009; Goeschen, 1994). In weniger ausgeprägten Fällen, die vorwiegend im Zusammenhang mit einer Frühgeburtlichkeit zu beobachten sind, kann es zur Ausbildung kleiner neurophysiologischer Defekte kommen, d. h. Störungen im Zellstoffwechsel des Gehirns, die u. U. Störungen der Aufmerksamkeit, der Aktivität und der Lern- und Gedächtnisleistungen nach sich ziehen können (vgl. Berger, 2010, S. 84ff.). Eine solche Störung wird nicht immer bereits im Säuglingsalter offenbar, sondern macht sich u. U. erst im Kleinkindalter bemerkbar.

Literaturhinweis

Bergmann, R. L., Spohr, H.-L. & Dudenhausen, J. W. (Hrsg.). (2006). *Alkohol in der Schwangerschaft*. München: Urban und Vogel.

2.1.3 Bedeutung pränataler Entwicklung für schulisches Lernen

Die pränatale Umwelt bildet die wohl bedeutsamste Grundlage für die Gesundheit im späteren Leben: Wirken in dieser Entwicklungsphase Noxen ein, wird die Entwicklung mit hoher Wahrscheinlichkeit in einem bestimmten Bereich so gestört sein, dass physische und/oder psychische Beeinträchtigungen resultieren, die das Leben lang bestehen bleiben. Schädigungen, die auf Störungen während der Embryonalperiode zurückgehen, treten zumeist ziemlich offensichtlich zutage. Schädigungen, die auf Störungen während der Fetalperiode zurückgehen, sind hingegen oft nicht klar erkennbar. Dies gilt auch für Schäden, die erst unter der Geburt durch z. B. einen Sauerstoffmangel entstehen.

Eine Schädigung im hirnorganischen Bereich ist für das schulische Lernen sehr bedeutsam. Insbesondere neurophysiologische Funktionsstörungen können Beeinträchtigungen der Sprachfertigkeit, fein- und grobmotorische Einschränkungen, Schwierigkeiten bei der Aufmerksamkeits- und Aktivitätssteuerung oder der Entwicklung einzelner Teilfertigkeiten (Lesen, Schreiben, Rechnen) begründen, die das schulische Lernen nachhaltig behindern („frühe Lernschwächen", Michaelis, 2004a, 2009). Auf der Verhaltensebene unterscheiden sich diese Kinder nicht von solchen, die sich einfach langsamer entwickeln oder verlängerte Eingewöhnungsphasen brauchen. Insbesondere bei ansonsten „normal entwickelt" erscheinenden Kindern aus geordneten häuslichen Verhältnissen wird leicht eine Störung übersehen, weil diese nicht zu den „Risikogruppen" zählen.

Liegt jedoch tatsächlich eine neuropsychologische Einschränkung vor, werden die Bemühungen dieser Kinder, im Schulalltag mitzuhalten und ihre Defizite aufzuholen, ohne professionelle Hilfe nur von bescheidenem Erfolg sein. Es besteht die große Gefahr, dass sich eine negative Spirale aus schlechten Leistungen, enttäuschten Hoffnungen und Zurückweisungen ausbildet und so eine negative Schulkarriere bereits im ersten Grundschuljahr ihren Anfang findet (Michaelis, 2004a). Je länger ein problematisches Lernverhalten besteht, desto schwieriger ist es zu ändern. Lehrkräfte und pädagogisches Personal sollten deshalb die Lernfortschritte der Kinder sehr aufmerksam betrachten und sich nicht scheuen, Eltern frühzeitig eine klinisch-psychologische Abklärung zu empfehlen, wenn sich trotz unterstützender Maßnahmen seitens der Lehrkräfte keine Verbesserung einstellt.

Literaturhinweis

Suchodoletz, W. von (Hrsg.). (2005b). *Früherkennung von Entwicklungsstörungen*. Göttingen: Hogrefe.

2.2 Meilensteine vorschulischer Entwicklung

2.2.1 Hirnorganische Entwicklung

Die Gehirnentwicklung steht mit der Geburt nach wie vor an ihrem Anfang. Zwar sind bereits alle Strukturen angelegt, viele Millarden von Nervenzellen gebildet und es bestehen erste Verknüpfungen zwischen den Nervenzellen, die ein Funktionieren des Organismus garantieren. Jedoch müssen alle Bereiche postnatal noch stark nachreifen. Die hirnorganische Entwicklung ist dabei zum einen charakterisiert durch Differenzierung, Wachstum und Vernetzung der Nervenzellen (Neuronen), zum anderen durch die Ausreifung verschiedener Strukturen der Hirnrinde. Um ein Verständnis für diese Vorgänge zu schaffen, wird im Folgenden der Aufbau von Gehirn und Nervensystem in seinen Grundzügen beschrieben.

2 Körperliche Entwicklung

Eine Nervenzelle (Neuron) besteht aus einem Zellkörper (Soma) sowie zwei Arten von Zellfortsätzen, einem Axon und mehreren Dendriten. Das Axon leitet Informationen vom Neuron zu anderen Nervenzellen weiter, die Dendriten leiten Informationen von anderen Nervenzellen zum Neuron hin. Unter „Informationen" werden elektrische Impulse (Aktionspotentiale) verstanden, die über eine Änderung des Verhältnisses bestimmter Salze im Zellkern (Elektrolyte: insbesondere Natrium, Kalium und Calcium) generiert werden. Die Axone können von einer Schicht aus Stützzellen (Gliazellen) umhüllt sein (Myelinscheide), die durch den Isolationseffekt sowie eine bestimmte Regelmäßigkeit von Einschnürungen zur Erhöhung und Effizienz der Leitungsgeschwindigkeit beiträgt (vgl. Berger, 2010). In **Abbildung 2.2** ist der anatomische Aufbau am Beispiel einer motorischen Nervenzelle zusammengefasst.

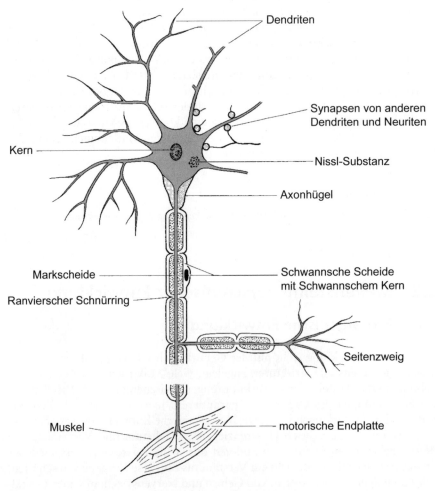

Abb. 2.2: Anatomie der Nervenzelle (aus: Bonse, 2010, S. 32)

2.2 Meilensteine vorschulischer Entwicklung

Der Kontakt zwischen den Nervenzellen wird über die *Synapsen* hergestellt: Die Axone stellen an ihren Enden mit den sog. Endknöpfchen eine Verbindung zu den Dendriten oder Zellkörpern anderer Nervenzellen her (vgl. **Abb. 2.3**). Diese stellt jedoch keine feste Verankerung dar, sondern Axon und Dendrit bzw. Zellkörper bleiben durch einen feinen Spalt (den „Synaptischen Spalt") voneinander getrennt. Die Weiterleitung des Aktionspotentials erfolgt dann über die *Transmitter*, das sind Eiweißstoffe oder lösliche Gase (z. B. Dopamin, Endorphine, Gammma-Aminobuttersäure, Glutaminsäure, Stickoxid), die in den Endknöpfchen enthalten sind (den „synaptischen Vesikeln"). Sie werden durch den Impuls des ankommenden Aktionspotentials in den synaptischen Spalt ausgeschüttet und wandern zur gegenüberliegenden Seite. An der Kontaktstelle zum Dendriten oder dem Zellkörper einer anderen Zelle befinden sich Rezeptoren, an die sich die Transmitter binden und so ein neues Aktionspotential auslösen, das zum Zellkörper und von dort über das Axon an andere Nervenzellen weitergeleitet wird (vgl. Berger, 2010).

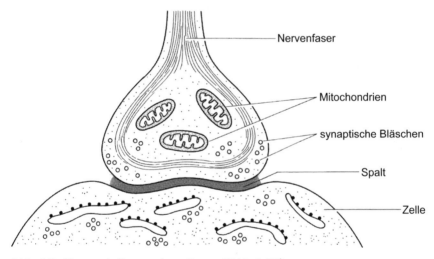

Abb. 2.3: Neuronale Synapse (aus: Bonse, 2010, S. 35)

Die Hirnrinde (Kortex) selbst stellt sich als vielfach gewundener Schlauch dar. Die Windungen der Hirnrinde (Gyri) sind durch Gräben (Sulci) und Furchen (Fissurae) voneinander getrennt. In der Anatomie des Kortex werden vier, durch tiefe Furchen voneinander getrennte Lappen unterschieden (vgl. **Abb. 2.4**): der Stirnlappen (Frontallappen), der Schläfenlappen (Temporallappen), der Scheitellappen (Parietallappen) und der Hinterhauptslappen (Okzipitallappen). In jedem dieser Abschnitte der Hirnrinde sind spezielle Funktionen angesiedelt:

- Den größten Teil des *Hinterhauptslappens* nimmt die primäre Sehrinde ein, hier findet die vorrangige Verarbeitung visueller Informationen statt.

- Im *Schläfenlappen* liegt das primär auditorische Areal, aber auch Gedächtnisfunktionen, das visuelle Erkennen und die Verarbeitung von Emotionen sind hier angesiedelt.
- Im *Stirnlappen* finden sich die primär sensorischen Areale, hier werden die Informationen aus den verschiedenen Sinnesmodalitäten integriert und räumliche Informationen verarbeitet.
- Der *Frontallappen* wird auch als „Exekutive" des Gehirns bezeichnet, denn hier findt sich neben der primär für das Riechen zuständigen Hirnrinde (olfaktorischer Kortex) und den primär motorischen Arealen auch die Handlungssteuerung (Trepel, 2008).

Eine weitere Besonderheit in der Anatomie der Hirnrinde ist die *Lateralisation*: Der Kortex ist in zwei voneinander anatomisch getrennten Hirnhälften (cerebrale Hemisphären) organisiert. Die einzige Verbindung zwischen den beiden Hirnhälften stellt der sog. Balken (Corpus Callosum) dar, der durch ein dickes Bündel von Nervenfasern gebildet wird, die von der linken zur rechten Hirnhälfte und umgekehrt ziehen. Die Trennung des Gehirns in zwei Hälften setzt sich auch in einer unterschiedlichen Verarbeitungsmodalität der Informationen fort: Während die linke Hirnhälfte Informationen linear verarbeiten, also eher analytisch vorgeht, werden Informationen in der rechten Hirnhälfte eher ganzheitlich verarbeitet (Schandry, 2006).

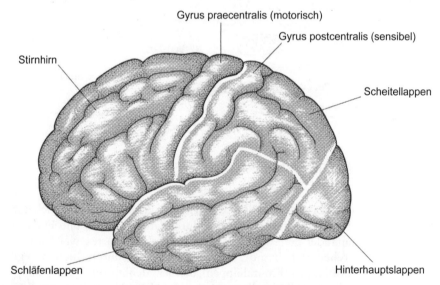

Abb. 2.4: Anatomie der Hirnrinde (aus: Bonse, 2010, S. 165)

Unterhalb des Kortex finden sich weitere (subkortikale) Strukturen (vgl. Abb. 2.5): Das limbische System und die Basalganglien. Im *limbischen System* ist die Verarbeitung emotionalen Erlebens verankert sowie Aufmerksamkeits-

und Lernprozesse. Die *Basalganglien* sind an der Bewegungssteuerung beteiligt (vgl. Bösel, 2006).

An diese Strukturen schließt sich der evolutionär älteste Teil des Gehirns an, der *Hirnstamm* (auch: Stammhirn). Es werden die Teilbereiche Zwischenhirn (Diencephalon), Mittelhirn (Mesencephalon), Kleinhirn (Cerebellum), Brücke (Pons) und verlängertes Mark (Medulla oblongata) unterschieden. Im Zwischenhirn finden sich die für die Hormonsteuerung des Körpers zentralen Bereiche Hypothalamus und Hypophyse. Im Mittelhirn sind verschiedene Steuerungsfunktionen des Hörens und Sehens, der Motorik und des Schmerzes angesiedelt. Das Kleinhirn ist für die feinmotorische Bewegungskontrolle und das motorische Lernen zuständig. In dem verlängerten Mark (Medulla oblongata) findet sich eine Struktur, in der sich absteigenden Nervenbahnen der Motorik kreuzen (Pyramidenbahn). Durch diese wird die Willkürmotorik gesteuert (Trepel, 2008).

Wie auch die subkortikalen Strukturen arbeiten die im Stammhirn angesiedelten Funktionen weitgehend autonom. Vor allem die im verlängerten Mark verorteten Funktionen bleiben darüber hinaus auch erhalten, wenn das Großhirn abstirbt: Hierzu zählen das Atmen, Reflexe wie Husten, Schlucken, Erbrechen, der Schlaf-Wach-Rhythmus und die Temperaturregulation (vgl. Schandry, 2006).

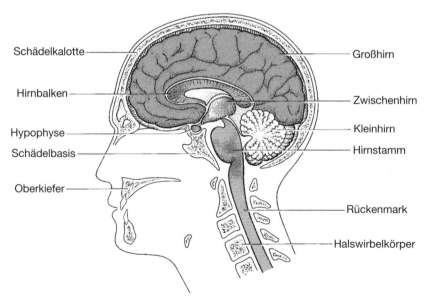

Abb. 2.5: Querschnitt des Gehirns (aus: Bonse, 2010, S. 38)

Bei der Geburt entspricht die *Größe des Gehirns* etwa 25 % der Größe eines durchschnittlichen Erwachsenengehirns. Bis zum Alter von etwa drei Jahren hat sich das Hirnvolumen etwa verdoppelt, im jungen Erwachsenenalter (ca. 20 Jahre) wird schließlich die endgültige Größe von durchschnittlich 1350

Gramm erreicht (Petermann, Niebank & Scheithauer, 2004; Bösel, 2006). Das Gehirn wächst jedoch nicht gleichförmig und einheitlich, sondern schubweise und in den verschiedenen Arealen zu je unterschiedlichen Zeiten (auch als „Wachstumsspurts" bezeichnet; Kolb & Wishaw, 1996). Dabei werden drei regelmäßig auftretende Wachstumsgipfel beobachtet: Zum einen im Alter von drei Monaten bis anderthalb Jahren, zum anderen zwischen dem fünften und fünfzehnten Lebensjahr sowie zwischen dem 40. und 60. Lebensjahr (Petermann, Niebank & Scheithauer, 2004).

Das menschliche Gehirn verfügt bei der Geburt über etwa 40 Milliarden Nervenzellen, von denen etwa 35 % bereits Funktionen des erwachsenen Gehirns zuzuordnen sind (Bösel, 2006). Bis zum Alter von drei Jahren ist die Zunahme des Hirnvolumens noch auf Zellteilung zurückzuführen, zudem durch die Ausbildung von Synapsen, das Auswachsen von Dendriten und die Markscheidenbildung. Während des zwischen Geburt und drittem Lebensjahr zu beobachtenden ersten Maximums der Synapsenbildungstätigkeit (Synaptogenese) folgen die Zellen zunächst einem zwar genetisch festgelegten, jedoch recht unspezifischen Verschaltungsplan, d. h. Synapsen werden zunächst im Überschuss aufgebaut. Zellen, die nachgeburtlich nicht durch Vernetzung „in Gebrauch" gestellt und gehalten werden, gehen wieder zugrunde (Apoptose, auch programmierter Zelltod genannt; vgl. Petermann, Niebank & Scheithauer, 2004; Brown, Keynes & Lumsden, 2001).

Die ersten Verschaltungen, die sich zum Teil bereits pränatal entwickeln, liegen in der Hör- und Sehrinde. Im zweiten Lebensjahr setzt zusätzlich eine sprunghafte Zunahme der Verbindung und Spezialisierung der Hirnhälften ein, welche die Sprachentwicklung (siehe Kap. 3.5) ermöglicht. Zwischen dem vierten und achten Lebensjahr werden immer mehr Verbindungen innerhalb der Hirnrinde ausgebaut sowie auch erste Verbindungen zwischen Hirnrinde und den darunterliegenden Strukturen geschaffen: Die Gedächtnissysteme entwickeln sich (siehe Kap. 3.4) und das limbische System wird dazugeschaltet (vgl. Kap. 4.2). Auch die Myelinisierung der Nervenfasern ist bei der Geburt noch sehr unvollständig ausgeprägt. Zwischen der Geburt und dem dritten Lebensjahr findet sich ebenfalls ein erstes Maximum der Myelinisierung von Nervenfasern (Petermann, Niebank & Scheithauer, 2004).

Nach dem dritten Lebensjahr erfolgt bis auf einige wenige Areale („adulte Neurogenese" im Hippocampus; Bischofberger & Schmidt-Hieber, 2006) keine weitere Zellteilung mehr, da durch weitere Zellteilungen die mit Hilfe der Vernetzung erreichte Spezialisierung der Neuronen wieder verloren gehen würde. Auch diejenigen synaptischen Verbindungen, die sich im weiteren Verlauf der Entwicklung als ineffektiv erweisen, gehen wieder zugrunde (Petermann, Niebank & Scheithauer, 2004).

Vielfach diskutiert ist in diesem Zusammenhang die Frage nach „sensiblen Phasen" der Hirnentwicklung. Unter einer sensiblen Phase (vgl. oben Kap. 1.3.3) werden in diesem Zusammenhang solche Zeitabschnitte verstanden, in denen das Individuum verstärkt für bestimmte Reize empfänglich ist und auf sie reagiert. Fehlt in diesen Phasen eine Stimulation mit diesen bestimmten Reizen, werden Funktionen mangelhaft ausgebildet; eine Nachreifung wäre immer nur ungenügend möglich. Eine besonders umfängliche Stimulation hingegen könnte Funktionen in ihrer Ausbildung optimieren (Petermann, Niebank & Scheithauer, 2004).

Sensible Phasen der Entwicklung bestimmter hirnorganischer Funktionen sind in tierexperimentellen Studien hinlänglich nachgewiesen worden. Zusammenfassend berichten Petermann, Niebank und Scheithauer (2004, S. 97ff.) über eine Reihe von Deprivationsexperimenten an Katzen: So entwickelt sich beispielsweise das Sehzentrum bei Katzen nur ungenügend, wenn sie im ersten Lebensmonat in Dunkelheit oder mit nur unstrukturiertem Licht gehalten werden; sie sind dann zum Jagen unfähig. Verschiedene Studien belegen zudem, dass Katzen, denen ganz bestimmte visuelle Eindrücke vorenthalten werden (z. B. Kontakt mit ausschließlich längs- und quergestreiften Mustern), im Erwachsenenalter nicht mehr in der Lage sind, über Balken zu klettern oder Bäume zu erklimmen. Werden erwachsene Tiere solcher Deprivation ausgesetzt, hat dies keinen Einfluss mehr auf ihre Sehfähigkeit.

Im sozialen Bereich wurde von Harlow und Mitarbeitern bei Affenkindern u. a. eindrücklich nachgewiesen, dass eine 3-monatige Abwesenheit von Mutter und Gleichaltrigen innerhalb des ersten Lebensjahres zu dauerhafter sozialer und sexueller Hilflosigkeit sowie abnormaler Aggression führt, zärtlicher Körperkontakt die Basis der Mutter-Kind-Bindung ist, eine reine Peerdeprivation zu einem gestörten Spiel- und Sozialverhalten führt, jedoch eine rein mütterliche Deprivation durch Peerkontakte ausgeglichen werden kann (vgl. zusammenfassend Blum, 2010).

Solche experimentellen Deprivationsstudien verbieten sich selbstverständlich im Humanbereich. Wenn jedoch Kinder z. B. in großer Armut aufwachsen müssen, sind natürlicherweise einige Bereiche stark depriviert. So erfahren Kinder aus osteuropäischen Ländern, die in Waisenhäusern aufwachsen und unzureichende Kontakte zu Betreuungspersonen haben, in der Regel zu wenig sensorischer Stimulation (kahle Wände, kein Spielmaterial). Diese Kinder zeigen sich innerlich zurückgezogen, werden teilnahmslos und weisen Retardierungen in allen Entwicklungsbereichen (motorisch, emotional, kognitiv) auf (Berk, 2005). Im Gegensatz zum Tierreich, in dem durch Deprivation verursachte Schäden dauerhaft und irreparabel sind, weisen die hirnorganischen Strukturen des Menschen eine deutliche größere Plastizität auf und sind in der Lage, solche Beeinträchtigungen auszugleichen und Entwicklungen bis zu einem bestimmten Grad auch nachzuholen. Denn die Hirnentwicklung kommt zwar im Jugendalter zu einem gewissen Abschluss, jedoch sind morphologische wie funktionale Weiterentwicklungen bis ins hohe Alter möglich.

Literaturhinweis

Berger, E. (2010). *Neuropsychologische Grundlagen kindlicher Entwicklung*. Wien: Böhlau.

2.2.2 Motorische Entwicklung

Unter „motorischer Entwicklung" wird zusammenfassend all das verstanden, was mit der menschlichen Bewegungsmöglichkeit (Motorik) zusammenhängt. Zu unterscheiden sind der *Außenaspekt*, damit sind Bewegungsfitness (Gelenkigkeit, Muskeldehnbarkeit) und Körperhaltung gemeint, sowie der *Innenaspekt*, der die Gesamtheit der aktiven, vom Gehirn aus gesteuerten, koordinierten Bewegungen des menschlichen Körpers meint und die Bedeutung des Begriffes „Motorik" im engeren Sinne ausmacht. Zumeist wird damit auf die Aspekte Kraft, Ausdauer und Koordination rekurriert (Willimczik & Singer, 2009). Entgegen den in früherer Zeit verbreiteten Annahme, die Entwicklung motorischer Fertigkeiten sei an bestimmte „sensible Phasen" gebunden (vgl. auch oben Kap. 1.3.3), geht man heute von einer lebenslangen „Plastizität der Motorik" aus. Conzelmann (2009, S. 81 ff.) fasst die aktuelle Forschungslage dahingehend zusammen, dass sämtliche motorische Fähigkeiten durch geeignete Intervention in der gesamten Lebensspanne positiv beeinflussbar und bei motorischen Aufgaben Lernfortschritte verschiedener Altersgruppen vergleichbar sind.

Vorstellungen über motorische Veränderungen im Lebenslauf gehören zum Alltagswissen – das allerdings je nach Erfahrungshorizont dem Einzelnen mehr oder weniger verfügbar ist. Die Kenntnis von Normwerten erleichtert die Einordnung eines individuellen Entwicklungsstandes und eine Beurteilung des Förderbedarfs. In diesem Abschnitt wird deshalb zunächst die allgemeine motorische Entwicklung beschrieben.

Die somatische Entwicklung des Stütz- und Bewegungssystems befindet sich bei der Geburt noch im Anfangsstadium. Die Knochen sind weich, die Muskeln zwar angelegt, aber sie sind weder trainiert, noch ist es dem Neugeborenen möglich, sie zu kontrollieren. Alle Bewegungen, die das Neugeborene macht, entstehen unwillkürlich und auf der Basis reflexartiger Handlungen, eine selbstständige Aufrichtung des Körpers ist noch nicht möglich. Die motorischen Fähigkeiten werden zum größten Teil in den ersten beiden Lebensjahren entwickelt. In dieser Zeit wächst das Kind vom hilflosen Säugling zu einem Kleinkind mit nahezu vollendeter Körperbeherrschung heran. Die Ausreifung der Basisfertigkeiten Bewegung, Koordination und Gleichgewicht sind hierfür in vielfältiger Weise notwendig (Largo, 2004).

Das primäre Ziel motorischer Entwicklung ist die Erlangung der Fähigkeit, die Muskulatur kontrollieren, den Körper aufrecht zu halten und Bewegungen gezielt ausführen zu können. Es sind zwei Entwicklungsbereiche zu unterscheiden: der grobmotorische und der feinmotorische Entwicklungsbereich.

Grobmotorische Fertigkeiten ermöglichen es dem Menschen, sich fortzubewegen und gegen die Schwerkraft aufrecht zu halten. Verschiedene Reflexe sind als „Vorstufen der Fortbewegung" zu verstehen: Hierzu zählen der Schreit-, Steig- und Kriechreflex, aber auch die tonischen Körperstellreflexe, durch die das Neugeborene den Körper in einer z. B. für das Saugen an der Mutterbrust optimalen Lage hält (Scheid, 2009). Während die Reflexe durch Zentren im Hirnstamm und dem Rückenmark gesteuert werden, stehen gerichtete Bewe-

2.2 Meilensteine vorschulischer Entwicklung

gungen vorwiegend unter der Kontrolle von Zentren im Stirn- und Scheitellappen (Schandry, 2006). Die Entwicklung grobmotorischer kontrollierter Bewegungsfähigkeit verläuft vom Kopf zu den Füßen (cephalo-caudal): Zuerst lernt das Kind, die Muskulatur des Kopfes zu kontrollieren, danach die des Halses, dann des Rumpfes und zuletzt folgen Beine und Füße. Das Wachstum der Knochen und Muskulatur ermöglicht eine immer größere Beweglichkeit sowie eine Zunahme von Kraft und Ausdauer. Die Entwicklung der grobmotorischen koordinativen Fertigkeiten nimmt dabei einen universellen Gang: Aufstützen > Drehen > Sitzen > Krabbeln > freies Stehen > erste Schritte > freies Gehen > Springen, Hüpfen, Rennen. Interindividuell besteht eine große Variabilität sowohl hinsichtlich des Zeitpunktes der Erlangung einer Fertigkeit als auch des Verweilens in einer Fertigkeitsphase. Bis zum Ende des dritten Lebensjahres ist die Entwicklung elementarer grobmotorischer Bewegungsformen jedoch bei allen Kindern weitestgehend abgeschlossen. Im weiteren Verlauf des Vorschulalters steht neben der Vervollkommnung der elementaren Bewegungsformen die wachstums- und reifungsbedingte Zunahme an Schnelligkeit, Kraft und Ausdauer sowie die Aneignung elementarer Bewegungs*kombinationen* (z. B. Ballspiele, Rollschuhlaufen, Fahrradfahren) im Vordergrund (Scheid, 2009). **Tabelle 2.1** stellt die wesentlichen Entwicklungsmarken bis zum Ende des zweiten Lebensjahres zusammen.

Tab. 2.1: Grobmotorische Entwicklung in den ersten beiden Lebensjahren (nach Kröner & Koletzko, 2010; Gruber & Gruber, 2010)

Alter im Mittel ca.	Grobmotorische Fertigkeit
6 Wochen	Hebt den Kopf in Bauchlage kurzzeitig an
3 Monate	Hält den Kopf in Bauchlage längere Zeit erhoben
5 Monate	Sitzt mit Unterstützung
6 Monate	Dreht sich auf den Rücken
7 Monate	Dreht sich auf den Bauch
8 Monate	Setzt sich allein auf und sitzt frei
9 Monate	Steht mit Unterstützung
10 Monate	Krabbelt
12 Monate	Geht an Möbeln entlang, geht mit Unterstützung
14 Monate	Steht frei
18 Monate	Geht frei
24 Monate	Steigt Treppen, springt, rennt und hüpft sicher

Zu den *feinmotorischen Fertigkeiten* gehören Mimik, Gestik, sprachliche Artikulation und die Auge-Hand-Koordination. Die Feinmotorik wird durch Zentren im Kleinhirn gesteuert (vgl. Schandry, 2006). Die Entwicklung der feinmotorischen Fähigkeiten erfolgt proximo-distal, d. h. von den grobmotorisch-körpernahen zu den kleinmotorisch peripheren Muskelgruppen hin (Roth

& Roth, 2009). Dies wird bei der Entwicklung des Greifens besonders augenfällig: Zunächst verfügt das Neugeborene lediglich über den Greifreflex, d. h. alles, was die Handinnenfläche berührt, wird fest umschlossen. Davon ausgehend entwickelt sich erst die Fähigkeit, Hand und Mund zu koordinieren (Hand-Mund-Koordination), dann beide Hände miteinander (Hand-Hand-Koordination), gefolgt von der Koordination von Auge und Hand (Auge-Hand-Koordination), die notwendige Bedingung für gezieltes Greifen. Auch die Greifentwicklung vollzieht sich in einer typischen Abfolge: Zunächst greifen die Säuglinge alles mit der ganzen Hand unter abgespreiztem Daumen (planares Greifen). Mit etwa sieben bis acht Monaten verwenden sie den sog. „Pinzettengriff", d. h. Gegenstände werden mit Daumen und gestrecktem Zeigefinger aufgenommen, später dann mit Daumen und gebeugtem Zeigefinger (Scheidt, 2009). Die Fähigkeit, einen Stift zu halten und zu führen, durchläuft ebenfalls eine typische Entwicklungsabfolge: Zunächst werden die Stifte in der ganzen Faust gehalten. Dann ist ein immer gezielteres Greifen mit immer weniger Fingern am Stift bis hin zum Halten des Stiftes mit Daumen, Zeige- und Mittelfinger (Drei-Punktegriff) zu beobachten.

Um das Schreiben erlernen zu können, ist darüber hinaus die Beherrschung weiterer Einzelfunktionen notwendig, die bereits im Vorschulalter eingeübt werden müssen. Hierzu zählen die Hand- und Fingerkraft sowie Kraftdosierung, Schulter- und Ellbogengelenkbeweglichkeit, Handgelenkbeweglichkeit, Fingerbeweglichkeit, Zielgenauigkeit und das Tast- und Berührungsempfinden in den Fingerspitzen. Die bei Kindern dieses Alters sehr beliebten Bastel- und Malaktivitäten unterstützen die Entwicklung dieser Funktionen nachhaltig. Am Ende des Vorschulalters sind die Kinder in der Regel in der Lage, ihren Namen zu schreiben und am Strich entlang auszuschneiden (Largo, 2004).

Der überwiegende Teil der Kinder benutzt ab etwa dem mittleren Vorschulalter für handmotorische Tätigkeiten ausschließlich die rechte Hand. Eine Ausübung koordinativer Tätigkeiten mit der linken Hand ist diesen Kindern nahezu unmöglich. Das Phänomen wird als „Händigkeit" bezeichnet und ist in allen Kulturen beobachtbar. Ein überwiegender Gebrauch der rechten Hand ist durch die Analyse von Kampfverletzungen, biblischen Schriften und künstlerischen Darstellungen bis in die Urgeschichte zurückzuverfolgen (Schmauder & Solf, 1992; Sattler, 2000). Pritzel (2006) beziffert den Anteil rechtshändiger Personen in der modernen Gesellschaft auf etwa 70 %, unter den restlichen 30 % finden sich a) Personen, die mit beiden Händen nahezu gleich geschickt agieren können, b) Personen, die nur mit der linken Hand geschickt agieren können und c) Personen, die kulturell verankerte und somit unter sozialem Druck stehende Tätigkeiten mit rechts, den Rest aber links ausführen. Zwischen den Kulturen schwanken die Relationen rechts- und linkshändiger Personen etwas. Auch wenn die Prävalenz von Linkshändigkeit bei Kindern mit linkshändigen Eltern höher ist (Annett, 2002), kann eine *direkt* genetische Determinierung der Handpräferenz jedoch nicht angenommen werden. Denn ein Viertel aller eineiigen Zwillinge entwickeln eine *unterschiedliche* Handpräferenz (Berk, 2005). Es ist vielmehr davon auszugehen, dass genetische Prädis-

2.2 Meilensteine vorschulischer Entwicklung

positionen durch Faktoren wirksam werden, die *indirekt* mit der Händigkeit in Zusammenhang stehen (Pritzel, 2006). Neurophysiologisch stellt die Handgeschicklichkeit eine motorische Antwort auf Anforderungen im Rahmen einer bestimmten Aufgabenstellung dar, und zwar solche, die eine räumliche und zeitliche Koordination von Bewegungen erfordern. Das Gehirn muss diese Anforderungen zunächst auflösen, dann einen Handlungsplan entwerfen und diesen in der Folge motorisch umsetzen. Es sind somit wesentlich mehr Leistungen erforderlich, als im Rahmen einer Händigkeitsbestimmung (Feststellung, welche Hand bei der Durchführung bekannter Tätigkeiten dominant ist) erfasst wird (Pritzel, 2006).

Die oben (vgl. Kap. 2.2.1) beschriebene Zweiteilung des Gehirns in rechte und linke Hemisphäre, die lediglich durch den Balken (Corpus callosum) miteinander verbunden sind, resultiert nicht in einer kompletten weder funktional noch anatomisch spiegelbildlichen Symmetrie. Sondern eine Reihe von Funktionen ist vorwiegend in der einen oder anderen Hirnhälfte angesiedelt, und auch die morphologische Ausbildung einiger Hirnstrukturen ist in den Hemisphären unterschiedlich (Schandry, 2006). Zu den bekanntesten in einer Hirnhälfte dominanten (lateralisierten) Funktionen zählt die Sprache (vgl. Kap. 3.5), die bei den meisten Menschen in der linken Hirnhälfte repräsentiert ist, sowie die Sensomotorik (Körperbeherrschung und Körperempfindung). Hinsichtlich Letzterer sind die linke Körperhälfte in der rechten und die rechte Körperhälfte in der linken Hemisphäre repräsentiert. Paul Broca (1861) schlussfolgerte aus dem Zusammentreffen von Ansiedelung der Sprachzentren in eben nur einer (üblicherweise der linken) Hemisphäre und der Repräsentation der präferierten Hand in derselben Hemisphäre, dass diese die „überlegene" Hirnhälfte sei (Hemisphärendominanz). Die Vorstellung, die Händigkeit gehe mit einer morphologischen und physiologischen Überlegenheit einer Hirnhälfte einher, hat eine Vielzahl von Untersuchungen angeregt, psychische Auffälligkeiten in Zusammenhang mit einer „auffälligen" (also linksseitigen) Händigkeit zu stellen (Bishop, 1990). Forschungsergebnisse zeigen jedoch, dass zum einen die Parallelität von Lokalisation der Sprachzentren und der sensomotorischen Repräsentation der präferierten Hand *nicht* in der von Broca formulierten Ausschließlichkeit gegeben ist. Auch bei etwa 70 % der Linkshänderinnen und Linkshänder liegt die Sprachkompetenz links und bei etwa 15 % ist die Sprachsteuerung beidseitig angesiedelt (Schandry, 2006; Jäncke, 2006a). Wenngleich es durchaus neuere Befunde gibt, die eine von der Norm abweichende morphologische Hemisphärenasymmetrie mit Legasthenie, Schizophrenien, Depressionen und Aufmerksamkeitsdefizit-/Hyperaktivitäts-Störungen in Zusammenhang stellen, sind diese jedoch rein deskriptiver Natur und es ist *nicht geklärt*, inwieweit diese Ursache oder Folge der Verhaltensstörung sind (Jäncke, 2006b). Zudem weisen die Untersuchungen vielfach methodische Mängel auf, insbesondere sind es üblicherweise kleine und hochselektive Stichproben, die zu irrigen Interpretationen der Ergebnisse führen (Bishop, 1990).

Wird eine Linkspräferenz im Vorschulalter nicht erkannt, weil die Kinder versuchen, sich im Alltag an der Mehrheit zu orientieren und beim Essen wie Malen überwiegend mit der rechten Hand greifen, fallen die Kinder spätestens im Grundschulalter durch Probleme beim Schreibenlernen auf. Denn dies erfordert eine anspruchsvolle feinmotorische Koordination und kann von der nicht-dominanten Hand nur ungenügend geleistet werden.

Insbesondere bei Vorliegen eines *instabilen* Handgebrauchs stellt sich die Frage, inwieweit die Entwicklung einer Linkshändigkeit nicht besser unterdrückt bzw. eine Rechtshändigkeit gefördert werden sollte, denn auf den Gebrauch der linken Hand angewiesene Personen sind in unserer Gesellschaft potentiell benachteiligt: Handmotorische Hilfsmittel, Arbeitsplätze und viele Bedarfsmittel des täglichen Lebens wie Stifte, Scheren, Geschirr sind hinsichtlich ihrer ergonomischen Eigenschaften auf die Bedürfnisse der Mehrheit, also ein Greifen mit rechts, eingerichtet. Linkshänderinnen und Linkshänder benötigen feinmotorisch eine längere Übung als Rechtshänder, was sie unbeholfen wirken lässt, da manche Dinge wie das Schneiden mit einer Schere ohne eine Spezialanfertigung des Werkzeuges mit links auch gar nicht zu bewerkstelligen sind.

Es ist jedoch zu bedenken, dass handmotorische Tätigkeiten, insbesondere das Schreiben, eine hochkomplexe Verknüpfung verschiedener Hirnfunktionen erfordern. Durch das genetische Programm ist eine der beiden Hirnhälften auf diese Tätigkeiten besser vorbereitet. Werden sie nun in der motorisch „schwächeren" Hemisphäre abgerufen, werden Konzentrations- und Gedächtnisressourcen unnötig blockiert. Sattler (2008) weist sehr nachdrücklich darauf hin, dass eine wie bis in die 1980er Jahre hinein noch häufig vorgenommene „Umschulung" oder Unterdrückung der natürlichen Handpräferenzausbildung darüber hinaus sehr negative Konsequenzen für die Betroffenen haben kann: Als Primärfolgen werden Gedächtnisstörungen, schnelle Ermüdbarkeit, Rechtschreibprobleme, Rechts-links-Unsicherheit und unsauberes Schriftbild angeführt, als Sekundärfolgen Minderwertigkeitskomplexe, Unsicherheit, Zurückgezogenheit und eine Vielzahl weiterer Verhaltensstörungen.

Im Umgang mit einer fraglichen Linkshändigkeit empfiehlt es sich, die Kinder darüber aufzuklären, dass Menschen sich in ihrer Handpräferenz unterscheiden und sie zu ermuntern, sich auszuprobieren. Oberstes Prinzip sollte der Erhalt der Wahlfreiheit im Gebrauch der Hände sein. So empfiehlt Weber (2008), Gegenstände nicht in eine bestimmte Hand, sondern immer auf die Körpermitte hin anzureichen. Stifte und Scheren für Rechts- wie Linkshänder sollten zur Verfügung gestellt und den Kindern mehr Zeit für die Bewältigung feinmotorisch anspruchsvoller Aufgaben zur Verfügung gestellt werden als anderen Kindern. Im Handarbeitsunterricht sollten die Kinder Anleitungen ausprobieren können, die auf den vorrangigen Gebrauch der linken bzw. rechten Hand abgestimmt sind. Handreichungen mit praktischen Hinweisen sind vielfach verfügbar (z. B. Sattler, 2007; Weber, 2008).

Literaturhinweis

Sattler, J. B. (2008). *Der umgeschulte Linkshänder oder: der Knoten im Gehirn* (10. Aufl.). Donauwörth: Auer.

2.2.3 Entwicklungsstand zur Einschulung

Neben der Entwicklung von Grob- und Feinmotorik treten im Vorschulalter die Längen- und Breitenentwicklung der Knochen im äußerlichen Erscheinungsbild als Größenwachstum, Gewichtszunahme und einer deutlichen Proportionsänderung des kindlichen Körperbaus hervor. Der im Kleinkindalter im Vergleich zum Rumpf relativ große Kopf ist im Einschulungsalter relativ kleiner, weil die Extremitäten in die Länge gewachsen sind und der Rumpf sich konturiert und gestreckt hat, so dass jetzt auch eine Taille erkennbar ist. Diese typische Veränderung wurde von Zeller (1936) als „Erster Gestaltwandel" beschrieben. Lange Zeit galt die Auffassung, dass physische und psychische Entwicklung weitestgehend parallel verlaufen („psychophysischer Parallelismus"), die mehr „erwachsene" Gestalt des Schulkindes damit auch als Hinweis gelten kann, dass die Kinder nun auch reif genug sind, die Schule zu besuchen (vgl. Nickel, 1975, S. 26ff.; Nickel, 1989). Von dieser Auffassung hat man sich heute weitestgehend distanziert. Der Begriff „Schulreife" wurde durch „Schulfähigkeit" ersetzt, der weit umfassender definiert ist (Schlack, 2004; Bartnitzky, 2008; Kammermeyer, 2010). Auch wenn weiterhin vor der Einschulung eine entwicklungspädiatrische Beurteilung der Schulfähigkeit erfolgt, ist der dort festgestellte Reifestand nicht mehr das entscheidende Kriterium für die Zulassung zum Schulbesuch. Schulfähigkeit gilt vielmehr dann als gegeben, wenn das Kind aller Voraussicht nach die Anforderungen erfüllen kann, die sich aus den Lerninhalten und dem sozialen Zusammenleben in der Schule ergeben. Neben der körperlichen Entwicklung werden nun auch die motorische Entwicklung, der Entwicklungsstand von Gedächtnis und Konzentration, von Wahrnehmungs- und Denkfähigkeit, der Sprache, der Leistungsmotivation und der Persönlichkeit mit in Rechnung gestellt. Konkret werden Kompetenzen in folgenden Bereichen erwartet, da diese als grundlegende Voraussetzung für erfolgreiches Lernen gelten (vgl. Ministerium für Schule, Jugend und Kinder des Landes Nordrhein-Westfalen, 2003):

- *Motorik*: Das Kind verfügt über eine sichere Körperbeherrschung (Grobmotorik) und kann sich allein Flüssigkeiten einschenken, einen Stift führen, bauen, kneten, formen und basteln (Feinmotorik).
- *Wahrnehmung*: Das Kind unterscheidet Formen und Farben, erkennt Gegenstände wieder und ordnet sie nach Merkmalen. Es erkennt und ortet Geräusche seiner Umwelt, nimmt mündliche Anweisungen auf und *setzt sie um*, unterscheidet ähnlich klingende Wörter, unterscheidet Tonhöhen, Lautstärken, singt einfache Melodien nach und klatscht Rhythmen mit. Es lokalisiert Berührungen am eigenen Körper, unterscheidet Temperaturen und findet Räume in einer vertrauten Umgebung wieder.
- *Personale und soziale Kompetenzen*: Das Kind ist in der Lage, an Gesellschaftsspielen teilzunehmen und bemüht sich um Pünktlichkeit (Verständnis für Einhalten von Regeln).
- *Umgang mit Aufgaben*: Das Kind kann Gehörtes wiedergeben (Sprachverstehen) und selbstständig mehrere kleinere Aufträge hintereinander erledigen

(Aufmerksamkeitsfokussierung). Es zeigt Interesse für Lesen, Schreiben, Zahlen, ist wissbegierig.
- *Elementares Wissen/fachliche Kompetenzen*: Es verfügt über elementares Alltagswissen, kann sich allein waschen, anziehen, auf die Toilette gehen, kennt seinen Vor- und Nachnamen sowie seine Adresse, kann rechts und links unterscheiden und kennt die Grundregeln des Straßenverkehrs (Verkehrszeichen, Ampeln). Es kann allein die Straße überqueren. Es kennt Gefahren von Alltagsgegenständen und beachtet sie im Umgang mit ihnen (Messer, Schere, Feuer, Elektrizität).

Riebel und Jäger (2008) befragten Lehrkräfte nach den ihrer Meinung nach bedeutsamen Kompetenzen, die Kinder zur Einschulung aufweisen sollten. Übereinstimmend und unabhängig von Alter, Geschlecht und Dienstalter bestätigten diese die Wichtigkeit der vom Bundesministerium geforderten Merkmale. Kinderärztlich festgestellt werden vor der Einschulung folgende Kompetenzen (nach Michaelis, 2009):

- Altersgemäße Ausdauer, Beharrlichkeit, Frustrationstoleranz
- Altersgemäße Sozialisationsfähigkeit
- Bewältigung des Schulwegs
- Packen der Schultasche
- Vollständiges und korrektes An- und Auskleiden
- Selbstständige Bewältigung des Toilettengangs
- Korrekte Sprache und Aussprache
- Sichere Lautdiskrimination bei Sprechen und Hören
- Basale Symbole erkennen und verstehen (Buchstaben, Zahlen, Zeichen)
- Nachzeichnen einfacher Formen
- Sichere Unterscheidung von rechts und links

Die Beurteilung des körperlichen Reifungsstandes ist also nach wie vor eine Voraussetzung für die Aufnahme in die Grundschule. Allerdings hat sie jetzt eine individualmedizinische Funktion: Sie dient der Früherkennung behandlungsbedürftiger körperlicher Entwicklungsrückstände, von Hör- und Sehfehlern sowie Entwicklungsverzögerungen in den Bereichen Wahrnehmung und Sprechen, um die Kinder frühzeitig speziellen Fördermaßnahmen zuführen zu können. Denn während es im motorischen Bereich tatsächlich oft schwierig ist, eine Spätentwicklung von einer Entwicklungsverzögerung abzugrenzen, stellen Defizite im sensorischen Bereich (Hören, Sehen) stets klinisch bedeutsame Entwicklungsstörungen dar, da diese Funktionen in der Regel bereits im ersten Lebensjahr vollständig ausreifen (vgl. Kap. 3).

Obwohl also eine umfassende medizinische Beurteilung der Einschulung vorangeht, kann es sein, dass Entwicklungsprobleme unentdeckt bleiben, weil die Kinder im Rahmen der durchgeführten Tests noch in der Lage sind, die bestehenden Defizite teilweise zu kompensieren und Auffälligkeiten dann in Anbetracht der recht großen Variationsbreite der Norm als „Spätentwickler" betrachtet und die Auffälligkeiten als vorübergehend eingestuft werden.

In der Schule haben die Lehrkräfte, anders als in solchen Screenings (Breitenuntersuchungen), die Gelegenheit, die Kinder über einen längeren Zeitrum hinweg und zudem im ständigen direkten Vergleich zu einer größeren Gruppe Gleichaltriger zu beobachten. So werden u. U. in der Grundschule erstmals Entwicklungsverzögerungen deutlich: Im Sportunterricht können die Kinder nicht mithalten, ihre Bewegungen sind ungeschickt und Übungen, die eine größere Köperbeherrschung verlangen, gelingen nicht, wenn Einschränkungen der grobmotorischen Entwicklung vorliegen (Neuhäuser & Ohrt, 2004). Ein außergewöhnlich unsauberes Schriftbild und ein langsames und unsauberes Arbeiten im gestaltenden Unterricht weisen auf Einschränkungen der feinmotorischen Entwicklung hin. Nun können diese auch lediglich einen Ausdruck von Entwicklungsverzögerungen sein, die auf einer mangelnden Übung solcher Fertigkeiten in der Vorschulzeit beruhen. Typischerweise zeigen sich solche Einschränkungen, wenn die Kinder keinen Kindergarten besuchen konnten und auch zu Hause wenige Bewegungsmöglichkeiten hatten und sich selten mit gestalterischen Aktivitäten beschäftigen konnten. Hinsichtlich feinmotorischer Einschränkungen erklären sich die Probleme u. U. auch durch eine bis dato unentdeckt gebliebene Händigkeitsproblematik (siehe oben Kap. 2.2.2). Es empfiehlt sich deshalb, bei Auffälligkeiten im motorischen Bereich diesen Kindern erst einmal über einen längeren Zeitraum zusätzliche Gelegenheit zur gezielten Übung der Fertigkeiten zu geben. Wenn sich jedoch trotz Hilfestellungen und Übung keine Verbesserungen einstellen, sollten den Eltern Hinweise gegeben werden, das Kind einer genaueren Diagnostik zuzuführen.

Besondere Beachtung sollte auch einer unzureichenden Mitarbeit im Unterricht geschenkt werden. Dass ein Kind sich nicht am Unterrichtsgespräch beteiligt, auf Ansprache unpassende Antworten gibt, als hätte es nicht richtig zugehört und sich nicht für die Tafelanschriebe zu interessieren scheint, kann auch auf Einschränkungen der Hör- und Sehfähigkeit zurückgehen. Denn Defizite in diesen Wahrnehmungsorganen entwickeln sich nicht selten auch erst während der Grundschulzeit: Die Kinder sind typischerweise in diesem Alter sehr anfällig für Hals-Nasen-Ohren-Erkrankungen, die eine vorübergehende oder dauerhafte Schädigung des Hörvermögens zur Folge haben können z. B. durch Zurückbleiben von Sekret nach wiederholten Entzündungen im Mittelohr (Bootz, 2009; vgl. Kap. 3.2.3). Eine Schwachsichtigkeit entwickelt sich in vielen Fällen langsam durch den mangelhaften Gebrauch eines der beiden sonst gesunden Augen auf dem Boden einer leichten Schielstellung (latentes Schielen, Mikrostrabismus), die im Kleinkindalter nicht behandelt wurde (Grehn, Picht & Lieb, 2009). Auch natürliche Wachstumsprozesse können solche zuvor leicht ausgeprägten Sehfehler so verstärken, dass eine klinisch bedeutsame Sehschwäche resultiert (vgl. Kap. 3.2.2).

Literaturhinweise

Holle, B. (2000). *Die motorische und perzeptuelle Entwicklung des Kindes*. Weinheim: Beltz.
Quaiser-Pohl, C. & Rindermann, H. (2010). *Entwicklungsdiagnostik*. München: Reinhardt.

2.3 Entwicklung im Schulalter

2.3.1 Bewegungsstatus von Kindern und Jugendlichen

Die augenfälligste körperliche Entwicklung im Schulalter sind Größenwachstum und Gewichtszunahme, die sich aus der Vergrößerung der Knochenmasse und dem Aufbau der Muskulatur ergibt. Dadurch nehmen Körperkraft und Bewegungskoordination sowie Schnelligkeit und Ausdauer in der Bewegungsfähigkeit zu. Die zunehmende Bewegungsfähigkeit korrespondiert im Grundschulalter typischerweise mit einem großen Bewegungsdrang der Kinder: Beliebte Körperspiele sind Lauf- und Ballspiele, Seilspringen und Hüpfspiele. Im mittleren Schulalter optimieren und erweitern die Kinder die Kombination elementarer motorischer Fertigkeiten und bauen ein allgemeines sportmotorisches Fertigkeitsrepertoire auf. Im Jugendalter werden sportmotorische Fähigkeiten dann spezialisiert und ausdifferenziert (Roth & Roth, 2009).

In den letzten Jahren ist die Zahl von Schulkindern, die mit Gesundheitsproblemen des Bewegungsapparates (Übergewicht, geringe Fitness) auffällig werden, stark gestiegen: Ein Studie des Robert Koch-Instituts zur Gesundheit von Kindern und Jugendlichen in Deutschland (Kinder- und Jugendgesundheitssurvey KIGGS) belegt an einer 2003–2006 bundesweit durchgeführten Untersuchung von 17 641 Kindern und Jugendlichen, dass sich der Anteil an übergewichtigen und adipösen Kindern und Jugendlichen im Vergleich zu Referenzpopulationen aus den 1970er und 1980er Jahren um 50 % erhöht hat und aktuell bei 15 % liegt. In den Grundschuljahren ist ein besonders deutlicher Anstieg übergewichtiger Kinder zu verzeichnen, der sich in der Sekundarstufe aber noch einmal deutlich erhöht (Kurth & Schaffrath-Rosario, 2007).

Im Rahmen der Gemeinschaftsinitiative „Fit sein macht Schule" von AOK (Verband der allgemeinen Ortskrankenkassen), DSB (Deutscher Sportbund) und WIAD (Wissenschaftliches Institut der Ärzte Deutschlands) wurden zwischen 2000 und 2002 mehr als 20 000 Kinder und Jugendliche im Alter von sechs bis 18 Jahren sportmotorisch getestet und nach ihren bewegungsbezogenen Einstellungen und Verhaltensweisen sowie Sportvorlieben befragt. Die Ergebnisse belegen selbst für diesen relativ kurzen Zeitraum von zwei Jahren einen signifikanten Rückgang der körperlichen Leistungsfähigkeit in dieser Altersgruppe. Ein Vergleich mit Repräsentativdaten aus den 1990er Jahren zeigt, dass bei den 10–14-Jährigen ein Rückgang der sportmotorischen Fitness (Ausdauer-, Kraft- und Koordinationsleistungen) um mehr als 20 % zu verzeichnen ist (Deutscher Sportbund, 2003). Klaes, Rommel und Kosler (2008) berichten aus der Weiterführung des Projektes bis in das Jahr 2006, dass sich diese Trends weiter fortgesetzt haben.

Angesichts der eher geringen Anzahl von Sportstunden im Schulsport stellt sich die Frage, ob diese trainings- und damit leistungsorientiert oder für den Aufbau spezieller Fertigkeiten und damit lernorientiert genutzt werden sollten.

Das häufigste Argument gegen einen trainingsorientierten Sportunterricht ist nach Schmidtbleicher (2009) die Annahme, dass sich durch die geringe Anzahl von Sportstunden eine vor allem langfristige Leistungssteigerung gar nicht erzielen lässt. Die Ergebnisse verschiedener Studien belegen jedoch übereinstimmend einen nachhaltigen positiven Effekt des Schulsports auf die körperliche Fitness. So schnitten in der WIAD-Studie (Deutscher Sportbund, 2003) diejenigen Kinder und Jugendlichen, die drei oder mehr Stunden Schulsport pro Woche haben, in allen Übungen des Bewegungs-Check-up signifikant besser ab als Kinder und Jugendliche mit bis zu zwei Stunden Schulport in der Woche (vgl. **Abb. 2.6**). Mit zunehmendem Alter vergrößert sich dieser Effekt deutlich. Mangelnde Gelegenheit korrespondiert nicht regelhaft mit einem Desinteresse am Sport: 45 % der Kinder und Jugendlichen gaben an, künftig mehr Sport treiben zu wollen. Dieser Wunsch wurde besonders häufig von Kindern und Jugendlichen geäußert, deren körperliche Fitness besonders gering ausgeprägt war sowie von Schülerinnen und Schülern mit nur wenig Schulsport.

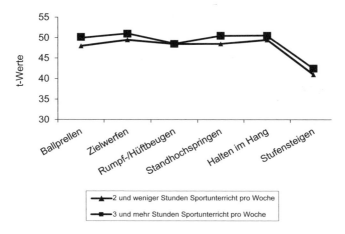

Abb. 2.6: Vergleich der körperlichen Fitness nach Umfang des Schulsports (Daten aus WIAD, Deutscher Sportbund, 2003, S. 18)

Nellen-Swiatly et al. (2008) berichten aus einem im Anschluss an die WIAD-Studie mit 125 Projektklassen (1 227 Schülerinnen und Schüler) durchgeführten zweijährigen Förderprogramm „Schule in Bewegung" von einer signifikanten Verbesserung der Gesamtfitness, insbesondere bei den älteren und sportmotorisch schwächeren Kindern und Jugendlichen (vgl. **Abb. 2.7**).

2 Körperliche Entwicklung

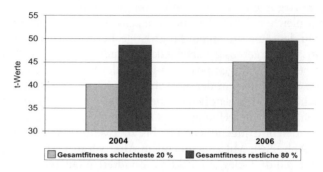

Abb. 2.7: Veränderung der körperlichen Gesamtfitness innerhalb des zweijährigen Förderprogramms „Schule in Bewegung" (Daten aus Nellen-Swiatly et al., 2008, S. 126)

Literaturhinweis

Klaes, L., Wedekind, S., Zens, Y & Rommel, A. (Hrsg.). (2008). *Fit sein macht Schule.* Köln: Deutscher Ärzteverlag.

2.3.2 Pubertät

Das Jugendalter (Adoleszenz) wird allgemein als eine Phase des Übergangs von der Kindheit zum Erwachsenenalter verstanden. Grob (2007; Grob & Jaschinski, 2003) sieht diese Zeit gar als eine ständige Abfolge von Übergängen, in der sich die Jugendlichen in der unangenehmen „Sandwichposition" befinden, nicht mehr Kind, aber doch noch nicht Erwachsener zu sein. Alte Privilegien (z. B. großzügiges Verzeihen unangemessenen Verhaltens) gelten damit nicht mehr, neue (z. B. Lebensentscheidungen autonom treffen zu können) werden noch nicht zugestanden. Das Jugendalter ist somit nicht lediglich als „Wartezeit" zu verstehen, sondern die Entwicklungsvorgänge sind so umfassend und offen in ihrem Entwicklungsausgang, dass dieser Altersphase eine eigene Entwicklungsqualität zukommt. Das Entwicklungsgeschehen wird durch drei grundlegende Prozesse bestimmt: körperliche Veränderungen, kognitive Ausreifung und Erwartungen aus Gesellschaft und Kultur (Silbereisen & Schmitt-Rodermund, 1998).

Das Ende der Kindheit wird durch den Beginn der körperlichen Veränderungen markiert, die einen Zustand einleiten, der als „Pubertät" bezeichnet wird. Der Begriff *Pubertät* leitet sich aus dem lateinischen „„pubertas" bzw. „pubes" ab, was so viel wie „Mannbarkeit" bzw. „männlich, erwachsen" bedeutet (Kluge, 2002): Die Pubertät ist eine Phase des Übergangs von der Kindheit zum Erwachsenenalter, in der die körperliche Entwicklung ihren Abschluss findet und die Geschlechtsreife erlangt wird.

Die körperliche Ausreifung vom Kind zum Erwachsenen vollzieht sich innerhalb von nur etwa vier Jahren. Dabei wandelt sich das äußere Erscheinungsbild grundlegend: Das Körperwachstum beschleunigt sich rapide auf bis zu zehn Zentimeter im Jahr, die Körperproportionen ändern sich in geschlechtsspezifischer Weise (Aufbau von Muskelmasse vs. Aufbau von Fettgewebe), die sekundären Geschlechtsmerkmale treten hervor und das Gesicht bekommt bei vielen Jugendlichen einen völlig neuen Ausdruck (Grob & Jaschinski, 2003). Diese Veränderungen werden durch genetisch beeinflusste hormonelle Prozesse reguliert und sind für die Heranwachsenden weder beeinflussbar noch in ihrem Ergebnis vorauszusehen. Dies kann eine große Belastung für die Jugendlichen werden, denn den Jugendlichen bleibt nichts anderes übrig, als den eigenen Körper mit seinen Veränderungen zu akzeptieren und neu „bewohnen zu lernen" (Fend, 2003, S. 222). Der Prozess der psychischen Bewältigung des körperlichen Geschehens macht einen Großteil dessen aus, was in der Alltagspsychologie als „Pubertätskrise" bezeichnet wird (siehe weiter unten in diesem Abschnitt).

Hinsichtlich des Beginns der pubertären Veränderungen ist eine sehr große interindividuelle Streuung festzustellen: So können erste Veränderungen bei frühreifen Mädchen u. U. schon im Alter von 10 Jahren bemerkt werden, bei sich spät entwickelnden Jungen kommen sie ggf. erst mit 20 Jahren zum Abschluss. Was den Beginn der pubertären Prozesse auslöst, ist nicht vollständig geklärt. Da es sich vorwiegend um biologische Reifungsvorgänge handelt, ist eine Steuerung durch ein genetisches Programm wahrscheinlich. Dies reicht als Erklärung jedoch nicht aus. Denn die Geschlechtsreife hat sich in den letzten 150 Jahren immer weiter nach vorne verlagert (säkulare Akzeleration): Während um 1840 bei Mädchen im Durchschnitt die Menarche mit etwa 16 Jahren einsetzte, liegt dieser Zeitpunkt heute bei etwa 12 Jahren. Zudem ist ein Einfluss des sozioökonomischen Status erkennbar: In Industrienationen liegt der Pubertätsbeginn im Mittel früher als in Entwicklungsländern, und eine Mangelernährung zögert ihn hinaus. Auch individuelle Stressoren nehmen einen Einfluss: Bei einem hohen Ausmaß familiärer Konflikte und Stressoren wird eine früh einsetzende Menarche beobachtet (Grob & Jaschinski, 2003). Da es sich bei den puberalen Prozessen zum großen Teil um hormonell beeinflusste Veränderungen handelt, ist die These des genetischen Programms um die Besonderheit der Auslösung endokrinologischer Vorgänge zu ergänzen: Hormonelle Regelkreise reagieren u. a. auch auf Signale der Außenwelt, die über das periphere Nervensystem zu den übergeordneten hormonellen Steuerungszentren (z. B. dem Hypothalamus) gelangen. Ein Beispiel stellt die Regulation bzw. Konstanthaltung der Körpertemperatur dar. Auch wenn die genauen Prozesse noch nicht abschließend erforscht sind, kann doch von folgendem Mechanismus ausgegangen werden: Warm- und Kaltsensoren der Haut senden Informationen über die Umgebungsstemperatur in ein bestimmtes Areal der Hirnrinde. Dort werden sie ausgewertet und an den Hypothalamus weitergegeben. Im Hypothalamus werden sie mit einem Sollwert verglichen, Abweichungen führen zu Unlust- oder Missempfindungsgefühlen (Handwerker, 2006a, S. 228). Diese tragen je nach Stärke zur Handlungsinitiierung bei (warmen Pullover an- bzw. ausziehen) oder setzen sogar körperliche Reaktionen in Gang (Kältezittern bzw. Schwitzen). Die Auslösung puberaler Prozesse erklärt sich in diesem Sinne ebenfalls aus einem Zusammenspiel von genetischem Programm und durch die Außenwelt beeinflussten hormonellen Steuerungszentren.

Üblicherweise wird das Jugendalter in drei Phasen einteilt: die frühe, die mittlere und die späte Adoleszenz. Der Eintritt in die Adoleszenz wird häufig mit dem Beginn der Pubertät gleichgesetzt. Jedoch deckt sich die medizinische Definition des Pubertätsbeginns (Menarche, Spermarche) nicht mit dem Eintritt in das Jugendalter, denn eine Reihe von körperlichen Veränderungen, die kaum mehr dem Kindesalter zurechenbar sind (z. B. Ausbildung der Schambehaarung), finden bereits vor dem medizinisch definierten Einsetzen der Pubertät statt (vgl. Weichold & Silbereisen, 2008; Grob & Jaschinski, 2003). Kasten (1999) schlägt eine Einteilung des Jugendalters in sieben Phasen vor, die diesen Besonderheiten Rechnung trägt: späte Kindheit, Vorpubertät, Pubertät, frühe Adoleszenz, mittlere Adoleszenz, späte Adoleszenz und frühes Erwachsenenalter. Bei Jungen und Mädchen verläuft die Entwicklung zudem nicht parallel: Bei Mädchen setzen die Veränderungen im Mittel 1.5 bis 2 Jahre eher ein. **Tabelle 2.2** stellt die Altersphasen des Jugendalters getrennt für Mädchen und Jungen zusammen.

Tab. 2.2: Entwicklungsphasen des Jugendalters (nach Kasten, 1999, S. 15)

Mädchen	Jungen	Phase/Merkmale
8–10 Jahre	10–12 Jahre	**späte Kindheit** Umstellung hormoneller Regelkreise
10–12 Jahre	12–14 Jahre	**Vorpubertät** Ausbildung sekundärer Geschlechtsmerkmale Wachstumsschub Körpergröße
12–14 Jahre	14–16 Jahre	**Pubertät** Menarche, Spermarche Umbau der Körperproportionen kognitive Reifung
14–15 Jahre	16–17 Jahre	**frühe Adoleszenz** kognitive Reifung Abschluss des Körperwachstums
15–17 Jahre	17–19 Jahre	**mittlere Adoleszenz** kognitive Reifung
17–19 Jahre	19–21 Jahre	**späte Adoleszenz** Abschluss der kognitiven Reifung
19–25 Jahre	21–25 Jahre	**frühes Erwachsenenalter** Erwerb ökonomischer Selbstständigkeit

Die körperlichen Veränderungen der Pubertät betreffen drei Bereiche: hormonelle Regelkreise, Körperproportionen und Körperkraft, Geschlechtsorgane und Geschlechtsmerkmale.

2.3 Entwicklung im Schulalter

Der Ausklang der Kindheit (späte Kindheit) wird markiert durch eine Umstellung von hormonellen Regelkreisen. Der Hypothalamus beginnt, das Hormon Gonadoliberin auszuschütten, was mit Erreichen eines bestimmten Niveaus eine zunehmende Aktivität der Keimdrüsen (Gonaden) zur Folge hat. Damit ist die Phase der *Vorpubertät* erreicht: Die primären Geschlechtsmerkmale Eierstöcke und Hoden steigern vor allem die Produktion der Steroidhormone Östradiol und Testosteron (Schandry, 2006). Diese wiederum lösen die Entwicklung der sekundären Geschlechtsmerkmale (Schambehaarung, Brustwachstum, Veränderung der Gesichts- und Körperbehaarung, Wachstum der Genitalien) aus.

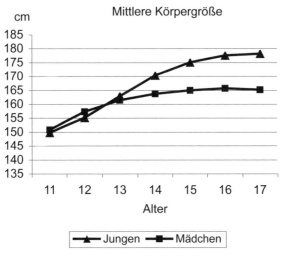

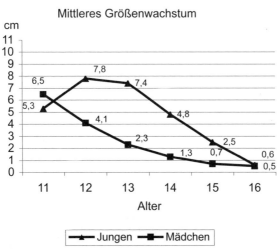

Abb. 2.8 a, b: Mittlere Körpergröße und mittleres Körperwachstum bei Mädchen und Jungen in der Adoleszenz

Gleichzeitig erfährt die Produktion der Wachstumshormone eine dramatische Steigerung, was eine massive Größen- und Gewichtszunahme zur Folge hat. **Abbildung 2.8 a** und **2.8 b** veranschaulichen, dass bei den Mädchen der Wachstumsgipfel bei Eintritt in die Sekundarstufe schon überschritten ist, während er sich bei den Jungen noch aufbaut. Erst in der Oberstufe geht die Wachstumsgeschwindigkeit bei Jungen wie Mädchen gegen null, jedoch unter Erhalt eines mittleren Größenunterschiedes von 12 Zentimetern. Die Grafiken wurden aus Querschnittsdaten erstellt, die dem Kinder- und Jugendgesundheitssurvey KIGGS (Robert-Koch-Institut, 2008, S. 147) entnommen sind. Die Betrachtung individueller Verläufe belegt jedoch eine weit größere Variabilität hinsichtlich der Wachstumsunterschiede, als dies die hier dargestellten mittleren Verlaufsdaten annehmen lassen.

Die Hochphase der *Pubertät* ist mit Einsetzen der Regelblutung (Menarche, ca. 12 Jahre) bzw. der Erlangung der Fähigkeit zum Samenerguss (Spermarche, ca. 13 Jahre) erreicht (Kasten, 1999). Damit wird gleichzeitig die Geschlechtsreife erlangt, die Jugendlichen sind jetzt potentiell körperlich fähig zur Reproduktion, obwohl die sekundären Geschlechtsmerkmale noch weiter wachsen. Die psychische Reife, mit den möglichen Folgen des Geschlechtsaktes umzugehen, ist jedoch bei Weitem nicht erreicht. Allerdings produzieren die Gonaden in den ersten Jahren der Geschlechtsreife nur sehr wenig fruchtbare Ei- bzw. Samenzellen, so dass eine Phase reduzierter Fruchtbarkeit resultiert (Berk, 2005).

In der Pubertät erfährt zudem der Umbau der Körperproportionen seinen Höhepunkt, was auch als „zweiter Gestaltwandel" bezeichnet wird. Das Längenwachstum erreicht ein Maximum, jedoch weisen Rumpf und Extremitäten unterschiedliche Wachstumsgeschwindigkeiten auf. Den pubertierenden Jugendlichen scheinen überlange Arme und Beine disharmonisch um den Körper zu schlackern (Pubeszentendisharmonie), das Gesicht ist länglich gestreckt und lässt die Nase vergrößert erscheinen (Fend, 2003). Bei den Mädchen verbreitern sich die Hüften und die Beine bleiben in Relation zum Rumpf etwas kleiner als bei den Jungen. Zudem vergrößert sich der Fettanteil des Körpers in Vorbereitung auf eine mögliche Schwangerschaft. Bei den Jungen vergrößert sich hingegen die Muskelmasse, die Schultern werden breiter, der Kehlkopf tritt hervor und die Stimme wird tiefer. Diese morphologischen Veränderungen gehen insbesondere bei den Jungen mit einer deutlichen Zunahme an Körperkraft einher, die Veränderung der Körperproportionen kann zeitweilige Irritationen in der Körperbeherrschung hervorrufen (Fend, 2003).

Als weiterer Entwicklungsschritt setzt in der Pubertät ein kognitiver Reifungsschub ein. Das strukturelle Reifungsgeschehen betrifft vor allem den präfrontalen Kortex (Stirnlappen) und das limbische System (vgl. Kap. 2.2.1). Der präfrontale Kortex ist mit nahezu allen anderen Bereichen des Großhirns verbunden (Thier, 2006). Entsprechend ist eine Vielzahl von Funktionen hier angesiedelt. Hierzu zählen vor allem Kurzzeitspeicherung, Arbeitsgedächtnis, Handlungsplanung sowie die Kontrolle motivationaler und emotionaler Impulse (Schandry, 2006; Ullsperger & von Cramon, 2006). Das Reifungsgeschehen wird im Wesentlichen durch einen Myelinisierungsschub sowie eine Vergrößerung des Zellkörpervolumens unter gleichzeitiger Eliminierung überflüssiger Synapsenverbindungen ausgemacht (Weichold & Silbereisen, 2008). Dies führt zu einer Zunahme von Schnelligkeit und Effizienz der Informationsverarbeitung sowie der Informationsspeicherung (Oerter & Dreher, 2008; Dreher & Dreher, 2008).

Während in der *frühen Adoleszenz* Körperwachstum und Ausreifung der sekundären Geschlechtsmerkmale zum Abschluss kommen, setzt sich die kognitive Ausreifung in der *mittleren Adoleszenz* weiter fort. Die Ausreifung des präfrontalen Kortex kommt jedoch erst in der *späten Adoleszenz* um das 20. Lebensjahr herum zum Abschluss (Oerter & Dreher, 2008). Mittlere und späte Adoleszenz sind zudem die Altersphasen, in denen sich die Jugendlichen verstärkt mit den Erwartungen aus Gesellschaft und Kultur auseinandersetzen. Die Suche nach der eigenen Identität erfährt hier einen Höhepunkt (vgl. Kap. 5.3) und bereitet das Hineinwachsen in die Gesellschaft vor.

Im *frühen Erwachsenenalter* findet das Jugendalter seinen Ausgang. Der besondere Charakter dieser Entwicklungsphase liegt im Übergang zum Erwerb der ökonomischen Selbstständigkeit: Lange Ausbildungsphasen bedingen oftmals eine verlängerte finanzielle Abhängigkeit von der Ursprungsfamilie, obwohl alle anderen Belange der Lebensführung bereits autonom wahrgenommen werden.

Muss nun die Pubertät, wie in der Alltagsauffassung häufig betont, als „Krise des Jugendalters" verstanden werden? Oben wurde bereits festgehalten, dass die Pubertät eine Phase innerhalb des Lebenszyklus ist, in der die Entwicklung in besonderem Maße unter dem Einfluss von Veränderungen steht: Beschleunigtes körperliches Wachstum und sexuelle Reifung treffen zusammen mit einer raschen Steigerung intellektueller Fähigkeiten und zunehmender Konfrontation mit sozialen Anforderungen. Die Entwicklung zur erwachsenen Persönlichkeit als das Ziel dieses ganzen Prozesses beschreibt Fend (2003) als das „Gelingen und Zusammenspiel von drei ineinandergreifenden Teilprozessen": Kompetenzentwicklung, Individuation und soziale Integration. In den drei Entwicklungskontexten Elternhaus, Schule und Peers müssen sich die Jugendlichen dabei von anderen abgrenzen und „,sie selbst' werden" (Fend, 2003), und gleichzeitig ihren Platz in diesen institutionellen und sozialen Bezügen finden. Die Integration all der Einflüsse und Veränderungen in dieser Lebensphase stellt für alle Jugendlichen eine große Herausforderung dar: Die körperlichen Umbauprozesse verlangen den Jugendlichen eine ganze Menge an psychischer Bewältigung ab und die Themen der sozialen und persönlichen Entwicklung, mit denen sich die Jugendlichen aktiv auseinandersetzen müssen, beschäftigen sie kognitiv und u. U. auch emotional sehr stark. So entstehen Problemlagen, die die Grundstimmung dieser Altersphase prägen. Sie sind aber interindividuell sehr unterschiedlich ausgeprägt. Als *typische Problemfelder*, denen ein psychisches Belastungserleben entspringt, gelten Zufriedenheit mit dem eigenen Aussehen, Stimmungsschwankungen, Unstimmigkeiten mit den Eltern über Freizeitverhalten und Werthaltungen, Liebeskummer, schulische Minderleistung und Zukunftsängste.

Um psychische Problemlagen zu bewältigen, können prinzipiell zwei gegenläufige Strategien verfolgt werden: Entweder man zieht sich in sich selbst zurück, um „im Stillen" die Dinge zu bedenken und zu einem Handlungsentschluss zu kommen. Oder aber man versucht, sich abzulenken und darauf zu hoffen, dass sich die Dinge irgendwie fügen. Die angespannte Grundstimmung wird dadurch jedoch nicht gelöst, sie sucht sich dann einen „Ersatzweg". Winkler-Metzke und Steinhausen (2002) befragten 1100 Schweizer Jugendliche im Alter von 10–17 Jahren und fanden unabhängig von der tatsächlichen Problemsituation zwei Komponenten des Bewältigungsverhaltens: a) aktive Bewältigungsstrategien unter Nutzung sozialer Ressourcen und b) Problemmeidung. Aktive Bewältigungsstrategien umfassten auch internale Strategien wie das „In-sich-Zurückziehen", im Rahmen des problemmeidenden Verhaltens wurden auch Verhaltensweisen wie „mache meinem Ärger Luft" erfragt. Achenbach und Edelbrock (1978) sprechen analog von *internalisierender und externalisierender Problemverarbeitung*. Solchem Verhalten kommt entsprechend zunächst einmal ein Anpassungswert zu, und es ist in mehr oder weniger starker Ausprägung bei allen Jugendlichen zu beobachten. Jedoch gibt es einen fließenden Übergang zwischen Normalität und abweichendem (deviantem) Verhalten, das letztlich einer produktiven Lösung der Problemlage nicht mehr förderlich ist, weil es Folgeprobleme produziert. So fasst bereits Adler (1966, S. 170ff.) zwei typische Abweichungen einer normalen Entwicklung zusammen: Jugendliche ziehen sich übermäßig in sich zurück und ergehen sich in selbstschädigendem Verhalten, oder aber sie reagieren abweisend und feindselig auf die Ansprache der Umwelt. Gelingt es den Jugendlichen nicht, die Problemlagen produktiv zu bewältigen und sich aus diesem Verhalten zu lösen, nimmt die Entwicklung einen krisenhaften Verlauf. Klinisch manifest wird eine dysfunktionale internalisierende Problemverarbeitung in ängstlich-zwanghaften, schizoiden oder depressiven Störungen sowie somatischen Beschwerden, Essstörungen und Selbstwertproblemen. Eine dysfunktionale externalisierende Problemverarbeitung äußert sich in übermäßig aggressivem bis hin zu grausamem und delinquentem Verhalten (Achenbach, 1982; Fend, 2003; Grob & Jaschinski, 2003). Der häufig im Jugendalter zu beobachtende Substanzmissbrauch nimmt eine Brückenstellung zwischen diesen beiden Formen der Problemverarbeitung ein: Er ist sowohl selbstzerstörerisch als auch – da er einen bewussten Regelverstoß darstellt – gegen die soziale Integration gerichtet. Hurrelmann (2004) hat hierfür den Begriff „evadierende Problemverarbeitung" geprägt.

Sowohl internalisierende als auch externalisierende Problembewältigung gründen psychologisch in einer Verweigerungshaltung: Im Fall der internalisierenden Problemverarbeitung verweigert sich der/die Jugendliche dem Prozess der Individuation, in dem er/sie diesen durch das selbstreduktive Verhalten behindert. Im Fall der externalisierenden Problemverarbeitung verweigert er bzw. sie sich den Anforderungen im Prozess der sozialen Integration, den er bzw. sie durch das aggressive Verhalten stört. Der typischerweise in der Hochphase der Pubertät zu beobachtende schulische Leistungseinbruch kann in diesem Zusammenhang auch als eine Verweigerung gegenüber dem dritten zu bewältigenden Teilprozess dieser Altersphase, der Kompetenzentwicklung, verstanden werden.

Seiffge-Krenke (1984) wies nach, dass Entwicklungsaufgaben, wie sie während der Pubertät ja reichlich zu bearbeiten sind, an und für sich noch keine krisenhaften Situationen darstellen, sondern dass es sich vielmehr um Aufgaben handelt, die in der Regel kontinuierlich bearbeitet werden. Sie fand in eigenen Studien ein hohes Maß an Konsistenz in der jugendlichen Entwicklung und beschreibt die Adoleszenz als eine Zeit, die eher von alltäglichen Problemen und Herausforderungen geprägt ist als von großen Krisen. Endepohls (1995) befragte 152 Jugendliche im Alter von 11 bis 18 Jahren nach ihrer Sicht der „Lebensphase Jugend" und fragte, wie sie diese bewerten. Auch hier wurde eine hohe Zufriedenheit insbesondere der weiblichen Befragten mit dem Status als Jugendlicher deutlich. Das Erleben zunehmender Autonomie spielt dabei eine entscheidende Rolle. Auch Weichold und Silbereisen (2008) fassen die aktuelle Forschungslage dahingehend zusammen, dass zwar in dieser Altersphase zumindest kurzfristig eine höheres Risiko für die Ausbildung psychischer Problemlagen besteht, dass diese jedoch zumeist Begleiterscheinungen hormoneller und neurophysiologischer Umbauprozesse sind und individuelle, kontextuelle und ethnische/kulturelle Faktoren einen starken Einfluss darauf haben, wie ausgeprägt das individuelle Belastungserleben ist.

Die Annahme einer normativen Krisenhaftigkeit muss also zurückgewiesen werden. Dennoch darf nicht übersehen werden, dass durchaus einige Jugendliche bedeutend mehr Probleme mit der Bewältigung der Entwicklungsaufgaben haben als andere. Und *wenn* die Problembewältigung tatsächlich einen krisenhaften Verlauf nimmt, dann sind die Jugendlichen in der Regel damit überfordert, diese Krise aus eigener Kraft zu überwinden.

Literaturhinweis

Klosinski, G. (2004). *Pubertät heute. Lebenssituationen, Konflikte, Herausforderungen.* München: Kösel.

2.3.3 Folgerungen für Lehren und Lernen

Die körperliche Entwicklung im Schulalter ist charakterisiert durch Wachstumsvorgänge und die endokrin-neurologischen Veränderungen während der Pubertät. Die körperliche Fitness steht dabei im Zusammenhang mit physischer und psychischer Gesundheit. Eine ansprechende Gestaltung des Schulhofs mit Klettergeräten und Platz zum gefahrlosen Herumtollen ist deshalb im Grundschulalter auch aus diesem Grund ein wichtiges Merkmal einer kindgerecht ausgestatteten Grundschule (Zierer, 2003). Vor allem im Jugendalter steht zudem die Zahl der Sportstunden in eindeutigem Zusammenhang mit der körperlichen Fitness. Die Autorinnen und Autoren der WIAD-Studie (Deutscher Sportbund, 2003) empfehlen deshalb, im Sportunterricht vor allem bewegungsintensive Inhalte aufzunehmen. Ein Ausdauertraining stellt unter dieser Perspektive auch im Jugendalter ein sinnvolles Unterrichtselement dar. Es empfiehlt sich entsprechend, Unterrichtsausfall im Fach Sport möglichst zu vermeiden.

Die pubertären Entwicklungsvorgänge erstrecken sich im Mittel zwar nur über etwa vier Jahre. Da aber erste Veränderungen bei frühreifen Mädchen nicht selten bereits mit zehn Jahren einsetzen und bei Jungen die Vorgänge durchaus über das Alter von 16 Jahren hinaus anhalten können, sollten sich Lehrkräfte darauf einstellen, in der gesamten Unter- und Mittelstufe in den Klassen eine mehr oder weniger große Anzahl Schülerinnen und Schüler in ihren „schwierigen Jahren" vorzufinden. Die psychischen Begleiterscheinungen der körperlichen Umbauvorgänge machen sich durchaus auch im Unterricht bemerkbar: Die Jugendlichen scheinen im Unterricht häufig nicht ganz bei der Sache zu sein, reagieren auf Kritik gereizt und zeigen sich sehr empfindlich gegenüber Äußerungen, die ihren Selbstwert berühren. Ziehen sie sich sehr stark in sich zurück, wird die Beteiligung am Unterricht zusätzlich nachlassen, führen sie die innere Anspannung eher nach außen ab, werden sie u. U. auch den Unterricht nutzen, um sich durch ein provokantes Verhalten „Luft" zu machen. Beiden Verhaltensmustern kommt wie oben gezeigt ein Anpassungswert zu und ist in mehr oder weniger starker Ausprägung bei nahezu allen Jugendlichen zu beobachten. Der Übergang zwischen funktionalem und dysfunktionalem Ausmaß eines solchen Verhaltens ist fließend. Die einen benötigen mehr, die anderen weniger Unterstützung, ihren Körper bewohnen zu lernen, den Umgang mit Sexualität zu lernen, für den Umbau ihrer sozialen Beziehungen, im Umgang mit Schule, bei Bildungsentscheidungen und der Berufswahl sowie der allgemeinen Identitätsarbeit (vgl. Kap. 5.2). Als „Überlebensstrategien" für Eltern und Lehrer/innen können folgende Merksätze formuliert werden:

- Zeige Geduld mit der „Schusseligkeit" der Jugendlichen!
- Zeige Toleranz angesichts irrational erscheinenden Handelns und der Präsentation wechselnder Lebensentwürfe!
- Zeige Verständnis für überschäumende Gefühlsreaktionen!
- Gib Rückmeldung über eigene Gefühle und wann sie verletzt werden!
- Handle authentisch und konsequent, aber nicht starr regelgeleitet!
- Akzeptiere den Rückzug, sei offen für Annäherung!

Literaturhinweis

Strauch, B. (2007). *Warum sie so seltsam sind. Gehirnentwicklung bei Teenagern.* Berlin: BvT.

2.4 Zusammenfassung

Bereits in der Pränatalzeit ist der werdende Mensch verhaltens- und erlebnisfähig: Erste reflexartige Bewegungen des Fetus sind ab der 9. Woche nach der Empfängnis zu beobachten, die Ausreifung der Sinnesorgane eröffnet dem Fetus ab der 12. Woche nach der Empfängnis auch verschieden Erlebnisquali-

2.4 Zusammenfassung

täten. Ab etwa der 32. Schwangerschaftswoche ist eine einfache Form des Lernens beobachtbar.

Das Entwicklungsgeschehen in der Pränatalzeit ein sehr störanfälliger Prozess. Störungen bei der Zellteilung (genetische Defekte) enden zumeist mit einem von der Schwangeren unbemerkten Abort, insbesondere wenn sie in der Phase der Zygote auftreten. Störungen in der Embryonalphase (3.–11. Schwangerschaftswoche) haben größere strukturelle Fehlbildungen an den Gliedmaßen, den Sinnesorganen oder dem zentralen Nervensystem zur Folge. Störungen in der Fetalphase (ab 12. Schwangerschaftswoche) führen zu kleineren strukturellen Fehlbildungen, vor allem jedoch physiologischen Defekten. Die meisten Störungen der Embryonal- und Fetalphase werden durch mütterseitige exogene Noxen hervorgerufen. Eine häufig unterschätze Gefahr für die Entwicklung des Ungeborenen stellt ein Alkoholkonsum der Mutter dar. Neurophysiologische Störungen können aber auch ihre Ursache in einer Schädigung während der Geburt (perinatal) haben. Insbesondere ein Sauerstoffmangel unter der Geburt kann zu dauerhaften Beeinträchtigungen der motorischen und kognitiven Entwicklung führen.

Die Meilensteine der vorschulischen körperlichen Entwicklung werden durch die hirnorganische Nachreifung und die motorische Entwicklung bestimmt.

Die hirnorganische Entwicklung ist bestimmt durch Zunahme der Verschaltungen, Verbindung und Spezialisierung der Hirnhälften, Ausbildung von Gedächtnissystemen und einem ersten Myelinisierungsschub. „Sensible Phasen", in denen die Stimulation durch bestimmte Reize erwartet und bei Fehlen bestimmte Funktionen nicht richtig ausgebildet werden, sind zwar im Tierreich eindrucksvoll nachgewiesen worden. Die hirnorganischen Strukturen des Menschen weisen jedoch eine deutlich größere Plastizität auf und sind in der Lage, solche Beeinträchtigungen auszugleichen und Entwicklungen bis zu einem bestimmten Grad auch nachzuholen. Die Hirnentwicklung kommt im Jugendalter zu einem gewissen Abschluss, eine beeindruckende Plastizität bleibt jedoch lebenslang erhalten. Die aktuelle Forschung belegt, dass in einzelnen Bereichen sogar Nervenzellen neu gebildet werden können. Auch die motorische Entwicklung ist entgegen früherer Annahmen nicht an bestimmte „sensible Phasen" gebunden, sondern weist vielmehr eine lebenslange Plastizität auf.

Grobmotorische Fertigkeiten ermöglichen es dem Menschen, sich fortzubewegen und gegen die Schwerkraft aufrechtzuhalten. Die Entwicklung der grobmotorischen koordinativen Fertigkeiten nimmt dabei einen universellen Gang: Aufstützen > Drehen > Sitzen > Krabbeln > freies Stehen > erste Schritte > freies Gehen > Springen, Hüpfen, Rennen. Interindividuell besteht eine große Variabilität sowohl hinsichtlich des Zeitpunktes der Erlangung einer Fertigkeit als auch des Verweilens in einer Fertigkeitsphase. Die Entwicklung elementarer grobmotorischer Bewegungsformen ist bis zum Ende des dritten Lebensjahres bei allen Kindern weitestgehend abgeschlossen. Im Vorschulalter werden elementare Bewegungsformen vervollkommnet, Schnelligkeit, Kraft und Ausdauer nehmen zu und die Kinder eignen sich elementare Bewegungskombinationen an.

2 Körperliche Entwicklung

Mimik, Gestik, sprachliche Artikulation und Auge-Hand-Koordination sind Leistungen der feinmotorischen Bewegungskontrolle. Insbesondere die Ausbildung der Handgeschicklichkeit ist für schulisches Lernen elementar. Der überwiegende Teil der Kinder aller Kulturen benutzt für hand-motorische Tätigkeiten die rechte Hand. Die Handpräferenz hat zwar eine genetische Grundlage, wird jedoch nicht durch sie allein determiniert. Kinder sollten vollkommene Wahlfreiheit im Gebrauch ihrer Hände haben. Kindern mit einer fraglichen Linkshändigkeit sollten Schreib- und Kulturgeräte für beide Handpräferenzen zur Verfügung gestellt und sie dazu ermuntert werden, sich auszuprobieren. Eine Umschulung auf eine spezielle Hand sollte nur in Ausnahmefällen und nach gründlicher fachärztlicher Abklärung sowie unter fachtherapeutischer Begleitung erfolgen.

Die Beurteilung des körperlichen Entwicklungsstandes liegt der Bestimmung der Schulfähigkeit nicht mehr zugrunde, sondern ist aus individualmedizinischen Gründen eine Voraussetzung für die Aufnahme in die Grundschule. Dennoch werden u. U. in der Grundschule erstmals Entwicklungsverzögerungen deutlich. Auffälligkeiten im sensorischen und motorischen Bereich sollten von Lehrkräften aufmerksam beobachtet werden.

Die augenfälligste körperliche Entwicklung im Schulalter sind Größenwachstum und Gewichtszunahme. Die körperliche Fitness steht im Zusammenhang mit physischer und psychischer Gesundheit. In den letzten Jahren ist die Zahl von Schulkindern, die mit Gesundheitsproblemen des Bewegungsapparates (Übergewicht, geringe Fitness) auffällig werden, stark gestiegen. Vor allem im Jugendalter steht zudem die Zahl der Sportstunden in eindeutigem Zusammenhang mit der körperlichen Fitness. Im Sportunterricht sollten deshalb bewegungsintensive Inhalte aufgenommen werden, Unterrichtsausfall im Fach Sport ist möglichst zu vermeiden.

Die körperliche Entwicklung im Jugendalter ist durch Entwicklungsvorgänge im Zusammenhang mit der Pubertät geprägt. Sie erstrecken sich im Mittel zwar nur über etwa vier Jahre, jedoch sind etwa zehn Jahre anzusetzen, bis in einem Jahrgang die Vorgänge abgeschlossen sind. Die psychischen Begleiterscheinungen der körperlichen Umbauvorgänge werden auch in den Unterricht hineingetragen. „Überlebensstrategien" für Eltern und Lehrer/innen sind Geduld, Toleranz, Verständnis sowie authentisches und konsequentes, aber nicht starr regelgeleitetes Handeln.

3 Entwicklung kognitiver Funktionen

3.1 Was sind „kognitive Funktionen"?

Unter „kognitiven Funktionen" werden alle Vorgänge verstanden, die Erkenntnis und Wissen betreffende geistige Betätigung und Leistungen ermöglichen. Sie werden in ihrer Gesamtheit als „psychische Funktionen" bezeichnet und zentral durch das Großhirn bereitgestellt. Zu den psychischen Funktionen zählen Wahrnehmung, Aufmerksamkeit, Handlungssteuerung, Gedächtnis, Denken und Sprechen. Kognitive Funktionen ermöglichen es z. B., aufmerksam zu sein, sich etwas vorzustellen, Ideen zu entwickeln, sich zu erinnern, Probleme zu lösen, über Dinge zu urteilen, Handlungen zu planen und sich für Handlungsalternativen zu entscheiden. Sie sind gegenüber Trieben und Gefühlen abzugrenzen, diese werden als „psychische Kräfte" bezeichnet.

Birbaumer und Schmidt (2006a, S. 449) definieren kognitive Funktionen genauer als „alle bewussten und nicht bewussten Vorgänge, die bei der Verarbeitung von organismusexterner oder -interner Information ablaufen, z. B. Verschlüsselung (Kodierung), Vergleich mit gespeicherter Information, Verteilung der Information, Problemlösung und Entschlüsselung und sprachlich-begriffliche Äußerung". In dieser Definition kommt zum Ausdruck, dass allen kognitiven Leistungen ein sensorischer Input zugrunde liegt. Die Leistung des Großhirns besteht darin, diesen in bedeutungshaltige Informationen zu übersetzen und in die Handlungsplanung zu integrieren. Verschiedene Systeme greifen dabei ineinander: Mit den Sinnen werden Informationen aus der Umwelt aufgenommen und der Zustand des Organismus überprüft. Bei diesen Informationen handelt es sich um chemische oder physikalische Reize, die in elektrische Impulse umgesetzt werden. Die Wahrnehmung leistet eine Umsetzung der elektrischen Impulse in komplexe Sinneseindrücke. Das Aufmerksamkeitssystem ermöglicht eine Konzentration auf das momentan Wesentliche; es filtert aus der Unmenge der andauernd durch die Sinnesorgane eingehenden Reize die vital wichtigen Ereignisse heraus und blockiert irrelevante. Auch die psychischen Kräften entspringenden Handlungsimpulse müssen kanalisiert werden: Um im Alltag effektiv handeln zu können, müssen Handlungsoptionen identifiziert, Handlungspläne entworfen, Konsequenzen antizipiert und die Entscheidung für eine Handlung getroffen werden. All dieses wird durch Funktionen ermöglicht, die zusammenfassend als „Denken" bezeichnet werden: Sensorischer Input wird mit Gedächtnisinhalten abgeglichen, schlussfolgernd interpretiert und in einen Handlungsplan umgesetzt. Die Sprache ermöglicht es, mit anderen Menschen zu kommunizieren und komplexe Handlungen gemeinsam auszuführen. Darüber hinaus ermöglicht sie über die Umsetzung in ein Zeichensystem (Schrift), die Speicherung der Ergebnisse von Denkoperationen und erweitert damit die Gedächtnisfunktionen.

In der Entwicklungspsychologie hat sich in den letzten beiden Jahrzehnten die Fachdisziplin „Entwicklungneuropsychologie" etabliert. Sie befasst sich mit den neurobiologischen Grundlagen der Entwicklung des Menschen über die Lebensspanne (vgl. Heubrock, 2008; für einen Überblick siehe auch Johnson, 2006). Auch die Ausführungen in den nachfolgenden Abschnitten beziehen diese Perspektive ein und beschreiben jeweils eingangs die neuroanatomischen und neurophysiologischen Grundlagen der kognitiven Funktionen (Wahrnehmung, Aufmerksamkeit, Denken und Sprechen sowie „Intelligenz" als Zusammenfassung und Integral all dieser Funktionen). Ein besonderer Abschnitt ist jeweils ihrer Bedeutung für das schulische Lernen gewidmet; ein abschließendes Kapitel greift die Entwicklung schulischer Fertigkeiten, des Lernens und des Wissenserwerbs auf.

Literaturhinweis

Anderson, J. R. (2007). *Kognitive Psychologie*. Berlin: Spektrum.

3.2 Entwicklung der Wahrnehmung

3.2.1 Was ist „Wahrnehmung"?

Organismen bewegen sich in einer belebten und unbelebten Umwelt. Um sich in dieser zurechtfinden zu können, müssen sie Informationen über ihre Beschaffenheit erhalten. Dazu besitzen sie mehr oder weniger differenziert entwickelte *Sinnesorgane*: Auge, Ohr, Nase, Mund, Haut. Zudem sind auch innere Strukturen wie die Muskulatur und innere Organe in der Lage, dem Organismus Informationen über ihren Zustand zu übermitteln. Verschiedene *Sinnessysteme* sind daran beteiligt: das visuelle System (Sehen), das auditive System (Hören), das olfaktorische System (Riechen), das gustatorische System (Schmecken), das vestibuläre System (Gleichgewicht, Lage, Bewegungsempfindung), das somatosensorische System (Berührung, Tasten, Temperaturempfindung) und das nozizeptive System (Schmerzempfindung). Die auf die Sinnesorgane auftreffenden „Informationen" sind physikalischer, chemischer oder mechanischer Natur und bewirken eine Veränderung des den Organismus umgebenden Milieus. Dies führt zu einer Modulation von spezifischen Oberflächenstrukturen des Sinnesorgans (den Rezeptoren) und wird als *Reizung* bezeichnet, die Umgebungsinformation analog als *Reiz* bzw. *Reizkonstellation*.

Die *Rezeptoren* der jeweiligen Sinnesorgane reagieren nicht auf alle Reizmodalitäten gleichermaßen, sondern nur auf jeweils adäquate: das Auge auf

Lichtstrahlen, das Ohr auf Schallwellen, Mund und Nase auf Geruchsmoleküle, Haut, Muskulatur und innere Organe auf mechanischen Druck, Dehnung sowie thermische Schwankungen (Handwerker, 2006b). Die „Reaktion" des Sinnesorgans besteht im Wesentlichen darin, dass durch die physikalische, chemische oder mechanische Reizung in spezifischen Zellen, den Rezeptoren, ein elektrischer Impuls generiert wird, der dann über das körpereigene Reizleitungssystem (Nervensystem) zu bestimmten Zentren im Gehirn geleitet wird. Während also die Reizaufnahme des Sinnesorgans nur durch einen adäquaten Reiz einer spezifischen Rezeptorzelle erfolgen kann, ist die Modalität, in der diese Information weitergeleitet wird, immer gleich. Die Gehirnzentren können sie nur dadurch unterscheiden, dass sie über spezifische Bahnen in spezifischen Bereichen eingehen (Handwerker, 2006b).

Die bis hierher beschriebenen Vorgänge bilden die Elementarprozesse der Wahrnehmung. Sie werden in der klassischen Wahrnehmungspsychologie jedoch von dieser unterschieden: Da sie völlig automatisiert und ohne jede Bewusstseinsbeteiligung ablaufen, werden sie als „Sinneseindruck", in ihrer Gesamtheit als „Sinnesempfindung", bezeichnet (sensation; Birbaumer & Schmidt, 2006b). „Wahrnehmung" (perception) definiert sich demgegenüber als „Verknüpfung einer Sinnesempfindung mit Inhalten der Erfahrung und mit Informationen aus anderen Sinnesmodalitäten" (Schandry, 2006, S. 217). Wahrnehmungsleistungen werden ausschließlich in höheren Gehirnregionen bereitgestellt und bestehen in einer Interpretation und Zusammensetzung der ankommenden elektrischen Impulsmuster zu bedeutungshaltigen Repräsentationen der umgebenden Welt. Aufgrund der Verknüpfung mit (individuellen) Erfahrungsinhalten sind Wahrnehmungen immer subjektiv getönt. Folgende Aspekte der Wahrnehmung können unterschieden werden:

- *Sinnesmodalität*: Die Umwelt wird über verschiedene Sinnesorgane erfahren; das aus der Wahrnehmung resultierende Erleben (Riechen, Hören, Schmecken ...) hat eine je eigene Qualität.
- *Bewusstheitsgrad*: Sinnesreize werden auf einem Kontinuum von unbewusst zu voll bewusst verarbeitet und es wird auf sie reagiert.
- *Selektivität*: Die Fähigkeit sich auf nur bestimmte aus der Vielzahl der über jeden Sinneskanal eingehenden Informationen zu konzentrieren (Aufmerksamkeitssteuerung, siehe Kap. 3.3).
- *Bedeutungsgehalt*: Reizmuster werden unter Zuhilfenahme von Kontext und Vorwissen interpretiert; Wahrnehmung ist ein subjektiver Prozess.

Die Entwicklung der Wahrnehmung ist sowohl an die Ausreifung der Sinnesorgane gekoppelt, als auch an die Ausreifung der reizverarbeitenden Hirnareale. Während die Ausreifung der Sinnesorgane Mund, Nase und Haut sowie der zugehörigen informationsverarbeitenden Sinnessysteme bereits bei der Geburt weitgehend abgeschlossen ist, müssen Hören und Sehen hinsichtlich verschiedener Funktionsbereiche nachreifen. Zudem sind dem Säugling die Sinnesleistungen bei der Geburt nur isoliert verfügbar. Insbesondere die Fähigkeit zur Integration von Informationen aus verschiedenen Sinneskanälen (intermodale Wahrnehmung; Krist & Schwarzer, 2007) wird in einem langen Entwicklungsprozess ausgebildet und bis in das Erwachsenenalter hinein vervollkommnet. Da diese Prozesse für das schulische Lernen besonders relevant sind, werden sie in den folgenden Abschnitten näher beschrieben.

Literaturhinweis

Guski, R. (2000). *Wahrnehmung*. Stuttgart: Kohlhammer.

3.2.2 Entwicklung visueller Wahrnehmung

Mittels der Modalität *Licht* werden auf der Erde Informationen über die Beschaffenheit der Umwelt mittels physikalischer Vorgänge (Absorption, Reflexion, Brechung, Beugung, Transmission) zur Verfügung gestellt. Licht ist physikalisch gesehen eine elektromagnetische Welle, die von strahlenden Körpern (z. B. der Sonne oder anderen Sternen) oder anderen natürlichen wie künstlichen Lichtquellen (z. B. Feuer, Straßenlaterne) ausgeht. Lichtwellen oder Lichtstrahlen (kurz: Licht) erzeugen vermittelt durch das Auge eine Empfindung (z. B. hell, farbig, glänzend), die insgesamt als Lichtempfindung (oder kurz ebenfalls: Licht) gekennzeichnet wird (Lüders & Pohl, 2006).

Die Beschaffenheit eines Objektes wird durch ein Muster reflektierter elektromagnetischer Wellen erfahrbar: Ein Objekt wird in freiem Gelände von allen Seiten von Lichtstrahlen getroffen. Je undurchlässiger der Körper ist, desto höher ist der Anteil der Reflektion. Glatte Körper werfen das Licht in gerader Bahn zurück, rauhe Körper streuen es diffus. Gehen Lichtstrahlen durch einen Körper hindurch, erfahren sie eine Richtungsänderung (Brechung). Die Brechung ist umso stärker, je größer der Einfallswinkel ist. Ist die Oberfläche eines solchen Körpers nach außen (konvex) gebogen, sammeln sich die Lichtstrahlen hinter dem Körper in einem bestimmten Punkt („Sammellinse"). Ist die Oberfläche nach innen gebogen (konkav), laufen die Lichtstrahlen hinter dem Objekt auseinander („Zerstreuungslinse"). Gleiten Lichtstrahlen an einem Objekt seitlich vorbei, werden sie in charakteristischer Weise abgelenkt (Lüders & Pohl, 2006).

Das menschliche Auge ist als ein optisches System zu verstehen, das Lichtstrahlen so auffangen, bündeln und umleiten kann, dass sie in optimaler Weise auf das eigentliche Sinnesorgan, die Netzhaut, auftreffen (vgl. Schandry, 2006). Die Hauptbestandteile der anatomischen Struktur des Auges sind entsprechend a) die dem System die notwendige Beweglichkeit verleihenden muskulären Anteile (Augenmuskeln), b) der die Lichtstrahlen aufnehmende und bündelnde Apparat (Hornhaut, Linse, Glaskörper), sowie c) die reizaufnehmenden und reizweiterleitenden Strukturen (Netzhaut und Sehnerv). **Abbildung 3.1** zeigt einen Schnitt durch das menschliche Auge und benennt die wesentlichen Bestandteile.

3.2 Entwicklung der Wahrnehmung

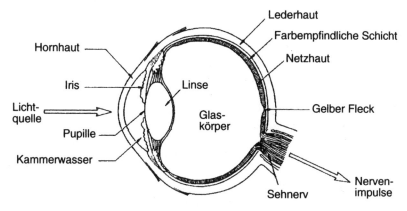

Abb. 3.1: Anatomie des menschlichen Auges (aus: Guski, 2000, S. 30)

Die muskulären Bestandteile des Auges ermöglichen es dem Menschen, das Auge gezielt auf interessierende Strukturen auszurichten, auch ohne das Gesicht frontal hinzuwenden. Es resultiert so eine Erweiterung des Gesichtsfeldes zum Blickfeld um 120 Grad in horizontaler und 80 Grad in vertikaler Achse. Die Augenmuskeln erlauben zudem eine Nachjustierung bei der Betrachtung eines Objekts, so dass diese auch bei Bewegung in einem für die reizaufnehmenden Strukturen optimalem Einfallswinkel gehalten werden können. Darüber hinaus stabilisieren sie das Bild eines interessierenden Objektes auf der Netzhaut gegen die Eigenbewegungen des Körpers.

Die wichtigsten *Leistungen des optischen Apparates* (Augapfel) bestehen in der Regulation des Lichteinfalls über Veränderung der Pupillenweite sowie der Akkomodation, d. h. der Fähigkeit, die Brechkraft des Augenlinsensystems zu verändern. Denn das menschliche Auge ist in Ruhe so eingestellt, dass Reflexionen von Objekten, die unendlich weit entfernt sind (= für das menschliche Auge mehr als zehn Meter; Birbaumer & Schmidt, 2006b), so gebündelt werden, dass sie in optimalem Verhältnis (d. h. kurz hinter ihrem Schnittpunkt und in einem bestimmten Bereich der Netzhaut) auf die reizaufnehmende Struktur treffen; es resultiert „scharfes Sehen". Die Sehschärfe wird damit durch ein optimales Verhältnis von Grad der Lichtbrechung zu Länge des Glaskörpers bestimmt. Ist der Glaskörper zu kurz oder zu lang oder aber die Elastizität der Linse beeinträchtigt bzw. die Hornhaut atypisch gekrümmt (und damit die Brechungseigenschaft des optischen Apparates verändert), ist scharfes Sehen nur eingeschränkt möglich (vgl. Fahle, 2008).

Die *Leistung der reizaufnehmenden Struktur* (Netzhaut = Retina) besteht in der Umwandlung der elektromagnetischen Energie in neuronale Aktivität via Absorption und Generierung von Aktionspotentialen. Die photosensitiven Zellen der Netzhaut sprechen jedoch nur auf Reize aus dem Bereich der Wellenlänge 380 bis 780 Nanometer an (sog. „sichtbares Licht"). Es werden verschiedene Typen photosensitiver Zellen unterschieden: „Stäbchen" sind besonders licht-, jedoch nicht farbsensitiv; durch sie wird ein Schwarz-Weiß-Sehen in der

Dämmerung ermöglicht. „Zapfen" absorbieren einzelne, je nach Zapfentyp andere Wellenanteile des Lichts und wandeln es in neuronale Erregung um. Dadurch wird ein Farbeindruck erzeugt.

Die Netzhaut ist nicht durchgängig mit photosensitiven Zellen bestückt, es gibt zwei sog. „blinde Flecken": der Bereich, in dem der Sehnerv das Auge verlässt (Papille) und die Region, in dem die großen, die Zellen der Netzhaut mit Nährstoffen versorgenden Blutgefäße liegen. Zwei andere Bereiche der Netzhaut sind hingegen für die Reizverarbeitung besonders gut geeignet: Der „gelbe Fleck" (Makula), ein Bereich, in dem relativ wenig „störende" große Blutgefäße liegen, und die Sehgrube (Fovea), ein Bereich, in dem die Netzhaut besonders dünn ist.

Neben den (etwa 100 Millionen) Photozellen enthält die Netzhaut noch weitere Zelltypen: Von den Photozellen wird die Sehinformation über die Bipolarzellen an die (ca. eine Million) Ganglienzellen weitergegeben (Bear, Connors & Paradiso, 2009). Auch Horizontalzellen erhalten diese Informationen aus den Photorezeptoren, verändern diese jedoch und ebenso die ankommende Informationen, die von den Bipolarzellen weitergegeben werden. Amakrinzellen leisten dasselbe auf der nächsten Ebene: Sie erhalten Informationen aus den Bipolarzellen, verändern diese Informationen sowie die Informationen in den Ganglienzellen. In der Netzhaut findet also schon eine umfangreiche Bildbearbeitung statt (Ziehl, 2006). Bear, Connors und Paradiso (2009, S. 304) fassen die Netzhaut deshalb bereits als Teil des Gehirns auf.

Die *Reizweiterleitung* geschieht über den Sehnerv. Dieser wird aus den Axonen der Netzhautneuronen gebildet. Die Sehnerven der beiden Augen vereinen sich in der Schädelbasis (Chiasma opticum), wobei die Axone des jeweils nasalen (zur Nasenseite hin gelegenen) Gesichtsfeldes in die gegenüberliegende Hirnhälfte kreuzen. Diese so neu zusammengesetzten Sehnerven heißen ab hier „tractus opticus". Sie ziehen weiter in das Zwischenhirn, genauer gesagt in eine bestimmte Struktur des Thalamus (Corpus geniculatum laterale).

Die Axone der nachgeschalteten Zellen des Thalamus ziehen in die primäre Sehrinde im Hinterhauptslappen. Dies ist der Abschnitt, der erstmals bewusstes Sehen ermöglicht. Verletzungen, die nur diesen Bereich betreffen, jedoch den optischen Apparat inklusive Netzhaut intakt lassen, führen zur sog. kortikalen Blindheit („Rindenblindheit"), bei der kein Seheindruck mehr generiert wird, obwohl reflektorische Sehreaktionen (z. B. Augenfolgebewegungen oder Kopfwendung auf Lichtreize hin) erhalten bleiben, da die Reizverarbeitung der Netzhaut und eines Teils der im Thalamus verbleibenden Netzhautaxone weiterarbeiten („Blindsehen"; Stoerig, 2006). Eine solche Erblindung kann im Gefolge eines schweren Schädel-Hirn-Traumas entstehen, z. B. bei einem schweren Motorradunfall, wenn der hintere Teil des Gehirns durch ein Vor- und Zurückschlagen des Kopfes massiv gegen die Schädeldecke schlägt (Grehn, 2008). Von der primären Sehrinde aus werden die Projektionen in eine Vielzahl weiterer Kortexregionen weitergeleitet, die in jeweils spezifischer Weise an der Verarbeitung des Seheindrucks beteiligt sind und über den Hinterhauptslappen hinaus bis in den Scheitel- und sogar Schläfenlappen reichen (Trepel, 2008). Die Sehleistung bindet damit bis zu 50 % der neuronalen Ressourcen des Kor-

3.2 Entwicklung der Wahrnehmung

tex (Kellmann & Arterberry, 1998; zit. n. Siegler, DeLoache & Eisenberg, 2008). Ein bewusst wahrnehmbarer Seheindruck entsteht jedoch erst durch die Verarbeitung der Reizinformationen in den sekundären und tertiären Bereichen der Sehrinde (Trepel, 2008).

Visuelle Wahrnehmung ist eine komplexe Leistung, die sich aus Farbwahrnehmung, Tiefenwahrnehmung, Bewegungswahrnehmung sowie Form- und Figurwahrnehmung zusammensetzt. „Sehen" ist nach Kandel, Schwartz und Jessell (1996, S. 394) als „ein schöpferischer Prozess" zu verstehen, der weit über das hinausgeht, was tatsächlich an (bereits aufgearbeiteter) Reizinformation durch die Netzhaut (wie oben knapp umrissen) bereitgestellt wird.

So existiert „Farbe" in der physikalischen Welt nicht wirklich, sondern ein *Farbeindruck* entsteht erst dadurch, dass Objekte einen spezifischen Teil des sichtbaren Lichtes reflektieren, nämlich den einer bestimmten Wellenlänge. Um den Farbeindruck zu erzeugen, müssen diese von einem bestimmten Eiweiß („Zapfenopsin"), der für das Farbsehen zuständigen Photozellen der Netzhaut („Zapfen") absorbiert werden; dadurch wird der elektrische Impuls ausgelöst, der nach Weiterverarbeitung in der Hirnrinde dann die Farbempfindung hervorruft. Die Photozellen der Netzhaut unterscheiden sich danach, auf welche Wellenlänge sie maximal reagieren: Einige haben ein Absorptionsmaximum bei einer Wellenlänge von 560 nm, dadurch wird der Farbeindruck „rot" vermittelt. Andere haben ein Absorptionsmaximum bei einer Wellenlänge von 530 nm; dadurch wird der Farbeindruck „grün" vermittelt. Eine dritte Sorte hat ein Absorptionsmaximum bei einer Wellenlänge von 430 nm; dadurch wird der Farbeindruck „blauviolett" vermittelt (Bear, Connors & Paradiso, 2009). Der tatsächliche Farbeindruck sowie alle anderen Farbeindrücke entstehen jedoch durch die in einem spezifischen Verhältnis gemischte Aktivierung dieser drei Photozellen (Young-Helmholtz „trichromatische Theorie des Farbensehens", vgl. Bear, Connors & Paradiso, 2009, S. 325).

Tiefenwahrnehmung (oder auch: Raumwahrnehmung) bezeichnet die Fähigkeit, Objekte in ihrer Position im Raum bestimmen zu können. Menschliches Sehen ist anatomisch charakterisiert durch beidäugiges Sehen (Binokularität). Die Augen sind in einem seitlichen Abstand von etwa 7 cm angeordnet. Daraus resultiert eine Überlagerung der nasalen Teile der Blickfelder (Querdisparation), was wesentlich zum räumlichen Tiefeneindruck im Nahbereich beiträgt (vgl. Fahle, 2008). Im Fernbereich (über sechs Meter) werden zur Ermittlung der Tiefe eines Objektes zusätzliche Informationen des Sehsystems benötigt, so z. B. der Größenunterschied bekannter Gegenstände, Schatten, Überdeckungen, perspektivische Verkürzungen und Konturunschärfen, die durch Lichttrübungen (Dunst, Nebel) entstehen (Birbaumer & Schmidt, 2006b).

Bewegte Gegenstände werden durch Augenbewegungen verfolgt und so auf der Netzhaut stabil gehalten.

Der *Bewegungseindruck* wird durch spezielle bewegungssensitive Zellen der primären Sehrinde analysiert. Sie sprechen nur an, wenn die Bewegung in eine bestimmte Richtung verläuft (Schandry, 2006). Insgesamt handelt es sich auch hier um ein komplexes Zusammenspiel mehrstufig miteinander verschalteter Neurone in verschiedenen weiteren Teilen der Hirnrinde.

Die *Wahrnehmung der Form und Figur eines Objektes* wird vermittelt über die Verarbeitung lokaler Helligkeitsunterschiede, der Wahrnehmung von Konturen, Mustern und zusammenhängenden Formen vor einem Hintergrund. Alle diese Informationen müssen im Gehirn organisiert und dadurch zu einem Gesamteindruck zusammengesetzt werden. Auch Formwahrnehmung ist ein konstruktiver Prozess, der die Elemente nicht unabhängig von dem Muster interpretiert, in das sie eingebettet sind (Bülthoff & Ruppertsberg, 2006). Ein Spezialfall der Objekterkennung ist die Gesichtererkennung (Logothetis, 2006).

In den 20er und 30er Jahren des letzten Jahrhunderts hat die *Gestaltpsychologie* (z. B. Max Wertheimer, 1880–1943, Kurt Koffka, 1886–1941 und Wolfgang Köhler, 1887–1967) breit bekannt gewordene Vorschläge gemacht, wie dies genau funktionieren soll. Als Leitsatz dieser Forschungstradition hat Christian von Ehrenfels 1890 den von Aristoteles stammenden Satz in die Psychologie eingeführt: „Das Ganze ist mehr als die Summe ihrer Teile" (von Ehrenfels, 1890, vgl. Lück, 2009). Rekurriert wird mit diesem Postulat der Übersummativität auf das Emergenzprinzip: Aus der Zusammensetzung einzelner Teilleistungen entsteht etwas Neues, das von ganz eigener Qualität ist, etwas, das auf der Ebene der Subsysteme nicht existiert. So sind beispielsweise die Konturen des Dreiecks in **Abbildung 3.2** physikalisch nicht vorhanden, denn zwischen den Kreisen und durch deren Unterbrechungen gebildeten Linien liegt tatsächlich nur eine weiße Fläche. In der Wahrnehmung setzen sich aber die durch die Kreisunterbrechungen gebildeten Linien fort und organisieren die Teile zu einem sinnvollen Ganzen. Goldstein (2008, S. 191) weist darauf hin, dass „keine Theorie, die davon ausgeht, dass Wahrnehmung aus einzelnen Sinnesempfindungen zusammengesetzt werden, ... diese Phänomene erklären (kann)".

Abb. 3.2: Organisation von Reizstrukturen (nach Bradley & Petry, 1977)

Die Gestaltpsychologen führten eine Reihe von Experimenten durch, welche die Prinzipien isolieren sollten, nach denen das Gehirn das visuelle Feld organisiert. Sie fanden eine ganze Reihe, die in Form von Gestalt- bzw. Wahrnehmungsgesetzen formuliert wurden. Goldstein (2008, S. 192) weist darauf hin, dass der Begriff „Gesetz" unpassend ist, weil die Wahrnehmungsorganisation nicht nachgewiesenermaßen immer so und nicht anders arbeitet, sondern es sich eher um eine Art Faustregel oder Heuristik der Auswertung der gelieferten sensorischen Daten handelt. Die wichtigsten Gestaltprinzipien werden hier kurz vorgestellt: das Prinzip der Prägnanz, das Prinzip der Nähe, das Prinzip der Ähnlichkeit und das Prinzip des gemeinsamen Schicksals (vgl. Galliker, Klein & Rykart, 2007).

- Das *Prinzip der Prägnanz* bzw. „guten Gestalt" stellt ein übergeordnetes Prinzip dar. Es besagt, dass in sich homogene Gestalten gegenüber nicht oder weniger homogenen Gestalten generell bevorzugt werden.
- Das *Prinzip der Nähe* besagt, die Zusammenfassung von gegebenen Reizen zu Einheiten erfolgt so, dass diejenigen mit den geringsten Abständen als zusammengehörig erlebt werden.
- Das *Prinzip der Ähnlichkeit* besagt, dass die Tendenz besteht, Gestalten durch Gruppierung von Reizen zu bilden, die einander ähnlich sind.
- Das *Prinzip des gemeinsamen Schicksals* besagt, dass strukturgerechte Veränderungen gegenüber anderen bevorzugt werden.

Optische Täuschungen zeigen die Grenzen der Wahrnehmung auf: Objekte der physischen Welt bestehen aus Körpern, die sich mehr oder weniger schnell bewegen, unterschiedlich groß sind und eine unterschiedliche Form und eine unterschiedliche chemische Beschaffenheit aufweisen. Die Repräsentation im Gehirn ist hingegen letztlich nichts anderes als ein Muster elektrischer Aktivität, das von unterschiedlichen Typen von Neuronen in unterschiedlichen Bereichen des Gehirns registriert wird (Fahle, 2006). Die Informationen sind zudem immens zahlreich: In 100 Millionen Photorezeptoren je Auge werden in jedem Bruchteil einer Sekunde elektrische Impulse generiert, die je Auge in einer Million Nervenfasern zusammengefasst und an die Hirnrinde weitergeleitet werden. Im Wahrnehmungsprozess ist es also zwingend notwendig, diese Informationen weitgehend zu komprimieren. Das Hinzunehmen von Erfahrung (Abgleich der Muster mit den Mustern im Gedächtnis gespeicherter Bilder) verkürzt den Interpretationsprozess zusätzlich. Allerdings wird er dadurch auch fehleranfällig. Eine Wahrnehmungstäuschung liegt vor, wenn „eine merkliche Diskrepanz zwischen physikalischer Reizstruktur und subjektiv erlebter Wahrnehmung existiert" (Fahle, 2006, S. 67). Sie kann im begrenzten Auflösungsvermögen begründet sein, als Nebeneffekt der Filtereigenschaften des optischen Apparates auftreten, oder aber bei uneindeutigen Reizmustern die Interpretationsfähigkeit der übergeordneten Hirnzentren überfordern (Fahle, 2006). **Abbildung 3.3** stellt ein Beispiel für ein sog. Vexierbild dar, in denen eine solche Reizstruktur zu Papier gebracht wird, die mehr als eine sinnvolle Interpretation zulässt. Aus der Darstellung kann man entweder eine Vase oder zwei Gesichter herauslesen.

3 Entwicklung kognitiver Funktionen

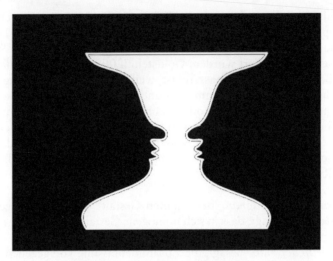

Abb. 3.3: Version des Kippbildes nach Edgar John Rubin (1886–1951)

Die *Entwicklung des Sehens* ist bei der Geburt noch nicht abgeschlossen. Denn im Mutterleib sind Lichtreize nur schwach vorhanden und die Augen geschlossen. Sowohl Strukturen des optischen Apparates als auch der Netzhaut und der reizverarbeitenden Strukturen der Hirnrinde müssen erst postnatal nachreifen: Zum einen ist die Muskulatur, welche die Form der Linse verändert und damit ihre Brechungseigenschaften, noch nicht kräftig genug, die Linse stark zu spannen; dadurch ist die Sehschärfe des Säuglings eingeschränkt. Zum anderen wurden die photosensitiven Zellen der Netzhaut kaum stimuliert und die reizverarbeitenden Systeme brauchen eine Weile, sich auf das nun wesentlich intensivere Reizangebot einzustellen. Dadurch sind Kontrast- und Farbsehen eingeschränkt.

Das *Neugeborene* sieht nur auf etwa 25 cm scharf, kann die Augen nur schlecht auf ein Objekt ausrichten und nur auf Objekte in etwa 18 cm Entfernung konvergieren und diese fixieren. Es kann Farben nach Hauptklassen unterscheiden und bevorzugt Muster mit klaren Konturen (Rauh, 2008). Eine besondere Orientierung erfolgt auf Gesichter: Diese werden nachhaltiger fixiert und Säuglinge schenken gesichtsähnlichen Konturen mehr Aufmerksamkeit als anderen (Slater, 1998; Slater & Butterworth, 1997). Auch eine Empfindung für räumliche Tiefe ist bereits in den ersten Lebenswochen vorhanden. Dies ist eindrücklich mit dem Experiment der „visuellen Klippe" belegt worden: Es handelt sich um eine Versuchsanordnung, bei der eine ebene Fläche mit einem Schachbrettmuster versehen wurde. Das Muster setzt sich am Ende der Fläche in einen Abgrund fort. Dieser ist jedoch mit einer Glasplatte bedeckt, so dass der „Abgrund" gefahrlos betreten werden kann (vgl. **Abb. 3.4**). Anhand der Änderung von physiologischen Stressparametern wie Herzschlagrate und Hautwiderstand konnte gezeigt werden, dass bereits 2–3 Monate alte Säuglinge diese Veränderung des Untergrundes wahrnehmen (Campos, Langer & Krowitz, 1970; Campos, Bertenthal & Kermoian, 1992). Im Krabbelalter (ab ca. sechs Monate) sind die Kinder dann nur noch dazu zu bewegen, über die Glasplatte zu kriechen, wenn die Mutter sie sehr entspannt und nachdrücklich lockt, die Bewegungen bleiben aber in der Regel sehr vorsichtig (Gibson & Walk, 1960). Nach etwa sechs Monaten haben nahezu alle Sehleistungen fast das Erwachsenenniveau erreicht, mit 18 Monaten sind sie in der Regel bei allen Kindern komplett ausgereift (Krist & Schwarzer, 2007).

Abb. 3.4: Versuchsanordnung der „visuellen Klippe"

Im *Schulalter* ist der Sehsinn also ausgereift. Sind die Sehleistungen in diesem Alter bei einem Kind nicht so gut wie bei anderen Kindern, wird es sich also in keinem Fall um eine „Spätentwicklung" handeln, sondern immer um eine Entwicklungsstörung. Sehfehler betreffen den Bereich der primären visuellen Verarbeitung. Sie entwickeln sich jedoch häufig erst im Laufe des Kindes- oder Jugend-/ jungen Erwachsenenalters (Grehn, 2008). Typischerweise sind die Hornhaut und Linse oder die Augenmuskulatur betroffen. Im ersteren Fall sind die Brechungseigenschaften des optischen Apparats beeinträchtigt, es resultieren eine ungenügende Sehschärfe und Probleme bei der Raum- und Zielorientierung. Störungen der Entwicklung der Augenmuskulatur führen u. a. zu Fehl(Schiel-)stellungen des Auges, aus der ebenfalls eine Schwachsichtigkeit (Amblyopie) resultieren kann, weil das Gehirn durch die ungünstige Überlagerung der Blickfelder das Bild eines Auges unterdrücken muss (Grehn, 2008). Entwicklungsstörungen des Auges können in jedem Alter erstmals auftreten, gehäuft in der Folge eines Entwicklungsschubes (Vorschulalter, Jugendalter). Sie können sich u. U. aber auch „auswachsen", insbesondere wenn frühzeitig mit einer Behandlung begonnen wird (Grehn, 2008).

Wachstumsbedingte Sehstörungen sind im Kindesalter nicht leicht zu entdecken, weil die Kinder sich auf die Welt, so wie sie sie wahrnehmen, einstellen und von sich aus selten über Sehstörungen klagen (Ehrt, 2005). So sollten Kinder mit Auffälligkeiten der Augen wie einer (auch leichten) Schielstellung frühzeitig augenärztlich vorgestellt werden. Denn ein Augenfehler kann auch Begleiterscheinung einer schwerwiegenden systemischen Erkrankung sein (Grehn, 2008).

Eine Schwachsichtigkeit kann im Schulalter zu einer Beeinträchtigung der Mitarbeit und minderen Schulleistungen führen, wenn die Kinder zu weit von der Tafel entfernt sitzen und nicht mehr alle Details des Unterrichts mitbekommen. Auffällig werden Kinder mit Entwicklungsstörungen der Hornhaut u. U. auch durch einen unsicheren Umgang mit Geräten im Sportunterricht oder auf dem Spielplatz.

Literaturhinweis

Goldstein, B. (2008). *Wahrnehmungspsychologie*. Berlin: Spektrum.

3.2.3 Entwicklung auditiver Wahrnehmung

Hören wird physikalisch über das Medium Luft vermittelt: Luft setzt sich aus verschiedenen Gasen zusammen (ca. 78 % Stickstoff, 21 % Sauerstoff, 0,9 % Edelgase, 0,03 % Kohlendioxid). In kleinster Einheit kommen die Gase in der natürlichen Umgebung als Molekül vor (z. B. O_2, N_2, CO_2). Wenn sich ein von Luft umgebenes Objekt bewegt, dann werden die Moleküle in Richtung der Bewegung zusammengerückt und verdichtet. Die Druck- und Dichteveränderung breitet sich wellenförmig (Schallwelle) in einer charakteristischen Geschwindigkeit (Schallgeschwindigkeit) gleichmäßig nach allen Seiten aus. Die Schallwellen folgen in einem bestimmten Abstand je Zeiteinheit aufeinander (Schallfrequenz, ausgedrückt in Hertz, Hz). Schallwellen haben zudem eine bestimmte Auslenkung (Amplitude). Der Abstand zwischen zwei positiven Auslenkungsmaxima wird als *Wellenlänge* bezeichnet. Die Wellenlänge lässt sich errechnen aus der Ausbreitungsgeschwindigkeit dividiert durch die Schallfrequenz (vgl. Lüders & Pohl, 2004).

Je weiter sich Schallwellen von ihrem Ursprung entfernen, desto mehr verlieren sie an *Intensität*, d. h. ihre Amplitude wird kleiner. Treffen die Schallwellen auf ein Organ, das sie in Körperempfindungen umsetzen kann (Ohr), resultiert die Wahrnehmung „Geräusch, Ton, Laut, Klang" (vgl. Bear, Connors & Paradiso, 2009). Das menschliche Ohr besitzt Strukturen, die eine Wahrnehmung von Schall im Frequenzbereich 20-20 000 Hz ermöglichen. Je höher die Frequenz, desto höher erscheint ein Ton in der Wahrnehmung (Tonhöhe). Die Schallintensität bestimmt die empfundene *Lautstärke* (gemessen in Phon), je intensiver der Schall, desto lauter wird das Hörereignis wahrgenommen (vgl. Bear, Connors & Paradiso, 2009).

Die anatomische Struktur des menschlichen Ohres wird gebildet durch Außenohr, Mittelohr und Innenohr. Zum Außenohr gehören alle äußerlich sichtbaren Teile des Ohres, also Ohrmuschel und Gehörgang. Ihre Funktion besteht in dem Auffangen und Verstärkung von Schallwellen zur Weiterleitung an das Hörorgan. Die Ohrmuschel ist darüber hinaus an der Fähigkeit zur Lokalisation der Schallquelle (Richtungshören) beteiligt, denn ihre Form hat zur Folge, dass Schallwellen intensiver sind, die gesichtsseitig auftreffen, als solche, die vom Hinterkopf her auftreffen. Fehlt diese Struktur, ist das Richtungshören merkbar beeinträchtigt. Der *Gehörgang* übernimmt zusätzlich eine Schutzfunktion für das Mittelohr und das Hörorgan: Schallwellen mit zu hoher Intensität können diese Strukturen schädigen. Am Eingang des Gehörganges findet sich eine knorpelige Erhebung (Ohrdeckel). An diesen setzen feine Muskeln an, die sich bei zu hoher Schallintensität anspannen und den Eingang in den Gehörgang verengen, indem sie die Haut über dem Ohrdeckel spannen. Dadurch wird im gegebenen Fall die Intensität der auf das Trommelfell auftreffenden Schallwellen reduziert.

Das *Mittelohr* bilden das Trommelfell, die Gehörknöchelchen (Hammer, Amboss, Steigbügel) und die Paukenhöhle mit Verbindungsgang zum Rachenraum (Ohrtrompete, Eustachische Röhre). Das Trommelfell ist eine Membran, die den äußeren Gehörgang gegen das Mittelohr abgrenzt. Ein knöchernes Gebilde, das ein wenig an einen Hammer erinnert, setzt flächig auf der Seite des Mittelohres auf das Trommelfell auf. Der Hammer ist mit einer weiteren knöchernen Struktur verbunden, dem Amboss. Dieser wiederum setzt an einer dritten knöchernen Struktur an, die in ihrer Form einem Steigbügel ähnelt. Der Steigbügel setzt flächig auf dem Hörorgan auf, die Stelle wird als „ovales Fenster" bezeichnet. Hammer, Amboss und Steigbügel liegen in einem luftgefüllten Hohlraum des Schädels, der Paukenhöhle. Diese ist mit dem Rachenraum durch eine Röhre verbunden, der Ohrtrompete.

Alle Strukturen des Mittelohres dienen der Weiterleitung und Verstärkung des Schalldruckes: Die auf das Trommelfell auftreffenden Schallwellen versetzen dieses in Schwingungen, die sich in den ansetzenden Gehörknöchelchen bis zum Hörorgan weiter ausbreiten. Damit ist gleichzeitig eine Umwandlung der Schallenergie in mechanische Energie erreicht. Die luftgefüllte und via Rachenraum mit der Außenluft verbundene Paukenhöhle stellt das für eine ungestörte Membranschwingung benötigte Umfeld her. Die Verstärkung der Schallenergie wird dadurch erreicht, dass der Querschnitt der Strukturen, auf die sie auftrifft, immer kleiner wird. Zum Schutz des Ohres gegen zu große Lautstärken sind in der Paukenhöhle zwei Muskeln angebracht, die an zwei Gehörknöchelchen (Steigbügel und Hammer) ansetzen. Sie spannen sich bei zu hoher Schallintensität an und führen so zu einer Reduzierung der Beweglichkeit des weiterleitenden Apparates. Dadurch wird die Intensität einer mechanischen Energie, die längerfristig am Hörorgan auftrifft, deutlich gemindert (Attenuationsreflex; vgl. Bear, Connors & Paradiso, 2009).

Erst im *Innenohr* findet sich das eigentlich Hörorgan, das in seiner Form einer Schnecke ähnelt (Cochlea). Sie ist spiralig gewunden und besitzt innen drei mit Flüssigkeit (Endolymphe) gefüllte Kanäle, die durch zwei Membrane (Basilarmembran und Reissner-Membran) voneinander abgegrenzt sind. Auf der Innenseite des mittleren Kanals befindet sich auf der Basilarmembran das eigentliche Hörorgan (Corti-Organ), das von einer weiteren Membran, der

Tektorialmembran bedeckt („überdacht") wird. Nur das Corti-Organ enthält die reizaufnehmenden Hörzellen.
Auf die Cochlea sind zudem drei knöcherne Bögen aufgesetzte, das sog. Labyrinth. Auch diese sind mit Flüssigkeit gefüllt und bilden den wichtigsten Teil des Gleichgewichtssystems. An der Cochlea tritt außerdem der Hörnerv zusammen mit dem Gleichgewichtsnerv aus. Aufgrund dieser räumlichen sowohl knöchernen als auch neuronalen Verbindung sind Hören und Gleichgewichtsempfinden eng miteinander verknüpft (vgl. Bear, Connors & Paradiso, 2009) und insbesondere das Gleichgewichtsempfinden wird u. U. durch starke Höreindrücke auch beeinträchtigt. **Abbildung 3.5** zeigt einen Schnitt durch das menschliche Ohr und benennt die wesentlichen Bestandteile.

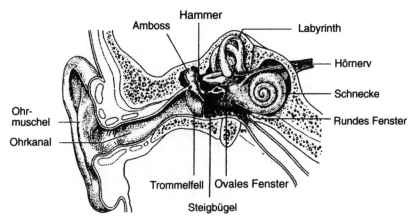

Abb. 3.5: Anatomie des menschlichen Ohres (aus: Guski, 2000, S. 30)

Die *Reizaufnahme in der Cochlea* wird im Wesentlichen dadurch ermöglicht, dass die vom Außenohr aufgenommenen und den knöchernen Bestandteilen auf die Cochlea übertragenen mechanischen Schwingungen auf die Flüssigkeit in der Cochlea übertragen werden. Es resultiert eine wellenförmige Bewegung des flüssigen Mediums in einer bestimmten Frequenz, die sich auf die Basilarmembran überträgt und in ihrer Spitze (Apex) ausläuft. Die reizaufnehmenden Zellen des Cortischen Organs sind die sog. Haarzellen: Sie weisen an der Spitze haarähnlich Fortsätze auf, die von der Endolymphe umgeben sind. Durch die mechanische Bewegung der Lymphe knicken („scheren") sie rhythmisch ab. Dies führt zur Ausbildung eines Aktionspotentials in der Hörzelle – das Schallsignal ist in ein neuronales Signal umgewandelt worden (vgl. Bear, Connors & Paradiso, 2009). Die Haarzellen sind synaptisch mit tiefer in der Cochlea liegenden Spiralganglien verbunden. Die Axone dieser Spiralganglien ziehen aus der Cochlea heraus und bilden den Hörnerven. Die Verarbeitung der elektrischen Impulse zu Höreindrücken nimmt ihren Anfang im Hirnstamm. Von dort werden sie an den Thalamus weitergeleitet. Reflexartige Antworten auf Höreindrücke (Schreckreflex, Orientierungsreaktion) sind also auch noch verfügbar, wenn das Großhirn nicht oder nur noch eingeschränkt arbeitet. Bewusste Höreindrücke werden jedoch erst durch eine Verarbeitung in der primären Hörrindes des Schläfenlappens (auditorischer Kortex) ermöglicht.

Die Haarzellen sind sehr empfindliche Gebilde. Das mechanische Abscheren der Flimmerhärchen kann bei einer zu starken Bewegung der Endolymphe (bei zu hoher Schallintensität) dauerhafte Schäden hinterlassen. Eine Schädigung oder Tod von Haarzellen ist irreversibel und die häufigste Ursache für (Innenohr-)Schwerhörigkeit oder Gehörlosigkeit (Bear, Connors & Paradiso, 2009). Auch können geschädigte Haarzellen die spontane Eigenbewegung gesunder Haarzellen erhöhen, woraus ein dauerhaftes, störendes Ohrgeräusch (Tinnitus) resultieren kann. Die Anfälligkeit der Haarzellen ist umso größer, je direkter die Schallwellen auf das Trommelfell auftreffen. Allgemein ist bei Erwachsenen einer kurzzeitigen Einwirkung von Lärm mit einem Pegel von mehr als 120 Dezibel (entspricht etwa dem Lärm, den der Probelauf eines Düsenflugzeuges macht oder dem man sich auf einem Rockkonzert aussetzt, wenn man sich in die Nähe der Lautsprecher stellt) oder Lärm mit einem Pegel von 90 bis 120 Dezibel (typischer Geräuschpegel in Diskotheken sowie der lauten Musik eines MP3-PLayers) bei gleichzeitiger Minderdurchblutung des Ohres mit einem Innenohrschaden zu rechnen (vgl. Bundeszentrale für gesundheitliche Aufklärung, 2008). Bei Erwachsenen ist bei einer jahrelang anhaltenden Einwirkung von Lärm mit einem Pegel von mindestens 85 Dezibel (entspricht etwa dem Lärm, den ein vorbeifahrender Lastwagen macht) im Rahmen einer 40-stündigen Arbeitswoche mit einer dauerhaften Hörbeeinträchtigung zu rechnen (vgl. Bundeszentrale für gesundheitliche Aufklärung, 2008). Was die Dauerbeschallung durch laute Musik via Kopfhörer auszurichten vermag, lässt sich vorhersagen, wenn man die durchschnittliche Lautstärke von 90 bis 100 Dezibel mit der Beschallungszeit in Verbindung bringt: Eine 4,8-minütige Belastung mit 105 Dezibel bedeutet die gleiche Gehörgefährdung wie eine achtstündige Belastung mit 85 Dezibel (vgl. Bundeszentrale für gesundheitliche Aufklärung, 2008).

Eine weitere häufige Ursache für die Ausbildung einer Hörstörung liegt in der Behinderung der reizweiterleitenden Strukturen, durch die die Schwingungseigenschaften der knöchernen Bestandteile des Innenohres nachhaltig eingeschränkt werden (Schallleitungsschwerhörigkeit). Dies kann zum einen durch eine Behinderung der Schwingungseigenschaften des Trommelfells hervorgerufen sein, wenn im Rahmen einer Erkältung die Ohrtrompete zuschwillt, oder sich im Rahmen einer Mittelohrentzündung Flüssigkeit im Mittelohr sammelt (Paukenerguss). Im Kindesalter tritt so etwas recht häufig auf und ist durch operative Maßnahmen („Paukenröhrchen", Entfernung der Polypen) zu beheben. Als Spätfolge kann sich nach häufigen, vor allem chronischen Entzündungen des Mittelohres auch eine Verkalkung der knöchernen Strukturen ausbilden. Dies hat eine irreversible Schwerhörigkeit zur Folge (Boenninghaus & Lenartz, 2007).

Die *Entwicklung des Hörorgans* (Cochlea) ist bereits im Mutterleib abgeschlossen. Das Ungeborene reagiert ab der 22. Schwangerschaftswoche bereits auf Geräusche ab 85 Dezibel mit einer Orientierungsreaktion (Hinwendung). Das Ungeborene bildet in diesem Alter bereits Präferenzen auf bestimmte akustische Reize aus, weil es sich an sie gewöhnt. Hierzu zählen vor allem der Herzschlag und die Stimmer der Mutter (Krist & Schwarzer, 2007; vgl. auch Kap. 2.1.1).

Postnatal erfolgen Reaktionen auf akustische Reize erst bei höheren Schalldruckpegeln als bei Erwachsenen: Während Erwachsene Geräusche bereits ab 20 Dezibel wahrnehmen und sicher orten können, reagieren Neugeborene unspezifisch erst auf Hörereignisse ab 80 Dezibel. Die Hörschwelle sinkt kontinuierlich im Mehrmonatsabstand, mit etwa zwei Jahren ist das Erwachsenenniveau erreicht. Auch die Lokalisation einer Schallquelle gelingt erst mit einem Jahr auf allen Ebenen sicher (Zwirner, 2005). Säuglinge zeigen hingegen schon früh Präferenzen für sprachliche Laute gegenüber nicht-sprachlichen Geräuschen und Tönen (Rauh, 2008).

Die zentralen Hörbahnen, welche die Erregung zur bewussten Verarbeitung in den Kortex weiterleiten, müssen postnatal noch stark ausreifen; dies betrifft insbesondere die Myelinisierung und die Verschaltung untereinander. Sie wird durch ständige akustische Stimulation angeregt und ist erst im Alter von etwa drei Jahren abgeschlossen. Bilden sich in dieser Zeit längerdauernde Hörbeeinträchtigungen durch z. B. Behinderungen des Schalleitungsapparates aus (chronische Mittelohrentzündung), wird auch die Ausreifung der Hörbahn und Vernetzung der Hörzentren nachhaltig beeinträchtigt (Zwirner, 2005). Eine frühzeitige Behandlung einer Hörbeeinträchtigung ist auch deshalb von enormer Wichtigkeit, weil das Hören direkt die Sprachentwicklung beeinflusst (vgl. Kap. 3.5). Schätzungen zur Folge hat etwa ein Viertel aller Kinder bereits bis zum Jugendalter eine dauerhafte Hörschädigung erworben (Bundesärztekammer, 1999).

Eine Beeinträchtigung des Hörvermögens führt in der Schule dazu, dass die Kinder dem Unterricht nicht (mehr) vollständig folgen können. So ist die Hörschwelle herabgesetzt, d. h. leise und hohe Töne werden nicht mehr wahrgenommen. Insbesondere haben die Betroffenen aber auch Schwierigkeiten, Gesprächen in etwas lauterer Umgebung zu folgen (Schulhof), es fällt ihnen schwer, die Geräusche zu orten und zu erkennen, wer in einer Gruppe oder in der Klasse spricht. Dadurch verpassen sie häufig den Anfang des Gesprochenen und können nicht angemessen reagieren. Als Folgeerscheinung können sich auch soziale Probleme einstellen.

Literaturhinweis

Goldstein, B. (2008). *Wahrnehmungspsychologie*. Berlin: Spektrum.

3.2.4 Entwicklung intermodaler Wahrnehmung

Unter „intermodaler Wahrnehmung" wird die Fähigkeit verstanden, zwei oder mehr Sinnesbereiche miteinander zu verknüpfen. Krist und Schwarzer (2007,

S. 239) definieren intermodale Wahrnehmung genauer als „die Integration von Informationen aus verschiedenen Sinneskanälen zu einem einzigen, multimodalen Perzept". So ist es für das „Begreifen" (Verstehen) von Objekten notwendig, haptische und visuelle, ggf. auch auditive Eindrücke zu verknüpfen. Für die räumliche Orientierung ist die Verknüpfung von Sehen und Hören elementar. Auch für das Erlernen der Schriftsprache ist es unabdingbar, Sehen (Schrift) und Hören (Laute) miteinander zu verknüpfen.

Die Ereignisse der Umgebung sind in der Regel mit einer multimodalen Stimulation der Sinne verbunden. In der Literatur finden sich jedoch unterschiedliche Auffassungen darüber, inwieweit bereits Neugeborene in der Lage sind, diese auch tatsächlich zu integrieren und ein Ereignis, das über verschiedene Sinneskanäle vermittelt wird, als ein zusammengehörendes Ereignis zu verstehen. Neuere Untersuchungen erbringen durchaus Hinweise, dass auch Säuglinge schon in der Lage sind, in begrenztem Umfang intermodale Transferleistungen vorzunehmen (z. B. visuelles Erkennen von zuvor haptisch erkundeten Gegenständen). Krist und Schwarzer (2007) weisen jedoch darauf hin, dass die Forschungslage noch zu inkonsistent ist, um zu einer abschließenden Wertung zu gelangen.

Störungen in der Ausbildung intermodaler Wahrnehmung (Sensorische Integrationsstörung) gehen nach Schaefgen (2007) zumeist auf eine frühkindliche Hirnschädigung während oder nach der Geburt zurück (Sauerstoffmangel, Blutungen, Infektionen). Allerdings beeinträchtigt auch Erfahrungsmangel (Körperbehinderung, Vernachlässigung, Überbehütung) diese Fähigkeit wesentlich. Insbesondere Erfahrungsmangel im taktil-kinästhetischen Bereich kann eine Beeinträchtigung der Auge-Hand-Koordination bedingen (Ayres, 2002). Zudem fallen ohne eine gut funktionierende sensorische Integration Lernprozesse schwer. Zu den typischen emotionalen Begleiterscheinungen gehören auch Ängstlichkeit und Unausgeglichenheit. Im Schulalter bildet sich zudem häufig eine Lese-Rechtschreibstörung aus (Schaefgen, 2007; siehe zusammenfassend auch Bundy & Murray, 2007). Die Theorie der sensorischen Integration ist als ein theoretischer Bezugsrahmen für die Planung ergotherapeutischer Therapien zu verstehen (vgl. Mulligan, 2007); als Störungsbild ist es bislang noch nicht in das Internationale Klassifikationsschema für Erkrankungen (ICD 10-GM; Dilling, Mombour & Schmidt, 2009) aufgenommen worden, eine Forschergruppe um Jean Ayres strebt dies jedoch an (Schaefgen, 2007). Hingegen sind Störungen der motorischen Kontrolle und der Bewegungsorganisation, die sich neben Auffälligkeiten in der Bewegung auch in Problemen mit der Aussprache sowie in Schulleistungsstörungen und psychosozialen Problemen manifestieren können, im DSM IV (Saß et al., 2003) unter der Bezeichnung „entwicklungsbezogene Koordinationsstörung" bereits erfasst (Berger, 2010; siehe auch Kastner & Petermann, 2009).

Literaturhinweis

Ayres, A. J. (2002). *Bausteine kindlicher Entwicklung*. Berlin: Springer.

3.2.5 Wahrnehmung und der Erwerb von Kulturtechniken

Wilkening und Krist (2008, S. 413) konstatieren: „Über die Wahrnehmung erhalten wir Aufschluss über die Umwelt". Was nicht wahrgenommen werden kann, kann demzufolge auch nicht zu Wissen verarbeitet werden. Wahrnehmung stellt damit die Basis des Wissensaufbaus dar. Eine intakte Wahrnehmungsfähigkeit ist für die Entwicklung und das Lernen im Kindes- und Jugendalter grundlegend. Wie oben beschrieben, ist eine intakte Hörfähigkeit eine Grundvoraussetzung, sich adäquat am Unterrichtsgeschehen beteiligen zu können. Die visuelle Diskriminierungsfähigkeit ist eine Voraussetzung für den Erwerb des Lesens und Schreibens. Liegt also eine Störung in den Wahrnehmungsleistungen vor, wird auch der Erwerb von Kulturtechniken behindert sein. Für schulisches Lernen ist es zudem elementar, die Lerninhalte darauf abzustimmen, welche Leistungen im Grundschulalter bereits möglich sind und welche Entwicklungen im weiteren Schulalter noch stattfinden.

Unter entwicklungspsychologischer Perspektive interessiert, welche Prinzipien der Entwicklung der Wahrnehmungsfähigkeit zugrunde liegen. Komplexe Reizstrukturen können prinzipiell zwei gegenläufige Eigenschaften aufweisen: Sie können integral sein, d. h. es fällt psychologisch schwer, ihre Komponenten zu isolieren. Sie können aber auch separabel sein, d. h. die in ihnen enthaltenen Dimensionen erscheinen offensichtlich weitgehend unabhängig voneinander und sind deshalb leicht voneinander zu isolieren (Schwarzer, 2006).

Die aus der Gestaltpsychologie hervorgegangene „genetische Ganzheitspsychologie" (sog. zweite Leipziger Schule; Felix Krüger, Friedrich Sander; vgl. Galliker, Klein & Rykart, 2007) hat bereits in den 1930er Jahren angenommen, dass die Wahrnehmungsentwicklung von der Erkenntnis der Ganzheit zu immer größerer Differenzierungsfähigkeit fortschreitet, allerdings unter dem Primat der Integration, d. h. dem Erhalt der Ganzheit (Lück, 2009). Empirisch wurde dies anhand von Kinderzeichnungen zu belegen versucht: Kleine Kinder stellen einen Menschen als „Kopffüßler" dar, der lediglich aus Kopf, Rumpf, und Füßen besteht. Erst wenn die Kinder älter werden, werden die Zeichnungen detaillierter, die Proportionen stimmen, alle Teile des Körpers und der Gliedmaßen werden vollständig gezeichnet (Brosat & Tötemeyer, 2007). Daraus wurde das Entwicklungspostulat abgeleitet, dass im Vorschulalter eine holistische Wahrnehmung unter Vernachlässigung von Details vorherrscht und separable Strukturen erst im Laufe des Grundschulalters auch als solche erkannt werden. Die Einführung einer „ganzheitlichen Lernmethode", die bis in die 1960er Jahre hinein weit verbreitet war, wurde ebenfalls mit diesem Argument begründet (Lunzer & Harrison, 1978). Nach dieser Methode wurden im Erstleseunterricht nicht zuerst Buchstaben gelernt (von denen man eben annahm, dass die feinen Unterschiede zwischen z. B. *b* und *d* oder *p* und *q* die Wahrnehmungsfähigkeit der Kinder überfordere) und dann Wörter zusammengesetzt, sondern gleich ganze Wörter dargeboten („Ganzwortmethode"). Lenel (2005, S. 47ff.) berichtet über verschiedene Evaluationen dieser Methode, die übereinstimmend einen deutlich höheren Prozentsatz von Schwachlesern und Schwachrechtschreibern in den unteren Grundschulklassen nachwiesen. Klicpera, Schabmann und Gasteiger-Klicpera (2007) weisen darauf hin, dass Evaluationsbefunde aus dem amerikanischen Sprachraum nur einen geringen negativen Effekt nachweisen, da die Kinder wegen der oft nicht eindeutigen Zuordnung von Schrift und mündlicher Sprache von ganzheitlichen Maßnahmen stärker profitieren als Kinder im deutschen Sprachraum (vgl. auch Kap. 3.7.1).

Nickel wies jedoch bereits 1967 nach, dass dieselben Kinder, die „nur" Kopffüßler zeichnen, durchaus in der Lage sind, Suchbildrätsel (zwei nahezu identische Bilder vergleichen und Abweichungen zwischen beiden auffinden) perfekt zu lösen (vgl. auch Nickel & Schmidt-Denter, 1995). Nach Spangler und Schwarzer (2008) beruht die Auffassung einer holistischen Wahrnehmung von Kindern vor allem auf einem Methodenproblem: Die Befunde wurden unter Vernachlässigung von individuellen Unterschieden interpretiert. Es ist also davon auszugehen, dass bereits im Vorschulalter analytische Verarbeitungsprozesse dominieren und je nach Aufgabenstellung und Stimulus die eine oder andere Strategie eingesetzt wird.

Auch im mittleren Schulalter findet noch eine *Weiterentwicklung der Wahrnehmungsfähigkeiten* statt. So wird die visuelle Wahrnehmung zunehmend stärker verwoben mit kognitiven Leistungen und vor allem sprachlichen Fähigkeiten. Zudem verbessern sich signifikant Selektivität („sich auf das Wesentliche konzentrieren") und Spezifität („auch sehr feine Details unterscheiden können") der Wahrnehmung, sowie ihre Ökonomie („mit möglichst wenig Aufwand das Gesuchte auffinden") und Effizienz („mit dem eingesetzten Aufwand ein optimales Ergebnis erzielen"). Jugendliche sind weitaus schneller in der Lage, Wesentliches von Unwesentlichem zu trennen und die für den aktuellen Stimulus nützlichste Analyseebene zu verwenden (Schwarzer, 2006). Die Entwicklung von Selektivität, Spezifität, Ökonomie und Effizienz der Wahrnehmung bestimmt mit, wie schnell Unterrichtsmaterialien bearbeitet werden können und wie komplex Unterrichtsmaterialien sinnvollerweise sein sollten. Alle diese Leistungen sind jedoch auch trainierbar und eng mit dem Aufmerksamkeitssystem verbunden. Diese werden im nachfolgenden Kapitel besprochen.

Auf *Wahrnehmungsleistungen basierende Lernprozesse* können im Unterricht durch die Beachtung von gestaltpsychologischen Prinzipien beim Einsatz von Medien unterstützt werden. Denn gestaltpsychologische Prinzipien bilden eine zentrale Grundlage der Wahrnehmung (Bodenmann et al., 2004, S. 262). Sie lassen sich auf zwei zentrale Aspekte reduzieren: Welche Elemente werden zu Gruppen organisiert, welche Elemente werden als Figur und welche Elemente werden als Hintergrund aufgefasst (Bodenmann et al., 2004, S. 258). Entsprechend werden Tafelanschriebe und Arbeitsblätter schneller erfasst und besser behalten, wenn zusammengehörige Informationen gruppiert präsentiert werden und sich durch gestalterische Elemente vom Hintergrund gut abheben. Dasselbe gilt für die Präsentation auditiver Inhalte: Diktate werden von den Kindern leichter bearbeitet, wenn der Text rhythmisch und prosodisch dargeboten wird. Dem Bestreben des Organismus, sensorische Eindrücke im Sinne einer guten Gestalt (Prägnanzprinzip) zu organisieren, kommt es entgegen, wenn Lerninhalte so strukturiert werden, dass der Sinn für das Ganze und die Beziehung zwischen den Elementen deutlich wird (vgl. Bodenmann et al., 2004). Dieses Prinzip kann auch auf die Gestaltung des Klassenraumes übertragen werden: Eine klare Strukturierung, die ein Gesamtkonzept erkennen lässt, fördert die Ausgeglichenheit der Schülerinnen und Schüler und erleichtert die Konzentration auf den Unterricht.

Literaturhinweis

Frostig, M. & Horne, D. (2010). *Visuelle Wahrnehmungsförderung (3 Bände)*. Braunschweig: Schroedel.

3.3 Aufmerksamkeit und Handlungssteuerung

3.3.1 Aufmerksamkeitssystem

Unter „Aufmerksamkeit" wird die Fähigkeit verstanden, die Wahrnehmung auf bestimmte Stimuli der Umwelt oder des eigenen Innenlebens zu konzentrieren (Kolb & Wishaw, 1996). Neurophysiologisch entspricht dies der Fähigkeit zur selektiven Verarbeitung von Informationen, die gleichzeitig und ggf. über verschiedene sensorische Kanäle auf den Organismus einströmen (Bear, Connors & Paradiso, 2009). Die Aufmerksamkeit auf etwas zu richten gestaltet die Entdeckung (Detektion) relevanter Informationen effizienter, verbessert die Verarbeitungsleistung und verkürzt Reaktionszeiten. Zusammenfassend wird dies auch als „Modulation neuronaler Aktivität" bezeichnet. Da es sich dabei um eine Änderung in der elektrischen Aktivität von Neuronen in umgrenzten Hirnregionen handelt, sind solche Vorgänge recht gut durch elektrophysiologische Experimente (EEG-Veränderungen) und Untersuchungen mit bildgebenden Verfahren (Positronen-Emissions-Tomographie, PET; Funktionelle Magnetresonanztomographie, fMRT) zu erfassen (Treue, 2006; Gazzaniga, Ivry & Mangun, 2009).

Die neuronalen Grundlagen der Aufmerksamkeitsfunktionen setzen sich aus verschiedenen, miteinander korrespondierenden Teilsystemen zusammen, die sich vom Endhirn über verschiedene subkortikale Zentren bis in den Hirnstamm erstrecken. Je nachdem welche Aufmerksamkeitsleistung abgerufen wird, ist der eine oder andere Teil dominant bzw. ist die eine oder andere Kombination von Teilsystemen beteiligt. Das die Verteilung der Aufmerksamkeitsressourcen realisierende System wird zusammenfassend als *limitiertes Kapazitätskontrollsystem* (limited capacity control system, LCCS) bezeichnet (Birbaumer & Schmidt, 2006c). Folgende hirnorganischen Systeme sind daran beteiligt:

Im *Hirnstamm* stellen aufsteigende retikuläre Aktivierungssysteme (ARAS) die Basis des Wachzustandes dar. Es handelt sich bei diesem System um eine heterogene Gruppe von abgegrenzten Neuronenhaufen (Nuclei), die auch als mesenzephale Retikularformation bezeichnet werden (Birbaumer & Schmidt, 2006c). Diese Zellen erhalten Informationen aus den meisten sensorischen Bereichen: visuell, auditiv, über den Geruch, den Geschmack, aus der Muskulatur und den inneren Organen. Die Nevenzellfortsätze dieser Kerne reichen bis in die subkortikalen Bereiche hinauf und sind mit allen wichtigen höheren Hirnzentren verknüpft. Hinsichtlich der Beteiligung an der Steuerung des Wachzustandes besteht die Wirkung der ARAS im Wesentlichen darin, die im Thalamus gelegenen, für das Bewusstsein zuständigen Kerne (siehe unten) bei Registrierung von vital bedeutsamen Reizen zu „wecken" (Birbaumer & Schmidt, 2006c).

Zu den beteiligten *subkortikalen Strukturen* gehören der Thalamus, das zum limbischen System gehörende basale Vorderhirn sowie die Basalganglien. Im Thalamus ist insbesondere der Nucleus reticularis thalami beteiligt, der in einzelnen lokalen Strukturen des Thalamus Aktivierungen und Hemmungen auslösen kann. Er wird deshalb mit der selektiven Aufmerksamkeitsfunktion in Verbindung gebracht. Im Wesentlichen besteht seine Funktion darin, die Durchlässigkeit für via ARAS ankommende Reize aus der Sensorik zu erhöhen oder zu erniedrigen (Birbaumer & Schmidt, 2006c). Die Verschaltungen mit dem limbischen System führen zu einer Beeinflussung der Aufmerksamkeitsfunktion durch emotionale Zuständen. So erzeugen hier angesiedelte serotonerge Systeme einen Zustand entspannter Zufriedenheit und Beruhigung (vgl. Roth, 2008). Die Basalganglien erhalten ihren Input im Rahmen dieses Systems abweichend von den anderen beteiligten Strukturen aus einer Rückkoppelung des Kortex. Sie sorgen dann für eine Hemmung der gesamten in Richtung Kortex gehenden thalamischen Aktivität (siehe unten).

Im *Endhirn* sind Scheitellappen (parietaler Kortex), Schläfenlappen (temporaler Kortex) und Stirnlappen (präfrontaler Kortex) beteiligt. Nur was in diesen Strukturen abläuft, ist dem Bewusstsein zugänglich (Roth, 2008). Da es bei der Aufmerksamkeitssteuerung im Wesentlichen um eine Selektion von Impulsen geht (Welchen soll nachgegeben werden und welchen nicht?), muss es übergeordnete Entscheidungszentren geben, die beurteilen, bei welchen Impulsen ein Nachgeben für den Organismus von Vorteil wäre und bei welchen nicht. Dies ist eine Leistung, die Bewusstheit erfordert und kann entsprechend nur in den Strukturen des Endhirns angesiedelt sein. Jede der beteiligten kortikalen Strukturen ist für die Verarbeitung von Information aus umgrenzten Bereichen zuständig: Im hinteren und unteren Scheitellappen werden vorwiegend symbolisch-analytische Informationen verarbeitet, im rechtsseitigen Scheitellappen Informationen zur räumlichen Orientierung, im hinteren Teil des Scheitellappens sowie im oberen Teil des Frontallappens Informationen zur Lage des Körpers im Raum sowie der Planung und Vorbereitung von Bewegung, im oberen und mittleren Schläfenlappen Hören und Sprache, im unteren Schläfenlappen visuelle Information nicht-räumlicher Art. Das wohl bedeutendste Kontrollzentrum bildet jedoch der präfrontale Kortex: Hier werden u. a. Handlungsplanung und Handlungssteuerung, das Sozialverhalten, die Risikoabschätzung und Einschätzung der Konsequenzen des Verhaltens geleistet (vgl. Roth, 2008).

Neurophysiologisch beruhen kortikale und subkortikale Aufmerksamkeitssteuerung vor allem in einer Aktivierung monoaminerger (Noradrenalin, Dopamin) und cholinerger Transmittersysteme (Acetylcholin). Jeder Transmitterstoff entfaltet eine spezifische Wirkung, wenn er an einer postsynaptischen Membran andockt: Noradrenalin steuert aufmerksame Zuwendung, Dopamin erhöht die Belohnungserwartung, Acetylcholin sorgt für Wachheit und unterstützt die Bildung von assoziativen Verbindungen von Zellkörpern (Birbaumer & Schmidt, 2006c; siehe auch Kap. 3.4.4). Da im Kortex die Verarbeitung der Informationen in Zellen stattfindet, die auf eine Transmitteranbindung mit einer Erregung reagieren, würde das kortikale Gewebe mit der Zeit in eine Übererregung verfallen. Mit Ansteigen des Erregungsniveaus sorgen deshalb Rückkopplungsschleifen zu den Basalganglien dafür, dass die aus dem Thalamus aufsteigenden Erregungsimpulse gehemmt und damit die kortikale Aktivität gedämpft wird. Damit wird das Erregungsniveau im Kortex auf einem insgesamt mittleren Niveau gehalten (Birbaumer & Schmidt, 2006c).

Das Aufmerksamkeitssystem ist an den Wachzustand gekoppelt: Es ist aktiviert, sobald der Organismus sich physiologisch im Wachzustand befindet. Es handelt sich dabei jedoch lediglich um einen Zustand einer gewissen Grundaktivierung (tonische Alertness) des Organismus, auf Reize zu reagieren, in dem noch keine *Steuerung* der Aufmerksamkeit stattfindet. Die Reizverarbeitung geschieht unbewusst oder ist von nur geringem Bewusstheitsgrad, die Reaktionen des Organismus auf die Umwelt sind vorwiegend reflexartig. Typisch ist die Auslösung eine Defensivreaktion (Annehmen einer Verteidigungshaltung) und eines Schreckreflexes bei Reizen mit mittlerer oder hoher Intensität. Davon zu unterscheiden ist die Orientierungsreaktion: Wenig intensive Reize bzw. das Ausbleiben erwarteter Reize lösen eine Mobilisierung der Sinnessysteme und motorischen Systeme aus. Auf der Verhaltensebene resultieren Hinwendung des Kopfes zur Reizquelle, Steigerung der Herzfrequenz und Anspannung der Körpermuskulatur (Birbaumer & Schmidt, 2006b; Schandry, 2006).

Da das zentrale Charakteristikum von Aufmerksamkeitsprozessen jedoch gerade in der *Selektion* der sensorischen Verarbeitung besteht, verstehen verschiedene Autorinnen und Autoren deshalb diesen Zustand in Abgrenzung zu dem Begriff „Aufmerksamkeit" als „Vigilanz" (Wachheit), einen Zustand einfacher Reaktionsbereitschaft auf Schwellenreize (z. B. Treue, 2006). Andere Autorinnen und Autoren sprechen von „automatisierter Aufmerksamkeit" (z. B. Birbaumer & Schmidt, 2006c). Wie auch immer man diesen Zustand bezeichnen möchte, er begleitet alle Informationsverarbeitungsprozesse und stellt die Basis intellektueller Leistungen dar („Hintergrundbewusstsein", vgl. Roth, 2008). Die Höhe des Aktivierungsniveaus schwankt im Tagesverlauf und ist abhängig von der Tageszeit (Müdigkeit) und anderen zentralnervösen Prozessen (Einfluss von Stoffwechselprozessen und pharmakologischen Stoffen). Das Aktivierungsniveau ändert sich auf Hinweisreize hin, wenn sie neu, komplex, nicht eindeutig oder vital bedeutsam sind (z. B. das Aufblitzen von Licht, laute Geräusche, plötzliche Bewegungen im Gesichtsfeld). Dies kommt dann in einer verkürzten Reaktionszeit zum Ausdruck (phasische Alertness). Das Aktivierungsniveau kann sich auch auf Reize hin ändern, für die eine Erwartungs-

3.3 Aufmerksamkeit und Handlungssteuerung

haltung ausgebildet wurde (intrinsische Alertness; Sturm, 2008). Dies lässt sich beispielsweise bei Müttern von Neugeborenen beobachten: Sie schrecken durch das Weinen ihres Babys aus leichtem Schlaf auf, werden jedoch nicht durch das Weinen anderer Babys wach.

Die *kontrollierte* (auch: gerichtete, fokussierte oder selektive) *Aufmerksamkeit* entspricht in Wesentlichen dem, was im Alltagsverständnis mit „Konzentration" bezeichnet wird. Sie geht kontinuierlich aus der automatisierten Aufmerksamkeit hervor, ist immer mit bewusstem Erleben verknüpft und erfordert den Einsatz höherer neuronaler Ressourcen. Birbaumer und Schmidt (2006c) differenzieren hinsichtlich des Kontinuums des Bewusstseinsgrades von automatisierter zu kontrollierter Aufmerksamkeit zwischen „Wachbewusstsein" (die Person ist sich einfacher Reize der Umgebung bewusst) und „Wissensbewusstsein" (die Person erfasst die Bedeutung der Umgebungsreize). Kontrollierte Aufmerksamkeit ist zudem erforderlich, um Prioritäten zwischen konkurrierenden und kooperierenden Handlungszielen zu setzen und diese kontrollieren zu können, alte oder irrelevante Ziele aufzugeben, die Motorik in Handlungsbereitschaft zu versetzen und sich auf einzelne sensorische Informationsquellen bei der Handlungskontrolle einzuschränken (Birbaumer & Schmidt, 2006c).

Nach Sturm (2008) ist die Aufmerksamkeit hinsichtlich dreier Dimensionen zu differenzieren: Intensität, Selektivität und räumliche Ausrichtung.

Die *Intensität* der Aufmerksamkeit ist im Wesentlichen durch die Länge der Aufmerksamkeitszuwendung sowie den Bewusstheitsgrad bei der Reizverarbeitung charakterisiert. Sie bildet ein Kontinuum zwischen automatisiertem Aktivierungszustand bis zur fokussierten Daueraufmerksamkeit. Der Zeitraum, über den eine fokussierte Daueraufmerksamkeit aufrechterhalten werden kann, begründet einen der wesentlichen Entwicklungsaspekte kognitiver Funktionen.

Hinsichtlich der *Selektivität* von Aufmerksamkeit kann diese entweder Reize hinsichtlich ihrer Verarbeitung priorisieren oder aber auf eine ausgewählte Reizkonstellation fokussieren und gleichzeitig die Verarbeitung anderer Reize unterdrücken. Es ist aber auch möglich, die Aufmerksamkeit auf mehrere Reizkonstellationen gleichzeitig zu richten: Der auch als Cocktailparty-Phänomen bekannte Effekt beschreibt die Fähigkeit des Menschen, mehrere Gespräche in der Umgebung (z. B. auf einer Cocktail-Party oder in einem Kaffeehaus) gleichzeitig registrieren und jederzeit die Aufmerksamkeit auf den Inhalt eines dieser Gespräche richten zu können, während man gleichzeitig ein eigenes Gespräch führt (Cherry, 1953; Gazzaniga, Ivry & Mangun, 2009). Insbesondere wenn in dieser Geräuschkulisse der eigene Name fällt, wird dieser Teil der Unterhaltungen auf einmal „gehört" (vgl. Hasselhorn & Gold, 2009, S. 71). Eine solchermaßen geteilte Aufmerksamkeit führt selbstverständlich zu einem Verlust bei der Genauigkeit der Reizverarbeitung jeder einzelnen Reizkonstellation durch die notwendige Aufteilung der zur Verfügung stehenden Verarbeitungskapazität. Sie ist jedoch ein Phänomen, das in der Entwicklung bereits frühzeitig verfügbar ist.

Der Aspekt der *räumlichen Ausrichtung* von Aufmerksamkeit bezieht sich auf die Fähigkeit zur visuellen Entdeckung (Detektion) von Reizen. Üblicherweise richten sich Kopf und Auge auf eine interessierende Reizkonstellation so aus, dass sie im zentralen Gesichtsfeld liegt, d. h. die Abbildung in der Fovca, dem Punkt des schärfsten Sehens der Netzhaut erfolgt (vgl. Kap. 3.2). Es werden jedoch auch gleichzeitig die am Rande des Gesichtsfeldes liegenden (peripheren) Reizkonstellationen verarbeitet. Die Selektivität der Aufmerksamkeit ermöglicht es, sich auf eine Reizanordnung hin auszurichten, die im peripheren Gesichtsfeld liegt, obwohl die Wahrnehmungsorgane auf Reizanordnungen im zentralen Gesichtsfeld ausgerichtet sind („etwas aus dem Augenwinkel betrachten"). Diese räumliche Ausrichtung der Aufmerksamkeit unterliegt zudem dem Automatismus, dass sie von in der Peripherie unvermittelt auftauchenden Reizen angezogen wird und eine Orientierungsreaktion auf diesen Reiz hin auslöst (Sturm, 2008). Da Orientierungsreaktionen wie oben beschrieben zu den Reflexhandlungen zählen, ist es um so schwerer, einem solchen Handlungsimpuls nicht nachzugeben, je weniger kontrolliert das Aufmerksamkeitssystem ist und je vital bedeutsamer der Reiz ist (siehe auch weiter unten Kap. 3.3.3 und 3.3.4).

Literaturhinweis

Büttner, G. & Schmidt-Atzert, L. (Hrsg.). (2004). *Diagnostik von Konzentration und Aufmerksamkeit.* Göttingen: Hogrefe.

3.3.2 Handlungssteuerung

Handlungssteuerung wird benötigt, um im Alltag effektiv agieren zu können. Handlungsoptionen müssen dazu identifiziert, in ihren Konsequenzen bewertet, ausgewählt und konkurrierende Impulse gehemmt werden. An diesem komplexen Geschehen beteiligte Teilfunktionen sind Motivation (vgl. Kap. 3.7), Gedächtnis (vgl. Kap. 3.4.2) und Handlungsüberwachung (Heldmann, van der Lugt & Münte, 2008). Die Handlungssteuerung ist zudem eng mit dem Aufmerksamkeitssystem verknüpft. Die Funktionen verteilen sich wie folgt auf die oben (vgl. Kap. 3.3.1) beschriebenen Strukturen: Teile des präfrontalen Kortex sind hauptverantwortlich für die Zielsetzung und den Aufbau einer Zielhierarchie, der parietale Kortex für das Aufgeben irrelevanter Ziele sowie die Analyse und den Vergleich der neu angekommenen Reize. Teile der Basalganglien sind verantwortlich für die Auswahl von Reaktionen, die zu positiven Konsequenzen führen, der Thalamus für die Selektion der benötigten sensorischen und motorischen Anteile. Der über das Stammhirn gesteuerte Wachheitsgrad nimmt auf den Grad der Bewusstheit der Informationsverarbeitung Einfluss (vgl. Birbaumer & Schmidt, 2006c).

Die Handlungsauswahl basiert psychologisch auf einer freien Willensentscheidung. Dies ist ein vollbewusster Vorgang, der neben einer Entscheidung für eine Alternative auch realisiert, dass Alternativen verfügbar waren, die jedoch zurückgewiesen wurden. Eine Routinehandlung ist also von einer Handlungsauswahl zu unterscheiden. Dieser Nachweis gelingt auch neuropsychologisch: Allein an einer Willenshandlung sind die einschlägigen Bereiche des präfrontalen Kortex beteiligt (Heldmann, van der Lugt & Münte, 2008).

Die wichtigste Steuerungsinstanz ist also der präfrontale Kortex, denn hier werden Handlungsalternativen identifiziert und bewertet. Störungen im Stoffwechselsystem (insbesondere der hemmenden Rückkopplungen via Basalganglien, siehe Kap. 3.3.2) führen deshalb zu Problemen bei der Handlungsplanung und Impulskontrolle, woraus unangemessenes Verhalten im Alltag resultiert. Patienten mit einer solchen Störung sind zwar durchaus in der Lage, die für die Entscheidungsfindung notwendigen Aspekte und Prozesse zu identifizieren, jedoch nicht, dieses Wissen auch angemessen umzusetzen. Insbesondere der Akt der Entscheidungsfindung selbst ist gestört, weil Schwierigkeiten bestehen, die Angemessenheit einzelner Handlungsalternativen zu beurteilen (Gazzaniga, Ivry & Mangun, 2009).

Literaturhinweis

Hommel, B. & Nattkemper, D. (2010). *Handlungspsychologie*. Berlin: Springer.

3.3.3 Entwicklung der Aufmerksamkeit

Die autonom arbeitenden Anteile des Aufmerksamkeitssystems sind bereits pränatal aktiv: Wie oben beschrieben (vgl. Kap. 3.2.3), ist eine Orientierungsreaktion auf ein Hörereignis bereits in der 22. Schwangerschaftswoche beobachtbar. Die visuelle Aufmerksamkeit des Neugeborenen lässt sich sehr einfach dadurch wecken, dass ein Objekt in seinem Gesichtsfeld bewegt wird. Allerdings gelingt es dem Neugeborenen noch nicht, den Gegenstand exakt zu fixieren oder mit den Augen willentlich zu verfolgen. Diese Fähigkeit entwickelt sich etwa zwischen dem dritten und dem 18. Lebensmonat (Krist & Schwarzer, 2007). Hierzu gehört auch die Fähigkeit, sich auf einen von mehreren konkurrierenden Reizen zu fokussieren (selektive Aufmerksamkeit). Die Entwicklung selektiver Aufmerksamkeit erstreckt sich bis in das Jugend- und frühe Erwachsenenalter hinein (Krist & Schwarzer, 2007). Relativ früh bildet sich aber auch die Fähigkeit heraus, mehreren Reizen gleichzeitig Aufmerksamkeit zu schenken (verteilte Aufmerksamkeit; siehe oben 3.3.1). Mitunter ist es sogar schwieriger, gleichzeitig über u. U. mehrere Kanäle eingehende Informationen zu unterdrücken und sich auf nur einen zu fokussieren. Diese auch als „Konzentration" bezeichnete Fähigkeit gilt als Maß für die Intensität und Dauer der willentlich gesteuerten Aufmerksamkeit.

In der Grundschulzeit verbessert sich die Fähigkeit, sich nur auf einen Aspekt zu konzentrieren, kontinuierlich. In verschiedenen Veröffentlichungen (z. B. Keller, 2000) wird die im Durchschnitt normale Konzentrationsdauer in verschiedenen Altersstufen zusammengestellt. Danach sind Kinder im Alter von 5–7 Jahren etwa 15 Minuten in der Lage, sich intensiv auf eine Handlung oder ein Ereignis zu konzentrieren. Im Alter von 7–10 Jahren sind es etwa 20 Minuten, mit 10–12 Jahren etwa 20–25 Minuten und mit 12–14 Jahren etwa 30 Minuten. Auch Schorch (1982) gibt die mittlere Aufmerksamkeitsspanne im Grundschulalter mit 20 Minuten an.

Erst im Laufe des Grundschulalters entwickelt sich auch die Fähigkeit, die Aufmerksamkeit an die jeweils erforderliche Situation anzupassen, d. h. sich auf Details zu konzentrieren, die für eine bestimmte Aufgabe wichtig sind. Auch nimmt das Planungsverhalten zu: Bilder und Ereignisse werden nun sehr viel gründlicher und systematischer betrachtet, um relevante Informationen aufzufinden (Berk, 2005).

Literaturhinweis

Träbert, D. (2007). *Konzentrationsförderung in der Grundschule*. Lichtenau: AOL Verlag.

3.3.4 Störungen der Aufmerksamkeits- und Handlungssteuerung

Störungen der Aufmerksamkeits- und Handlungssteuerung sind unter dem Begriff „Hyperkinetische Störung" (HKS, Bezeichnung der Weltgesundheitsorganisation, WHO) bzw. „Aufmerksamkeits-Defizit-Hyperaktivitäts-Syndrom" (ADHS, Bezeichnung der American Psychological Association, APA) mittlerweile allgemein bekannt. Weniger bekannt ist hingegen, welche neurophysiologischen Auffälligkeiten diesem Störungsbild zugrunde liegen und wie eine angemessene Therapie aussehen sollte. Da die Störung vorwiegend im Schulalter virulent wird und eine der häufigsten psychischen Störung im Kindes- und Jugendalter darstellt (Döpfner, Banaschewski & Sonuga-Barke, 2008), soll sie hier eingehender besprochen werden.

Die Symptomatik des Störungsbildes entspringt einer Beeinträchtigung in bis zu drei Funktionsbereichen: Aufmerksamkeitsfokussierung, Impulskontrolle und Kontrolle der motorischen Aktivität.

Eine Beeinträchtigung der *Aufmerksamkeit* zeigt sich darin, dass Aufgaben vorzeitig abgebrochen und Tätigkeiten nicht beendet werden, insbesondere bei Beschäftigungen, die kognitiven Einsatz verlangen oder bei fremdbestimmten Tätigkeiten (z. B. Erledigung von Hausaufgaben). Die Betroffenen wechseln häufig von einer Tätigkeit zur anderen, weil sie schnell das Interesse an einer gewählten Beschäftigung verlieren (Beeinträchtigung der Daueraufmerksamkeit) oder aber durch eine neue Handlungsalternative leicht ablenkbar sind (Beeinträchtigung der selektiven Aufmerksamkeit).

Eine Beeinträchtigung der *Impulskontrolle* ist eng mit der Aufmerksamkeitsschwäche verbunden: Die Betroffenen folgen oftmals dem ersten Handlungsimpuls und beginnen Tätigkeiten, ohne sie hinreichend zu durchdenken. Mit dieser Beeinträchtigung der kognitiven Impulsivität ist oftmals auch eine Beeinträchtigung der motivationalen Impulsivität verbunden, d. h. der Fähigkeit, Bedürfnisse aufzuschieben und zu warten, bis man an der Reihe ist.

Unter *Hyperaktivität* werden Beeinträchtigungen in der Kontrolle der motorischen Aktivität verstanden. Es resultiert eine desorganisierte, mangelhaft regulierte und überschießende motorische Aktivität, die sich bis hin zur exzessiven Ruhelosigkeit steigern kann. Sie tritt insbesondere in solchen strukturierten und organisierten Situationen auf, die ein hohes Maß eigener Verhaltenskontrolle (still sitzen bleiben und zuhören) verlangen.

Die im Rahmen einer klinischen *Diagnosestellung* betrachteten Einzelaspekte sind **Tabelle 3.1** zu entnehmen. Alle angesprochenen Symptome treten typischerweise ausgeprägter in Situationen auf, die eine längere Aufmerksamkeitsspanne erfordern, wie z. B. Unterricht, Hausaufgaben und Essen. Hingegen zeigen sie sich seltener bis gar nicht, wenn sich die Kinder einer Lieblingsbeschäftigung widmen – selbst wenn diese ebenfalls ein vermehrtes Ausmaß an Aufmerksamkeit fordert, wie z. B. Computerspiele oder Fernsehen. Die Symptome zeigen sich jedoch typischerweise auch nicht, wenn sich die Betroffenen in einer neuen Umgebung befinden und nur mit einem einzigen Gegenüber konfrontiert sind. Diese Besonderheit macht es in einer Untersuchungssituation häufig schwierig, das Ausmaß der Störung objektiv zu beurteilen (vgl. Steinhausen, 2010).

Tab. 3.1: Symptome der ADHS nach DSM-IV

Symptome der Unaufmerksamkeit
• beachtet häufig Einzelheiten nicht oder macht Flüchtigkeitsfehler bei den Schularbeiten, bei der Arbeit oder bei anderen Tätigkeiten
• hat oft Schwierigkeiten, längere Zeit die Aufmerksamkeit bei Aufgaben oder beim Spielen aufrechtzuerhalten
• scheint häufig nicht zuzuhören, wenn andere ihn/sie ansprechen
• führt häufig Anweisungen anderer nicht vollständig durch und kann Schularbeiten, andere Arbeiten oder Pflichten nicht zu Ende bringen
• hat häufig Schwierigkeiten, Aufgaben und Aktivitäten zu organisieren
• vermeidet häufig/hat eine Abneigung dagegen oder beschäftigt sich nur widerwillig mit Aufgaben, die länger dauernde geistige Anstrengungen erfordern
• verliert häufig Gegenstände, die für Aufgaben oder Aktivitäten benötigt werden (z. B. Spielsachen, Hausaufgabenhefte, Stifte, Bücher)
• lässt sich durch äußere Reize leicht ablenken
• ist bei Alltagstätigkeiten häufig vergesslich
Symptome der Hyperaktivität
• zappelt häufig mit Händen oder Füßen oder rutscht auf dem Stuhl herum
• steht in der Klasse oder in Situationen, in denen Sitzen bleiben erwartet wird, häufig auf
• läuft herum oder klettert exzessiv in Situationen, in denen es unpassend ist
• hat häufig Schwierigkeiten, ruhig zu spielen oder sich mit Freizeitaktivitäten ruhig zu beschäftigen
• ist häufig „auf Achse" oder handelt oft, als wäre es „getrieben"
• redet häufig übermäßig viel
Symptome der Impulsivität
• platzt häufig mit Antworten heraus, bevor die Frage zu Ende gestellt ist
• kann nur schwer warten, bis es an der Reihe ist
• unterbricht und stört andere häufig (platzt z. B. in Gespräche oder Spiele anderer hinein)

3 Entwicklung kognitiver Funktionen

Eine im klinischen Sinn bedeutsame Störung ist nur dann zu diagnostizieren, wenn über einen Zeitraum von mindestens sechs Monaten mehrere dieser Symptome gleichzeitig in einem Ausmaß vorhanden sind, so dass daraus eine Fehlanpassung resultiert, die dem allgemeinen Entwicklungsstand des Kindes nicht angemessen ist. Die Symptomatik muss also in deutlich stärkerem Ausmaß auftreten als bei Kindern mit gleichem Alter, Entwicklungsstand und Intelligenz. Zudem muss sich diese Störung bereits vor dem Alter von sieben Jahren abgezeichnet haben, darf nicht auf andere seelische Erkrankunge rückführbar sein und muss sich in mindestens zwei Lebensbereichen zeigen. Darüber hinaus muss bereits eine klinisch bedeutsame Leistungsbeeinträchtigung im sozialen, schulischen oder beruflichen Funktionsbereich vorhanden sein (Steinhausen, 2010). Es ist jedoch nicht zwingend, dass sich die Störung tatsächlich in allen drei Funktionsbereichen manifestiert. Es ist sinnvoll, zwischen Störungen mit und ohne Hyperaktivität zu unterscheiden. Zwar kennt das Klassifikationssystem der Weltgesundheitsorganisation (ICD 10; Dilling, Mombour & Schmidt, 2009) keine getrennten Diagnoseschlüssel, das Diagnosemanual der American Psychiatric Assosiation DSM IV jedoch schon. Aufmerksamkeits- und Hyperaktivitätsstörungen sind in der Kategorie „Störungen, die bereits im Säuglingsalter, der Kindheit oder im Jugendalter diagnostiziert werden" erfasst. Es wird zwischen „kombinierter Aufmerksamkeits-Defizitstörung (ADHS)", „Aufmerksamkeitsdefizitstörung vorwiegend unaufmerksamer Typ (ADS)" sowie „Aufmerksamkeitsdefizitstörung vorwiegend hyperaktiv-impulsiver Typ (HIS)" unterschieden (Saß et al., 2003). Dies ist insofern bedeutsam, als nach der Definition der Weltgesundheitsorganisation bei Fehlen oder nur sehr geringer Ausprägung der hyperkinetischen Symptome die Diagnose einer hyperkinetischen Störung (HKS) gar nicht gestellt und dementsprechend die Kinder keiner professionellen psychotherapeutischen Behandlung (vgl. weiter unten) zugeführt werden können. Die Beeinträchtigung im schulischen und beruflichen Fortkommen der Kinder ist jedoch ebenfalls so groß, dass dies dringend geboten ist.

Häufig weisen die Betroffenen auch gleichzeitig abgrenzbare Störungen in weiteren psychischen Funktionsbereichen auf (Komorbidität). Hierzu zählen vor allem Störungen des Sozialverhaltens (bis zu 50 %), Ticstörungen (bis zu 30 %), affektive, insbesondere depressive Störungen (bis zu 40 %), Angststörungen (bis zu 25 %) sowie Lernstörungen wie z. B. Lese-Rechtschreibschwäche oder Dyskalkulie (bis zu 25 %; Lehmkuhl et al., 2009). Allerdings sind diese nicht in allen Fällen als primär mit dem Störungsbild verbunden zu verstehen, sondern sie ergeben sich vielfach erst sekundär als eine Folge der Hyperaktivität, Impulsivität oder Unaufmerksamkeit (vgl. auch Kap. 3.7.1).

Hinsichtlich des Verlaufs der Störung (siehe zusammenfassend Steinhausen & Sobanski, 2010) fallen die Betroffenen häufig bereits im Kleinkindalter durch schwierige Temperamentsmerkmale auf. Hierzu zählt ein hohes Aktivitätsniveau, das mit Schlafproblemen, Essschwierigkeiten und gereizter Stimmungslage einhergeht. Nach Lehmkuhl et al. (2009) fallen die Kinder zumeist bereits im Alter von drei Jahren durch Überaktivität, eine geringe Aufmerksamkeitsspanne und trotziges (oppositionelles) Verhalten auf. Im Vorschulalter stehen

3.3 Aufmerksamkeit und Handlungssteuerung

hyperaktive Symptome im Vordergrund, die Kinder weisen deutliche Anzeichen motorischer Unruhe und extremer Umtriebigkeit auf.

Spätestens mit der Einschulung werden die Verhaltensprobleme manifest. Denn in der Schule werden gerade die Leistungen verlangt, die durch die Störung beeinträchtigt sind: sich dauerhaft auf etwas zu konzentrieren, längere Zeit stillzusitzen, sich zurückzunehmen und zu warten, bis man an der Reihe ist. Aufmerksamkeitsgestörte Kinder verhalten sich insgesamt deutlich weniger unterrichtskonform und die aktive Beteiligung am Unterricht ist deutlich geringer als bei unauffälligen Kindern (Lauth & Naumann, 2009). Zudem intensiviert sich im Schulalter auch ein begleitendes oppositionelles Verhalten. Neben der relativen Leistungsschwäche resultieren dann zusätzlich Störungen in der Beziehung zu Gleichaltrigen (vgl. Kap. 4.3). Im Jugendalter treten häufig dissoziale Verhaltensweisen (Lügen, Stehlen) und eine reduzierte Emotionskontrolle (häufige Wutausbrüche) hinzu (Lauth & Naumann, 2009).

Die Kernsymptome (verkürzte Aufmerksamkeitsspanne, motorische Unruhe, Impulsivität) bleiben über das Jugendalter hinaus bestehen, auch im Erwachsenenalter sind die Betroffenen durch diese Symptomatik in ihrer Handlungs- und sozialen Anpassungsfähigkeit behindert. Typischerweise reduziert sich die motorische Unruhe mit zunehmendem Alter und es treten Vergesslichkeit, Konzentrationsschwäche, hohe Ablenkbarkeit, geringe Ausdauer und unüberlegte Entscheidungen in den Vordergrund (Lauth & Minsel, 2009). Döpfner, Lehmkuhl und Steinhausen (2006) betrachten Aufmerksamkeits-/Hyperaktivitäts-Störungen als ein chronisches, von der frühkindlichen Entwicklung bis in das Erwachsenenalter persistierendes Störungsbild. Die Prävalenz für eine lebenslange Chronifizierung der Symptomatik beträgt bei unbehandelten Fällen etwa 40–60 % (Lauth & Minsel, 2009).

Aufmerksamkeits- und Hyperaktivitätsstörungen sind von großer klinischer Bedeutung, da sie eine sehr hohe Chronifizierungsrate aufweisen und die persönliche Weiterentwicklung der Betroffenen nachhaltig behindern. Eine frühzeitige und vor allem angemessene Behandlung ist deshalb von besonderer Wichtigkeit. Über die Ursachen und daraus abzuleitenden Behandlungsansätze von Aufmerksamkeits- und Hyperaktivitätsstörungen wurde in den vergangenen Jahrzehnten viel spekuliert (für einen Überlick siehe Rothenberger & Neumärker, 2010). Die Mutmaßungen reichen von zu hohem Fernsehkonsum über eine Unverträglichkeit von Industriezucker oder anderen Nahrungsbestandteilen bis hin zu ungünstigen Familienumständen. Es existiert eine Fülle von Ratgebern, die leider nicht immer den aktuellen Forschungsstand reflektieren, sondern lediglich ideologische Überzeugungen zum Besten geben. Insbesondere die medikamentöse Behandlung wird in der Laienpresse sehr kritisch diskutiert. Die aktuelle wissenschaftliche Befundlage ist jedoch mittlerweile so eindeutig, dass z. B. die Arbeitsgemeinschaft der Kinder- und Jugendärzte ihren Leitlinien voranstellt, dass ADHS heute „als ein neurobiologisch heterogenes Störungsbild mit Dysfunktionen in Regelkreisen zwischen präfrontalem Kortex, parieto-occipitalem Kortex, Basalganglien und Cerebellum auf dem Boden einer Neurotransmitterfunktionsstörung im dopaminergen System" gesehen werden muss (Arbeitsgemeinschaft der Kinder- und Jugendärzte e.V., 2007, S. 1). Diese Auffassung wird auch von den Klinischen Psychologinnen und Psychologen vertreten (z. B. Lehmkuhl et al., 2009). Es wird allgemein angenommen, dass die Störung vorwiegend durch einen Mangel in der Verfügbarkeit des Transmitters Dopamin in den betroffenen kortikalen Bereichen verursacht wird. Dadurch können Impulse aus dem ARAS sowie Handlungsimpulse nicht mehr ausreichend via Rückkopplungen von präfrontalem Kortex zu den Basalganglien gehemmt werden (vgl. oben Kap. 3.3.1 und 3.3.2). So weist die Bundesärztekammer (2006) auf Untersuchungen mit bildgebenden Verfahren hin, die bei betroffenen Personen eine im Vergleich zu Gesunden um etwa 70 % erhöhte Bindungskapazität der präsynaptischen Dopamin-Transporter (z. B. Cheon et al., 2003; Krause et al., 2000), eine signifikant verminderte, intrakortikale Inhibition im Bereich des Motorkortex sowie transkallosal belegen (z. B. Moll et al., 2000). Des Weiteren wurden strukturelle und funktionelle (rechtsseitig betonte) Auffälligkeiten im Bereich des präfrontalen Kortex, des anterioren Gyrus cinguli sowie der Basalganglien und ihrer Verbindungen nachgewiesen (zusammenfassend Konrad, 2010; Brandeis & Banaschewski, 2010). Neuere Forschungsbefunde legen nahe, dass zusätzlich auch Störungen in weiteren Transmittersystemen (Serotonin, Noradrenalin) vorliegen (z. B. Banaschewski et al., 2004; Brandeis et al., 2002).

Warum sich eine Transmitterstörung ausbildet, ist hingegen weniger klar. Als gesichert gilt eine starke genetische Komponente (Bundesärztekammer, 2006; Banaschewski, 2010), auch wenn der genaue Mechanismus noch nicht bekannt ist. Zudem wird der Zusammenhang mit Frühgeburtlichkeit, Alkohol, Nikotin und anderen Drogen in der Schwangerschaft sowie cerebralen Erkrankungen (z. B. infolge eines Geburtstraumas) hergestellt (Bundesärztekammer, 2006). Psychosoziale Faktoren sind für die Entstehung dieser Störung nicht ursächlich zu sehen, allerdings haben sie einen deutlichen Effekt auf die Ausprägung der Symptomatik (Döpfner & Steinhausen, 2010): Ein wenig strukturiertes Lebensumfeld belastet die mangelhafte Selbstregulationskompetenz zusätzlich und negative Interaktionen mit nahen Bezugspersonen sowie die Ablehnung durch Gleichaltrige aufgrund des unangemessenen und störenden Verhaltens begünstigen die Entstehung von komorbiden Störungen (insbesondere oppositionellen Verhaltens, Ängsten, Depressivität).

Auch wenn die Ausführungen zur Ätiologie es vielleicht nahelegen, ist ADHS nicht als eine klar abgrenzbare (i. S. von „vorhanden" oder „nicht vorhanden") psychische Störung anzusehen, ein direkter Nachweis der beschriebenen Pathophysiologie ist nicht möglich. Die Diagnosestellung einer klinisch bedeutsamen Aufmerksamkeits-/Hyperaktivitätsstörung beruht auf der subjektiven Beurteilung der Ausprägung der genannten Reihe von Symptomen. Sie ist somit als ein *kontinuierlich* verteiltes Merkmal zu verstehen (Lehmkuhl et al., 2009). Deshalb bedarf es auf jeden Fall immer einer ausführlichen Fachdiagnostik unter Einbeziehung von familiärem und schulischem Umfeld, um diese Diagnose zu stellen. Als Verfahren empfiehlt die Bundesärztekammer, eine multiaxiale Diagnostik durchzuführen, die die Störung auf sechs Achsen abbildet: klinisch-psychiatrisches Syndrom (Feststellung von psychischen Symptomen und ihren Ausprägungen), umschriebene Entwicklungsstörungen (Beurteilung des allgemeinen Entwicklungsstandes), Feststellung des Intelligenzniveaus, körperliche Symptomatik (Feststellung physischer Beeinträchtigungen), assoziierte aktuelle abnorme psychosoziale Umstände (familiäres Umfeld) und globale Beurteilung des psychosozialen Funktionsniveaus (Feststellung von Funktionseinschränkungen). Für eine solch umfängliche Diagnostik sind mehrfache Sitzungen zur Duchführung von Interviews und Verhaltensbeobachtung sowie der Applikation einer Vielzahl von Beurteilungsskalen, psychologischen Tests und Fragebögen notwendig. Eine 5-Minuten-Diagnose im Rahmen einer Kurzsprechstunde kann auf keinen Fall ausreichend sein. Dies ist insbesondere im Rahmen der Diskussion um eine ggf. durchzuführende *medikamentöse Behandlung* zu berücksichtigen.

Die Bundesärztekammer (2006, S. 42) hält fest, dass im Rahmen der medikamentösen Behandlung Stimulanzien (z. B. Ritalin®, Medikinet®) aufgrund ihrer erwiesenen Wirksamkeit die Medikamente der ersten Wahl sind (siehe hierzu auch die Übersichtsarbeit von Leonard et al., 2004). Sie führt zu einer Erhöhung der Verfügbarkeit des Transmitterstoffes Dopamin, indem seine Rückresorption aus dem synaptischen Spalt in das Endköpfchen unterbunden wird (Moll & Hüter, 2006). Die Indikation zur Stimulanzienmedikation ist allerdings

- nur bei gesicherter Diagnose nach ICD-10 oder DSM IV-Kriterien sowie
- nur dann gegeben, „wenn die Symptomatik ausgeprägt ist und eine psychoedukative und psychotherapeutische Hilfe nicht umsetzbar oder nicht innerhalb der Frist einiger Wochen hilfreich war".

Die alleinige Verabreichung von Stimulanzien stellt definitiv keine ausreichende Behandlungsmethode dar. Die Therapie sollte auf einem multimodalen Zugang basieren, d. h. verhaltenstherapeutische, psychoedukative, psychosoziale und – wenn diese Maßnahmen nicht ausreichen – eben auch medikamentöse Elemente einbeziehen. Die Behandlung sollte sich zudem nicht auf das betroffene Kind beschränken, sondern Elternhaus und Schule gleichermaßen einbeziehen (Döpfner & Sobanski, 2010).

Die *Merkmale verhaltenstherapeutischer Maßnahmen* bestehen in einer Förderung der Selbstregulationskompetenz, Strukturierung der Lebens- und Lernumgebung sowie der Verbesserung der innerfamiliären und unterrichtlichen Interaktion. Die Therapieelemente werden flankiert von Aufklärungsmaßnahmen in Elternhaus und Schule, etwa über das Störungsbild und seine Implikationen sowie Belohnungssystemen zur Unterstützung der Behandlungsmotivation (vgl. Kap. 3.7). Weit verbreitete Therapieprogramme sind das „Training mit aufmerksamkeitsgestörten Kindern" (Lauth & Schlottke, 2009) und das „Therapieprogramm für Kinder mit hyperkinetischem und oppositionellem Problemverhalten" (THOP; Döpfner, Schürmann & Frölich, 2007). Die Einbeziehung der Lehrkräfte in die Therapie ist unabdingbar. Denn die verhaltenstherapeutischen Maßnahmen sind natürlich auch im Problemfeld Schule durchzuführen, anders sind die Verhaltensdefizite nicht zu beseitigen. Zumeist sind es sehr einfache Maßnahmen, die jedoch von großer Bedeutung im Behandlungsverlauf sind. Hierzu gehören Strukturierung der Lernumgebung, konsequente Verhaltensrückmeldung, die Anwendung von Verstärkersystemen und die konsequente Hausaufgabenkontrolle. Zudem liefern bei Einsatz einer medikamentösen Therapie Verlaufsberichte der Lehrkraft zum schulischen Verhalten wertvolle Informationen für eine passende Dosierung der Stimulanzien.

Literaturhinweis

Steinhausen, H.-C., Rothenberger, A. & Döpfner; M. (Hrsg.). (2010). *Handbuch ADHS*. Stuttgart: Kohlhammer.

3.3.5 Aufmerksamkeitsleistungen im Unterricht

Aufmerksamkeit ist eine notwendige Bedingung schulischen Lernens. Durch unkonzentriertes Zuhören entstehen Fehler, Aufgaben werden nicht oder falsch erledigt, die Mitarbeit ist unzureichend und der Lernerfolg bleibt aus. Die Folge sind Frustration auf allen Seiten: Die Lehrkraft ist frustriert, weil das Unterrichtsbemühen nicht fruchtet, das Kind baut nach und nach eine Misserfolgserwartung auf und verliert die Lust am Lernen, und die Eltern sind enttäuscht, weil ihre Erfolgserwartungen nicht erfüllt werden, was die Eltern-Kind-Beziehung nachhaltig belasten kann. Es kann so eine negative Spirale entstehen und ein dysfunktionales Kompensationsverhalten hervorrufen, wie Clownerien oder bewusstes Störverhalten (vgl. Krowatschek & Domsch, 2007).

Wie in Kapitel 3.3.3 beschrieben, überfordert die Dauer einer normalen Unterrichtsstunde im Prinzip die Aufmerksamkeitsfähigkeit *aller* Grundschulkinder, und zwar bis in die Mittelstufe hinein. Lehrkräfte sollten darauf in ihrer Unterrichtsplanung Rücksicht nehmen. Es empfiehlt sich, Unterrichtsanteile mit hoher Informationsdichte an die oben beschriebenen mittleren Konzentrationsspannen anzupassen und größere Themenblöcke durch praktische Elemente, Gruppenarbeit oder die Variation der Lernmodalität (sehen, hören, anfassen) aufzulockern. Insbesondere Klassenarbeiten und Tests fordern eine Daueraufmerksamkeit von den Kindern, entsprechend sollte der Umfang auf die Konzentrationsfähigkeiten der Kinder Rücksicht nehmen. Auch ist es sinnvoll, bei der Unterrichtsplanung vorzusehen, im Anschluss an eine Prüfungsstunde nur weniger anspruchsvolle Themen zu behandeln und ausreichend Erholungszeit einzuplanen. Eine aufkommende Unruhe in der Klasse nach konzentrationsintensiven Unterrichtseinheiten kann auf eine Überforderung der Kinder hinweisen. Erholsam ist für Grundschulkinder in einer solchen Situation z. B. das Singen von Liedern verbunden mit einer gymnastischen Einlage (wie Klatschen, Stampfen, Armbewegungen). Teenager sind besonders empfänglich für sportliche Einlagen mit Wettbewerbscharakter. Jugendlichen kommt es hingegen eher entgegen, wenn ihnen zwischendurch fünf Minuten für eine Unterhaltung untereinander zugestanden werden. Auch eine gute Belüftung des Klassenzimmers unterstützt die Erholungsphase nach Unterrichtseinheiten, die viel Aufmerksamkeit beansprucht haben. Das Lernumfeld Klassenzimmer kann durch seine äußere und innere Gestaltung ebenfalls die Aufmerksamkeitsleistung der Kinder unterstützen. Da die Aufmerksamkeitsleistung in der Schule im Wesentlichen darin besteht, auf alternative Reize und Handlungsangebote *nicht* zu reagieren, ist es geboten, diese von vornherein möglichst minimal zu halten. Hinsichtlich der äußeren Gestaltung sollten Klassenzimmer mit Fenster zur Straße entsprechend den älteren Kindern vorbehalten sein, die sich durch das Geschehen draußen weniger leicht ablenken lassen als jüngere Kinder. Der Klassenraum innen sollte zwar anregend und auch bunt gestaltet sein, jedoch dabei eine klare Strukturierung aufweisen, z. B. bezüglich der Anordnung der ausgestellten Bilder aus den Kunststunden (vgl. Krowatschek & Domsch, 2007).

Hinsichtlich der inneren Gestaltung ist in jedem Alter die Herstellung einer geräuscharmen Unterrichtsatmosphäre grundlegend. Als hilfreich hat sich das Aufstellen von allgemeingültigen Regeln und zugehörigen sofortigen Konsequenzen bei Störverhalten erwiesen. Je klarer der Unterricht strukturiert ist und je eindeutiger Verhaltensroutinen definiert sind, desto leichter fällt es *allen* Schülerinnen und Schülern, dem Unterricht zu folgen. Für Kinder mit Aufmerksamkeits-/Hyperaktivitätsstörungen ist dies jedoch essentiell. Kinder, die mit dem Aufmerksamkeitserhalt mehr Schwierigkeiten haben als andere, sollten zudem im Blickfeld der Lehrkraft im vorderen Teil des Klassenraumes und entfernt von Fenster und Durchgängen platziert werden (vgl. Wolff Metternich & Döpfner, 2006). Auch die Zuordnung eines passenden Tischnachbarn kann entscheidend zur Verbesserung der Konzentrationsfähigkeit beitragen. Eine umfängliche Beschreibung unterstützender Maßnahmen ist bei Lauth und Naumann (2009) zu finden.

Die altersspezifischen Konzentrationsspannen schwanken je nach individuellem Entwicklungsstand und persönlichen Interessen der Kinder und Jugendlichen erheblich. Nicht nur die leistungsschwächeren, auch die leistungsstärkeren Schülerinnen und Schüler sollten deshalb mit ihren Bedürfnissen im Blick behalten werden (vgl. Kap. 3.6.5).

Literaturhinweis

Lauth, G. W. & Naumann, K. (2009). *ADHS in der Schule. Ein Übungsprogramm für Lehrer*. Weinheim: BeltzPVU.

3.4 Entwicklung des Denkens

3.4.1 Komponenten des Denkens

Unter dem Begriff „Denken" werden alle geistigen Vorgänge subsumiert, die im Rahmen einer inneren Beschäftigung zielgerichtet durchgeführt werden, um Erkenntnis über die Dinge in der Welt und mögliche Handlungsoptionen zu gewinnen bzw. Entscheidungen zu treffen (vgl. Städtler, 1998). Sie sind weder allein auf das reine Erkennen und Entdecken von Reizen beschränkt, noch auf das reine Speichern oder Abrufen von Fakten aus dem Gedächtnis und beinhalten immer eine Verarbeitung von Fakten (Hussy, 1998). Das Denken stellt damit eine Mischung aus logisch abstrakter Symbolverarbeitung und Gedächtnisleistung dar. Denken wird heute im Wesentlichen als „interpretierende und ordnungsstiftende Verarbeitung von Informationen" begriffen (Bergius, 2009, S. 189). Solso (2005, S. 380) definiert Denken als einen „Prozess, durch den eine neue mentale Repräsentation gebildet wird. Dies geschieht über die Transformation von Informationen durch eine komplexe Wechselwirkung zwischen den mentalen Eigenschaften des Urteilens, Abstrahierens, Schlussfolgerns, Vorstellens und Problemlösens". Nach Sodian (2007, S. 244) umfasst das Denken „alle mentalen Prozesse und Fähigkeiten, also sowohl höhere geistige Fähigkeiten wie Problemlösen, logisches Denken und Begriffsbildung, als auch basale, perzeptuelle Prozesse".

Die *Basisprozesse des Denkens* bilden zum einen die oben beschriebenen Funktionsbereiche Wahrnehmung und Aufmerksamkeit: Über die Wahrnehmung wird die Welt „erfahren" (vgl. Kap. 3.2), die Aufmerksamkeit ermöglicht eine gezielte Ausrichtung auf bestimmte Sinneskanäle oder Aspekte (vgl. Kap. 3.3). Zum anderen ist die Gedächtnisfunktion als ein Basisprozess des Denkens zu verstehen: Schon das Wahrnehmen ist wie oben gezeigt ein Interpretationsprozess, der nur geleistet werden kann, wenn die eingehenden Informationen behalten, geordnet und wieder abgerufen werden können. Diese Fähigkeiten machen im Wesentlichen das aus, was unter „Gedächtnis" verstanden wird: ein Speicher für Informationen (Näheres siehe unten Kap. 3.4.2).

Aber auch die *Sprache* kann zu den Basisprozessen des Denkens gezählt werden: So formuliert Wittgenstein (1946/2001, §329) „Sprache ist das Vehikel des Denkens". Denn Sprechen und Denken gehören untrennbar zusammen: Wenn wir denken, dann geschieht dies in Form von sprachlichen Repräsentationen. Probleme werden im Inneren sprachlich formuliert; Wahrnehmungen und Gedanken werden zu logischen und grammatischen Vorgängen. Der Zusammenhang zwischen Denken und Sprechen beschäftigte bereits die Philosophen der Antike. In neuerer Zeit formulierten Edward Sapir und Benjamin Whorf (Whorf, 1963/2008) die Hypothese, dass die Art und Weise, wie ein Mensch denkt, stark durch Grammatik und Wortschatz (die semantische Struktur) seiner Muttersprache beeinflusst wird. Der linguistische Determinismus pointiert diese Auffassung durch das Postulat, dass die Sprache die Art und Weise determiniert, wie die Welt wahrgenommen wird. Die bis auf Aristoteles zurückgehende Gegenposition besagt hingegen, dass die Sprache durch die Struktur des Denkens bestimmt wird. Beide Positionen lassen sich gleichermaßen durch Beispiele der Verschränkungen von Denken und Sprechen belegen. Weinert (2000, S. 316f.) fasst den Diskussionsstand dahingehend zusammen, dass die Sapir-Whorf-These in ihrer „strengen" Version empirisch zwar nicht bestätigt werden konnte, jedoch Übereinstimmungen hinsichtlich einer „schwachen Variante" anzunehmen sind, nach der die Sprache zwar nicht die Weltsicht eines Menschen determiniert, wohl aber einen nachweisbaren Einfluss auf spezifische kognitive Leistungen nimmt. Hierzu kann z. B. die Strukturierung des Wahrnehmungsfeldes gezählt werden. Eine abschließende Beurteilung steht nach Anderson (2007) jedoch noch aus.

Als „höhere Funktionen des Denkens" werden das *begriffliche Denken* (interne Repräsentationen der Dinge, Bildung von Kategorien, Konzepte von Zeit und Raum), das *kausale Denken* (Denken in Ursache-Wirkungsrelationen), das *schlussfolgernde Denken* (Denken in Analogien, deduktive Logik, Verständnis für Invarianz, Klasseninklusion) und das *Problemlösen* (Hindernisse mit Hilfe von Denkprozessen überwinden) unterschieden. Als Bestandteil des problemlösenden Denkens ist zudem „Kreativität" anzuführen: Darunter wird die Fähigkeit verstanden, „einen prinzipiell neuen, nicht vertrauten und erfolgreichen Zugang zum Problem" zu finden (Hussy, 1998, S. 118).

Denken führt zu Lernen und Wissensaufbau. Beides geschieht nicht willkürlich, sondern lässt sich in gewissen Grenzen vorhersagen und beeinflussen. Unter *Intelligenz* schließlich ist die Zusammenfassung und Abstraktion all dessen zu verstehen, was dem Menschen durch die Integration der kognitiven Fähigkeiten (Wahrnehmen, Aufmerksamkeit, Gedächtnis, Denken, Sprache) an Anpassungsleistungen möglich ist: sich bewusst und effizient auf neue Aufgaben und Bedingungen des Lebens einzustellen.

Die Basisprozesse Wahrnehmung und Aufmerksamkeit wurden oben bereits behandelt (vgl. Kap. 3.2 und 3.3). Die Basisfunktion „Sprechen" wird im anschließenden Kapitel 3.5 „Entwicklung der Sprachfähigkeit" beschrieben. In den Abschnitten dieses Kapitels werden im Folgenden das Gedächtnis und die höheren Funktionen des Denkens sowie ihre Entwicklung (begriffliches Denken, kausales Denken, schlussfolgerndes Denken und Problemlösen) und die dem Lernen und Wissenserwerb zugrunde liegenden Prozesse vorgestellt. In Kapitel 3.6 wird das Thema „Entwicklung kognitiver Funktionen" mit der Vorstellung von Intelligenzkonzeptionen zum Abschluss gebracht. Kapitel 3.7. greift den Förderungsbereich „Entwicklung schulischer Fertigkeiten" auf.

Literaturhinweis

Hussy, W. (1998). *Denken und Problemlösen*. Stuttgart: Kohlhammer.

3.4.2 Entwicklung des Gedächtnisses

Unter „Gedächtnis" wird die Fähigkeit verstanden, aufgenommene Informationen zu behalten und wieder aufzurufen. Eine „Information" ist im Gehirn in ihrer kleinsten Einheit physisch jedoch lediglich durch eine bestimmte elektrische Negativität einer Nervenzelle und der variablen Anzahl von Impulsen, die ihr Axon pro Sekunde überträgt, repräsentiert (Anderson, 2007). Komplexere Informationen sind in Nervenzellverbünden abgelegt, die sich weit über das Großhirn verteilen können. Und auch diese leisten nichts anderes, als eine bestimmte elektrische Negativität aufzweisen und in einem bestimmten Rhythmus weiterzuleiten. Das, was wir tatsächlich „erinnern" (Bilder, Begriffe, Episoden) wird erst durch eine Abstraktionsleistung des Großhirns generiert und geht weit über das hinaus, was tatsächlich physisch messbar, beobachtbar oder evozierbar ist. Wie dieses auch als *Emergenz* bezeichnete Phänomen zustande kommt, ist weitgehend unerforscht. Auch die Erkenntnisse zur Lokalisation von Gedächtnisstrukturen im Großhirn sind noch unvollständig, jedoch ist die wissenschaftliche Forschung in den letzten Dekaden diesbezüglich deutlich vorangekommen (Anderson, 2007).

Die *neuroanatomische Grundlage* des Gedächtnisses ist ein ausgedehntes Netzwerk aus Strukturen des Frontalhirns, der Basalganglien und des Thalamus (Konrad, 2007). Insbesondere semantische Inhalte werden jedoch über weit verzweigte kortikale Netzwerke abgelegt, u. U. auch unter Umgehung der limbischen Regionen (Markowitsch, 2006).

Die *neuronale Basis* der Gedächtnisfunktion (= das Wie der Speicherung von Informationen) wird in einer synaptischen Verschaltung von Neuronenverbänden vermutet (Bear, Connors & Paradiso, 2009). Die physische Repräsentation oder Lokalisation einer gespeicherten Information (Engramm, Gedächtnisspur) wird jeweils über eine strukturelle Veränderung in den Verschaltungen von mehreren Neuronen codiert. Der Abruf der Information gelingt umso leichter, je größer die Anzahl von Verschaltungen ist oder je häufiger die Verschaltungswege aktiviert werden (Hasselhorn & Schneider, 2007). Das, was das „Gedächtnis" ausmacht, wird jedoch weder durch eine singuläre Struktur des Gehirns gebildet, noch stellt es eine einheitliche Funktion dar: Es werden unterschiedliche Formen der Informationsspeicherung unterschieden, die in jeweils unterschiedlichen Bereichen des Gehirns lokalisiert sind. So ist die Informationsspeicherung zunächst hinsichtlich ihrer zeitlichen Dimension zu differenzieren. Informationen werden unterschiedlich lange gespeichert und dies in jeweils unterschiedlichen Strukturen:

Informationen gehen über die Sinne ein. Die Sinneseindrücke werden im *sensorischen Speicher* gehalten, um sie zu einer Wahrnehmung verdichten zu können. Der sensorische Speicher hält Informationen nur sehr flüchtig, einige hundert Millisekunden lang (Buchner, 2006). Unter geeigneten Bedingungen gelangen Informationen ins *Kurzzeitgedächtnis*, hier sind sie zwischen wenigen Sekunden und einigen Stunden verfügbar. Diese Form des Gedächtnisses firmiert in der Literatur unter verschiedenen Bezeichnungen (z. B. auch „Arbeitsgedächtnis"), die Forscherinnen und Forscher sind sich jedoch weitgehend einig, dass es sich um eine interne kognitive Struktur handelt, mit deren Hilfe mehrere Informationen vorübergehend bewusstgehalten und miteinander in Beziehung gesetzt werden können (vgl. Hasselhorn & Gold, 2009, S. 72ff.). Die Zeitspanne, für die Informationen präsent gehalten werden können, kann durch ständige Wiederholungen (memorieren) verlängert werden. Die Größe einer Gedächtniseinheit liegt bei 7–9 Einheiten. Dieser Umfang ist nur sehr begrenzt durch Training erweiterbar, jedoch ist es möglich, durch Einsatz bestimmter Strategien die Einheiten in größeren Gruppen oder Superzeichen („Chunks"; z. B. durch Rhythmisierung von Zahlen oder Bildung von Zahlengruppen) zusammenzufassen, woraus letztlich auch ohne Wiederholung eine Vergrößerung der im Kurzzeitgedächtnis gehaltenen Informationsmenge resultiert (Birbaumer & Schmidt, 2006b). Das populärste psychologische Modell des Kurzzeit- bzw. Arbeitsgedächtnisses stammt von Baddeley (1979). Er unterscheidet eine zentrale Kontrolleinheit („zentrale Exekutive") sowie die Subsysteme „phonologische Schleife" und „visuell-räumlicher Notizblock". Zusätzlich wird die Existenz eines „episodischen Speichers" angenommen, der die Verbindung zum episodischen Langzeitgedächtnis herstellt. Die beiden Subsysteme „visuell-räumlicher Skizzenblock" und „phonologische Schleife" verarbeiten nach Baddeley getrennt akustisch-artikulatorische bzw. visuelle Wahrnehmungen und Vorstellungen. Die zentrale Exekutive ist die ordnende und übergeordnete Instanz: Sie setzt bei gleichzeitig eingehenden Informationen Verarbeitungsprioritäten, unterbricht bei Bedarf Routineprozesse, vergleicht Handlungsergebnisse und Handlungsziele etc.

Sind bestimmte Randbedingungen gegeben, werden die Informationen selektiv ins *Langzeitgedächtnis* überführt; dieser Vorgang wird als Gedächtniskonsolidierung bezeichnet. Eine Gedächtniskonsolidierung kann aber auch ohne Umweg über das Kurzzeitgedächtnis direkt aus dem sensorischen Speicher heraus erfolgen (Bear, Connors & Paradiso, 2009). Im Langzeitgedächtnis gespeicherte Informationen sind zumeist lebenslang abrufbar (vgl. Schandry, 2006).

Squire hat in den 1980er Jahren eine weithin akzeptierte Untergliederung des Langzeitgedächtnisses hinsichtlich verschiedener inhaltlicher Dimensionen vorgelegt (Squire, 1987, 2007): Fakten und Ereignisse (sog. semantische und episodische Inhalte) werden im „deklarativen Gedächtnis" gespeichert. Dies entspricht im Wesentlichen dem, was im Alltag unter „Gedächtnis" verstanden wird: „sich an etwas erinnern". Neben dem allgemeinen Weltwissen und dem Wo und Wie der Aufnahme dieses Wissens, werden aber auch genauso Fertigkeiten, Gewohnheiten und Verhaltensweisen im Gedächtnis gespeichert (Birbaumer & Schmidt, 2006b) – man „erinnert" sich an die Handlungsabläufe, wenn man sie ausführt. Diese Form der Informationsspeicherung wird von Squire (2007) als „nicht deklaratives Gedächtnis" bezeichnet. Deklarative und nicht-deklarative Gedächtnisinhalte werden zudem danach unterschieden, ob sie bewusst (explizit) verfügbar sind oder unbewusst (implizit) wiedergegeben werden. In der Regel sind deklarative Inhalte explizit, nicht-deklarative Inhalte implizit verfügbar.

In den nicht-deklarativen Arten des Gedächtnisses wird alles gelernte Verhalten abgelegt. Die Aneignung kann auf verschiedenen Wegen erfolgen: Fertigkeiten (wie z. B. motorischer Art: Klavier spielen, Fahrrad fahren) werden erworben, indem Handlungsabläufe immer wieder durchgeführt und damit eingeübt werden. Sie werden hochgradig automatisiert durchgeführt und in ihrer Gesamtheit als „prozedurales Wissen" bezeichnet. Verhaltensweisen und Gewohnheiten entstehen aber auch unter dem Einfluss von wahrnehmungsbasierten, automatisierten Wiedererkennungsleistungen (Priming), durch das zeitliche Zusammenfallen mit bestimmten negativen und positiven Konsequenzen (Konditionierung) oder durch Gewöhnung bzw. erlernte Verhaltensunterdrückung bei der Konfrontation mit bestimmten Gegebenheiten/Reizen (Habituation).

Abbildung 3.6 fasst die besprochenen Arten des Gedächtnisses und ihre Funktionszusammenhänge zusammen.

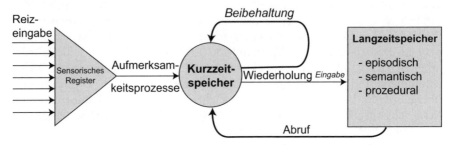

Abb. 3.6: Mehrspeichermodell des Gedächtnisses (aus: Schermer, 2006, S. 117)

Die Speicherung im sensorischen Register und Kurzzeitgedächtnis erfolgt seriell, d. h. in der Reihenfolge des Eintreffens und ist entsprechend auch als ein Nacheinander abrufbar. Die Speicherung der Informationen im Langzeitgedächtnis erfolgt hingegen parallel, d. h. sie können in verschiedenen Systemen gleichzeitig abgelegt werden (Birbaumer & Schmidt, 2006b). Jedes System wiederum ist über mehrere Hirnareale verteilt. Eine empirische Evidenz lässt sich recht gut über Untersuchungen mit bildgebenden Verfahren gewinnen: Sie bestätigen zum einen, dass bei Gedächtnisaufgaben verschiedene Hirnareale beteiligt sind. Zum anderen kann gezeigt werden, dass je nach Aufgabentyp unterschiedliche Gruppen von Gedächtnisarealen beteiligt sind. Eine Bestätigung erfährt diese Theorie auch durch die Analyse von Ausfällen nach Hirnschädigungen: Je nach betroffenem Hirnareal sind typischerweise nur die eine *oder* andere Gedächtnisfunktion gestört, wieder andere sind unverändert verfügbar. So kann z. B. die Erinnerung an Ereignisse der frühen Kindheit erhalten bleiben, während es nicht möglich ist, Ereignisse zu behalten, die seit Auftreten der Störung erlebt werden, selbst wenn diese erst wenige Minuten zurückliegen (anterograde Amnesie).

Die *Entwicklung der Gedächtnisfunktionen* beginnt bereits im Mutterleib: Schon bei Neugeborenen sind Gedächtnisinhalte nachweisbar wie z. B. das Wiedererkennen der Stimme der Mutter. Der Nachweis gelingt über die Saugfrequenz von Neugeborenen (z. B. DeCaspar & Fifer, 1980). Denn Säuglinge reagieren mit einer Änderung der Schnullerfrequenz auf die Konfrontation mit neuen Reizen (kurzes Innehalten und dann erhöhte Saugfrequenz) bzw. die Gewöhnung an einen Reiz (Nachlassen der Saugfrequenz). Immer dann, wenn Säuglinge einen Reiz von einem anderen unterscheiden können, wird sich also in dieser charakteristischen Weise ein Verlauf der Saugfrequenz ergeben. In der frühen Kindheit ist ebenfalls die Erinnerungsfähigkeit für Gegenstände und Ereignisse nachweisbar, jedoch sind diese nicht bewusst verfügbar und betreffen ausschließlich prozedurale Inhalte (Goswami, 2001).

3.4 Entwicklung des Denkens

Das *Gedächtnisnetzwerk* beginnt sich etwa im Alter von sieben Monaten auszubilden. Die Verfügbarkeit von Gedächtnisfunktionen ist an die Ausreifung der Gehirnstrukturen gebunden. Zu den frühesten verfügbaren Strukturen gehören Teile des Hippocampus und des limbischen Systems. Insbesondere die Strukturen des Frontalhirns (Synapsendichte und Myelinisierungsgrad) reifen jedoch erst in der Pubertät aus (Gleissner, 2007).

Damit ist die implizite Speicherung von Informationen (nicht-deklaratives Gedächtnis) eher als die explizite Speicherung (episodisches und semantisches Wissen) möglich. Es wird allgemein angenommen, dass bis zum sprachlichen Alter (also etwa drei Jahren) keine explizite Enkodierung von Inforationen im deklarativen Gedächtnis stattfinden kann. Diese sog. infantile Amnesie wird zum einen daraus abgleitet, dass die meisten Erwachsenen wenige bis gar keine Erinnerung an die ersten drei Lebensjahre haben. Zum anderen ist der Abruf von Inhalten aus dem deklarativen Gedächtnis konzeptuell wie methodisch an die Fähigkeit zur sprachlichen Wiedergabe gebunden. Jedoch können sowohl besonders seltene oder besonders einprägsame Ereignisse die Kindheitsamnesie durchbrechen, auch ist es mit angepassten Methoden gelungen, semantische Gedächtnisinhalte bei Kindern unter drei Jahren nachzuweisen. Die Befunde sind jedoch noch nicht ausreichend gesichert (Gleissner, 2007).

Der Umfang der *Verfügbarkeit deklarativer Gedächtnisleistungen* nimmt bei Kindern bis ins mittlere Jugendalter kontinuierlich zu. Zu unterscheiden sind die Vergrößerung der (in semantischen Netzwerken organisierten) Wissensbasis, die Verfügbarkeit gedächtnisverbessernder Strategien (Wiederholen, Elaborieren, Organisieren), die Entwicklung des Metagedächtnisses (Wissen über das Gedächtnis) sowie die Kapazitätsgrenzen des Arbeitsgedächtnisses (Hasselhorn & Schneider, 2007). Die Verfügbarkeit einer breiten Wissensbasis relativiert den Einfluss des Alters auf Gedächtnisleistungen deutlich. So können Kinder u. U. auch Erwachsenen in einem speziellen Wissensgebiet überlegen sein. Wissen über das Gedächtnis selbst ist vor dem fünften Lebensjahr kaum verfügbar. In dem Ausmaß, in dem Wissen über die Funktionsweise des eigenen Gedächtnisses aufgebaut wird, können effizientere Gedächtnisstrategien entwickelt und genutzt werden. Der Einsatz von Gedächtnisstrategien muss jedoch zunächst von außen angeregt werden, erst später werden sie selbstständig eingesetzt und auf neue Inhalte generalisiert (Gleissner, 2007). Die Kapazität des Arbeitsgedächtnisses erweitert sich durch die Zunahme der Informationsverarbeitungsgeschwindigkeit sowie der Transformationsleistungen der zentralen Exekutive. Die zunehmende Myelinisierung spielt hierbei eine wesentliche Rolle. Während deutliche Zuwächse in der Verfügbarkeit der phonologischen Schleife nachgewiesen wurden, zeigen sich ab dem vierten Lebensjahr kaum Entwicklungsveränderungen des visuell-räumlichen Teilsystems. Veränderungen in der Verfügbarkeit zentraler Exekutivfunktionen sind hingegen bis ins späte Jugendalter zu beobachten (Konrad, 2007). Entwicklungsschübe und damit verbunden eine in kurzem Zeitraum deutliche Erweiterung der Gedächtnisfunktionen sind in den ersten zwei Lebensjahren sowie dem Jugendalter zu beobachten (Schneider & Büttner, 2008).

Literaturhinweise

Schermer, F. J. (2006). *Lernen und Gedächtnis*. Stuttgart: Kohlhammer.
Squire, L. R. & Kandel, E. R. (2009). *Gedächtnis. Die Natur des Erinnerns*. Heidelberg: Spektrum.

3.4.3 Höhere Funktionen des Denkens

Solso (2005) benennt drei Charakteristika des Denkens: a) Denken geschieht internal, ist aber über das Verhalten zu erschließen, b) Denken wird unter der Zuhilfenahme von Wissen geleistet, c) Denken ist zielgerichtet.

Begriffliches Denken bezieht sich auf die Erzeugung einer internen Repräsentation der Dinge, das Erkennen von charakteristischen Eigenschaften und die Bildung von Klassen und Kategorien.

Die Erzeugung einer *internen Repräsentation* wird in der Kognitiven Psychologie beschrieben als „wahrnehmungsbasierte Wissensrepräsentation" (Anderson, 2007): Mentale Vorstellungen werden erzeugt durch den Abruf gespeicherter visueller Informationen, wenn diese gerade nicht visuell präsent sind. Der Abruf erfolgt aus denselben Hirnarealen, die bei der Verarbeitung des tatsächlich präsenten Objektes aktiv waren. Es ist möglich, diese Bilder im Kopf zu bearbeiten, um sie für die Lösung eines Problems nutzbar zu machen: Sie können gedreht und gewendet werden, um verschiedene Seitenansichten zu imaginieren („mentale Rotation"), sie können nach für das Problem relevanten Informationen abgesucht werden („scannen"), es können mehrere Bilder gleichzeitig imaginiert und miteinander verglichen werden (vgl. Anderson, 2007). Neben der internen Vorstellung von Bildern ist es auch möglich, visuelle Vorstellungen der räumlichen Struktur der Umgebung zu erzeugen („kognitive Landkarten"). Auch diese können internal weiter bearbeitet werden, indem man z. B. in ihnen navigiert oder verschiedene Räume miteinander verknüpft. Neben dem Abruf bereits gespeicherter Informationen ist es auch möglich, anhand verbaler Information ein neues Bild zu generieren. Diese Fähigkeit ermöglicht es uns zum Beispiel, Gefallen an Erlebnisberichten, Geschichten oder Romanen zu finden: Internal entstehen die Bilder zu den gehörten/gelesenen Beschreibungen bzw. die Handlungsabläufe innerhalb der beschriebenen Szenerie werden filmähnlich imaginiert. Obwohl die Verarbeitung realer perzeptueller Information und vorgestellter Informationen eine große Ähnlichkeit aufweist, werden mentale Bilder und reale Wahrnehmungen dennoch selten verwechselt (Anderson, 2007).

Die über perzeptuelle Kanäle eingehende Information ist derart umfangreich, dass sie vom Individuum nicht in aller Detailtreue gespeichert werden kann. Details eines perzeptuellen visuellen Bildes werden wesentlich schneller vergessen als seine Bedeutung (Anderson, 2007). Theorien der kognitiven Psychologie benennen verschiedene Strategien, die Menschen nutzen, um neben der Bedeutung einer perzeptuellen Wahrnehmung auch ökonomisch Informationen über die Beschaffenheit des Objektes zu erhalten: die Bildung von

Kategorien, die Bildung semantischer Netzwerke und die Bildung von Schemata.

Die *Bildung von Kategorien* geschieht über die Abstraktion von der spezifischen Erfahrung mit der Beschaffenheit des Objektes auf seine charakteristischen Bestandteile. Neisser (1987) beschreibt Kategorisierung als die Fähigkeit, eine Menge von Dingen, die als einander ähnlich betrachtet werden, in einer Menge zusammenzufassen, ihnen denselben Namen zu geben und in gleicher Weise auf sie zu reagieren. Die Erkennung der Ähnlichkeit erfolgt über den sinnlichen Zugang. Hieraus kann ein Prototyp (übergeordnete Ebene) gebildet und dieser mit Eigenschaften und Erfahrungen verknüpft werden (z. B. Rosch & Mervis, 1975). Die Bildung von Oberkategorien erfolgt dann durch die weitere Abstraktion und Zusammenfassung von Prototypen.

Die Speicherung der Kategorienzugehörigkeit stellen sich Theoretiker der Kognitiven Psychologie (z. B. Quillian, 1966) organisiert in Form von *semantischen Netzwerken* vor. Die Informationen werden hierarchisch strukturiert: Ontologische Kategorie (belebt/unbelebt) > Oberkategorie > basale (mittlere) Kategorie > (spezifische) Unterkategorie (vgl. Rosch et al., 1976). Jeder Knotenpunkt wird mit den zutreffenden Eigenschaften verbunden und die Knoten multipel miteinander verknüpft. Eigenschaften werden immer dann mit einem Knoten verknüpft, wenn man dieser Information im Zusammenhang mit dem Objekt häufig begegnet. Sie sind umso stärker mit dem Objekt verknüpft und damit umso leichter zugänglich, je häufiger man ihr begegnet. Durch die Hierarchisierung ist es möglich, Eigenschaften eines Objektes aus einem übergeordneten Konzept abzuleiten (Anderson, 2007).

Eine besonders ökonomische Form der Eigenschaftskodierung an einem Knotenpunkt stellt die *Bildung von Schemeta* dar (vgl. z. B. Rummelhart & Ortony, 1977). Ein Schema repräsentiert ein Objekt in Form von Leerstellen, d. h. es ist definiert über die Zugehörigkeit zu einem Oberbegriff, seinen typischen Teilen und typischen Kombinationen von Attributen (Anderson, 2007). Die Objekte, die zu einem Schema gehören, können deutlich variieren, dennoch lässt es sich in seinen zentralen Eigenschaften schnell analysieren. Ein Schema kann nicht nur für Objekte gebildet werden, sondern auch für prototypische Ereignisse und Handlungsabläufe (Skripte; z. B. Schank & Abelson, 1977).

Denken in kausalen Relationen ist für die Bildung von Begriffsklassen unerlässlich. *Kausales Denken* ist dadurch definiert, dass eine Verbindung zwischen zwei Ereignissen im Sinne von Ursache und Wirkung hergestellt wird: Das eine Ereignis wird als Grund dafür identifiziert, dass das andere eintritt. Eine Verbindung (Assoziation) von Ereignissen herzustellen liegt immer dann nahe, wenn sie zeitlich zusammenfallen. Neben der Identifizierung einer Ursache-Wirkungsbeziehung können aus der Verbindung von verschiedenen Ereignissen auch andere Denkergebnisse hervorgehen: Im schlussfolgernden Denken werden zwei oder mehr Ereignisse nach bestimmten Regeln verknüpft und dadurch auf den bis dato unbekannten Ausgang eines weiteren Ereignisses geschlossen (Schlussfolgern) oder in seiner Bedeutung bewertet (Urteilsbildung) bzw. eine Handlung vorbereitet (Entscheidungsfindung). Die Logik (Wissenschaft vom Denken) formalisiert „richtige" Wege und „zulässige" Schlüsse. Individuen kommen ohne Kenntnis der formalen Logik intuitiv jedoch häufig zu Schlüssen und damit auch Urteilen oder Handlungsentscheidungen, die aus der wissenschaftlichen Perspektive als inkorrekt bezeichnet werden müssen, weil Denkprozesse stark vom Inhalt der Problemstellung beeinflusst werden (Anderson, 2007). Die kognitive Reife stellt in diesem Zusammenhang eine bedeutsame Entwicklungsvariable dar (siehe unten, Kap. 3.4.4).

Das *Problemlösen* unterscheidet sich von anderen Denkprozessen dadurch, dass ein klar definiertes Hindernis die Lösung einer Aufgabe oder den gewünschten Fortgang einer Handlung unmöglich macht. Das Problemlösen erfordert eine zielgerichtete Neuverknüpfung von Merkmalen der beteiligten Variablen, um den gewünschten Zielzustand erreichen zu können (vgl. Hussy, 1998). Guilford (1967) unterscheidet zwei große Gruppen von Denkoperationen im Rahmen des Problemlösens: das konvergente und das divergente Denken. Beim *konvergenten Denken* ist die Lösung des Problems (der Zielzustand, der erreicht werden will) bekannt. Die Denkoperationen sind ausschließlich darauf gerichtet, diesen Zielzustand unter Zuhilfenahme von Lösungsheuristiken zu erreichen. Das *divergente Denken* kommt zum Einsatz, wenn der Zielzustand noch nicht bekannt ist. Hier muss sich das Denken in alle Richtungen hin verzweigen, um eine neue, bis dato unbekannte Lösung zu finden. Divergentes Denken ist ein Charakteristikum des „kreativen Denkens". Kreatives Problemlösen ist jedoch zusätzlich dadurch definiert, dass die gefundene Lösung selten ist, auf keinem gängigen Lösungsweg entstanden ist und durch ein umfangreiches bereichsspezifisches Faktenwissen ermöglicht wurde (vgl. Hussy, 1998). Insbesondere das letztere Kriterium garantiert, dass die gefundene Lösung auch „wertvoll" ist: Sie trägt in bedeutsamer Weise zum Aufbau des Weltwissens oder Kulturgutes bei.

Literaturhinweis

Goswami, U. (2001). *So denken Kinder*. Göttingen: Hogrefe.

3.4.4 Piaget und die Folgen: Entfaltung der Denkfähigkeit

Das vorangegangene Kapitel erläuterte die Formen höherer Funktionen des Denkens. Die vorgestellten Definitionen und Regelmäßigkeiten bezogen sich auf die Verfügbarkeit im Erwachsenenalter. Im kindlichen Denken sind diese Funktionen jedoch nicht oder nicht von Anfang an in gleicher Weise verfügbar. Anders als bei der Entwicklung des Gedächtnisses, bei der die unvollständige Ausreifung vor allem eine Einschränkung der Funktions*kapazität* bedingt, sind die höheren Funktionen des Denkens im Kindesalter vor allem in qualitativer Hinsicht eingeschränkt. Jean Piaget hat ein weltberühmtes Entwicklungsmodell des kindlichen Denkens vorgelegt, das auf der systematischen Erkundung der Besonderheiten kindlichen Denkens und vor allem der Denkfehler beruht, die Kinder machen. Jean Piaget gilt als „einer der einflussreichsten (Entwicklungs-)psychologen des 20. Jahrhunderts, (obwohl) er selbst nie ein psychologisches Examen abgelegt (hatte)" (Scharlau, 2007, S. 21). Und Kohler (2008, S. 254) führt an, dass Piaget 1975 sogar als der meistzitierte Psychologe der Welt gehandelt wurde. Nahezu alle nachfolgenden Theorien der Entwicklung kindlichen Denkens bauen mehr oder weniger explizit auf seinen Arbeiten auf, stellen eine Ergänzung, Korrektur oder Neustrukturierung seiner Lehrsätze dar (Anderson, 2007). Deshalb werden die Wurzeln Jean Piagets und die Grundlagen seiner Entwicklungstheorie im Folgenden etwas ausführlicher beschrieben.

Jean Piaget wurde 1896 in Neuchâtel in der Schweiz geboren. Er promovierte dort 1918 in Zoologie. Den Zugang zur Entwicklungspsychologie bekam er 1920 über eine Anstellung an der Universität Sorbonne (Paris) im Labor von Alfred Binet. Er hatte hier Aufgaben zum schlussfolgernden Denken an einer Stichprobe französischer Kinder zu standardisieren. Ihm fiel dabei auf, dass Kinder verschiedener Altersgruppen unterschiedliche Fehler, innerhalb einer Altersgruppe aber immer dieselben Fehler machten (Scharlau, 2007). Piaget zog daraus Schlüsse über die Charakteristika des kindlichen Denkens und untersuchte sie in der Folge systematisch (Piaget, 1923/1972a, 1924/1972b). Die Basis der empirischen Arbeiten über die Entwicklung der vorsprachlichen Intelligenz bildete die sorgfältige Beobachtung und begleitend angefertigten detaillierten Protokolle der Entwicklung seiner eigenen Kinder, die 1925, 1927 und 1931 geboren wurden (Piaget, 1936/1992). Zwischen 1925 und 1971 wurde er auf Lehrstühle an verschiedenen Schweizer Universitäten sowie der Sorbonne in Paris berufen. Zwischen 1938 und 1951 war er an der Universität Lausanne tätig. Hier führte er weitere systematische Untersuchungen der Entwicklung des Denkens und der Denkfehler von Kindern durch und formulierte sein berühmtes Stufenmodell der Entwicklung des kindlichen Denkens (Piaget, 1943/1972c, 1956/1993a). Piaget gründete 1955 das Internationale Zentrum für genetische Epistemologie in Genf, das er bis zu seinem Tod 1980 auch leitete (vgl. Kohler, 2008; Flammer, 2009).

Mit seinem Forschungsthema „Genetische Epistemologie" unternimmt Piaget den Versuch, die Entwicklung des Denkens aus seiner Ontogenese heraus zu verstehen (Buggle, 2001). Piaget vereint darin biologisches Reifungsdenken (genetisch) und philosophische Erkenntnistheorie (Epistemologie) zu einer Theorie der Entwicklung des Denkens. Abweichend von anderen reifungstheoretisch orientierten Entwicklungstheorien seiner Zeit versteht Piaget die anatomische Ausreifung jedoch als eine nur notwendige, nicht aber hinreichende Bedingung für die Entfaltung der geistigen Fähigkeiten. Die entscheidende Variable im Prozess des Erkennens ist für Piaget der Austauschprozess des Individuums mit der Welt, der im Wesentlichen auf einer spontanen Aktivität des Individuums beruht. Dieses auch als „konstruktivistisch" bezeichnete Verständnis des menschlichen Wesens ist eine Ableitung aus der Erkenntnistheorie (Flammer, 2009).

Am Anfang der psychologischen Arbeiten Piagets steht die Beschreibung der Phänomene der kindlichen Entwicklung des Denkens, die er in der Formulierung der „Stadien der geistigen Entwicklung des Kindes und des Heranwachsenden" zusammenfasst (Piaget, 1956/1993a). Deshalb wird im Folgenden zunächst das Stufenmodell der Entwicklung des Denkens beschrieben.

Die Denkfähigkeit entfaltet sich nach Piaget (1956/1993a) über *drei* voneinander abgrenzbare Phasen hinweg (im französischen Original „périodes"), die teilweise durch Stadien (im französischen Original „stades") weiter untergliedert sind. In der Literatur findet sich häufig eine Darstellung der Entwicklungstheorie in Form von *vier* Stadien (z. B. Buggle, 2001; Sodian, 2008; Siegler, DeLoache & Eisenberg, 2008). Die beiden Darstellungen stehen jedoch nicht zueinander im Widerspruch, denn die Formulierung von vier Stadien folgt lediglich aus einer Aufhebung der von Piaget ursprünglich vorgesehen Unterteilung der zweiten Phase in zwei Stadien, die hier als jeweils eigenständiges Stadium konzeptionalisiert sind. Die ebenfalls häufig zu findende Bezeichnung „Stufen" der geistigen Entwicklung anstelle der original verwendeten Begriffe „Phase" und „Stadium" (z. B. Buggle, 2001; Flammer, 2009; Scharlau, 2007) folgt wohl aus der Übersetzung des im französischen Original verwendeten Begriffs „Niveau", den Piaget für das innerhalb der Phasen und Stadien erreichten Fähigkeitslevel verwendet. Zudem entsprechen die theoretischen Grundlegungen Piagets eines Stadiums (qualitative Veränderung, Unidirektionalität, Universalität, Irreversibilität) den Kriterien einer „Stufe" eher als denen einer nach wissenschaftstheoretischen Gesichtspunkten definierten „Phase" (vgl. Kap. 1.2.1). In der folgenden Darstellung finden die mehrheitlich benutzten Varianten Verwendung: der näher am französischen Original liegende Begriff „Stadium" sowie die Einteilung in vier Hauptstadien.

Nach Piaget erstreckt sich die geistige Entwicklung von der Geburt bis zum Alter von etwa zwölf Jahren. Das erste Stadium (sensumotorisches Stadium) ist in sechs Unterstadien unterteilt (Piaget, 1936/1992):

- *Übung der Reflexe (0–1 Monat)*: Bei der Geburt ist das Kind nach Piaget zunächst lediglich zu einfachen Reflexhandlungen (Saugen, Nachfolgen von bewegten Objekten mit den Augen, Schließen der Hand bei Berührung) in der Lage. Diese werden immer wieder durchgeführt, bis sie dem Fertigkeitsgrad willkürlicher Aktionen entsprechen.
- *Primäre Kreisreaktionen (1–4 Monate)*: Durch die zufällige Kombination der einfachen Reflexhandlungen bilden sich neue Reaktionsmuster, zufällig entstehen Ergebnisse von Handlungen wie z. B. eine Bewegung des Mobiles über dem Bett durch das Treten gegen die Gitterstäbe, die so lange wiederholt werden, wie sich der Effekt zeigt. Der Säugling versteht in diesem Stadium noch nicht, wie die Bewegung zustande kommt. Wenn ein Gegenstand aus dem Blickfeld verschwindet, ist er für den Säugling auch nicht mehr real existent, er sucht nicht danach, wohin er verschwunden ist.
- *Sekundäre Kreisreaktionen (4–8 Monate)*: Sinnes- und motorische Aktivitäten werden zunehmend koordiniert. Es werden Versuche unternommen, auf die Umgebung einzuwirken, z. B. versteht der Säugling jetzt, dass sich das Mobile bewegt, wenn er gegen die Gitterstäbe tritt oder die Rassel ein Geräusch macht, wenn er sie schüttelt. Neue Effekte werden bei motorischer Betätigung jedoch immer nur zufällig entdeckt, diese dann aber immer wie-

3.4 Entwicklung des Denkens

derholt. Wenn ein Gegenstand jedoch aus dem Blickfeld verschwindet, dann ist er für den Säugling weiterhin nicht mehr existent.

- *Koordination der sekundären Verhaltensschemata (8–12 Monate):* Das Kleinkind ist zunehmend in der Lage, intentional (zielgerichtet) die erlernten Handlungsschemata zu koordinieren: Hindernisse werden zur Seite geschoben, die Tischdecke benutzt, um einen Gegenstand heranzuziehen. Diese Entwicklung wird durch den sich gleichzeitig stark erweiternden Aktionsradius unterstützt: Es kann nun krabbeln, sich am Tisch oder Stuhl hochziehen und auch Treppen überwinden oder Türen öffnen. In diesem Alter entsteht ein Verständnis dafür, dass Objekte, die aus dem Blickfeld verschwinden, weil sie z. B. durch etwas anderes verdeckt werden, weiterhin existent sind. Dies wird *Objektpermanenz* genannt.
- *Tertiäre Kreisreaktionen (12–18 Monate):* Das Kleinkind versucht jetzt gezielt, bestimmte Handlungsausgänge zu bewirken. Hilfsmittel werden benutzt und durch Versuch-und-Irrtum-Verhalten die bestmögliche Anwendung gesucht. Auffällig ist in diesem Alter auch die gezielte Suche nach Neuem, die Kinder sind neugierig und experimentierfreudig.
- *Übergangsstadium, Vervollkommnung und Entwicklung der Symbolfunktion (18–24 Monate):* Die erworbenen Fähigkeiten werden in einem sich ständig erweiternden Aktionsradius weiter ausgebaut, das Kind kann jetzt selbstständig laufen und beherrscht die Grobmotorik sicher. Zunehmend werden Handlungen innerlich vorbereitet, bevor sie ausgeführt werden, d. h. es wird nicht mehr versucht, durch Versuch und Irrtum Neues zu erkunden, sondern es werden nach einer inneren Vorwegnahme des Handlungsausganges nur noch offensichtlich sinnvolle Handlungsalternativen ausprobiert.

Das Kind baut sich also im sensumotorischen Stadium einen *„Umgang mit den konkreten Dingen im äußeren realen Anschauungs- und Wirkraum"* (Buggle, 2001, S. 51, Hervorhebung im Original) auf der Basis sensorischer und motorischer Erfahrung auf, die auch durch die ständige Erweiterung der Verfügbarkeit körperlicher Funktionen vermittelt wird. In den nachfolgenden Stadien steht allein die tatsächlich geistige Entwicklung, die Entfaltung der *Denkfähigkeit* im Vordergrund (Denkvorgänge = „Operationen", d. h. „die Möglichkeit, interne Repräsentationen mental zu manipulieren"; Sodian, 2008, S. 439).

Im Alter von zwei bis sieben Jahren weisen die Denkoperationen gemessen an der formalen Logik eine Vielzahl von fehlerhaften Schlüssen auf – das Denken befindet sich noch in einem Vorstadium. Dieses *präoperationale Stadium* erstreckt sich über das Alter von etwa zwei bis sieben Jahren. Zunächst entwickelt sich die Symbolfunktion weiter und das Kind eignet sich sprachliche Fähigkeiten an. Das Kind erkennt jetzt, dass Dinge in Zeichen, Bildern und Begriffen dargestellt werden können. Das Denken des Kindes in diesem Unterstadium des „symbolischen Denkens" (2–4 Jahre) geht jedoch grundsätzlich von der eigenen Anschauung und Erlebniswelt aus und ist gleichzeitig durch die Unfähigkeit gekennzeichnet, eine andere als die eigene Perspektive einzunehmen (kindlicher Egozentrismus). Die Kinder gehen mit der festen Auffassung an die Welt heran, dass jeder und jedes so denkt und fühlt wie es selbst – Menschen wie Tiere, belebte wie unbelebte Natur: Das Kind glaubt, dass Worte, Namen, Bilder, Träume und Gefühle auch wirklich existieren (Realismus) und ebenso wie es selbst voller Absichten ist (Animismus). Das Kind ist davon überzeugt, dass alle Gegenstände und Naturerscheinungen (Häuser genauso wie Bäume und Sterne) von Menschen und für die Menschen geschaffen wurden (Artifizialismus). In kausaler Beziehung steht für das Kind alles, was in einem direkten raumzeitlichen Zusammenhang auftritt: Wenn es regnet, nachdem es einen Donnerschlag getan hat, dann hat der Donner den Regen „gemacht".

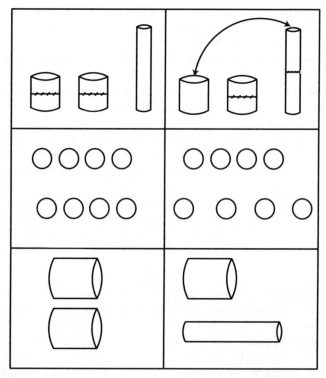

Abb. 3.7: Paradigmatische Untersuchungsanordnungen nach Piaget

Im Alter von 4–7 Jahren ist das Kind zunehmend in der Lage, auch komplizierte denkerische Operationen durchzuführen. Das Denken ist jedoch stark an die Anschauung gebunden. Dieses Unterstadium des „anschaulichen Denkens" ist deshalb oft durch „eine variable und ‚unangemessene' Logik gesteuert" (Flammer, 2009, S. 146). Das Kind ist in diesem Alter auch noch nicht zur Seriation und Klassifikation fähig: Es gelingt ihm nicht, Objekte in einer Reihenfolge entsprechend der Größe, dem Aussehen oder einem anderen Merkmal anzuordnen bzw. eine Gruppe von Objekten entsprechend ihrem Aussehen, ihrer Größe oder einem anderen Merkmal zu benennen oder zu identifizieren. Zudem ist das Kind noch nicht in der Lage, die Invarianz von Massen, Flüssigkeiten und Volumen zu begreifen: Wird eine Flüssigkeit von einem breiten, niedrigen in ein hohes, schmales Glas umgeschüttet, ist das Kind der festen Ansicht, dass es nun „mehr" ist als vorher, weil es sich lediglich an dem einen anschaulichen Merkmal „Höhe" orientiert (Zentrierung). Es ist zudem nicht in der Lage, dies mit dem zweiten Merkmal „Breite" in Beziehung zu setzen (Kompensationsoperation) bzw. einzubeziehen, dass de facto ja nichts hinzugegeben wurde (Identitätsoperation) und dass der Vorgang umkehrbar ist (Negationsoperation = Reversibilität). In **Abbildung 3.7** sind einige paradigmatische Untersuchungsanordnungen nach Piaget dargestellt.

Im *operationalen Stadium* werden all diese Defizite überwunden. Zunächst ist das Denken jedoch noch stark an das Vorhandensein konkreter Inhalte gebunden (konkret-operatorisches Stadium, ca. 7–12 Jahre). Piaget geht zunächst davon aus, dass das Verständnis von Invarianz die grundlegende neue Errungenschaft und unabhängig vom Inhalt verfügbar ist. Dies ist jedoch nicht der Fall. Piaget (1956/1993a) hat zur Beschreibung dieses Phänomens den Begriff der *Verschiebung* eingeführt: Kinder begreifen die Invarianz von Reihungen bis zu zwei Jahre eher als die von Masse und diese wiederum eher als die von Volumen (horizontale Verschiebung). Bei der Aneignung von Handlungsschemata lässt sich zudem beobachten, dass sensumotorisch erworbene Fähigkeiten nicht einfach in die innere Vorstellung repetiert werden, sondern sich in ähnlicher Weise noch einmal, nur in einer anderen Modalität, angeeignet werden müssen (vertikale Verschiebung).

Im *formal-operatorischen Stadium* (ab ca. 12 Jahre) ist das Kind in der Lage, auch über abstrakte Inhalte nachzudenken, z. B. Überlegungen im Sinne von „Was wäre wenn" anzustellen und intensiv zu verfolgen. Es kann jetzt nicht nur über konkrete Dinge, sondern auch über Gedanken nachdenken und aus vorhandenen Informationen auch in Abwesenheit der Objekte konkrete Schlussfolgerungen ziehen. Nach Piaget ist die geistige Entwicklung mit Erreichung dieser Fähigkeit abgeschlossen, die weitere Entwicklung der Denkfähigkeit hat er nicht mehr untersucht. In **Tabelle 3.2** findet sich noch einmal eine zusammenfassende Darstellung der geistigen Entwicklung des Kindes sensu Piaget.

Tab. 3.2: Die Stufen der geistigen Entwicklung des Kindes nach Piaget

Sensumotorisches Stadium ca. 0–2 Jahre
1. „Übung von Reflexmechanismen" (bis ca. 1. Lebensmonat).
2. „Primäre Kreisreaktionen": Reflektorische Handlungen (z.B. Saugbewegung) werden auch ohne entsprechenden Stimulus ausführt. Mit der Handlung ist noch keine Absicht verbunden (bis ca. 4. Lebensmonat).
3. „sekundäre Zirkulärreaktionen" (Wiederholung mit Effektbeachtung). Differenzierung zwischen Mittel und Zweck (bis ca. 8. Lebensmonat).
4. „Koordination von sekundären Reaktionen" und Entwicklung der Objektpermanenz (bis ca. 12. Lebensmonat).

Sensumotorisches Stadium ca. 0–2 Jahre	
5. „Tertiäre Kreisreaktionen": Kind beginnt mit aktiven Experimenten, generiert neue Handlungen über Versuchs-/ und Irrtumslernen und verfügt über erste sprachunabhängige Gegenstandsbegriffe (bis ca. 18. Lebensmonat).	
6. „Vervollkommnung der Leistungen" aus dem 5. Stadium. Lösungen können weiterhin nur durch praktisches Handeln und Ausprobieren gefunden werden (bis ca. 24. Lebensmonat).	
Präoperationales Stadium ca. 2–7 Jahre	
1. 2–4 Jahre: Symbolisches Denken, Animismus, Artifizialismus	
2. 4–7 Jahre: Egozentrismus	
Konkret operationales Stadium ca. 7–12 Jahre	
Invarianz	
Dezentrierung	
Klasseninklusion	
Reihenbildung	
Formal operationales Stadium ab ca. 12 Jahre	
Aufbau kombinatorischer Systeme	
Verständnis für Proportionen	
Reversibilität	
Hypothetisierendes Denken	

Das bis hierher beschriebene Piagetsche Schema der Stadien der Denkentwicklung ist lediglich deskriptiver Natur. Piaget hat in seiner Theorie der Entwicklung des kindlichen Denkens jedoch auch versucht, Erklärungen für das Zustandekommen der qualitativen Veränderungen zu geben. Piaget sieht den grundlegenden Entwicklungsimpuls zunächst durch die biologische Reifung gegeben, durch die sich das Kind mit immer neuen Umweltgegebenheiten konfrontiert sieht. Piaget erkannte aber, dass dieses passive Geschehen allein nicht ausreichen würde, sich dauerhaft und selbstständig in der Umwelt zurechtzufinden. Das Kind muss *aktiv* auf die Umwelt zugehen und sie zu *begreifen* versuchen. Das Kind zeigt auch offensichtlich eine hohe Eigenaktivität und ein spontanes Zugehen auf die Dinge der Umwelt. Piaget erklärt diese Attitüde mit den Konzepten „Äquilibration" und „Adaptation". In Anlehnung an das mechanische Verständnis von Gleichgewicht als einem balancierten Schwebezustand und Regelkreismechanismen zu deren Erhaltung sieht Piaget in Übereinstimmung mit gängigen Vorstellungen der Psychologie des beginnenden 20. Jahrhunderts die menschliche Psyche in einem biologisch-organismischen, physiologischen und kognitiv-psychologischen ausgeglichenen Grundzustand lebhafter Aktivität gegeben (vgl. Buggle, 2001). Der Mensch ist bestrebt, diesen Zustand zu erhalten, sich bei Störungen wieder „ins Gleichgewicht zu bringen" (äquilibrieren). Ins Ungleichgewicht gerät der Organismus immer dann, wenn er mit Dingen konfrontiert wird, die ihm unbekannt sind. Er muss sich daran anpassen (adaptieren).

In der Theorie Piagets geschieht *Adaptation an die Umwelt* über die Anpassung der Kognitionen über die Dinge. Diese sind nach der Vorstellung Piagets in Schemata abgelegt: Darunter versteht er „das, was in einer gegebenen Handlung verallgemeinert werden kann: so wird der Säugling z. B., nachdem er einmal einen entfernten Gegenstand durch Ziehen an der Decke, auf der er liegt, erreicht hat, diese Entdeckung verallgemeinern und eine Reihe anderer Unterlagen benutzen, um in verschiedenen Situationen die verschiedenen Gegenstände zu sich heranzuholen" (Piaget, 1954/1993b, S. 97). Das Schema könnte benannt werden als „Ding, um etwas heranzuholen". Ähnlich könnte ein Schema für eine Rassel beschrieben werden als „schütteln, um damit ein Geräusch zu erzeugen". Wird das Kind nun mit einem neuen Gegenstand konfrontiert, dann versucht es nach Piaget zunächst, ihn mit allen bekannten Schemata zu erkennen, es diesem Schema „einzuverleiben" (assimilieren). Ein neuer Gegenstand wird also genauso erst einmal in die Hand genommen und geschüttelt. Führen diese Versuche zu keinem Handlungsergebnis, weil es sich bei dem neuen Gegenstand z. B. um eine leere Dose handelt, werden im Zuge der Erkenntnisversuche die bekannten Schemata abgewandelt – im sensumotorischen Stadium wie oben beschrieben noch aus zufälligen Begebenheiten heraus: So könnte dem Kind beim Schütteln die Dose aus der Hand rutschen und beim Aufprall auf den Boden Geräusche machen. Das Kind entdeckt diese neue Handlung, wiederholt sie und entwickelt aus dem alten Schema ein neues, das „Werfen, um damit ein Geräusch zu erzeugen" genannt werden könnte. Diesen Vorgang der Veränderung eines alten Schemas im Sinne einer Anpassung an die Gegebenheiten des Dinges nennt Piaget „Akkomodation". Diese beiden Regulationsmechanismen, Assimilation und Akkomodation, sowie das Konzept des Schemas sind die zentralen Bestandteile im Erklärungskonzept Piagets für die Entwicklung des Denkens. Der Prozess der Äquilibration ist darüber hinaus neben dem ersten Impuls, der durch die Reifung gegeben wird, als „Motor" der Entwicklung zu verstehen (vgl. Buggle, 2001, S. 37).

Das umfangreiche Werk Piagets kann hier nur in seinen Grundzügen und Kernaussagen wiedergegeben werden. Vielfach wird die Entwicklungstheorie Jean Piagets als ein Versuch verstanden, die allgemeine kognitive Entwicklung darzustellen. Aus diesem Blickwinkel heraus wird beanstandet, dass die Altersangaben, die sich in den Veröffentlichungen Piagets finden, vielfach nicht zutreffend sind, dass sie auf einer nur unzureichend dokumentierten empirischen Basis beruhen, er die Leistungen jüngerer Kinder methodenbedingt systematisch unterschätzt, er die bereichsspezifischen Erkenntnisse der Entfaltung der formalen Logik unzulässigerweise auf andere kognitiven Bereiche (z. B. Sprachentwicklung) verallgemeinert bzw. vorgeburtliche wie auch postadoleszente Entwicklungen sowie den Einfluss der Umwelt und gezielten Trainings nicht beachtet, die verwendeten theoretischen Begrifflichkeiten (insbesondere Äquilibration, Assimilation, Akkomodation) zu unscharf und vage definiert sind (siehe zusammenfassend z. B. Flammer, 2009, S. 157ff.; Kohler, 2008, S. 246ff.). Piagets Bestreben war es jedoch nicht, die kognitive Entwicklung von Individuen zu untersuchen und theoretisch so einzubetten, dass Individualprognosen möglich werden, sondern in seinem Fokus stand die Ermittlung allgemeiner Gesetzmäßigkeiten bei der Entfaltung der Kognition. So hat z. B. Piaget selbst bereits 1956 angemerkt, dass die Chronologie in der Abfolge der Stadien großen Schwankungen unterworfen ist und „nicht nur von der Reifung, sondern gleichermaßen von der Erfahrung des Individuums ab(hängt), vor allem aber von der sozialen Umwelt, die den Eintritt eines Stadiums beschleunigen oder verzögern, ja sogar völlig verhindern kann. [...] und ich bin durchaus nicht in der Lage, die mittleren Alterswerte bei diese Stadien für irgendeine andere Bevölkerung zu beurteilen" (Piaget, 1956/1993a, S. 47). Partielle Bestätigung haben die Beobachtungen Piagets in neuerer Zeit durch neurobiologische Befunde erhalten: Die auf den Entwicklungsstufen nach Piaget beschriebenen Leistungen bzw. Defizite korrespondieren mit der Ausreifung bestimmter Hirnstrukturen und damit verbundenen funktionellen Systemen.

Kritisch zu würdigen ist an Piagets Werk, dass es einen bis heute „nach Umfang und Differenzierung einzigartigen Entwurf dar(stellt), die Genese menschlicher Erkenntnis darzustellen und transparenter zu machen" (Buggle, 2001, S. 118). Piagets Arbeiten haben eine Fülle von Anschlussuntersuchungen angeregt und nach seinem Vorbild viele Stufentheorien für weitere Entwicklungsbereiche hervorgebracht, so z. B. die Entwicklungsstufen der Empathie und der Perspektivübernahme (vgl. Kap. 4.3.1), des Gerechtigkeitsbegriffs und der Moralität (vgl. Kap. 4.3.3) und des Freundschaftskonzepts (vgl. Kap. 4.4).

Aktuelle Theorien kognitiver Entwicklung stellen das Prinzip der Informationsverarbeitung in den Mittelpunkt. Es wird hier nicht mehr das *Wie* der Entwicklung formallogischen Denkens in den Fokus der Forschungsbemühungen gerückt, wie dies in Piagets Arbeiten im Vordergrund steht, sondern Fragen der Speicherung von Wissen, der Integration von Sinneseindrücken zu bewussten Erfahrungen, der Strategien des Problemlösens und verschiedener Teilaspekte des Denkens (deduktives Denken, wissenschaftliches Denken, Werkzeuggebrauch, kooperatives Problemlösen; siehe zusammenfassend z. B. Sodian, 2008; Demetriou, 2006). Die meisten dieser Theorien nutzen die Computermetapher, um den Prozess des menschlichen Denkens zu beschreiben. Auch wird in diesen Theorien überwiegend die Vorstellung einer stufenweise voranschreitenden Entwicklung der Denkfähigkeit aufgegeben. Die Entwicklung des Denkens wird vielmehr als ein interindividuell wie intraindividuell hoch variables Fortschreiten in der Verfügbarkeit von denkerischer Kompetenz angesehen. Die Entwicklung des Denkens wird zudem als lebenslanger Prozess begriffen. Anderson (2007, S. 500) stellt heraus, dass sich die Entwicklung denkerischer Kompetenz auf die Ausbildung zweier Komponenten stützt: das Besser-Denken und das Besser-Wissen. Mit der ersten Komponente ist gemeint, dass sich die grundlegenden kognitiven Prozesse verbessern. Die zweite Komponente bezieht sich auf die Zunahme der Verfügbarkeit von Fakten sowie Strategien ihrer Speicherung. So berichtet Anderson (2007, S. 507) von Untersuchungen zur Geschwindigkeit der mentalen Rotation, die sich zwischen dem sechsten und 18. Lebensjahr nahezu verdoppelt. Ähnlich verhält es sich auch bei Gedächtnisaufgaben: Werden

3.4 Entwicklung des Denkens

sinnlose Ziffernfolgen zur Einprägung dargeboten, reproduzieren Erwachsene etwa 30 % mehr Ziffern als Kinder.

Diese Veränderungen werden vor allem mit der Ausreifung neuronaler Strukturen begründet, wie der Myelinisierung der Axone und der rasanten Zunahme synaptischer Verbindungen (vgl. Kap. 2.2.1 und 2.3.2). Anderson (2007) weist jedoch darauf hin, dass die Wachstumsrate dieser hirnorganischen Strukturen ihr Maximum bereits im zweiten Lebensjahr überschritten hat, die Veränderungen in der Verfügbarkeit denkerischer Kompetenzen jedoch im Laufe des Kindes- und Jugendalters bedeutsamer sind als in den ersten zwei Lebensjahren. So beschleunigt sich im Jugendalter zum einen rasant das Tempo der Denkoperationen, zum anderen verbessern sich die Strategien der Speicherung von Information deutlich und es wird Wissen über die eigenen Denkvorgänge aufgebaut (Metakognition). Hinzu kommt die Aneignung von Wissen und Fertigkeiten in einer breiten Palette von Domänen, welches die Basis für eine hohe Effektivität der Denkprozesse aller Art bildet. In dieser Altersphase entwickelt sich zudem das kritische Denken, eine Geisteshaltung, die nach Ursachen, Gründen und rechtfertigenden Belegen sucht, Respekt vor anderen begründeten Positionen zeigt, Alternativen gründlich abwägt und im Rahmen dialektischer Prozesse zu Entscheidungen kommt (vgl. Dreher & Dreher, 2008). Anderson (2007, S. 507) berichtet von Untersuchungen zum mentalen Rotieren, die belegen, dass Kinder im Vergleich zu Erwachsenen einen vorhandenen Fähigkeitsvorsprung der Erwachsenen durch Übung recht schnell ausgleichen und ihnen dann sogar überlegen sind. Auch die geringere Gedächtnisspanne von Kindern wird durch einen vorhandenen Expertenstatus hinsichtlich des Inhalts der Gedächtnisaufgabe ausgeglichen (dies wird z. B. beim Vergleich erwachsener Schachnovizen und Kindern als Schachexperten deutlich, die sich Schachstellungen einprägen und reproduzieren). Anderson (2007, S. 502) kommt zu dem Schluss, dass für die Verbesserung der Denkfunktionen die neuronale Entwicklung vor dem zweiten Lebensjahr ein höherer Erklärungswert zukommt als in höherem Kindesalter. Übung und Lernen können ab dem mittleren Kindesalter Unterschiede im kognitiven Reifungsstand u. U. vollständig kompensieren.

Einen weiteren Aspekt in der Entwicklung des Denkens greifen die sog. Theorien des Kernwissens auf: Sie betrachten die Entwicklung des domänespezifischen Wissen und setzen dabei voraus, dass Kindern ein angeborenes Grundlagenwissen in solchen Bereichen verfügbar ist, die im Verlauf der Evolutionsgeschichte schon immer von besonderer, d.h. überlebenswichtiger Bedeutung waren. Hierzu zählen Grundlagen der Biologie, der Physik, der Mathematik ebenso wie das Verstehen von anderen Menschen und ein Wissen um Konzepte von Zeit und Raum (vgl. Siegler, DeLoache & Eisenberg, 2008). Die daraus resultierenden *intuitiven Theorien* bilden die Basis auch des schulischen Lernens (vgl. Kap. 3.7).

Eine ergänzende Theoriefamilie bilden die sozio-kulturellen Theorien: Sie untersuchen ausschließlich die Bedeutung des kulturellen Kontextes für die Entwicklung der Denkfähigkeit und betonen diesen besonders. Soziokulturelle Ansätze betrachten den Menschen vorwiegend als soziales Wesen, das vom kulturellen wie sozialen Kontext sowohl geformt wird, als diesen auch selbst formt. Anleitung, soziale Unterstützung und lehrende Maßnahmen werden als die Faktoren begriffen, die die Entwicklung hauptsächlich bestimmen. Zu den prominentesten Vertretern gehören Wygotsky (1978), Rogoff (1990) und Tomasello (1999).

Literaturhinweis

Scharlau, I. (2007). *Jean Piaget zur Einführung.* Hamburg: Junius.

3.4.5 Entwicklung des Denkens durch Unterricht

Piagets Entwicklungstheorie auf das „Anwendungsfeld Schule" zu übertragen liegt nahe. Denn die zentrale Aufgabe von Schule besteht schließlich in der unterstützenden Begleitung und Förderung der Entfaltung der Denkfähigkeit durch den Aufbau von Wissen und die Aneignung von Kulturtechniken. Von Piaget wurde dieser Aspekt nicht verfolgt, denn die zentrale Rolle, die Übung und Anleitung für die Entwicklung der Denkfähigkeit spielen, wurde von Piaget in seinen Arbeiten vernachlässigt (Reusser, 2006). Auch die Psychologie als Fach hat Piagets Arbeiten in dieser Hinsicht weit weniger enthusiastisch weitergetragen, als dies in der Pädagogik geschehen ist (Kohler, 2008, S. 256). Lange Zeit wurde hingenommen, was Piagets Doktorand, Hans Aebli (1963, S. 88) hinsichtlich der pädagogischen Relevanz von Piagets Theorie auf den Punkt brachte: „Wenn Piagets genetische Studien beweisen, dass eine Operation erst in einem bestimmten Alter verfügbar ist, dann ist es nicht nötig, es diese Operation zu lehren. Denn wenn sie nicht verfügbar ist, dann kann das Kind auch nicht in ihr unterrichtet werden". Es lassen sich jedoch durchaus zwei Kernelemente aus Piagets Theorie für den schulischen Unterricht nutzbar machen (vgl. Flammer, 2009, S. 153):

- Im Unterricht sollten Herausforderungen präsentiert werden. Alles, was nicht assimilierbar ist, evoziert Akkomodationsprozesse und damit die Ausbildung neuer Schemata. Jedes neue Schema entspricht letztlich einem Wissens- und Fertigkeitszuwachs.
- Den Kindern sollte Freiraum gelassen werden für spontane Aktivität, um die für die Festigung eines Schemas individuell notwendige Durchführung von Zirkulärreaktionen zu ermöglichen.

Aebli (1951/2001) entwickelte eine Anleitung zum unterrichtspraktischen Vorgehen, die letztlich auf diesen Prinzipien aufbaut (siehe zusammenfassend auch Baer et al., 2006). Er stellt die Kompetenzen der Lehrkraft in den Mittelpunkt und fordert die Verfügbarkeit dreier Grundformen didaktischer Kompetenz: sozial-sprachliche Kompetenz, handlungspraktische Kompetenz und kreativ-ästhetische Kompetenz. Hinter dieser Forderung steht die Auffassung, dass die Lehrkraft vor allem als Vorbild im Vor-zeigen, Vor-machen, Vor-leben und

Vor-lesen erfolgreich wirkt. Um dies optimal verwirklichen zu können, muss sie nach Aebli auch über ein umfangreiches Sachwissen verfügen. Die von Aebli postulierten vier Funktionen im Lernprozess sind noch heute selbstverständlicher und integraler Bestandteil jedes Unterrichts: Der Wissensaufbau wird durch einen problemlösenden, fragend-entwickelnden Unterricht vorbereitet, das Problem gründlich durchgearbeitet, durch Übung und Wiederholung gefestigt und auf Neues angewandt. Bereits Aebli (1951/2001, S. 275) stellte fest, dass „Unterricht eine einzige Aufgabe (hat): Erfahrung und lernen zu ermöglichen". Aebli bezeichnet in diesem Zusammenhang das Problemlösen als „eine Grundform des Lernens" (Aebli, 1951/2001, S. 296).

Eine weitere bedeutende Pädagogin hat mit ganz ähnlichen Prinzipien gearbeitet: Maria Montessori, geboren 1870 in Italien. Sie war vielseitig interessiert und studierte letztlich Medizin – als einzige Frau an der medizinischen Fakultät in Rom (Elkind, 1978, S. 585). Nach dem Studium arbeitete sie mit geistig retardierten Menschen und erkannte, dass diese durchaus kognitiv entwicklungs- und bildungsfähig waren – ganz entgegen den gängigen Vorstellungen der Gesellschaft des frühen 19. Jahrhunderts, welche die Betroffenen üblicherweise zusammen mit psychisch Kranken in Anstalten lediglich „verwahrten". Montessori setzt mit besonderem pädagogischen Geschick von Seguin (1866) entwickelte Materialien zur Förderung der Sinneswahrnehmung ein, aus denen sie nach und nach eigene Materialien entwickelte (Hedderich, 2005). Nach zwei Jahren führte Montessori ihre Arbeiten in Kinderbetreuungseinrichtungen fort und entwickelte dort ihr bekanntes Konzept der „Selbsttätigen Erziehung im frühen Kindesalter" (Montessori, 1909; siehe auch Montessori 1950/2009; vgl. Hedderich, 2005). Montessori hatte genauso wie Piaget erkannt, dass (gesunde) Kinder eigenaktiv arbeiten können und wollen, und dass dies in Wechselwirkung mit der Umwelt geschieht. Weitere Ähnlichkeiten bestehen darin, dass sie ebenso wie Piaget eine biologische Ausbildung einbrachte und die auf dieser Denkweise basierende Vorstellung eines an das Lebensalter gebundenen Stadienverlaufes der kindlichen Entwicklung (Elkind, 1978). Montessori sieht ähnlich wie Piaget den Motor dieser Entwicklung im Prinzip der „Selbstregulation" (in der Terminologie Piagets „Äquilibration") gegeben. Auch ihre Spiel- und Lernmaterialien rekurrieren auf das Prinzip, die Kinder in augenfälliger Weise durch den Umgang mit konkreten Materialien auf Widersprüche im denkerischen Handeln aufmerksam zu machen und es dadurch anzuregen, dieses zu modifizieren (Elkind, 1978). Jedoch bestehen zwischen Montessori und Piaget auch sehr bedeutende Unterschiede in den Auffassungen über die kindliche Entwicklung: Sie betreffen die philosophischen Grundhaltungen und die Ableitung von praktischen Vorschlägen für die Erziehung.

Während Piaget die Berücksichtigung der Eigenheiten des Kindes durch die Erzieher gerade deswegen forderte, damit die Eigenaktivität und Kreativität des Kindes ungestört zur Entfaltung kommen kann, geht es Montessori vor allem darum, durch die Berücksichtigung der besonderen Bedürfnisse des Kindes seinen Gehorsam gegenüber den Anleitungen der Erwachsenen zu erhöhen. Während jedoch Montessori, geprägt durch ihre Arbeit als Ärztin mit geistig Retardierten, mit ihrer Arbeit vor allem die *Förderung* der geistigen Entwicklung im Blick hatte, ging es Piaget vielmehr darum, die Umwelt des Kindes zu *analysieren*: Während Piaget den Umgang des Kindes mit der Welt beobachtet, schafft Montessori ihm eine angemessene Umwelt. Piaget negiert zudem größtenteils einen Lerneffekt durch den Umgang mit seinen Untersuchungsmaterialien, Montessori erwartet ihn gerade. Ein weiterer großer Unterschied besteht in den Konsequenzen, die aus dem Postulat der Eigenaktivität des Kindes zu ziehen gefordert werden: Während Piaget forderte, die Freiräume der Kinder zu maximieren, um sie „zu kritischen Menschen (zu) erziehen, die selbstständig denken und nicht die erstbeste Idee übernehmen, die ihnen präsentiert wird" (Elkind, 1978, S. 591), pflegte Montessori einen recht autoritären Erziehungsstil und ließ nur den Umgang mit den gerade vorgesehenen Spielmaterialien zu (vgl. Elkind, 1978). Das Ziel der Erziehungsbemühungen nach Montessori ist es also, durch die Berücksichtigung der Bedürfnisse von Kindern deren Gehorsam zu erhöhen, Piaget hingegen will sie darin unterstützen, ihr kreatives und innovatives Potential zur Entfaltung zu bringen.

Während die Gedanken von Aebli wie oben gezeigt durchaus heute noch Bestand haben und auch die Konzeption Maria Montessoris „im 21. Jahrhundert nichts an Aktualität verloren hat" (Hedderich, 2005, S. 12), wird das Werk Piagets seit den 1980er Jahren immer weniger rezipiert. Kohler (2008) führt dies auf die weit verbreitete restriktive Interpretation der Implikationen seiner Stufentheorie zurück: Dass man hinsichtlich der Denkfähigkeit angesichts der Reifungsbedingtheit des Stufenüberganges von Kindern in bestimmten Altersstufen spezifische Denkleistungen einfach nicht erwarten kann. Eine Vielzahl an Untersuchungen hat mittlerweile gezeigt, dass man zwar im Großen und Ganzen zu denselben Ergebnissen wie Piaget kommt, wenn man dieselben Methoden anwendet, jedoch Kinder in der Regel in wesentlich früherem Alter deutlich schwierigere Aufgaben bewältigen können, wenn sie kindgerecht präsentiert werden und/oder Vorwissen und Erfahrung vorhanden ist (vgl. Flammer, 2009, S. 159; zusammenfassend auch Goswami, 2001).

Literaturhinweis

Montessori, M. (2009). *Kinder sind anders*. Stuttgart: Klett-Cotta.

3.5 Entwicklung der Sprachfähigkeit

3.5.1 Hirnorganische Voraussetzungen des Spracherwerbs

Sprache ist ein Kommunikationssystem, das aus Lauten, Symbolen und Gesten besteht, über visuelle wie auditive Kanäle vermittelt und durch bestimmte motorische Vorgänge ermöglicht wird: Sprechatmung, Stimmbildung und Sprechbewegung müssen koordiniert werden, um durch ihr Zusammenspiel Sprachlaute bilden zu können. Das Produkt wird über das Eigenhören kon-

3.5 Entwicklung der Sprachfähigkeit

trolliert und an die jeweiligen Gegebenheiten (z. B. notwendige Lautstärke) angepasst (vgl. Kiese-Himmel, 2008). Sprache ist humanspezifisch und hat eine biologische Basis. Verschiedentlich wird diese Aussage angezweifelt und eingewendet, auch Tiere kommunizierten auf verschiedenste Weise in einer spezifischen „Sprache" miteinander, zudem sei auch nichtmenschlichen Primaten bereits menschliches Sprechen beigebracht worden (so z. B. die Versuche von Hayes mit der Schimpansin Viki; Hayes & Hayes, 1951). Allerdings beherrschten diese Primaten trotz intensiven Trainings nach mehreren Jahren nur einige wenige kurze Worte (so z. B. Viki lediglich „mama", „papa", „cup" und „up"). Während diese also einen sehr kleinen Wortschatz ohne syntaktische Struktur erwarben, lernen Kinder in einem ähnlichen Zeitraum (bis zum Alter von fünf Jahren) nahezu ohne explizite Unterweisung Tausende von Wörtern und beherrschen dann eine komplizierte Syntax und Grammatik. Nur ein Kommunikationssystem, das diese Komplexität, Struktur und Generativität aufweist, wird im engeren Sinne als „Sprache" bezeichnet.

Dass der Versuch, Schimpansen das Sprechen beizubringen, scheiterte, ist zum einen in der Anatomie begründet. Schimpansen haben einen anderen Stimmapparat als Menschen: Der Kehlkopf ist nicht abgesenkt und die Zunge dadurch wenig beweglich. Zum anderen fehlen den Schimpansen jedoch auch neuronale Verbindungen, die eine Willkür-Steuerung des Sprachapparates erlauben. Eine Vokalisation von menschlichen Sprachlauten wird dadurch nahezu unmöglich. Angesichts der Tatsache, dass sich das Erbgut (Genom) von Mensch und Schimpanse kaum unterscheidet, ist dies durchaus verwunderlich. In jüngster Zeit sind jedoch Belege gefunden worden, dass auch ein kleiner Unterschied für gravierende Funktionsunterschiede verantwortlich sein kann: Auf dem seit Längerem bekannten „Sprachgen" FOXP2, das sowohl beim Menschen als auch beim Schimpansen vorkommt, ist der Bauplan eines für die Sprachentwicklung zentralen Einweißes gespeichert (Spiteri et al., 2007). Dieses Eiweiß hat bei Menschen und Affen einen sehr ähnlichen, jedoch nicht gleichen Aufbau, was dazu führt, dass es bei Mensch und Affe unterschiedlich arbeitet: Beim Menschen scheinen sich die für Sprache essenziellen hirnorganischen Schaltkreise zu bilden, beim Schimpansen jedoch nicht (vgl. Bear, Connors & Paradiso, 2009).

Wie oben bereits anklang, müssen für die Produktion von Sprache neben den anatomischen Voraussetzungen des Stimmapparates als solchem sowohl motorische als auch sensorische Fähigkeiten verfügbar sein. Diese sind in getrennten Arealen verortet: Im Frontallappen lieg das nach seinem Entdecker benannte „Broca-Areal" in unmittelbarere Nähe zum motorischen Kortex. Im Temporallappen liegt das ebenfalls nach seinem Entdecker benannte „Wernicke-Areal" in direkter Nachbarschaft zur primären Hörrinde. Hinzu kommen zwei Bereiche des Scheitellappens (Gyrus supramarginalis und Gyrus angularis; Bear, Connors & Paradiso, 2009; Schandry, 2006). Während die Schaltkreise des Broca-Areals die flüssige Aussprache der Sprachlaute steuert, ermöglichen die Schaltkreise des Wernicke-Areals den Zugriff auf die semantischen Inhalte. Die unterschiedlichen Aufgaben der beiden Areale bei der Sprachproduktion werden anschaulich, wenn im Rahmen einer Hirnschädigung (z. B. nach einem

Schlaganfall) nur eines der beiden Areale gestört ist. Auf die Frage „Wo waren Sie, als Sie den Schlaganfall bekamen?" würde ein Patient mit einer Störung im Broca-Areal („motorische Aphasie") z. B. folgendermaßen antworten: „Ja ... ich allein ... allein ... allein ... und weit ... Wohnung ... allein ... ich ... ich ... ich ... le ... ledig ... und 14 Tage ... ich konnte nichts ..." (Van Dijkstra & Kempen, 1993, S. 109). Der produzierte Inhalt geht sinnvoll auf die Frage ein, jedoch bekommt der Betroffene die Worte nur schwer heraus, spricht abgehackt und mit vielen Pausen. Ein Patient mit einer Störung im Wernicke-Areal (sensorische Aphasie) würde die Frage „Sie waren doch Polizist, haben Sie da schon mal jemanden verhaftet?" hingegen z. B. folgendermaßen beantworten „Schon sehr oft. Ja. Sind da reingekommen ja. So direkt ja nicht mehr meistenteils sind abends. Wenn versuchen irgendwo einzubringen. Entweder ein waren ein besuchten waren festnehmen. Nicht. Oder sie sprechen sonst etwas mit sie wollen machen." (Van Dijkstra & Kempen, 1993, S. 106). Der Sprachfluss ist hier nicht gestört, die Betroffen reden sogar auffällig viel und flüssig, jedoch ist der Inhalt des Gesagten unverständlich, die Worte sind bis ins Unsinnige hinein verdreht. Besonders problematisch ist für die Betroffenen, dass sie selbst nicht wahrnehmen, dass sie die falschen Worte produzieren, um sich auszudrücken.

Die Sprachproduktion im Gehirn geschieht in den Hirnhälften asymmetrisch: Broca- und Wernicke-Areale sind bei den meisten Menschen (92 % der Rechtshänder und ca. 50 % der Linkshänder; Anderson, 2007; vgl. auch Kap. 2.2.2) in der linken Hirnhälfte verortet. Die rechte Hirnhälfte bringt zwar keine Sprache hervor, jedoch wird visuell aufgenommene Sprache – also Zahlen, Buchstaben, geschrieben Worte – auch hier unbewusst verarbeitet und auf sie reagiert (Bear, Connors & Paradiso, 2009). Am Sprach*verstehen*, d. h. der Extraktion des Bedeutungsgehaltes der sprachlich vermittelten Information, sind eine Vielzahl weiterer, über die gesamte Hirnregion verteilter Subsysteme beteiligt (z. B. der Hörrinde, der Sehrinde, des Gedächtnisses).

Literaturhinweis

Szagun, G. (2010). *Sprachentwicklung beim Kind.* (3., aktual. Aufl.). Weinheim: Beltz.

3.5.2 Komponenten der Sprache

Gesprochene Sprache setzt sich aus verschiedenen Komponenten zusammen. Weinert (2006a) benennt sechs Komponenten, die bei der Sprachproduktion ineinandergreifen: die rhythmisch-prosodische Komponente, die phonologische Komponente, die morphologische Komponente, die syntaktische Komponente, die lexikalisch-semantische Komponente und die pragmatische Komponente.

Zur *rhythmisch-prosodischen Komponente* gehören alle Eigenheiten der Sprache, die ihre Klangstruktur ausmachen: Sprache wird nicht gleichförmig dargeboten, sondern sie besitzt eine Intonationsstruktur, d. h. sie wird rhythmisch gegliedert, mit Betonungen und Dehnungen versehen, um grammatische Einheiten oder syntaktische Merkmale wie Fragen oder Aufforderungen hervorzuheben.

Die *phonologische Komponente* bezieht sich auf die kleinsten Einheiten der Sprache, die Sprachlaute (Phoneme). Jede Sprache besitzt ein System differenzierender Lautkategorien und spezifischer Regularien, wie diese miteinander kombiniert werden können. Die Sprachen unterscheiden sich dahingehend, welche Lautkontraste bedeutungsunterscheidend sind und welche nicht. Daraus ergibt sich, dass eine mögliche Kombination von Phonemen in einer Sprache ein zulässiges Wort ergibt, diese in einer andere Sprache jedoch nicht zulässig ist.

Als *morphologische Komponente* wird das System der Wortbildung aus den bedeutungstragenden Einheiten (Morphemen) bezeichnet. Hierzu gehören auch Regeln über sprachtypische Regelmäßigkeiten wie Pluralbildung, Deklination und Konjugation.

Die *syntaktische Komponente* umfasst alle Charakteristika der Satzbildung einer Sprache: Kategorien und Regeln, die die Kombination von Wörtern zu Sätzen erlauben und die Komplexität eines Satzes ausmachen.

Die *lexikalisch-semantische Komponente* umfasst die Bedeutungsstruktur des Wortschatzes und der Sätze. Verschiedene Sprachen unterscheiden sich z. B. darin, auf welcher Ebene sie in einer Kategorie einen Oberbegriff ansiedeln, oder welche Begriffe unter einen Oberbegriff fallen. Weinert und Grimm (2008, S. 518) führen als Beispiele an, dass es im Arabischen keinen Oberbegriff für Pferdearten gibt (sondern spezifische Bezeichnungen für unterschiedliche Arten werden auf die Gesamtheit aller Arten verallgemeinert) und bei den Hopi Vögel nicht zu den fliegenden Objekten zählen, sondern eine eigene Wortklasse bilden. Hinsichtlich der Satzstruktur können oberflächlich gleich aussehende Sätze ganz unterschiedliche Bedeutungen aufweisen: z. B. „Klavierspielen ist schwer" vs. „Das Klavier ist schwer" (Weinert & Grimm, 2008, S. 518).

Die *pragmatische Komponente* fasst die Eigenheiten der Sprache zusammen, die der Verständigungsfähigkeit zugrunde liegen: Um ein Gespräch führen zu können, muss das Gegenüber und die Umgebung wahrgenommen und das Sprachverhalten darauf abgestimmt werden. Weinert und Grimm (2008, S. 519) bringen dies folgendermaßen auf den Punkt: „In welchem Kontext ist in welcher Weise und mit welcher Erwartung welchem Gesprächspartner etwas zu sagen und unter Umständen auch zu verschweigen."

Neben diesen Komponenten ist dem Menschen auch Wissen über die Sprache selbst verfügbar: *Metalinguistisches Wissen* umfasst das Verständnis von Eigenschaften und Funktionen von Sprache sowie das reflexive Verstehen von Sprache als Sprache. Zu unterscheiden ist das Wissen über die lautsprachlichen Einheiten der Sprache (phonologische Bewusstheit) und das Wissen über linguistische Besonderheiten (Begriffe und Grammatik) sowie pragmatische Besonderheiten wie z. B. das Erkennen von Widersprüchen in größeren sprachlichen Einheiten (Jahn, 2007).

Literaturhinweis

Szagun, G. (2010). *Sprachentwicklung beim Kind.* (3., aktual. Aufl.). Weinheim: Beltz.

3.5.3 Entwicklung des Sprechens

Die hirnorganischen Mechanismen, die den Spracherwerb ermöglichen, sind nach wie vor unbekannt (Bear, Connors & Paradiso, 2009). Belegt ist lediglich, dass sich die sprachrelevanten Areale erst um das zweite Lebensjahr herum ausdifferenzieren. Der Prozess des Spracherwerbs ist vorwiegend als ein Phänomenbereich der biologischen Entwicklung zu verstehen. Er geschieht nach einem vorgegebenen Plan, der für alle Kinder und in jeder Sprachgemeinschaft derselbe ist (Siegmüller, 2007). Gleichzeitig wird der Spracherwerbsprozess ohne die Verfügbarkeit einer sprachlichen Umwelt unmöglich: Für den Erwerb von Sprache ist es notwendig, dass Sprache demonstriert wird. Das Ausmaß und die Art, in der die Umwelt „Sprache" bereitstellt, bedingt die Variation des ungestörten Erwerbs: Wachsen Kinder in einer sprachlich armen Umwelt auf, erwerben sie in der Regel nur einen eingeschränkten Wortschatz und beherrschen die Grammatik nur rudimentär. Können Kinder die bereitgestellte Sprache nur unzureichend wahrnehmen, weil z. B. eine Hörstörung oder gar Gehörlosigkeit vorliegt, ist auch der Spracherwerb massiv behindert bzw. findet gar nicht statt (Zwirner, 2005). Gehörlos geborene Kinder bleiben also generell stumm. Auch wenn der Hörverlust erst bis zum Alter von sieben Jahren eintritt, verliert sich die bis dahin erworbene Sprachkompetenz wieder (Boenninghaus & Lenarz, 2007). Der Spracherwerb steht zudem im Zusammenhang mit den allgemeinen kognitiven Fähigkeiten (Gedächtnis, Informationsverarbeitungsgeschwindigkeit, Abstraktionsfähigkeit); trotzdem können spezifische Störungsbilder von der allgemeinen Intelligenz unabhängig sein (vgl. Siegler, DeLoache & Eisenberg, 2008).

Der Erwerb der Sprache stellt für das Kind einen eigenständigen Phänomen- und Problembereich dar. Er geschieht schrittweise, und der Erwerb jeder einzelnen der oben benannten Komponenten stellt eine neue Herausforderung für das Kind dar. Für den Spracherwerb besteht eine besondere Disposition im Alter von null bis etwa zehn Jahren (Birbaumer & Schmidt, 2006b). Kinder, die in diesem Zeitraum das Sprechen nicht lernen, weil sie in einer nichtsprachlichen Umgebung aufwachsen, werden das Sprechen nicht mehr erlernen (siehe die Schicksale der „Wolfskinder", Lane, 1976; Curtiss, 1977; 1989).

Die *Entwicklung der prosodischen Kompetenz* beginnt bereits im Mutterleib (vgl. Kap. 2.1.1). Ab etwa der 24. Schwangerschaftswoche kann der Fetus die menschliche Sprache von anderen Umgebungsgeräuschen unterscheiden und gewöhnt sich an prosodische Besonderheiten. So stellten DeCasper und Fifer (1980) akustische Präferenzen bereits bei Neugeborenen fest. Sie bevorzugten die Stimme der Mutter vor der einer anderen Frau, insbesondere wenn sie so

3.5 Entwicklung der Sprachfähigkeit

verändert wurde, wie sie im Mutterleib geklungen hatte. Beim Spracherwerb orientiert sich das Kind schon sehr früh an den prosodischen Besonderheiten der Muttersprache. Wie Mampe et al. (2009) an 60 deutschen und französischen Neugeborenen nachwiesen, lehnt sich bereits das Schreien von Neugeborenen an die Prosodie der Muttersprache an. Auch das Lallen im ersten Lebensjahr weist eine Orientierung an der muttersprachlichen Prosodie auf (Weinert, 2006a).

Die *Entwicklung der linguistischen Kompetenz* umfasst die Aneignung der Phoneme und Morpheme, der Syntax und dem Aufbau von lexikalischem und semantischem Wissen. Linguistische Kompetenz macht den Hauptteil dessen aus, was im Rahmen der Aneignung von Sprache bei Kindern zu beobachten ist. Die Aneignung der Phoneme beginnt bereits im Säuglingsalter: Mit zunehmender Ausreifung des Stimmapparates werden sie erst über Gurren und Lachen, später über Lallen und Brabbeln eingeübt. Im Alter von etwa 14 Monaten werden die Phoneme zu ersten Wörtern verbunden. Auch taubgeborene Kinder durchlaufen das Gurr- und Lallstadium. Sie zeigen jedoch nicht das im Lallstadium typische „kanonische Lallen", das durch eine Verdoppelung einzelner Silben entsteht (z. B. „dada, gaga"; Petermann, Niebank & Scheithauer, 2004).

Ab etwa dem zweiten Lebensjahr, wenn die sprachverarbeitenden Hirnregionen zunehmend ausreifen, steht die Aneignung von Morphemen und der Aufbau von lexikalischem Wissen im Vordergrund: Kinder üben sich im Benennen und Kategorisieren und fragen extensiv nach den Bezeichnungen von Objekten (sog. „erstes Fragealter", vorwiegend Was- und Wo-Fragen). Mit etwa 18 Monaten wird typischerweise die 50 Wörter-Marke überschritten, jedoch werden die Wörter noch nicht zu Sätzen verbunden. Zu unterscheiden sind *passiver und aktiver Wortschatz*: Die Kinder können in diesem Alter bereits sehr viel mehr verstehen (ca. 200 Wörter), als sie selbst produzieren (30–50 Worte). Beim Worterwerb experimentieren die Kinder zudem mit der Sprache: Häufig sind Wortabwandlungen („Dadade" für „Schokolade"), die Überdehnung von Wortbedeutungen (z. B. kann „wauwau" als Bezeichnung für alle behaarten vierbeinigen Tiere dienen) und Wortneubildungen zu beobachten. Wortneubildungen entstehen u. a. aus Übergeneralisierungen grammatischer Regularien, z. B. wenn die Unregelmäßigkeit mancher Wortformen nicht beachtet wird („als ich größer werdete ... wurdete, trug ich keine Windeln mehr"; vgl. Siegler, DeLoache & Eisenberg, 2008). Das lexikalische Wissen nimmt ab dem dritten Lebensjahr sehr schnell zu. Mit etwa 24 Monaten beherrschen die Kinder aktiv etwa 200 Wörter. Mit etwa fünf Jahren kann das lexikalische (rezeptive) Wissen bis zu 8 000 Wörter umfassen, mit 14 Jahren bereits bis zu 14 000 Wörter. Im Jugendalter kommt es noch einmal zu einer deutlichen Zunahme des verfügbaren Grundwortschatzes: Mit etwa 16 Jahren beträgt dieser im Mittel etwa 24 000 Wörter (Weinert & Grimm, 2008).

Das *syntaktische Wissen* bauen die Kinder parallel auf. Schon die ersten Äußerungen, die zunächst nur aus einem, dann zwei und drei zusammenhängenden Worten bestehen, sind in die grammatikalischen Strukturen eingebunden. Beim Aufbau semantischen Wissens ist im Vorschulalter typischerweise zu beobachten, dass die Kinder bei der Satzproduktionen zunächst bestimmte Wortteile (Artikel, Hilfsverben, Konjunktionen) auslassen („telegrafische Sprache"). Mit ca. vier Jahren beherrschen sie jedoch die hauptsächlichen Satzkonstruktionen, und mit etwa fünf Jahren sind Aussprache und Gebrauch der Wörter in der Regel durchgängig korrekt. Unregelmäßigkeiten in der Sprache (z. B. Vergangenheitsformen der Verben und abweichende Pluralformen) bleiben jedoch bis in das Grundschulalter hinein häufige Fehlerquellen. Auch gelingt es erst mit zunehmender Beherrschung der Grammatik, linguistischen Hinweisen zur Extraktion des impliziten Bedeutungsgehaltes (z. B. Futur, Konjunktiv, Mehrdeutigkeit) zu interpretieren und gezielt zu verwenden (Weinert, 2006b).

Auch die *Entwicklung der pragmatischen Kompetenz* beginnt bereits im Säuglingsalter; sie wird via Kommunikation mittels Gesten eingeübt. Typischerweise sind die ab etwa dem 14. Lebensmonat produzierten ersten Worte solche, die der sozialen Verständigung dienen („winke-winke", „Auto"). Mit diesem einen Wort drücken sie u. U. einen ganzen Gedanken aus (Einwortsatz): Auto kann z. B. bedeuten „Ich höre das Auto, der Papa kommt von der Arbeit nach Hause". Im zweiten Lebensjahr ist eine Kommunikation schon über die Beantwortung einfacher Fragen möglich. Eine soziale Qualität weist die Sprache ab dem Alter von etwa drei Jahren auf, sie wird insbesondere im gemeinsamen Spiel der Kinder eingeübt. Als alterstypische Stilmerkmale sind in diesen frühen Sprachstadien zudem eine starke Selbstbezogenheit sowie ein Mangel an Abstraktion und Präzision zu beobachten (vgl. oben Kap. 3.4.4). Mit zunehmendem Alter beziehen sich die Gesprächbeiträge von Kindern dann immer präziser auf das Gesagte des Gesprächspartners (Siegler, DeLoache & Eisenberg, 2008). Im Jugendalter ist zusätzlich die Verwendung einer jugendspezifischen Sprache zu beobachten, die besondere Ausdrücke und Wendungen enthält, welche die Jugendlichen nur im Umgang miteinander benutzen (Nippold, 2004).

Metalinguistische Kompetenz entwickelt sich zweigeteilt: Phonologische Bewusstheit, d. h. die Fähigkeit, Lautstrukturen analytisch zu erfassen, entsteht parallel zum Erwerb der ersten Sprachübungen bereits während der Neugeborenenperiode, wird aber bis weit in die Grundschulzeit weiter vervollkommnet (Penner, 2000). Etwa ab dem Grundschulalter ist auch eine Reflexion über das eigene Sprechen zu beobachten, die Kinder korrigieren ihre Sprache selbstständig. Ein vollautomatisiertes und mit hoher Geschwindigkeit ablaufendes Sprechen und Sprachverstehen sowie die Fähigkeit zur Erklärung von Sprachregularitäten wird erst im Alter von neun bis zehn Jahren erreicht (Michaelis, 2004b). **Tabelle 3.3** fasst die Meilensteine der Sprachentwicklung noch einmal zusammen.

3.5 Entwicklung der Sprachfähigkeit

Tab. 3.3: Meilensteine der Sprachentwicklung (nach Penner, 2000, und Weinert, 2006a)

Entwicklungsphase	Typisches Alter
Schreiperiode	bis ca. 7. Woche
Erste Lallperiode	ca. 6. Woche bis 6. Monat
Zweite Lallperiode (kanonisches Lallen)	ca. 6. Monat bis 9. Monat
Nachahmung und erstes Sprachverständnis	ca. 8.–9. Monat
Zuordnung von lautlicher Äußerung, Geste und Situation	ca. 9.–10. Monat
Beginn intentionaler Sprachäußerungen	ca. 9.–12. Monat
Entstehung präzisierter Wortbedeutungen (Symbolfunktion der Sprache)	ca. 13.–15. Monat
Einwortsätze	ca. 12.–18. Monat
Erstes Fragealter mit Zweiwortsätzen und ungeformten Mehrwortsätzen	ca. 18.–24. Monat
Agrammatische Aussagesätze	ca. Ende des 2. Lebensjahres
Geformte Mehrwortsätze (Übernahme erster grammatikalischer Beziehungsmittel)	ca. 3. Lebensjahr
Zweites Fragealter mit der Fortsetzung des Erwerbs des Wortschatzes und der grammatikalischen Formen	ca. 4. Lebensjahr
Reflexion über das eigene Sprechen	Grundschulalter
Erklärung von Sprachregularitäten	Späte Kindheit
Jugendspezifische Sprache	Jugendalter

Literaturhinweis

Andresen, H. (2005). *Vom Sprechen zum Schreiben. Sprachentwicklung zwischen dem vierten und siebten Lebensjahr*. Stuttgart: Klett-Cotta.

3.5.4 Störungen der Sprachentwicklung

Nach Kiese-Himmel (2008, S. 699) gehören Sprach- und Kommunikationsstörungen zu den häufigsten Entwicklungsauffälligkeiten im Alter zwischen drei und 16 Jahren. Sie gehen sehr oft auf Hörstörungen zurück. Neben angeborenen und erworbenen permanenten peripheren (durch Erkrankungen von Außen- und Mittelohr verursachten) wie zentralen (durch Erkrankungen des Innenohrs oder der Leitungsbahnen verursachten) Hörstörungen können auch temporäre Hörstörungen dafür ursächlich sein, die z. B. in der Folge häufig rezidivierender Entzündungen des Mittelohres auftreten (vgl. oben Kap. 3.2.3).

Wenn Kinder mit 24 Monaten die 50-Wörter-Marke in ihrer „Vokalisationsrate" noch nicht erreicht haben, obwohl sonst keine Entwicklungsdefizite erkennbar sind, spricht man von einer *verzögerten* Sprachentwicklung („late talkers"). Nach Kiese-Himmel (2008) sind etwa 15–17 % aller Kinder eines Geburtsjahrgangs als Late Talkers einzuordnen. Eine sprachliche Entwicklungsverzögerung ist bei Jungen häufiger als bei Mädchen anzutreffen. Eine solche verzögerte Sprachentwicklung gilt bereits als Risiko für die Gesamtentwicklung des Kindes (Siegmüller, 2007). Es existieren verschiedene Längsschnittstudien, die belegen, dass etwa 30 % der Late Talker eine dauerhafte spezifische Sprachentwicklungsstörung ausbilden (vgl. von Suchodoletz, 2010), die mit gravierenden Folgen für die kognitive, schulische (vgl. Kap. 3.4.6) und sozio-emotionale Entwicklung (vgl. Kap. 4.3) verbunden ist (für einen Überblick siehe z. B. von Suchodoletz, 2010; Grimm, 2003). Eine verzögerte Sprachentwicklung sollte deshalb unbedingt differenziert beobachtet und frühzeitig therapeutisch unterstützt werden (Sachse, 2005).

Von Suchodoletz (2008, S. 224) benennt folgende Kernsymptome von Sprachentwicklungsstörungen in verschiedenen Altersstufen:

- 1. Lebensjahr – verspätetes und vermindertes Lallen
- 2. Lebensjahr – verminderter Wortschatz
- 3. Lebensjahr – verminderte Äußerungslänge
- 4.–6. Lebensjahr – syntaktische und morphologische Fehler
- Nach dem 6. Lebensjahr – kurze einfache Sätze; Probleme beim Erzählen oder Aufschreiben von Geschichten.

Einen Sonderfall einer verzögerten Sprachentwicklung stellen *phonologische Störungen* dar. Sie sind als „Störungen unbekannter Ursache definiert, welche die linguistische Organisation von Lauten betreffen und durch den Gebrauch abweichender Lautmuster gekennzeichnet sind" (Jahn, 2007, S. 30). Diese Kinder haben Schwierigkeiten, Laute bzw. Silben innerhalb von Wörtern zu analysieren, sie können Gemeinsamkeiten zwischen Wörtern nur schwer erkennen und bereits bekannte Lautmuster nur begrenzt auf neue Wörter übertragen. Kinder mit phonologischen Beeinträchtigungen fallen durch ein reduziertes Sprachverständnis und die Produktion phonetischer Fehlbildungen auf. Später treten Schwierigkeiten beim Schriftspracherwerb hinzu (Jahn, 2007). Die Ausbildung phonologischer Bewusstheit kann im Vor- und Grundschulalter durch Lauschspiele, Reimbildungen, Kinderlieder und Wortspiele unterstützt werden (Küspert & Schneider, 2009; Marx, Weber & Schneider, 2005).

Ein weiterer Sonderfall einer gestörten Sprachentwicklung ist das *Stottern*. Hierunter wird eine Störung des Redeflusses verstanden, die mit einer Störung der Koordination der Sprechmuskulatur verbunden ist. Dies äußert sich in Hemmungen und Unterbrechungen des Sprechablaufs (häufige und lange Pausen im Satz, Wiederholungen von Anlauten oder Buchstaben, z. B. „Ta-Ta-Tante", „Mmmmmutter"). Als Begleitsymptome können sich mimische, grimassierende oder grobmotorische Mitbewegungen einstellen und die Aussprachschwierigkeiten können von inneren Spannungszuständen begleitet sein (Nußbeck, 2007). Typischerweise beginnt die Störung im dritten oder vierten Lebensjahr oder bei der Einschulung. Sie weist eine hohe spontane

Remissionsrate bis zur Pubertät auf. Bleiben die Symptome jedoch bis über die Pubertät hinaus bestehen, ist eine Remission unwahrscheinlich, ebenso unwahrscheinlich ist ein erstmaliges Auftreten der Schwierigkeiten nach dem zwölften Lebensjahr (Nußbeck, 2007). Die Ursache der Symptomatik ist unbekannt, eine familiäre Häufung wird beobachtet, jedoch steht sie vorwiegend im Zusammenhang mit seelischen und interpersonalen Faktoren. Stottern wird psychotherapeutisch und logopädisch behandelt, Behandlungselemente sind Atemschulung, Sprechübungen zur Förderung langsamen und rhythmischen Sprechens, Verhaltenstherapie und Entspannungsübungen (Boenninghaus & Lenarz, 2007; für einen Überblick siehe auch Natke, 2005).

Literaturhinweis

Grimm, H. (2003). *Störungen der Sprachentwicklung.* Göttingen: Hogrefe.

3.5.5 Mehrsprachigkeit

Wie oben (Kap. 3.5.3) erwähnt, setzt die Sprachentwicklung bereits im Mutterleib ein. Neugeborene sind zudem in der Lage, die Muttersprache von einer anderen Sprache zu unterscheiden. Als hauptsächliches Erkennungsmerkmal dient die Prosodie der jeweiligen Sprache (Nußbeck, 2007). Allerdings sind Neugeborene hinsichtlich ihrer eigenen Sprachentwicklung zunächst nicht auf die Sprache der Mutter festgelegt: Sie können nicht nur Laute der Muttersprache, sondern auch die aller anderen Sprachen gut diskriminieren. Sie sind damit als „Sprachgeneralisten" auf den Erwerb jeder beliebigen Sprache gut vorbereitet (Nußbeck, 2007, S. 18). Eine Einengung auf Laute der Muttersprache entwickelt sich erst im Alter von etwa zehn Monaten (Weinert, 2006a).

Der Erwerb *einer* Erstsprache, der sog. Muttersprache, ist der Regelfall im Rahmen des Spracherwerbs. Jedoch sind Kinder auch in der Lage, mehr als eine Sprache zu erlernen. Dies kann gleichzeitig oder nacheinander geschehen. Wird die Zweitsprache parallel in den ersten beiden Lebensjahren regelmäßig geboten und dadurch erlernt, entwickelt sich in der Regel ein „Bilingualismus", d. h. „zwei sprachliche Kenntnissysteme werden in einem Ausmaß beherrscht, das es gestattet, mit monolingualen Sprechern der einen oder anderen Sprache in einem monolingualen Modus zu kommunizieren" (Tracy & Gawlitzek-Maiwald, 2000, S. 497). Der Erwerb einer sog. „Fremdsprache" ist hingegen dadurch definiert, dass die zweite Sprache zu einem Zeitpunkt erworben wird, zu dem die Erstsprache bereits in zentralen Aspekten beherrscht wird (Klein, 2000, S. 541). Zumeist geschieht dies im Rahmen einer Migration, und bei der zu erlernenden Zweitsprache handelt es sich um die Mehrheitssprache der außerfamiliären Lebensumwelt. Im Zuge des Zweitsprachenerwerbs kann es sein, dass die Mehrheitssprache auf Kosten der Muttersprache erworben wird, die Sprachfähigkeiten dort stagnieren (substraktiver Zweitsprachenerwerb). Es kann aber auch sein, dass sich die Sprachkompetenz in der Muttersprache erhält und auch weiterentwickelt, während die weitere Sprache erworben wird (additiver Zweitsprachenerwerb). Es ist bisher nicht geklärt, welche Faktoren (z. B. Merkmale des Kindes, Merkmale des Sprachverhaltens in der Herkunftsfamilie, Erziehungsstil, Merkmale der weiteren sozialen Umwelt des Kindes) in welchem Ausmaß und/oder Kombination den einen oder anderen Verlauf bedingen (Klein, 2000). Generell gilt, dass der Endzustand beim nachgeordneten Zweitsprachenerwerb nur in Ausnahmefällen muttersprachliches Niveau aufweist (Weinert, 2006a).

Angesichts eines zusammenwachsenden Europas und der zunehmenden Globalisierung, eröffnen gute Fremdsprachenkenntnisse eine Reihe zusätzlicher Berufs- und Lebenschancen. Dennoch sind Eltern, die in bikulturellen Partnerschaften leben, häufig unsicher, ob sie mit ihrem Kind zweisprachig kommunizieren sollen. Sie befürchten, dass es zur Vermischung der Sprachsysteme im Erwerbsverlauf kommt und letztlich keine Sprache richtig beherrscht wird. Oder aber sie haben Sorge, dass die „Doppelbelastung" zu sprachlichen Entwicklungsverzögerungen führt und die Sprachkompetenz in der Mehrheitssprache letztlich erst nach Schuleintritt erworben wird, so dass die Kinder dadurch benachteiligt sind. Wissenschaftliche Untersuchungen erbrachten jedoch keine empirischen Belege für eine erhöhte Anzahl gestörter oder verzögerter Entwicklungsverläufe bei bilingualer Erstsprachunterricht (siehe zusammenfassend Tracy & Gawlitzek-Maiwald, 2000). Die häufig zu beobachtenden „Sprachmischungen" bilingual aufgezogener Kinder kommen wohl vielmehr dadurch zustande, dass die Kinder nicht zunächst ein einheitliches Lexikon und ein gemeinsames grammatisches System erwerben, über das Mischformen gebildet werden, sondern die einzelsprachlichen grammatischen Regularien separat lernen und frühzeitig „lexikalische Doubletten" anlegen. Ist ein Begriff erst in einer Sprache verfügbar, füllen sie die Wissenslücke kreativ durch die verfügbare Begrifflichkeit der anderen Sprache aus (Weinert, 2006a). Die Gefahr, dass im Entwicklungsergebnis keine der beiden Sprachen korrekt beherrscht wird, besteht vor allem dann, wenn weder hinsichtlich der Muttersprache noch der Mehrheitssprache eine hinreichende Förderung erfolgt (Lohaus, Vierhaus & Maas, 2010).

In einer vielzitierten Untersuchung wiesen Johnson und Newport (1989) nach, dass sich eine frühe Unterrichtung in einer Zweitsprache empfiehlt: Sie stellten bei 46 muttersprachlich chinesischen oder koreanischen Erwachsenen, die Englisch als Zweitsprache erworben hatten, den Sprachstand fest. Alle Probandinnen und Probanden lebten seit mindestens drei Jahren in den in USA, im Durchschnitt 9,9 Jahre. Das Alter zu Beginn des Zweitsprachenerwerbs variierte zwischen drei und 39 Jahren. Johnson und Newport fanden eine sehr bedeutsame negative Korrelation (-.77) von Alter und Leistungsstand, d. h. je älter die Probandinnen und Probanden waren, als sie mit dem Erwerb der Zweitsprache begannen, desto schlechter war der in der Untersuchung festgestellte Leistungsstand. Dieser Befund erhielt sich auch bei statistischer Kontrolle der Dauer des Aufenthaltes.

Eine neuere Studie stammt von Neville und Bavelier (1999), die mit Hilfe von bildgebenden Verfahren nachwiesen, dass bei zweisprachigen erwachsenen Personen bei der Bearbeitung von grammatikalischen Aufgaben in der Zweitsprache nicht nur vorwiegend diejenigen linkshemisphärischen Hirnregionen aktiv sind, die auch bei der Verarbeitung von Grammatik in der Muttersprache dominieren, sondern zusätzlich rechtshemisphärische Bereiche, und zwar in je größerem Umfang, je älter die Probandinnen und Probanden beim Zweitsprachenerwerb waren. Die zusätzliche rechtshemisphärische Verarbeitung zeigt, dass die Zweitsprache umso „mühsamer" verarbeitet und dadurch auch fehleranfälliger produziert wird, je später sie erlernt wurde.

Die tatsächlich erreichte sprachliche Expertise in einer Zweitsprache lässt sich jedoch auch bei einem frühen Beginn der Unterrichtung nicht genau vorhersagen. Insbesondere konnte das Vorhandensein einer biologisch begründeten sensiblen Phase für einen Zweitsprachenerwerb empirisch nicht bestätigt werden (Tracy & Gawlitzek-Maiwald, 2000). Die erreichte Expertise variiert vielmehr stark mit Merkmalen des Sprachverarbeiters (Begabung), dem Zugang zur Sprache (Verfügbarkeit von sprachlichen Vorbildern) und dem Antrieb zum Sprachlernen (Weinert, 2006a). Die spezifische Konstellation dieser Aspekte erklärt das individuelle Tempo des Spracherwerbs und Niveau des Endzustands.

Literaturhinweis

Dawiec, J. (2008). *Mehrsprachigkeit im Vorschulalter*. Saarbrücken: VDM.

3.5.6 Sprache und der Erwerb von Kulturtechniken

Auch wenn es bisher keine einheitliche Theorie gibt, wie Sprache erworben wird, lassen sich doch einige allgemein akzeptierte Universalien festhalten.

Zum einen ist offensichtlich, dass das Kind für den Spracherwerbsprozess in irgendeiner Weise vorbereitet ist. Sonst könnte der Spracherwerb nicht in dieser Weise gelingen und würden vor allem nicht auch gehörlose Kinder in derselben Weise erste Ansätze von Spracherwerbsbemühungen zeigen (Boenninghaus & Lenartz, 2007). Zum anderen ist ebenso offensichtlich, dass der sozialen bzw. sprachlichen Umwelt eine tragende Rolle im Rahmen der Sprachaneignung zukommt. So berichten Weinert und Lockl (2008), dass auch bei typisch entwickelten Kindern in zahlreichen Studien bedeutsame Zusammenhänge zwischen Merkmalen des Sprachangebotes, der sprachlichen Interaktion und der Sprachfähigkeit der Kinder bzw. diesbezüglichen interindividuellen Unterschieden nachgewiesen wurden. Es zeigt sich durchgängig, dass der Sprachstand des Kindes umso besser ist, je reichhaltiger die sprachliche Umwelt und je dialogischer der Umgang zwischen Eltern und Kindern ist. Trainingsstudien weisen zudem nach, dass diese Effekte auch bei relativ kurzzeitigen Interventionen (mehrere Wochen) nachzuweisen sind. Eine besondere Bedeutung kommt dem „dialogischen Lesen" zu: Beim Vorlesen werden zwischendurch offene Fragen gestellt, welche die Kinder anregen, das Gehörte zu reflektieren und wiederzugeben. Sprachlehrstrategien (Wiederholen, Ausweiten und Transformieren der Sprachbeiträge des Kindes) unterstützen den Lerneffekt zusätzlich (siehe zusammenfassend Weinert & Lockl, 2008).

Weiterhin ist mittlerweile unbestritten, dass die phonologische Bewusstheit eine wichtige Rolle im Spracherwerbsprozess spielt und vor allem auch eine wesentliche Voraussetzung für den Schriftsprachenerwerb darstellt. Marx, Weber und Schneider (2005) fassen zusammen, dass die im Vorschulalter gezeigte Fähigkeit, Reime zu erkennen und Wortsilben sowie Anlaute zu identifizieren, eine Vorhersage späterer Leistungen im Lesen und Rechtschreiben zulässt. Eine entsprechende vorschulische Förderung erhöhe somit auch die Startchancen für den Schriftspracherwerb. Andererseits ist eine fehlerhafte Rechtschreibung u. U. durch ein Training der phonologischen Bewusstheit deutlich zu verbessern (vgl. Jahn, 2007). Solche Effekte sind durchaus auch noch im Jugendalter zu erreichen (vgl. unten Kap. 3.7.1).

Im schulischen Kontext ist die Beherrschung der Unterrichtssprache eine notwendige Voraussetzung für das Lernen. Bei Kindern mit Migrationshintergrund ist dies jedoch oft nicht in ausreichendem Maße gegeben. Sie zeigen Einschränkungen beim Sprechen und in der Folge auch Einschränkungen bei der Entwicklung von Lesekompetenz. Eine gezielte Sprachförderung von Kindern und Jugendlichen mit Migrationshintergrund ist mittlerweile in allen Bundesländern in den Schulgesetzen verankert und es werden Konzepte, Maßnahmen und Informationen zur Sprachförderung bereitgestellt. Die zur Verfügung stehenden, nach mehr oder weniger wissenschaftlichen Standards entwickelten Trainigsprogramme sind so zahlreich, dass eine Auswahl schwerfällt. So zählen Jampert et al. (2007) insgesamt 29 Ansätze für den Elementarbereich – die Zahl dürfte sich mittlerweile noch deutlich erhöht haben. Weinert und Lockl (2008) halten jedoch fest, dass über die Erfolgsquoten dieser Verfahren keine gesicherten Erkenntnisse vorliegen. Dies ist deshalb nicht weiter verwunderlich, da wie oben bereits angemerkt, Mechanismen des Erst- wie Zweitspracherwerbs nicht bekannt sind. Es existieren verschiedene, zum Teil gegensätzliche Hypothesen über den Spracherwerbsmechanismus. Die einzelnen Trainingsverfahren legen nun einen – irgendeinen – bestimmten Ansatz zugrunde und orientieren sich in der Ausarbeitung der Trainingsbausteine an den jeweils gemachten Annahmen. Welches Verfahren bei welchem Kind nun gerade erfolgreich sein wird, kann im Vorfeld nicht vorausgesagt werden. Es empfiehlt sich deshalb, im Rahmen einer schulischen Sprachförderung verschiedene Verfahren, die auf unterschiedliche Ansätze rekurrieren, bereitzuhalten, den Kindern anzubieten und das individuell erfolgreichste beizubehalten.

Eine weitere für den schulischen Kontext relevante Frage ist die nach dem Beginn der Unterrichtung in einer Zweitsprache. Obwohl die Kultusministerien die Notwendigkeit einer frühen Heranführung an die Zweit- und Drittsprachen durchaus bereits in den 1980er Jahren empfohlen haben, wurde in der Grundschulerziehung vielfach von der Unterrichtung einer Zweitsprache mit dem Hinweis abgesehen, dass die Kinder so langsam lernen, dass das zu erreichende Niveau in keinem Verhältnis zum Aufwand steht und anderen wichtigen Lernfeldern die dringend benötigten zeitlichen Ressourcen nimmt (Elsner & Kessler, 2009). Auch bei Elternverbänden wird das Thema „Englischunterricht in der Grundschule" überwiegend kritisch gesehen. Eine in diesem Zusammenhang vielzitierte, an der Katholischen Universität Eichstätt durchgeführte Studie unterstützt diese Argumentation: Zwischen Oktober 2007 und Oktober 2008 wurden 67 Lehrkräfte aus bayerischen Realschulen und Gymnasien u. a. nach der Nachhaltigkeit des Englischunterrichts der Grundschule befragt. Etwa 95 Prozent der Befragten sagten aus, es sei am Ende der 5. Klasse nicht mehr zu bemerken, ob den Kindern in der Grundschule Englischunterricht erteilt worden sei oder nicht (Böttger, 2009). Evaluationen von Schulversuchen kommen jedoch zu anderen Ergebnissen (vgl. zusammenfassend Beckmann, 2006). Kinder lernen zwar durchaus deutlich langsamer als Jugendliche und Erwachsene, jedoch weist der später erreichte Endzustand in der Regel eine höhere Expertise auf, insbesondere im Hinblick auf das phonologische und grammatikalische Leistungsniveau (Weinert & Lockl, 2008). Die anderslautende Befundlage in den zitierten Studien ist mit großen Qualitätsunterschieden in der Grundschulunterrichtung zu erklären (Elsner & Kessler, 2009).

Je früher die Kinder an eine Zweitsprache herangeführt werden, desto günstiger wirkt sich dies also auf den letztlich erreichten Sprachstand aus. Allerdings merken Weinert und Lockl (2008) an, dass auch hier die These einer biologisch begründeten „kritischen Phase" empirisch nicht zu belegen ist.

Seit dem Schuljahr 2004/2005 ist die Zweitsprachenunterrichtung in der Grundschule in allen 16 Bundesländern verbindlich. Diese sollte aber auf die Besonderheiten kindlichen Lernens abgestimmt werden und grundschulspezifischen fachdidaktischen Prinzipien folgen (Roos, 2006).

Literaturhinweis

Pienemann, M., Kessler, J.-U. & Roos, E. (Hrsg.). (2006). *Englischerwerb in der Grundschule*. Paderborn: Schöningh.

3.6 Intelligenz

3.6.1 Intelligenzkonzeptionen

Der Begriff „Intelligenz" findet in Wissenschaft wie Alltag eine breite Verwendung. Dennoch existiert keine allgemein anerkannte Definition, und auch die Ergebnisse der empirischen Intelligenzforschung sind wenig bekannt (Rost, 2009). Die Schwierigkeit, den Begriff verbindlich zu definieren, ist nicht zuletzt darauf zurückzuführen, dass „Intelligenz" nicht direkt beobachtbar ist, sondern nur aus dem Verhalten erschlossen werden kann (Preckel & Brüll, 2008). Er ist damit als ein hypothetisches Konstrukt zu verstehen, zu dessen Bestimmung eine Vielzahl von Definitionen und Konzepten existiert. Eine Möglichkeit, sich dem Begriff zu nähern, liegt in der Nachzeichnung seiner etymologischen Wurzeln. Der Begriff „Intelligenz" geht auf das lateinische Partizip Präsens des Verbs „intellegere" (= intellegens) zurück, das „verstehen, wahrnehmen, erkennen" bedeutet (Kluge, 2002).

Wie in den vorangegangenen Kapiteln dargestellt wurde, beruht „Erkennen" und „Verstehen" auf den Prozessen der Wahrnehmung und damit auch denen der Aufmerksamkeit und der Funktionen des Gedächtnisses. Zudem sind Erkennen und Verstehen eng verbunden mit der Sprachfähigkeit. „Intelligenz" kann so gesehen bestimmt werden als ein Abstraktum, das sich aus der Integration all dieser Teilfähigkeiten ergibt. In Anlehnung an die Definition von Stern „Intelligenz ist die allgemeine Fähigkeit eines Individuums, sein Denken bewusst auf neue Forderungen einzustellen, sie ist die allgemeine geistige Anpassungsfähigkeit an neue Aufgaben und Bedingungen des Lebens" (Stern, 1912, S. 2), ermöglichen intellektuelle Funktionen dem Menschen, Probleme systematisch anzugehen, zu treffenden Verallgemeinerungen und Schlussfolgerungen zu gelangen und viele Details kurz- wie langfristig behalten zu können.

Um eine Aussage über das Niveau der Verfügbarkeit intellektueller Funktionen eines Individuums (seiner „Intelligenz") machen zu können, muss es in seiner quantitativen Ausprägung erfasst werden. Grundlegende Annahme einer psychometrischen Modellierung von Intelligenz (Intelligenztestung) ist, dass die Intelligenzstruktur aufgedeckt werden kann durch die Analyse der Zusammenhänge von Testwerten intellektueller Fähigkeiten. Boring stellte jedoch bereits 1923 fest, dass Intelligenz immer nur durch das bestimmt ist, was der jeweilige Intelligenztest misst: Die Logik von *Intelligenztestverfahren* besteht darin, die Ausprägung intellektueller Funktionen (Probleme lösen zu können, zu Verallgemeinerungen und Schlussfolgerungen zu gelangen und Details kurz wie langfristig behalten zu können) im Hinblick auf ihre elementaren Bestandteile (Schnelligkeit, Präzision, Kapazität, Produktivität) zu messen. Konkrete Testaufgaben werden jedoch immer in Ableitung aus einer theoretischen Bestimmung des zugrunde liegenden Konstruktes erstellt. Und hierin liegt ein Problem: Es existiert eine Vielfalt sehr unterschiedlicher theoretischer Modellierungen, kaum zwei Testverfahren rekurrieren auf dasselbe Modell. Rost (2009) unterscheidet „traditionelle" (Intelligenz im engeren Sinn, bezogen auf die rein kognitiven Funktionen) und „alternative" Theorien der Intelligenz (z. B. soziale, multiple, emotionale, praktische Intelligenz). Um eine Grundlage für das Verständnis der Konzeption von Intelligenztestverfahren zu schaffen, werden im Folgenden die grundlegenden „traditionellen" Modelle knapp beschrieben. Eine zusammenfassende Darstellung der besprochenen Modelle ist **Abbildung 3.8a–e** zu entnehmen.

Die beiden ursprünglichen Konzeptionen stammen von Spearman (1904) und Thurstone (1938). Spearman (1904) stellte fest, dass die Leistungen bei verschiedenen akademischen Aufgaben positiv korrelierten. Er führte das auf einen allen intellektuellen Fähigkeiten zugrunde liegenden gemeinsamen Faktor, die generelle Intelligenz g, zurück und erklärte die Leistungen in einer speziellen Aufgabe durch das Zusammenwirken von g und einem Anteil intellektueller Fähigkeit s, der spezifisch für die jeweilige Aufgabe ist (Zwei-Faktoren-Theorie). Cattell (1963) differenzierte später den g-Faktor noch weiter aus durch die Unterscheidung zweier g-Komponenten: der fluiden Intelligenz (gf), welche diejenigen Anteile intellektueller Fähigkeiten umfasst, die weitgehend auf die biologische Ausstattung zurückgehen, und der kristallinen Intelligenz (gc), die kulturellen und Erziehungseinflüssen unterliegt (siehe **Abb. 3.8 a**).

3.6 Intelligenz

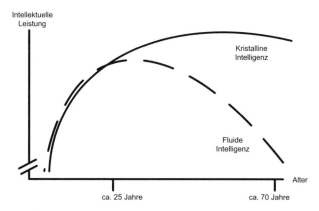

Abb. 3.8 a: Entwicklungsverlauf fluider und kristalliner Intelligenz (nach Baltes, Staudinger & Lindenberger, 1999)

Thurstone (1938) hingegen postuliert das Vorhandensein von sieben unabhängigen Fähigkeiten, den „primary mental abilities" (verbales Verständnis, Wortflüssigkeit, numerische Fähigkeiten, räumliches Vorstellungsvermögen, Gedächtnis, Bearbeitungsgeschwindigkeit und Schlussfolgern; siehe **Abb. 3.8 b**). Auch seine Ergebnisse wurden auf Grundlage von Erhebungen mit einer großen Testbatterie und ihrer Interkorrelationen gewonnen.

Primäre intellektuelle Fähigkeiten
- Verbales Verständnis
- Wortflüssigkeit
- Zahlenumgang
- Raumvorstellung
- Assoziationsgedächtnis
- Wahrnehmungsgeschwindigkeit
- Schlussfolgerndes Denken

Abb. 3.8 b: „Primary Mental Abilities" (nach Thurstone, 1934)

Diese beiden zunächst gegensätzlichen Positionen wurden von den Autoren selbst integriert durch die Verwendung einer hierarchischen Modellierung von Intelligenz: Spezifische Fähigkeiten hängen miteinander zusammen und bilden auf einer übergeordneten Ebene g. Carroll (1993) führte ebenfalls eine umfangreiche Reanalyse von ca. 450 in der Literatur verfügbaren Korrelationsmatrizen durch. Er fand eine deutliche empirische Bestätigung für das Vorhandensein eines g-Faktors und formulierte ein hierarchisches Drei-Schichten-Modell der Intelligenz („Three Stratum Theory"): In der obersten Schicht lokalisiert er den Faktor g, in der zweiten Schicht integriert er die Konzepte der kristallinen und fluiden Intelligenz sensu Cattell sowie der „primary mental abilities" sensu Thurstone und postuliert letztendlich acht primäre Fähigkeiten: Fluide Intelligenz, kristalline Intelligenz, Gedächtnis und Lernen, visuelle Wahrnehmung, auditive Wahrnehmung, Fähigkeit zum Wiedererkennen, kognitive Geschwindigkeit und Prozessgeschwindigkeit. In der dritten Schicht finden sich 68 Teil-

3 Entwicklung kognitiver Funktionen

konstrukte, die sämtlichen in der Forschungsgeschichte explizierten speziellen Fähigkeitskonstrukten entsprechen (siehe **Abb. 3.8 c**).

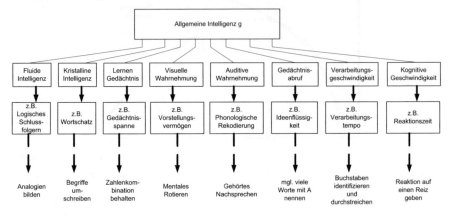

Abb. 3.8 c: Carrolls Drei-Schichten-Modell der Intelligenz (nach Carroll, 1993)

Guilford (1967) entwickelte auf der Basis einer deskriptiven Analyse von Intelligenztestaufgaben ein nicht-hierarchisches Modell. Er stellt eine dreidimensionale Taxonomie auf, in der jede Testaufgabe hinsichtlich der zum Lösen benötigten Operationen, der in der Aufgabe verwendeten Inhalte und ihrer Produkte eingeordnet wird. Er unterscheidet fünf Operationen (Wissen, Gedächtnis, divergente Produktion, konvergente Produktion, Bewertung), vier Typen von Inhalten (symbolisch, figural, semantisch, behavioral) und sechs Produkte (Einheiten, Klassen, Beziehungen, Systeme, Transformationen, Implikationen; siehe **Abb. 3.8 d**). Durch Kombination ergeben sich 120 voneinander unabhängige intellektuelle Fähigkeiten, durch eine später (Guilford, 1977) eingeführte Unterscheidung der figuralen Inhalte in auditorisch und visuell erhöhte sich diese Zahl auf 150. Allerdings modifizierte auch Guilford seine Theorie später in Richtung einer hierarchischen Strukturierung.

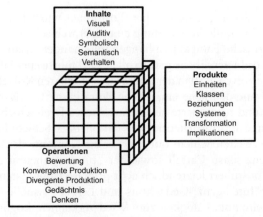

Abb. 3.8 d: Quadermodell der Intelligenz (nach Guilford, 1967)

3.6 Intelligenz

Jäger (1982) entwickelte ein integratives Modell. Er inventarisierte alle in der Literatur verfügbaren ca. 2 000 Intelligenztestaufgaben und legte eine repräsentative Auswahl einer großen Stichprobe deutscher Abiturientinnen und Abiturienten im Abstand von vier Jahren zweimal vor. Auf der Grundlage dieser Daten wurde das Berliner Intelligenz-Strukturmodell entwickelt (Jäger, Süß & Beauducel, 1997). Es ist ein bimodales und hierarchisches Modell, an dessen Spitze (oberste Ebene) die allgemeine Intelligenz g (= generelle Intelligenz) steht. Auf der Ebene theoretischer Konstrukte werden die Facetten „Operationen" und „Inhalte" unterschieden und ihnen die generellen Fähigkeiten „Bearbeitungsgeschwindigkeit", „Merkfähigkeit", „Einfallsreichtum" und „Schlussfolgern" sowie „Umgang mit numerischem, verbalem und figuralem Material" zugeordnet. Auf der Ebene des beobachtbaren Verhaltens resultieren aus der Kombination der Fähigkeits*konstrukte* zwölf Zellen mit *spezifischen* Fähigkeiten (siehe **Abb. 3.8 e**).

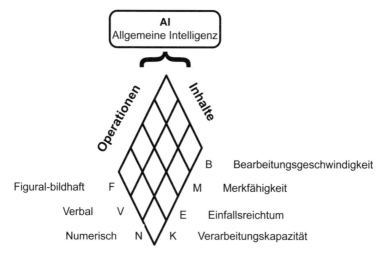

Abb. 3.8 e: Berliner Intelligenz-Strukturmodell (nach Jäger, Süß & Beauducel, 1997)

Eine Besonderheit des Modells stellt die Einbe-ziehung kreativer Fähigkeiten dar. Dem Modell liegt die Kernannahme zugrunde, dass an jeder Intelligenzleistung mit jeweils spezifischer Gewichtung immer alle intellektuellen Fähigkeiten beteiligt sind. Jede Intelligenzleistung wird damit als Indikator für die drei Fähigkeitsfelder operative, inhaltsgebundene und allgemeine Intelligenz verstanden. Das Modell ist insofern integrativ zu nennen, als es neben der in den herkömmlichen Intelligenztests erfassten Fähigkeit zum logischen Schlussfolgern auch auf die zentralen Postulate der Informationsverarbeitungstheorie und der Kreativitätsforschung zurückgreift: Arbeitsgeschwindigkeit und Kapazität des Arbeitsgedächtnisses werden ebenso wie die Fähigkeit zu kreativen Einfällen einbezogen. Darüber hinaus ist das Modell hierarchisch strukturiert im Sinne von Carroll (1993), und schließt ebenso wie Guilford die Ebene der spezifischen Fähigkeiten ein. Verschiedene Untersuchungen haben gezeigt, dass sich die meisten älteren Intelligenzstrukturmodelle als Teilstrukturen dieses Modells replizieren ließen (Holling & Kanning, 1999; Jäger, Süß & Beauducel, 1997).

Literaturhinweis

Rost, D. H. (2009). *Intelligenz. Fakten und Mythen.* Weinheim: BeltzPVU.

3.6.2 „Messung" von Intelligenz

Je nachdem welches Intelligenzmodell einem konkreten Testverfahren zugrunde liegt, werden also sehr unterschiedliche Teilfähigkeiten intellektueller Leistungen erfasst: Ein Verfahren, das auf dem Modell fluider und kristalliner Intelligenz basiert (z. B. CFT 20-R, Weiß, 2006; APM – Raven Advanced Progressive Matrices, Heller, Kratzmeier & Lengfelder, 1998) legt ohne eine zeitliche Limitierung lediglich Aufgaben zum mentalen Rotieren und Fortsetzen/Ergänzen symbolischer Figuren und Reihen vor (siehe Beispielaufgaben in **Kasten 3.1**). Über Aspekte wie Bearbeitungsgeschwindigkeit (die sich aus der Kombination von basalen Prozessen der Wahrnehmung und Aufmerksamkeit ergibt) und Merkfähigkeit (Gedächtniskapazität) können damit keine Aussagen gemacht werden. Mehrdimensionale Verfahren wie der Berliner Intelligenz-Struktur-Test (BIS-HB, Jäger et al., 2006; HAWIK®-IV, Petermann & Petermann, 2010; KFT 4-12-R, Heller & Perleth, 2000) berücksichtigen dies und legen Aufgaben unterschiedlicher Inhalte und Modalitäten vor (siehe Beispielaufgaben **Kasten 3.1**). Sie erlauben damit eine breite und differenzierte Aussage über die zentralen Aspekte intellektueller Funktionen. Jedoch muss bedacht werden, dass die Testaufgaben in diesen Verfahren zumeist streng zeitlimitiert vorgelegt werden, eine hohe motivationale Compliance (Bereitschaft zur Mitarbeit und Leistungswille) voraussetzen und sehr anstrengend sind. Die Verfahren unterscheiden sich untereinander zudem sehr deutlich in ihrer Länge und damit Dauer der Testung: Die Durchführungszeiten reichen von zwanzig Minuten (Tests mit Aufgaben zum mentalen Rotieren) bis hin zu drei und mehr Stunden (mehrdimensionale Verfahren).

3.6 Intelligenz

Kasten 3.1: Beispielaufgaben Intelligenztestverfahren (in Anlehnung an Jäger et al., 2006)

a) Beispielaufgaben zum „mentalen Rotieren" als Komponente des logischen Schlussfolgerns

Welche beiden Elemente sind gleich?

Welches Element entspricht in aufgefaltetem Zustand der Zeichnung?

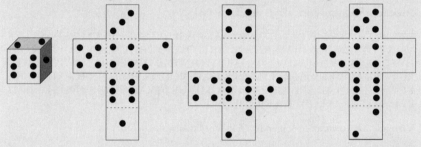

b) Beispielaufgaben zum „Reihenfortsetzen" als Komponente des logischen Schlussfolgerns

Setzte die Zahlenreihe sinnvoll fort!

1   4   3   6   9   8   16   ?

Wie muss die nächste Zeichnung aussehen?

c) Beispielaufgaben zu „Analogien finden" als Komponente des logischen Schlussfolgerns

Welche der Lösungen A bis E ist korrekt?

Töne verhält sich zu Musik......wie Worte zu ......?

A Sätze   B Sprache   C Geschichte   D Stimme   E Ausdruck

3 Entwicklung kognitiver Funktionen

Welche der Lösungen ist korrekt?

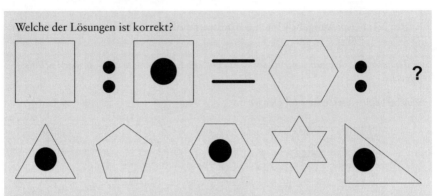

d) Beispielaufgaben zur Bearbeitungsgeschwindigkeit

Streiche schnellstmöglich alle D und L durch!

DWOFLDOAWDLAVDLAGDAWRLDAWRIJGLDVIALRVODWLUVEDIDWULT
VAIWUDTVAWUIDVOIAEURNTVDIARTLOVIAUWROVTUADDROIVADEORI
UVTDAEORILVDAEIRUVTNADERIUTOLWOIUTDWEFVPVSDFGSLGHEDI
EURTWILPIDDRUIGAERULTVDLPRWILTLWODEPLEURLOJHRGLXDKFLPIA
ERTIOEDROGJDAELJGDPAOERIGSOEURJGVAPITLPERZNDUDERTD
PVALRTLDERZAELPTBPALRILPDELRZPLD

Verbinde die aufeinanderfolgenden Zahlen schnellstmöglich mit einer Linie!

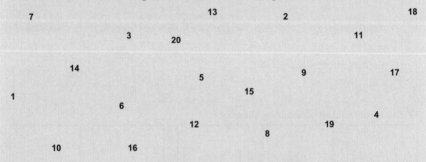

e) Bespielaufgaben zur Merkfähigkeit

Teil 1: Du hast eine Minute Zeit, um die folgenden Zahlenpaare auswendig zu lernen.

23–718   51–325   42–954   57–372   38–459

Teil 2: Wähle die jeweils zugehörige Zahl aus!

57–	642	395	372	442	519
23–	347	718	835	528	337
51–	325	247	628	359	548
38–	745	224	174	459	258
42–	139	724	935	761	954

3.6 Intelligenz

Teil 1: Präge Dir die Details der Geschichte gut ein, 1 Minute steht zur Verfügung!

Herr Müller feiert seinen 50. Geburtstag im nobelsten Hotel seiner Geburtsstadt Ottersberg. Neben seiner Frau Gertrud sind auch seine Kinder Petra und Karl mit ihren Familien angereist. Herr Müller ist als Transportunternehmer in der Stadt gut bekannt. Herr Müller freut sich, dass am Nachmittag viele Menschen gratulieren, mit denen er in seiner Jugend zusammen zur Schule gegangen ist: der Bäcker Horst Meier, der Friseurmeister Lutz Unruh, die Blumenverkäuferin Rosemarie Wedel und der Gastwirt Holger Britz.

Teil 2: Beantworte die folgenden Fragen!

Wie heißt die Straße, in der sich das Hotel befindet?

Welchen Beruf hat Herr Müller?

Wie heißen die Besucher, die Herr Müller am Nachmittag empfängt?

Welche Berufe haben die Besucher von Herrn Müller?

Welche Vornamen haben Sohn, Tochter und Ehefrau von Herrn Müller?

Ebenso wenig wie ein „Einheitstest" (Preckel & Brüll, 2008) existiert, kann eine Empfehlung für „das beste" Verfahren gegeben werden. Um das jeweils *angemessene* Verfahren auszuwählen, müssen Aspekte der Ökonomie ebenso wie die Belastbarkeit der Testperson berücksichtigt und in Relation zur gewünschten Breite der Erfassung intellektueller Leistungsfähigkeit gesetzt werden, d. h. es sollte der Test ausgewählt werden, der dem Anlass der Untersuchung am besten gerecht wird. Insbesondere aus der letztgenannten Forderung ergibt sich, dass eine Testung niemals als eine letztgültige Bestimmung intellektueller Leistungsfähigkeit verstanden werden kann. Es gibt jedoch noch weitere Aspekte, die bei der Interpretation einer Testleistung berücksichtigt werden müssen. So geschieht die Bestimmung des Intelligenzquotienten seit 1955 durch den von Wechsler entwickelten Abweichungs-IQ (Wechsler, 1955). Für diesen wird nicht mehr der Quotient aus Intelligenzalter und Lebensalter, sondern das Intelligenzniveau in Relation zum mittleren Niveau einer repräsentativen Vergleichspopulation bestimmt. Dazu ist die Erhebung einer Eichstichprobe notwendig, die für jede Altersgruppe die Anzahl der Aufgaben ermittelt, die von der Hälfte der Population richtig gelöst wird. Flynn (1999) wies nun darauf hin, dass die Anzahl der im Mittel gelösten Aufgaben eines Intelligenztests mit jedem Jahrzehnt um einen bestimmten Prozentsatz zunimmt. Dieser sogenannte „Flynn-Effekt" wurde in vielen Ländern gefunden. Das Ausmaß des Effektes ist abhängig von dem spezifischen Test und der jeweiligen Kultur. Je älter also eine Normstichprobe ist, desto höher fällt die Überschätzung des Intelligenzniveaus aus, wobei der Effekt nicht für jeden Test gleich stark auftritt. Ein weiteres Problem, das zu einer Über- oder Unterschätzung des tatsächlichen Fähigkeitsniveaus führen kann, ist eine mangelhafte Differenzierungsfähigkeit des Tests im oberen oder unteren Leistungsbereich: Die aus ökonomischen Gründen notwendige Beschränkung der Anzahl von

Testaufgaben je Aufgabentyp bedingt, dass sich die Schwierigkeitsabstufung innerhalb der Aufgaben eines Subtests nicht über die gesamte Breite des Fähigkeitsspektrums gleichermaßen differenziert verteilen kann – oder aber der Test stuft über die gesamte Breite hinweg nur grob ab. Testverfahren beschränken sich deshalb in der Regel auf einen Ausschnitt (oberer, mittlerer oder unterer Leistungsbereich) in dem sie gut differenzieren.

Die Möglichkeit der Bestimmung eines Intelligenzquotienten verleitet zu der Annahme, man könne damit bestimmen, ob ein Individuum zu den intelligenten, weniger intelligenten oder besonders intelligenten Köpfen einer Gesellschaft gehört. „Intelligenz" ist jedoch nicht als *kategoriales*, sondern als *kontinuierliches Merkmal* zu verstehen. Im Rahmen einer Feststellung des intellektuellen Niveaus muss immer in Rechnung gestellt werden, dass sich ein zu einem bestimmten Zeitpunkt erzieltes Testergebnis aus dem Zusammenspiel dreier Komponenten generiert: Das sind

- der *wahre* Wert der Ausprägung der Teilfähigkeiten (Schnelligkeit, Präzision, Umfang, Produktivität), die die Effizienz der Informationsverarbeitung bestimmen. Das beeinhaltet auch die Anteile, die den wahren Wert in der Fähigkeitsausprägung zu verschiedenen Zeiten in unterschiedlichem Ausmaß verfälschen (Fehleranteile der Messung).
- die *aktuelle Verfügbarkeit* von wissensabhängigen und wissensunabhängigen Aspekten des Problems/der Aufgaben (logisches Schlussfolgern vs. Vorwissen) sowie
- die *Motivations- und Trainingseffekte* im Umgang mit sowohl den Probleminhalten (Wörter, Zahlen, Symbole) als auch der Situation der Testdurchführung selbst.

Dies begründet eine Variabilität der Messwerte über verschiedene Messungen und insbesondere auch über verschiedene Verfahren hinweg.

Literaturhinweis
Preckel, F. & Brüll, M. (2008). *Intelligenztests*. München: Reinhardt.

3.6.3 „Entwicklung" von Intelligenz

Intelligenz wird als Persönlichkeitsmerkmal aufgefasst, d. h. es wird unterstellt, dass es sich hierbei um eine relativ stabile Eigenschaft (oder wohl eher ein Bündel von Eigenschaften) handelt, hinsichtlich der sich Individuen unterscheiden (Bjorklund & Schneider, 2006). Es ist deshalb nicht unbedingt selbstverständlich, im Zusammenhang von Intelligenz von *Entwicklung* zu sprechen.

Was sich im Sinne der Bestimmung des in Kapitel 1.1.1 definierten Entwicklungsbegriffs und des in Kapitel 3.6.1 spezifizierten Intelligenzbegriffs „entwickeln" kann, sind die *Teilfähigkeiten*, die intellektuelle Leistungen ermöglichen (vgl. Kap. 3.2–3.5): Wahrnehmung, Aufmerksamkeit, Denken und Gedächtnis,

Sprache (vgl. Bjorklund & Schneider, 2006). Wie oben (vgl. Kap. 3.6.2) ausgeführt, lässt sich das mittlere Niveau intellektueller Leistungsfähigkeit zwar mit Hilfe eines Intelligenztests bestimmen. Tatsächlich kann jedoch lediglich die Fähigkeit gemessen werden, spezifizierte kognitive Fähigkeiten beanspruchende Aufgaben zu lösen; und eine Aussage kann nur im Hinblick auf die Position gemacht werden, die das Individuum im Vergleich mit einer spezifischen Gruppe (im Kindes- und Jugendalter typischerweise lediglich spezifiziert durch Altersgleichheit) einnimmt. Aus dieser Fähigkeit wird dann auf eine intellektuelle Gesamtleistungsfähigkeit abstrahiert und ggf. versucht, daraus zukünftige Leistungen vorherzusagen (vgl. unten Kap. 3.6.4).

Vielfach wird angenommen, dass das Intelligenzniveau einer Person genetisch bedingt und damit wenig veränderbar ist. Die Frage der relativen Bestimmung des genetischen vs. Umwelteinfluss (vgl. Kap. 1.2.2) wurde besonders intensiv am Beispiel der Intelligenz diskutiert. Ihren Ausgang nahm die Diskussion bei den Thesen von Jensen (1969), aus denen eine genetische Determiniertheit von 80 % abgeleitet wurde. Diese Annahme ist jedoch nicht korrekt, sie beruht auf einer Fehlinterpretation der von Jensen berichteten Daten. Nach Rost (2009, S. 230ff.) kommen Umwelteinfluss und genetische Determiniertheit im Altersverlauf unterschiedlich stark zum Tragen, d. h. im Kindesalter ist der Einfluss von Umweltbedingungen auf die allgemeine intellektuelle Leistungsfähigkeit ungleich höher als im Erwachsenenalter, der Einfluss genetischer Faktoren nimmt bis ins hohe Alter kontinuierlich zu. Nach Rost (2009, S. 235) wird bei Erwachsenen von einem Einfluss der Erblichkeit ausgegangen, der bei etwa 50–60 % liegt. Es wird angenommen, dass „Intelligenz" nicht durch ein Gen bedingt ist, sondern erst durch das Zusammenwirken verschiedener Anlagen verfügbar wird.

Auch die Intelligenzkonzeption von Cattell (1963, vgl. oben Kap. 3.6.1) greift die Annahme einer nur teilweisen genetischen Determiniertheit der intellektuellen Fähigkeiten auf: Ein wesentlicher Teil der intellektuellen Leistungsfähigkeit wird nach Cattell (1963) durch den Aufbau und die Verfügbarkeit von Wissen („kristalline Intelligenz") bestimmt. Dieser ist jedoch wie oben bereits angesprochen auch abhängig vom Anregungsgehalt der Umwelt, der sowohl zwischen den Personen variiert als auch im Verlauf des Aufwachsens eines Individuums u. U. erheblich schwanken kann und sich entsprechend in einer Veränderung des IQ und damit einer (ggf. wechselhaften) relativen Position des Leistungsergebnisses unter den Gleichaltrigen widerspiegeln wird (vgl. Rost, 2009, S. 262ff.). Nach Oerter (2008b) wird bei Vorliegen günstiger Umweltbedingungen das Intelligenzpotential eines Kindes aktiviert und damit die Wahrscheinlichkeit für das Erreichen eines hohen Intelligenzniveaus erhöht. Dasselbe gilt für eine gegenläufige Entwicklung, wenn sich beeinträchtigende Bedingungen häufen. Auch nach Amelang et al. (2010) stehen individuelle positive Veränderungen in den IQ-Leistungen mit verbesserten Anregungsbedingungen, umgekehrt Leistungseinbußen mit Deprivation in kognitiver und emotionaler Hinsicht sowie allgemeinem Reizmangel in Verbindung.

Im vorangegangenen Abschnitt wurde zudem bereits darauf hingewiesen, dass der exakte Wert einer individuellen Ausprägung von Intelligenz aus messmethodischen Gründen nicht klar erfassbar ist. Würde der wahre Wert erfassbar sein, so würde sich zu jedem Zeitpunkt einer Messung dasselbe Ergebnis zeigen. Tatsächlich nimmt die *Stabilität der Messwerte* aber mit dem Abstand der Messungen zueinander ab und mit dem Alter des Individuums zu (vgl. Rost, 2009).

Darüber hinaus muss bedacht werden, dass eine Verbesserung der Fähigkeit, spezifizierte kognitive Fähigkeiten beanspruchenden Aufgaben zu lösen, auch dadurch erreicht werden kann, dass diese Basisfertigkeiten trainiert werden (Souvigner, 2008). Dies gilt auch für den Schulbesuch, bestimmte Freizeitbeschäftigungen, und natürlich die direkte Übung von Intelligenztestaufgaben. Tatsächlich liegen vielfältige empirische Belege vor, dass Leistungen in Intelligenztests in bedeutsamem Zusammenhang mit der Länge des Schulbesuchs, der Anzahl der Fehlstunden in der Schule und der Anzahl der Schultage im Jahr stehen (siehe zusammenfassend Oerter, 2008b). Zu den Freizeitbeschäftigungen, mit denen Leistungen in Intelligenztests verbessert werden können, gehören bestimmte Varianten von Computerspielen (z. B. 3D-Spiele), mit denen die Fähigkeit zum mentalen Rotieren und die Wahrnehmungsgeschwindigkeit trainiert werden.

Literaturhinweis

Heller, K. A. (2000). *Begabungsdiagnostik in der Schul- und Erziehungsberatung*. Bern: Huber.

3.6.4 Intelligenz und Schulleistungen

Der Leistungsstand von Schülerinnen und Schülern kann zum einen durch Schulleistungstests erhoben oder aber über die Schulnoten erfasst werden.

Schulleistungstests haben den Anspruch, unabhängig vom je spezifischen Curriculum den Leistungsstand von Schülerinnen und Schülern hinsichtlich der Kernfähigkeiten in einem bestimmten Schulfach zu erfassen und mit dem anderer Schülerinnen und Schüler zu vergleichen. So existieren auch für diese Verfahren Normwerte, welche die Einordnung eines individuellen Testergebnisses und die Bestimmung der relativen Position in einer Vergleichsgruppe ermöglichen (vgl. Lissmann, 2010).

Schulnoten beinhalten hingegen immer auch eine Reihe Aspekte, die über die tatsächliche Leistungsfähigkeit hinausgehen. Diese ergeben sich aus ihrem Verwertungszusammenhang, wie z. B. der pädagogischen Funktion, und basieren neben Leistungs- auch auf Verhaltensmerkmalen (Tent & Birkel, 2010). Noten können und sollen motivieren und disziplinieren, und werden deshalb *auch* unter dieser Perspektive vergeben. Hinzu kommen Einschränkungen der Objektivität der Beurteiler (und in ihrer Folge auch der Reliabilität und Validität); hierzu gehören z. B. Beobachtungsmängel, Erinnerungsfehler, Urteilstendenzen, Kontrasteffekte, Einstellungs- und Erwartungsartefakte. Dies bedeutet letztlich, dass die Notenskala vom absoluten Leistungsniveau abstrahiert, und dieselbe Note je nach Schultyp, Schulstufe und Fach eine objektiv andere

Bedeutung haben kann. Tent und Birkel (2010) weisen jedoch darauf hin, dass neuere empirische Studien zeigen, dass systematischen Verfälschungen durch Beurteilerartefakte nur ein untergeordneter Stellenwert zukommt.

Der *Zusammenhang von Intelligenzniveau und Schulleistungen* ist immer dann recht groß, wenn die in einem Fach geforderten Leistungen nah an den Aufgaben des im konkreten Fall verwendeten Intelligenztests liegen. Entsprechend sind die Zusammenhänge auch immer dann größer, wenn sie auf der Basis von Schulleistungstests berechnet werden, und kleiner, wenn sie lediglich auf der Basis von Schulnoten berechnet werden.

Die höchsten Zusammenhänge ergeben sich für Aufgaben zum logischen Schlussfolgern und die Mathematikleistungen, die geringsten für Aufgaben zum logischen Schlussfolgern und Leistungen im Fach Deutsch (siehe zusammenfassend Holling, Preckel & Vock, 2004). Aus den in der Literatur berichteten mittleren Zusammenhängen kann errechnet werden, dass im Mittel 25 % der Unterschiede in den Schulleistungen von Schülerinnen und Schülern durch Leistungen in einem Intelligenztest erklärt werden können. In Mathematik sind es etwa 64 %, in Deutsch etwa 15 %. Die Zusammenhänge werden mit steigender Klassenstufe immer kleiner, es wird angenommen, dass dies an der Bedeutung des Vorwissens liegt, das kontinuierlich zunimmt und kompensatorisch wirkt (Helmke & Weinert, 1997; Bjorklund & Schneider, 2006). Da diese Zusammenhänge zu den größten und stabilsten in der Psychologischen Diagnostik und Differentiellen Psychologie überhaupt gehören (Amelang et al., 2010), ist Intelligenz durchaus als die konstitutionelle Komponente schulischer Leistungsfähigkeit zu verstehen.

Literaturhinweis

Holling, H., Preckel, F. & Vock, M. (2004). *Intelligenzdiagnostik*. Göttingen: Hogrefe.

3.6.5 Intellektuelle Hochbegabung

Die Beschäftigung mit „Hochbegabung" hat Konjunktur in Deutschland: Webseitensuchmaschinen liefern etwa 200 000 Treffer für diesen Begriff. Über das, was Hochbegabung eigentlich ist, herrscht jedoch wenig Einigkeit. Nähert man sich diesem Begriff semantisch, so ist zunächst festzuhalten, dass er aus zwei Teilen zusammengesetzt ist: dem Substantiv „Begabung" und der Vorsilbe „hoch". Der Duden umschreibt „für etwas begabt sein" u. a. mit „kommt jemandes Neigungen entgegen" oder „entspricht jemandes Fähigkeiten" (Duden, 2006). Damit ist eine besondere Leistungsfähigkeit angesprochen, die entweder im Vergleich mit anderen Fähigkeitsbereichen derselben Person hervorsticht, oder aber im Vergleich mit der Leistungsfähigkeit anderer Personen in diesem Fähigkeitsbereich auffällig ist. Die Vorsilbe „hoch" leistet eine semantische Potenzierung, um näher zu bestimmen, was „auffällig mehr als andere" bedeutet. Unter „den Anderen" werden diejenigen Personen einer Vergleichspopulation verstanden, die in diesem Fähigkeitsbereich durchschnittliche Leistungen zeigen. Das heißt, bei Vorliegen einer besonderen Begabung muss es sich um eine im Vergleich mit anderen mindestens überdurchschnittlich, eher weit überdurchschnittlich ausgeprägte Leistungsfähigkeit in einem bestimmten Bereich (der Begabungsdomäne) handeln.

Die Kategorien „durchschnittlich", „überdurchschnittlich" und „weit überdurchschnittlich" sind in der Psychologie statistisch definiert: Werden alle möglichen Ausprägungen eines Merkmals von einer genügend großen Anzahl von Personen (Population) in einem zweidimensionalen, orthogonalen Koordinatensystem abgetragen (Häufigkeit in der Population über Fähigkeitsausprägung), wird sich ein Balkendiagramm ergeben, das in seinen äußeren Umrissen einer Glockenkurve ähnelt. Es liegt dann eine sog. Standardnormalverteilung der Merkmale vor. Die zugehörige mathematische Funktion wurde um 1860 von Karl Friedrich Gauß für physikalische Merkmale beschrieben, ist aber auch für psychologische Merkmale gültig. Sie weist folgendes Charakteristikum auf: Die Fläche unter der auch als Gauß-Glocke bezeichneten Verteilungsfunktion kann mit Hilfe einer Maßzahl für die mittlere Abweichung der Messwerte vom Mittelwert der Population (Standardabweichung[1]) in drei Bereiche unterteilt werden (vgl. **Abb. 3.9**). Der erste Bereich erstreckt sich von einer Standardabweichung nach links bis zu einer Standardabweichung rechts der mittleren Ausprägung des interessierenden Merkmals in der betrachteten Population. Typischerweise finden sich 68 % der Messwerte in diesem Bereich. Er ist deshalb als der Bereich *„durchschnittlicher* Ausprägung" definiert. Der zweite Bereich erstreckt sich über die Fläche „eine bis zwei Standardabweichungen" jeweils links und rechts der mittleren Ausprägung der betrachteten Population. Hier finden sich jeweils weitere 13.5 % der Messwerte der Personen. Eine Fähigkeitsausprägung in diesem Bereich ist als *„über- bzw. unterdurchschnittliche* Ausprägung" definiert. Der dritte Bereich wird durch die Messwerte markiert, die mehr als zwei Standardabweichungen vom Mittelpunkt entfernt liegen. Hier finden sich nur noch jeweils 2.5 % der Messwerte der Personen. Dieser Bereich ist als *„weit über- bzw. unterdurchschnittliche* Ausprägung" eines erfassten Merkmals definiert. Die Wahrscheinlichkeit, eine solch hoch ausgeprägte Fähigkeit zu finden, beträgt also höchstens 2.5 % und ist damit so selten, dass dies das statistische Kriterium darstellt, um von einer „auffällig hohen Ausprägung" bzw. einer „Hochbegabung" zu sprechen. Intelligenztests sind üblicherweise so skaliert, dass sie einen Mittelwert von 100 und eine Standardabweichung von 15 aufweisen. Ein Intelligenzkennwert von 130 und

---

1 Berechnet man die mittlere Ausprägung einer Population hinsichtlich eines Merkmals und bestimmt dann von jedem Messpunkt den Abstand zur mittleren Ausprägung, quadriert diesen, addiert diese Quadrate auf und zieht daraus die Wurzel, erhält man die mittlere Abweichung vom Mittelwert der Population hinsichtlich der Ausprägung des interessierenden Merkmals. Dies wird als Standardabweichung bezeichnet.

höher markiert damit den Bereich weit überdurchschnittlicher Intelligenz, der als „intellektuelle Hochbegabung" bezeichnet wird.

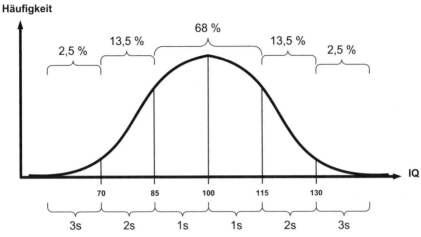

Abb. 3.9: Normalverteilungskurve über der Intelligenzskala

Eine so verstandene und identifizierte Hochbegabung kann durchaus in mehr als einer Begabungsdomäne (Sport, Musik, Kunst, Intellekt) vorhanden sein. Die Begabungsdomänen sind dabei als voneinander unabhängig zu betrachten und weisen je eigene Charakteristika auf. Um den Begriff Hochbegabung konkret bestimmen zu können, sollte deshalb die Begabungsdomäne, um die es geht, immer benannt werden.

Im Falle der *intellektuellen Hochbegabung* ist die gegebene Begabungsdomäne der Intellekt, also der Bereich des Denkens und des Gedächtnisses. In Anlehnung an die Definition von Stern (vgl. oben Kap. 3.6.1) ermöglichen es intellektuelle Funktionen allgemein, Probleme *systematisch* anzugehen, zu *treffenden* Verallgemeinerungen und Schlussfolgerungen zu gelangen und *viele* Details kurz wie langfristig behalten zu können. Analog der oben bestimmten Bedeutung des Begriffes „hoch" als „weit mehr als andere", tritt eine intellektuelle Hochbegabung entsprechend darüber in Erscheinung, dass gegebene Informationen außergewöhnlich schnell aufgefunden und verarbeitet werden, dass Denkoperationen zu außergewöhnlich präzisen und/oder produktiven Ergebnissen führen und dass das Gedächtnis eine außergewöhnlich große Funktionskapazität aufweist.

Vielfach wird unterstellt, eine außergewöhnliche intellektuelle Begabung ginge mit Besonderheiten bzw. Defiziten in anderen (z. B. emotionalen oder sozialen) Persönlichkeitsbereichen einher. Forschungsbemühungen im Themenfeld „Hochbegabung und Persönlichkeit" konzentrieren sich seit Beginn der wissenschaftlichen Auseinandersetzung mit diesem Thema auch auf die Untersuchung dieser alltagspsychologischen Annahme. Der Forschungsschwerpunkt liegt dabei auf dem Vergleich von Persönlichkeitsmerkmalen intellektuell hoch und normal begabter Individuen. Obwohl jedoch schon in den 1920er Jahren die Befunde der umfangreichen Längsschnittstudie von Lewis Terman (z. B. Terman, 1925; vgl. auch Kasten 3.2) diese Thesen widerlegten, hält sie sich hartnäckig in der Öffentlichkeit. Diese auch als Disharmoniethese (Mönks, 1963), Divergenzhypothese (Urban, 1980) oder Asynchroniekonzept (Terrassier, 1982) zusammengefassten Annahmen fußen jedoch vor allem auf Berichten über Einzelfälle extrem hoch begabter Personen, wie Winner (1998) darlegt. Zudem werden Befunde, die diesen Thesen entsprechen, in der Öffentlichkeit mit einer sehr viel höheren Aufmerksamkeit rezipiert als gegenteilige Untersuchungsergebnisse. Dabei wird auch übersehen, dass sie in der Regel nur Zusammenstellungen von Beobachtungen an der Klientel von Beratungsstellen darstellen, die Ergebnisse an hochselektiven Stichproben (Beratungsstellen, extrem Hochbegabte) gewonnen, die Daten in der Retrospektive erhoben oder aber in die Untersuchung gar keine Kontrollgruppen einbezogen wurden. Stapf (2003) weist darauf hin, dass auch bei durchschnittlich begabten Jugendlichen die Entwicklung in verschiedenen Persönlichkeitsbereichen nicht synchron verläuft und dass gerade bei hochbegabten Jugendlichen eine eher synchrone Entwicklung von kognitivem und psychosozialem Persönlichkeitsbereich zu beobachten ist.

So berichten Zeidner und Matthews (2000) auf der Grundlage verschiedener Metaanalysen zu den Zusammenhängen von Intelligenz und Persönlichkeit, dass vor allem eine positive Beziehung zwischen Intelligenz und Offenheit für neue Erfahrungen festzustellen sei. Außerdem seien ein schwacher positiver Zusammenhang mit Extraversion und ein schwacher negativer Zusammenhang mit Neurotizismus anzunehmen. Global weisen die Ergebnisse einer Vielzahl von Studien darauf hin, dass Intelligenz generell positiv mit Maßen positiver Affektivität und negativ mit Maßen negativer Affektivität (z. B. Depression, Neurotizismus, Ängstlichkeit, Ärger) verknüpft ist. Die Autoren halten fest, dass dennoch davon auszugehen ist, dass Persönlichkeit und Intelligenz orthogonale Konstrukte sind und weder Subtests von Intelligenztestverfahren noch IQ-Globalmaße systematische Beziehungen zu Persönlichkeitsvariablen aufweisen.

Kasten 3.2: Die Terman-Studie

Im Jahr 1921 unterzog Lewis Terman ca. 25 000 durch Lehrernomination ermittelte kalifornische Kinder und Jugendliche im Alter von fünf bis 16 Jahren einem Intelligenzscreening mit Hilfe des von ihm an den amerikanischen Sprachraum adaptierten Stanford-Binet-Test. Dieser ermittelte erstmals ein singuläres Testergebnisses in Form eines Punktwertes anstelle des bisher verwendeten Entwicklungsalters (dem Intelligenzquotienten, ermittelt aus dem Verhältnis von Intelligenzalter und Lebensalter). Terman identifizierte eine Gruppe von 1 444 Hochbegabten mit einem Intelligenzquotienten von mehr als 140 Stanford-Binet (Mittelwert 100, Standardabweichung 10). Für die Hauptuntersuchungsgruppe wurden 643 Jugendliche ausgewählt (Terman, 1925).
Die Untersuchung war als Längsschnittstudie angelegt. Die Probandinnen und Probanden wurden mit Hilfe eines umfangreichen Instrumentariums untersucht: Es wurden Daten über genetische Einflüsse, den Gesundheitsstatus, Leistungen, Interessen und vor

> allem die emotionale und Persönlichkeitsentwicklung erhoben. Folgeuntersuchungen fanden bis ins hohe Alter der Teilnehmerinnen und Teilnehmer statt. Die „Termiten" genannten, mittlerweile hochbetagten ehemaligen Jugendlichen wurden zuletzt in den 1990er Jahren befragt (Holohan & Sears, 1995).
> Die Ergebnisse belegen klar, dass sich die Hochbegabten in der Regel gut entwickelten und die besondere intellektuelle Begabung *nicht* mit Defiziten im sozio-emotionalen oder psychomotorischen Bereich einherging. Allerdings ist der Aussagewert der auf Korrelationen der Entwicklungsmaße mit den Intelligenzwerten beruhenden Befunde aus methodischer Sicht beschränkt. Bezüglich des besonders positiv gezeichneten Bildes der persönlichen und gesundheitlichen Entwicklung der Hochbegabten ist zudem in Rechnung zu stellen, dass sich die Stichprobe aus der Mittel- und Oberschicht rekrutierte. Auch war die berufliche Entwicklung selbst der Höchstbegabten nicht so außergewöhnlich, wie dies ihre Testintelligenz erwarten ließ. Es wurde also schon hier deutlich, dass Intelligenz und Leistung deutlich weniger eng miteinander zusammenhingen, als gemeinhin angenommen wurde (vgl. die zusammenfassende Kritik bei Urban, 1981).

In jüngerer Zeit haben die Konzepte „Perfektionismus" und „Übererregbarkeit" (auch: Hypersensibilität, Overexcitability) eine Reihe von neuerlichen Forschungsbemühungen angeregt. Unter *Perfektionismus* wird eine Persönlichkeitseigenschaft verstanden, die als „ein Bestreben, Aufgaben so zu erledigen, dass sie sich nicht weiter verbessern lassen", in Erscheinung tritt (vgl. z. B. Parker & Adkins, 1995; Silverman, 1999; Schuler, 2002). Üblicherweise besteht zudem subjektiv eine Diskrepanz zwischen dieser Idealvorstellung des Leistungsergebnisses und der aktuell wahrgenommenen Leistung (Dabrowski & Piechkowski, 1977). Durch das besonders hohe Anspruchsniveau an das eigene Leistungsverhalten wird selten Zufriedenheit mit der eigenen Leistung erfahren und es können sich begleitend Gefühle der Depression, der Scham und Schuld, des Gesichtsverlustes, der Selbstmissbilligung und andere negative Affekte einstellen (Silverman, 1999). Perfektionismus ist auf einem Kontinuum von normal bis neurotisch anzusiedeln. In der klinischen Literatur wird über Zusammenhänge einer hohen Ausprägung von Perfektionismus mit psychischen Problemstellungen und Erkrankungen berichtet (Dixon, Lapsley & Hanchon, 2004). Eine besonders hohe Ausprägung von Perfektionismus wird immer wieder auch im Zusammenhang mit Hochbegabung genannt, im Rahmen klinischer Studien beobachtet oder im Rahmen von Biografieanalysen festgestellt (Mönks & Ypenburg, 1995; Parker & Adkins, 1995; Baker, 1996; Dixon, Lapsley & Hanchon 2004).

Das Konzept der *Übererregbarkeit* wurde von Dabrowski (z. B. Dabrowski & Piechowski, 1977) entwickelt: Dabrowski beobachtete besonders ausgeprägte neurologische Antwortmuster bei hoch begabten und hoch kreativen Personen. Das Verhalten war insgesamt gekennzeichnet durch eine hohe Intensität und Sensitivität. Dabrowski beschreibt dies als „Overexcitability" und postuliert, dass eine solche Übererregbarkeit in einem oder mehreren Bereichen vorhanden sein kann: im psychomotorischen, sensorischen, imaginatorischen, intellektuellen und/oder emotionalen Bereich. Hypersensibilität wird von ihm als genetisch determiniert verstanden und als Erklärung für die Entstehung psychischer Probleme bei Hochbegabten herangezogen. Zahlreiche Folgearbeiten belegen auch tatsächlich, dass hochbegabte Personen eine höhere Ausprägung in Maßen der Hypersensibilität aufweisen (z. B. Piechowski & Colangelo, 1984; Ackerman, 1997; Bouchet & Falk, 2001). In diesem Zusammenhang wird auch eine besondere Sensibilität für die Wahrnehmung von Stressoren diskutiert.

Karnes und Oehler-Stinnett (1986) wiesen jedoch nach, dass von Hochbegabten dieselben Faktoren als Stressoren wahrgenommen werden wie von der übrigen Bevölkerung; auch das Etikett „Hochbegabung" wirkt sich nicht negativ aus. Ebenfalls müssen die postulierten Kausalbeziehungen als spekulativ gelten. So belegt Tiso (2007), dass der größte Anteil der Varianz in den Maßen der Hypersensibilität durch die Familienzugehörigkeit erklärt wird. Zusammenfassend kann mit Schuler (2002) konstatiert werden, dass sich zwar im Gruppenvergleich Hochbegabte und durchschnittlich Begabte in den untersuchten Persönlichkeitsbereichen unterscheiden. Es ist aber herauszustellen, dass sich Perfektionismus und Hypersensibilität oft *positiv* auf die Leistungsfähigkeit auswirken. Beiden Konzepten wohnt in einer passenden Umwelt eine positive Kraft inne, die das Entwicklungspotential bereichert und zu besonders hohen Graden emotionaler und moralischer Entwicklung beisteuern kann. Gerade Perfektionismus stellt eine allgemein karriereförderliche Eigenschaft dar und ist auch unabhängig vom Intelligenzniveau regelmäßig im Zusammenhang mit besonderem Leistungsbewusstsein zu beobachten (Neumeister, 2004).

Olszewski-Kubilius und Kulieke (1989) kommen nach einer Literaturdurchsicht zu Persönlichkeitsdimensionen hochbegabter Jugendlicher zu dem Schluss, dass alle vergleichenden Studien zwar eine Reihe Unterschiede gefunden haben, die aber generell zugunsten der Hochbegabten ausfallen: Diese erscheinen unabhängiger, stärker intrinsisch motiviert, flexibler, haben eine höhere Selbstakzeptanz und sind psychologisch besser angepasst. Auch Untersuchungen speziell zur Depressionsneigung und zum Selbstwerterleben von hochbegabten Jugendlichen konnten keine besondere Persönlichkeitsbelastung hochbegabter Jugendlicher nachweisen (Davis, 1996; Field et al., 1998). Zum selben Schluss kommt in neuerer Zeit Freund-Braier (2000) und stellt fest, dass Vergleiche von hoch- und durchschnittlich Begabten nur wenige Unterschiede erbringen und die festgestellten Diskrepanzen „in der Regel *zugunsten der Hochintelligenten*" (S. 168, Hervorhebung im Original) ausfallen. Ähnlich sieht dies Keiley (2002), der Befunde zur Affektregulation zusammenfasst. Auch Holling und Kanning (1999) fassen zusammen, dass sich „Unterschiede ... vor allem in Bezug auf solche Faktoren finden [lassen], die eng mit dem Leistungsaspekt verbunden sind" (S. 59).

Ein gehäuftes Auftreten emotionaler Störungen oder psychosozialer Anpassungsprobleme von Hochbegabten kann also auf der Basis vieler Studien als entkräftet gelten, und auch die soziale Anpassung gelingt bei „normal Hochbegabten" in der Regel gut. Es ist jedoch nicht zu übersehen, dass in spezifischen Subpopulationen durchaus ein hohes Risiko für Fehlanpassungen besteht (extrem Hochbegabte, Hochbegabte mit Behinderungen, Hochbegabte mit Migrationshintergrund). Hinsichtlich der Entwicklung der „durchschnittlich

Hochbegabten" ist jedoch anzunehmen, dass erst bei einer ungünstigen Kumulation der Ausprägung von Risikoeigenschaften wie Perfektionismus und Übererregbarkeit, erzieherischer Fehlhaltung und negativen Umwelterfahrungen Persönlichkeitsprobleme entstehen.

Allerdings weisen intellektuell hochbegabte Schülerinnen und Schüler *Lernbesonderheiten* auf, die sich direkt aus den oben beschriebenen, überdurchschnittlich ausgeprägten Lernvoraussetzungen ableiten: Eine außergewöhnlich schnelle Auffassungsgabe, hohe Verarbeitungskapazität und große Merkfähigkeit ermöglichen ein weit höheres Lerntempo, als dies von Altersgleichen eingefordert wird. Eine weit überdurchschnittlich ausgeprägte Fähigkeit zum logischen Schlussfolgern, zur Abstraktion und Verallgemeinerung fordert darüber hinaus eine tiefere Auseinandersetzung mit den gegebenen Unterrichtsinhalten heraus und kann gleichzeitig weit komplexere Zusammenhänge und Konzepte berücksichtigen, als dies Altersgleichen möglich ist. Auch eine außergewöhnlich hoch ausgeprägte Fähigkeit, zu originellen und produktiven Lösungen zu gelangen, wird vielfach im Zusammenhang mit einer überdurchschnittlichen allgemeinen Intelligenz beobachtet oder aber durch sie ermöglicht. Urban (2000) betont, dass durch ein außergewöhnlich originelles und kreatives Denken einzelner Schülerinnen und Schüler besondere Herausforderungen für die Lehrpersonen im Unterrichtsalltag entstehen. Hany (2002, S. 3) stellt zudem heraus, dass bei intellektuell hochbegabten Schülerinnen und Schülern vielfach eine stark kritische Haltung gegenüber der Qualität des Unterrichts zu beobachten sei. Schick (2008) wies in diesem Zusammenhang nach, dass in Regelgymnasien eine diskussionsfreudige und zu Problematisierungen neigende Schülerpersönlichkeit in einem negativen Zusammenhang mit dem individuellen Schulerfolg steht. Allerdings konnte kein Zusammenhang zwischen der Ausbildung solcher Haltungen und der Ausprägung der allgemeinen Intelligenz belegt werden (vgl. Kasten 3.3).

Kasten 3.3: Schülerpersönlichkeit und Schulerfolg

Schick (2008) hat eine Untersuchung durchgeführt, in der erstmals Schülerinnen und Schüler aus bilingualen Klassen, aus Klassen zur Verkürzung der Schulzeit und aus regulären Gymnasialklassen miteinander verglichen wurden. Der Schultypvergleich wurde in drei Bundesländern durchgeführt (Berlin, Hamburg, NRW), insgesamt wurden die Daten von 1 300 Jugendlichen der 9. Schulstufe in die Auswertungen einbezogen. Als „hochbegabt" im Sinne eines Intelligenztestergebnisses von mind. 125 IQ-Punkten wurden 180 Jugendliche identifiziert. Mit Hilfe einer Strukturmodellierung konnte gezeigt werden, dass unter Konstanthaltung des Einflusses der jeweils anderen Variablen zwar tendenziell ein positiver Zusammenhang zwischen Intelligenz, Stimmungslage und Selbstwertgefühl bestand, die Zusammenhänge mit selbstreflexiven Haltungen (Selbstaufmerksamkeit, Selbstkritik) waren jedoch deutlich größer. Den größten Einfluss nahm vermittelt über den Schulerfolg die Ausprägung des Fähigkeitsselbstkonzepts. Selbstreflexive Haltungen und allgemeine Intelligenz erwiesen sich als voneinander unabhängig, jedoch wurde ein *negativer* Zusammenhang zwischen Schulerfolg und einem stärker reflektierenden Umgang mit der Welt in den Regelschulen beobachtet, der in den separierenden Schulklassen nicht nachweisbar war. Keine Hinweise fanden sich für ein höheres Auftreten problematischen Leistungsverhaltens in den Regelklassen.

Literaturhinweis

Ziegler, A. (2008). *Hochbegabung*. München: Reinhardt.

3.7 Entfaltung schulischer Fähigkeiten

3.7.1 Erwerb elementarer Kulturtechniken

Der Erwerb von Kulturtechniken und Begrifflichkeiten aus Natur- und Gesellschaftswissenschaften gehört zu den „Nutzanwendungen" von Intelligenz (Siegler, DeLoache & Eisenberg, 2008, S. 443). In den modernen Industrienationen ist der Erwerb der drei „klassischen" Kulturtechniken, der Beherrschung von *Schrift, Bild* und *Zahl* unabdingbar, um in der Gesellschaft erfolgreich agieren zu können. Er wird in der Regel institutionalisiert und verpflichtend über den Schulbesuch vermittelt. Etwa 15 000 Stunden sind bei einem 12-jährigen Schulbesuch veranschlagt, ihre Beherrschung herbeizuführen (Siegler, DeLoache & Eisenberg, 2008, S. 443). Die basalen Fähigkeiten bilden das Lesen, Schreiben und Rechnen.

Der Erwerb schulischer Fähigkeiten sowie darauf aufbauend der Erwerb spezifischen Wissens und die Entwicklung kognitiver Fähigkeiten bedingen einander wechselseitig (Siegler, 2001). Schulische Fähigkeiten und Wissen ermöglichen ein immer differenzierteres und effizienteres Denken und Problemlösen, gleichzeitig beeinflussen die grundlegenden kognitiven Fähigkeiten in wesentlichem Maße mit, wie umfangreich und nachhaltig das im Unterricht Gelernte sein wird.

Bevor die Kinder in die Schule kommen, haben sie bereits ein grundlegendes Verständnis für die elementaren Bestandteile des Lesens, Schreibens und Rechnens erworben. Mit Eintritt in die Schule wird also ein bereits in Gang gekommener Entwicklungsprozess weiter fortgesetzt, allerdings jetzt systematisiert und intensiviert. Mit welchem Ausmaß an Vorwissen die Kinder in den Eingangsunterricht kommen, ist zwar stark von den vorschulischen Erfahrungen bzw. ihrer Förderung abhängig, jedoch sind bestimmte Kompetenzen allen (regelrecht entwickelten) Kindern verfügbar. So erwerben Kinder bereits im Vorschulalter im natürlichen Umgang mit Schrifterzeugnissen (Anschauen von Büchern, Imitation von Erwachsenen und Geschwistern, Beobachtung von öffentlich zugänglichen Schrifterzeugnissen wie Werbeschriftzüge, Nummernschilder von Autos etc.) eine Reihe von Vorläuferfertigkeiten. Neben der Entwicklung von Detailwahrnehmung (vgl. Kap. 3.2.2 und 3.2.5) eigenen sie sich verschiedene Grundinformationen an (Siegler, 2001): dass Schrift in unserer Gesellschaft von links nach rechts verläuft, dass zwischen Wörtern Leerzeichen stehen und bei längeren Sätzen der begrenzte Platz auf einem Stück Papier mit Hilfe von Zeilenwechsel kompensiert wird. Sie erwerben auch ein erstes Verständnis der benutzen Symbole: Sie wissen, dass Wörter aus Buchstaben zusammengesetzt und diese in einem Alphabet geordnet sind. Die Grundlage der

Leseleistung, unabhängig von IQ und Hörverstehen, bildet jedoch die phonologische Bewusstheit (Schneider & Marx, 2008): die Fähigkeit, die lautliche Struktur von Wörtern zu identifizieren (vgl. Kap. 3.5.2 und 3.5.6).

Auch in Bezug auf das *Schreiben* entwickelt sich bereits ein Verständnis für den Symbolgebrauch: „Zeichnen" wird zu „Schreiben", indem Kinder fiktive Einkaufslisten aus Bildern zusammenstellen, dass sie mehr Bilder desselben Objekts malen für Wörter, die mehrere Objekte zu einer Kategorie zusammenfassen (z. B. malen sie viele Bäume, um „Wald" darzustellen). Auch die Entwicklung der Feinmotorik zählt zu den Vorläuferfertigkeiten, da sie grundlegend für die Fähigkeit zum Halten und Führen des Stiftes ist (vgl. Kap. 2.2.2).

Hinsichtlich des *Rechnens* verfügen Kinder bereits im ersten Lebensjahr über ein elementares Zahlverständnis. Dieses ist allerdings zunächst begrenzt auf ein bis drei Objekte und korrespondiert mit der Tatsache, dass zwar alle bekannten Kulturen numerische Systeme entwickelt haben, sich in einfachen Jäger-Sammler-Kulturen jedoch nur Bezeichnungen für eins und zwei finden, alles, was darüber hinausgeht, wird als „viele" zusammengefasst (Menninger, 1957) oder es wird gar nur zwischen „wenige" und „viele" unterschieden (Frank et al., 2008). Bereits mit fünf Monaten finden sich zudem Hinweise für ein Verständnis von numerischer Gleichheit (drei Sterne ist so viel wie drei Monde). Wynn (1992) hat dazu ein Untersuchungsparadigma entwickelt: Säuglingen wird auf einer Bühne eine Puppe gezeigt. Im weiteren Verlauf verdeckt ein Wandschirm die Bühne, jedoch kann das Kind beobachten, wie eine Hand eine zweite Puppe hereinbringt. Wenn dann der Wandschirm fällt und tatsächlich zwei Puppen zu sehen sind, zeigt das Kind keine Reaktionsänderung im Sinne z. B. der Veränderung der Anguckzeit. Ist jedoch weiterhin nur eine Puppe ist zu sehen (= unerwartetes Ergebnis), finden sich Anzeichen von Überraschung z. B. im Sinne einer verlängerten Anguckzeit. Allerdings ließen sich die Originalergebnisse nur zum Teil replizieren und sind beschränkt auf Veränderungen bis hin zu drei Objekten. Veränderungen im Sinne von z. B. „2 + 2" wurden erst in weit höherem Alter (etwa vier bis fünf Jahre) beobachtet. Eine alternative Erklärung des Effekts wird von Haith und Benson (1998) angeboten: Der Effekt beruht u. U. nicht auf dem Verständnis von Rechenoperationen, sondern auf Wahrnehmungsprozessen; das Kind erfasst die Situation „auf einen Blick", und das bei Verdecken durch den Wandschirm generierte mentale Abbild stimmt dann bei der erneuten Betrachtung nicht mit dem Originalbild überein.

Sicher belegt ist hingegen, dass sich im Vorschulalter (etwa im Alter von zwei Jahren) der Mengenbegriff herausbildet. Die Kinder verstehen bereits die Konzepte „größer als"/"kleiner als". Je älter die Kinder werden, desto näher können die Anzahlen in Mengen beieinanderliegen, die noch unterschieden werden können (vgl. Weißhaupt & Peucker, 2009).

Im dritten und vierten Lebensjahr bildet sich die Kompetenz zum *Zählen* aus, ein Wissen um die relative Größe von einstelligen Zahlen sowie ein Verständnis für die Prinzipien „Eins-zu-eins-Korrespondenz" (jedem Objekt wird nur eine einzige Zahl zugeordnet), „Stabilität der Reihenfolge" (die Zahlwörter müssen immer in der festgelegten Reihenfolge aufgezählt werden) „Irrelevanz der Reihenfolge" (die konkrete Anordnung der Objekte ist für das Zählergebnis irrelevant) und das „Kardinalprinzip" (die höchste Zahl bildet die Zahl für die gesamte Menge; vgl. Schmidt, 2009). Die Geschwindigkeit des Erwerbs des Zählens steht mit der Komplexität/Regelmäßigkeit des numerischen Systems in der jeweiligen Kultur in Zusammenhang. So zählen in China bereits fünfjährige Kinder bis 100, da das Zahlensystem keine Unregelmäßigkeiten aufweist wie z. B. im Deutschen, Englischen oder auch Arabischen. Zahlen größer als zehn (z. B. elf) werden im Chinesischen lediglich aus den bereits bekannten Zahlworten zusammengesetzt (also „zehn-eins = 11", „zwei-zehn = 20" etc.). Im Deutschen, Englischen und Arabischen müssen hingegen neue Zahlwörter („elf", „zwöf", etc.) sowie eine neue Systematik („drei-zehn", „ein-und-zwanzig" etc.) erlernt werden (Menninger, 1958; Siegler, 2001).

Kinder beginnen im Vorschulalter auch bereits zu rechnen. Sie verwenden dazu typischerweise Rechenstrategien wie das Hochzählen (zusammenzurechnende Objekte werden gemeinsam abgezählt und dadurch die absolute Anzahl bestimmt), den Gedächtnisabruf (das Kind *weiß*, dass zwei und zwei vier ergibt), sowie das Zählen vom größeren Summanden aus. Auch die Zerlegung in leichtere Aufgaben ist bereits zu beobachten (vgl. Weißhaupt & Peucker, 2009).

Während Lesen und Schreiben als Fähigkeiten derselben Dimension zu verstehen sind und auch unter dem Begriff „Schriftspracherwerb" zusammengefasst werden, bildet das Rechnen einen eigenständigen Fähigkeitsbereich. Im Folgenden wird die Entwicklung der Fähigkeiten in diesen beiden Dimensionen näher besprochen und auf mögliche Entwicklungsverzögerungen und Entwicklungsbehinderungen sowie die jeweiligen Risikofaktoren eingegangen.

Ziel der Aneignung der *Lesefähigkeit* ist das Erreichen von *Lesekompetenz*. Diese setzt sich aus Leseflüssigkeit und Textverständnis zusammen. Beide Teilfähigkeiten korrelieren hoch miteinander (Rosebrock & Nix, 2006). *Leseflüssigkeit* ist nach Rosebrock und Nix (2006, S. 4) definiert als „die auf Wortebene genaue, voll automatisierte und schnelle sowie auf lokaler Textebene sinnkonstituierende und paraphrasierende Fähigkeit zur leisen und lauten Textlektüre, die es dem Leser ermöglicht, die Bedeutung eines Textabschnittes mental zu konstruieren". Unter *Textverständnis* wird die Fähigkeit verstanden, den Sinn des Gelesenen zu erfassen. Dies geschieht durch die Verarbeitung von ganzen Sätzen, der Hinzuziehung des Kontextes, in den der Satz eingebettet ist, sowie der Generierung einer inneren Vorstellung (eines mentalen Modells) von der Situation, die im Text inhaltlich beschrieben wird (Schnotz, 1994). Textverständnis profitiert von dem Grad der Automatisierung der Worterkennung (Leseflüssigkeit), da dadurch kognitive Ressourcen frei werden. Es ist zudem abhängig von der Fähigkeit zu metakognitivem Verständnis, dem bereits vorhandenen Inhaltswissen sowie der Ausbildung von Lesestrategien wie z. B. wichtige Textteile langsam, unwichtige schnell zu lesen (siehe zusammenfassend McElvany, 2008).

Beim *Erwerb des Lesens* werden zwei grundlegende Prinzipien unterschieden (Siegler, 2001). Das ist zum einen die „phonologische Rekodierung", d. h. die

3.7 Entfaltung schulischer Fähigkeiten

Fähigkeit, Buchstaben in Laute zu übersetzen und diese zu Wörtern zu verbinden. Damit verbunden ist die Fähigkeit, laut buchstabieren zu können. Zum anderen unterscheidet man den visuell gestützten Abruf. Darunter wird ein direktes Übergehen von der visuellen Form des Wortes zu seiner Bedeutung verstanden. Die ist naturgemäß wissens- bzw. gedächtnisbasiert. Es wird angenommen, dass das Erkennen von Wörtern auf einer Strategiewahlentscheidung beruht (Siegler, 2001): Anfangs, oder wenn es sich um „schwere" Worte handelt, wird auf die phonologische Rekodierung zurückgegriffen, später, oder wenn es sich um „einfache" Worte handelt, auf den visuell gestützten Abruf (Marx, 2007).

Die Leseentwicklung verläuft nach der breit rezipierten Vorstellung von Chall (1979) in fünf Stufen. Auf Stufe 0 (Geburt bis Einschulung) wird die phonologische Bewusstheit erworben. Stufe 1 (erste und zweite Klasse) ist durch den Erwerb der phonologischen Rekodierung gekennzeichnet. In Stufe 2 (zweite und dritte Klasse) wird die Fähigkeit zu flüssigem Lesen einfacher sprachlicher Materialien erworben, in Stufe 3 (vierte bis achte Klasse) die Fähigkeit, aus Gedrucktem Informationen zu ziehen und auf Stufe 4 (achte bis zwölfte Klasse), die Informationen aus mehreren Perspektiven heraus zu verstehen und zusammenzuführen. Auch neuere Modelle (z. B. Frith, 1985; Klicpera & Gasteiger-Klicpera, 1993) unterscheiden Stufen oder Phasen in ähnlicher Weise: Im logografischen Stadium werden Wörter aufgrund des Umrisses oder einiger typischer Buchstabenkombinationen erkannt. Eine tatsächliche Buchstaben-Wortanalyse ist jedoch noch nicht möglich. Dieses Stadium wird von der alphabetischen Lesestrategie abgelöst, die auf die phonologische Rekodierung zurückgreift und die Wörter sequentiell erliest. Sie wird von dem Stadium der orthografischen Strategien abgelöst, in dem die Worte in größeren Sinneinheiten betrachtet werden (vgl. Schneider & Marx, 2008).

Der Prozess *des Erwerbs des Schreibens* weist deutliche Parallelen zur Entwicklung des Lesens auf. Auf der Inhaltsebene müssen die Formung von Buchstaben (Handschrift), die richtige Schreibweise der Wörter (Rechtschreibung), die korrekte Zeichensetzung und die korrekte Groß-Kleinschreibung erlernt werden. Zu den zu erwerbenden Fähigkeiten gehören das Training der Feinmotorik, der Rückgriff auf lautliche Rekodierung und der Rückgriff auf Wissen. Das Fernziel ist die Fähigkeit zur Produktion schriftlicher Texte, d. h. Einzelthemen unter Kommunikation von Hintergrundinformationen zu einem zusammenhängenden Ganzen anzuordnen. Als wesentliche Voraussetzung gilt die Ausbildung von metakognitiven Fertigkeiten und Planungsverhalten (Klicpera, Schabmann & Gasteiger-Klicpera, 2007).

Lese- und Rechtschreibkompetenz stehen in einem bedeutsamen Zusammenhang. So konnten Klicpera, Schabmann und Gasteiger-Klicpera (1993) in einer Längsschnittstudie zeigen, dass die Rechtschreibleistung in den höheren Klassen bedeutsam von der Leseleistung in den unteren Klassen abhängt. Störungen des Schriftspracherwerbs können sich in Störungen der Lesefähigkeit (Dyslexie), Störungen der Schreibfähigkeit (Dyspraxie) und Störungen der Rechtschreibleistung (Lese-Rechtschreibschwäche bzw. Lese-Rechtschreibstörung) äußern.

Unter *Dyslexie* wird eine Störung verstanden, bei der allein das Leseverständnis, die Fähigkeit, gelesene Worte wiederzuerkennen, vorzulesen und sonstige Leistungen, für welche Lesefähigkeit nötig ist, beeinträchtigt sind, obwohl keine Intelligenzminderung vorliegt. Sie wird in der Klassifikation der WHO unter die Lese-Rechtschreibstörungen (siehe unten) subsumiert (Saß et al., 2003). Die Betroffenen haben Schwierigkeiten, Phoneme zu unterscheiden, sie weisen ein schlechtes Kurzzeitgedächtnis für verbales Material aus und geben Namen von Objekten nur langsam wieder (Landerl & Kronbichler, 2007). Als Ursache wird eine allgemeine Schwäche der phonologischen Verarbeitung vermutet. Dieses wird durch Befunde der Hirnforschung gestützt: Wenn dyslexische Erwachsene lesen, sind typischerweise benutzte Areale weniger aktiv wie z. B. Areale zur Integration visueller und auditiver Daten (Landerl & Kronbichler, 2007). Diese Störung wächst sich selten aus, die Betroffenen haben also ihr Leben lang Schwierigkeiten, geschriebenes Wort zu entziffern und haben entsprechend mit großen Einschränkungen im Alltag zu kämpfen.

Unter *Dyspraxie* wird eine umschriebene Entwicklungsstörung der motorischen Funktionen (Saß et al., 2003) verstanden, bei der es schlecht gelingt, Bewegung und Handlung in Einklang zu bringen bzw. zielorientiert zu planen. Dies zeigt sich insbesondere dann, wenn komplexe motorische Handlungen entworfen werden sollen. Die Störung liegt also in zwei Bereichen vor: der Planungsfähigkeit und der motorische Koordination bzw. vor allem bei der *Automatisierung* von motorischen Prozessen. Sie geht auf eine linkshirnige Schädigung zurück (vgl. Pusswald, 2006; Maier, 2008). Typische Probleme beim Erlernen der Schriftsprache sind eine nahezu unleserliche Handschrift sowie häufige Verwechslungen: rechts – links, oben – unten, hinten – vorn, b – d, q – p (Maier, 2008).

Unter einer *Lese-Rechtschreibschwäche* bzw. *Lese-Rechtschreibstörung* wird eine umschriebene (d. h. sonst unauffällige) Entwicklungsstörung der schulischen Fertigkeiten des Lesens und Schreibens verstanden (Saß et al., 2003). Symptomatisch ist insbesondere in den ersten Grundschuljahren ein sehr fehlerhaftes Lesen unter Auslassung von Wörtern, Ersetzen, Verdrehungen, Hinzufügen von Worten/Wortteilen, Vertauschen von Wörtern im Satz oder von Buchstaben. In den höheren Klassen erhält sich ein sehr mühevolles, langsames, stockendes Lesen, die Kinder verlieren häufig die Zeile und geben auf Nachfrage nur ungenaue Umschreibungen von Wörtern. Hinzu treten jetzt auch die Schwierigkeiten mit der Rechtschreibung sowie Schwierigkeiten beim Textverständnis, also der Fähigkeit, das Gelesene in eigenen Worten wiedergeben, aus dem Gelesenen Schlussfolgerungen ziehen und es mit allgemeinem Wissen verknüpfen zu können (von Suchodoletz, 2005c). Etwa 2–4 % der Schulkinder und 5–10 % der Jugendlichen und Erwachsenen sind von dieser Störung betroffen (Gasteiger-Klicpera & Klicpera, 2004), die u. U. auch mit Rechenschwierigkeiten (siehe unten) verknüpft ist („kombinierte Schulleistungsstörung"). Typischerweise ist die Störung von emotionalen Problemen und Verhaltensschwierigkeiten begleitet und gilt als die häufigste komorbide Störung bei Aufmerksamkeits- und Hyperaktivitätsstörungen, in der Literatur finden sich Angaben zwischen 30 und 50 % (Warnke & Plume, 2008). Das Störungsbild weist eine sehr hohe Stabilität über die Schulzeit auf, ohne Intervention sind kaum Verbesserungen zu erwarten.

Nach dem Klassifikationsschema der Weltgesundheitsorganisation (ICD-10, Saß et al., 2003) kann die *Diagnose* einer „kombinierten Lese-Rechtschreibstörung" und die einer „isolierten Rechtschreibstörung ohne Störung des Leseprozesses" vergeben werden, wenn die entsprechenden Leistungen unter dem Niveau liegen, das aufgrund des Alters, der Intelligenz und der Beschulung zu erwarten wäre. Konkretisiert wird dies damit, dass ein Prozentrang von 15 in standardisierten Lese- und Rechtschreibtests nicht überschritten wird, d. h. 85 % der Vergleichsgruppe bessere Leistungen aufweisen. Zudem muss sich die Störung auch auf den allgemeinen Schulerfolg auswirken. Auszuschließen sind geistige Behinderung, Sehstörung, erworbene Hirnschädigung und eine ungenügende Beschulung (Warnke & Plume, 2008). Wird der geforderte Prozentrang in der Ausprägung der Lernbehinderung nicht erreicht, und liegen neben der Beeinträchtigung des Schulerfolges im Fach Deutsch noch weitere schulische Minderleistungen vor, sollte eher von einer Lese-Rechtschreibschwäche gesprochen werden. Der Unterschied liegt nach Schneider und Marx darin, dass dann eher davon ausgegangen werden muss, dass die Symptomatik auf dem Boden einer allgemeinen Intelligenzminderung oder aber schlechten Lernbedingungen entstanden ist (Schneider & Marx, 2008; Marx, Weber & Schneider, 2001). In diesem Sinne ist z. B. die hohe Komorbidität von Lese-Rechtschreibschwäche und Aufmerksamkeits-Hyperaktivitäts-Störung auch aus dem Umstand erklärbar, dass die Symptome der Grundstörung generell zu einer ausgesprochen ungünstigen Lernsituation führen.

Für die *Entstehung einer Lese-Rechtschreibstörung* wird ein bio-psycho-soziales Bedingungsmodell angenommen, d. h. einzelne Einflüsse führen nicht zwangsläufig zur Herausbildung einer Lernstörung, sondern Faktoren auf verschiedenen Ebenen wirken zusammen. Bisher wurden folgende Risikofaktoren isoliert (nach Warnke & Plume, 2008):

- Genetik: Es wird eine starke familiäre Häufung beobachtet sowie ein deutlich höheres Risiko, dass zweieiige Zwillinge beide diese Störung ausbilden. Es werden bereits Bezüge zu ganz bestimmten Chromosomen hergestellt, allerdings wird von einer polygenetischen Verursachung ausgegangen.
- Neurologie: Mit bildgebenden Verfahren wurden Abweichungen der Aktivierungsmuster in der Großhirnrinde nachgewiesen.
- Wahrnehmungs- und Blickfunktionsstörungen: Die spontanen orientierenden Blickbewegungen von Kindern mit einer Lese-Rechtschreibstörung sind oft unpräziser als diejenigen gleichaltriger Kinder.
- Es wurde ein Zusammenhang mit Sprachentwicklungsverzögerung („late talkers") nachgewiesen (siehe Kap. 3.6.4).
- Auch bei der Entstehung einer Lese-Rechtschreibschwäche oder Lese-Rechtschreibstörung ist die phonologische Bewusstheit das wichtigste Merkmal mit Vorhersagekraft der Leseentwicklung und Rechtschreibleistung.
- Häusliche Lesesozialisation: Kinder aus schwächeren sozialen Schichten haben ein erhöhtes Risiko, eine Lese-Rechtschreibschwäche oder Lese-Rechtschreibstörung zu entwickeln.

Unterschiede bei Vorliegen einer Lese-Rechtschreibschwäche vs. Lese-Rechtschreibstörung ergeben sich auch für die anzusetzenden Behandlungsmaßnahmen (Schneider & Marx, 2008): Während bei einer manifesten Lese-Rechtschreibstörung ohne professionelle therapeutische Hilfe nur wenig Verbesserung erwartet werden kann, ist es dem Kind oder dem Jugendlichen bei einer Lese-Rechtschreibschwäche u. U. noch möglich, durch Übung und die Anwendung selbstregulativer Maßnahmen die Rechtschreibleistung deutlich zu verbessern oder gar die Probleme nahezu ganz zu überwinden.

Entsprechend kommt der *Didaktik des Schriftsprach-Eingangsunterrichts* eine besondere Bedeutung zu. Wie in Kapitel 3.2.5 bereits angesprochen, wurde in den 1960er Jahren eine hitzige Debatte geführt, ob eine analytische (= es werden ganze Wörter gelernt und erst nach und nach die Buchstaben daraus isoliert) oder synthetische Lehrmethode (= es werden erst Graphem-Phonem-Zuordnungen gelernt und daraus dann die Wörter zusammengesetzt) verwendet werden soll. Klicpera, Schabmann und Gasteiger-Klicpera (2007) fassen die Evaluationsbefunde deutscher Studien dahingehend zusammen, dass der synthetische Erstleseunterricht in den unteren Klassen und bei lernschwächeren Schülerinnen und Schülern zu besseren Ergebnissen führt.

In Deutschland wird heute üblicherweise nach einem überwiegend synthetischen Ansatz unterrichtet, der allerdings relativ schnell zur Bildung von Wörtern und einfachen Sätzen übergeht (integrativer Ansatz, vgl. Klicpera, Schabmann & Gasteiger-Klicpera, 2007). Hinsichtlich der in diesem Rahmen vorliegenden methodischen Zugänge ist für keine der speziellen Methoden eine Überlegenheit gesichert. Generell lässt sich allerdings zusammenfassen, dass ein Leseunterricht, der Lautstruktur und phonologische Rekodierung betont, zur Ausbildung einer schnellen und akkuraten Worterkennung beiträgt. Daraus ergibt sich ein zweiter positiver Effekt: Je schneller und akkurater die Worterkennung, desto höher sind Lesegeschwindigkeit und Leseverständnis, weil durch die gewonnene frühe Automatisierung in den basalen Inhaltsbereichen und Fertigkeiten Ressourcen für das Textverständnis freigesetzt werden (Siegler, 2001). Dies wird auch hinsichtlich des Fernziels der Produktion von Texten zu besseren Ergebnissen führen.

Aus diesen Besonderheiten lassen sich sehr leicht mögliche vorschulische und unterrichtsbegleitende *Fördermaßahmen* ableiten. Eine Frühförderung ist generell anzustreben, denn Vorschulkinder profitieren offensichtlich von den Maßnahmen deutlich mehr als Grundschul- und insbesondere ältere Schulkinder (Ehri et al., 2001).

Verschiedene Untersuchungen belegen, dass das Leseverstehen mit dem Ausmaß des Selbst- und Vorlesens korreliert (Pfost, Dörfler & Artelt, 2010; Möller & Schiefele, 2004; Morgan & Fuchs, 2007; McElvany, Kortenbruck & Becker, 2008; Schaffner & Schiefele, 2007). Schneider und Marx (2008) resümieren, dass sich regelmäßige häusliche, gemeinsame sprachliche Aktivitäten (Lesen, Vorlesen, dialogisches Bilderbuchlesen) direkt positiv auf die allgemeinen sprachlichen Fähigkeiten, das Leseinteresse und damit auch auf die spätere Lesefähigkeit auswirken (siehe auch Retelsdorf & Möller, 2007). Insbesondere das Vorlesenlassen (z. B. den jüngeren Geschwistern) trainiert nicht nur die Lesefähigkeit, sondern motiviert auch, und zwar über das Erleben von Kompetenz.

Als besonders erfolgreich gelten Trainings, welche die phonologischen Fähigkeiten fördern (Schneider & Marx, 2008). Bei jüngeren unauffälligen Kindern kann die Ausbildung der phonologischen Bewusstheit durch Lauschspiele, Reime, Spiele mit Sätzen und Wörtern sowie Silbenspiele gefördert werden. Bei älteren Kindern ist ein gezieltes Training von Anlauten und Phonemen zu empfehlen. Sie sollten bei Problemkindern täglich über mindestens ein halbes Jahr von geschulten Kräften durchgeführt werden. Trainingskonzepte zur phonologischen Bewusstheit scheinen auch für die Behebung von Sprachrückständen bei Kindern mit Migrationshintergrund effektiv zu sein (vgl. Schneider & Marx, 2008). Ein Training der Orthografie ist hingegen in der Regel nicht notwendig: Klicpera und Gasteiger-Klicpera (2000) erhoben bei 1 793 Kindern aus der zweiten, dritten und vierten Grundschulkasse die orthografische und phonologische Leistung. Sie stellten fest, dass „schwache Rechtschreiber" zwar wie erwartet mehr Probleme bei phonologischen Rekodierungsaufgaben aufwiesen (sie zeigten noch gegen Ende der Grundschulzeit spezielle Schwierigkeiten bei der Wiedergabe von Konsonantenverbindungen und von Verschlusslauten), jedoch über ein insgesamt größeres orthografisches Wissen verfügen. Auch in der Sekundarstufe können schwache Rechtschreiber, die „wissensbasiert" schreiben, u. U. noch von einem Training der phonologischen Bewusstheit profitieren, da dies auch das orthografische Wissen zusätzlich absichert und darüber nachhaltig die Rechtschreibleistung verbessern kann.

In der Sekundarstufe kann das Leseverständnis durch die Methode des peer-gestützten Lernens gefördert werden (Spörer et al., 2008; Spörer, Brunstein & Arbeiter, 2007). Hierbei bearbeiten Schülerinnen und Schüler im Zweierteam Trainingsaufgaben und nehmen wechselseitig die Rolle der Lernenden und die des Tutors ein (siehe z. B. das Programm „PALS" von Fuchs et al., 1997; Fuchs, Fuchs & Kazdan, 1999). Die peer-gestützten Verfahren gelten als wirksamer Ansatz zur Steigerung der Lernmotivation und Lernaktivität (vgl. Rohrbeck et al., 2003).

Während der Förderbedarf bei schwachen Rechtschreibern z. B. hinsichtlich der phonologischen Bewusstheit gut über Screenings festgestellt werden kann (Schneider & Marx, 2008), ist die Diagnose einer manifesten Lese-Rechtschreibstörung immer über eine professionelle Einzeldiagnostik zu sichern (Mann, Oberländer & Scheid, 2001). Hierzu gehören auch die Abklärung des Hör- und Sehvermögens sowie von Störungen in sonstigen Entwicklungsbereichen. Eine frühzeitige Intervention ist unbedingt anzuraten. Leider werden die Probleme oft erst mit dem heutzutage späten Einsetzen des Benotungssystems offenbar. Je größer jedoch der Rückstand ist, desto zeitintensiver und mühevoller gestaltet sich die Durchführung der Maßnahmen. Lehrkräfte sollten deshalb unbedingt bereits beim Erstleseunterricht aufmerksam die Lernfortschritte der Kinder beobachten und sie ggf. einer begleitenden Förderung zuführen (vgl. Klicpera, Schabmann & Gasteiger-Klicpera, 2007).

Auch bei einer Therapie der Lese-Rechtschreibstörung steht die Übung der Rechtschreibung im Vordergrund. Sie geschieht jedoch auf der Basis einer individuellen Fehleranalyse mit Hilfe erprobter Inventare und ggf. auch unter Zuhilfenahme psychotherapeutischer Interventionstechniken (Entspannungsverfahren, Gesprächtherapie zur Angstreduktion; vgl. Mann, Oberländer & Scheid, 2001). Der Leseförderung wird oberste Priorität eingeräumt, d. h. die Inventare enthalten Übungen zur Lautbewusstheit, Übungen zur Buchstabenkenntnis, zur Festigung der Laut-Buchstaben-Zuordnung sowie zur Übung der Lautsynthese unter systematischer Steigerung der Schwierigkeitsstufen (für einen Überblick siehe von Suchodoletz, 2006). Auch wenn all diese Übungen aufgrund ihrer einfachen Strukturen durchaus auch im Elternhaus gemacht werden können, erweist es sich in vielen Fällen als therapeutisch notwendig, sie unter „neutraler" Aufsicht durchzuführen, da sich häufig durch die teils bereits jahrelang anhaltende schulische Misserfolgssituation eine ausgesprochen ungünstige Eltern-Kind-Dynamik bei der Unterstützung des schulischen Lernens ausgebildet hat. Dennoch kann auf eine Einbeziehung des Elternhauses (und der Schule) nicht verzichtet werden. Im Vordergrund steht die Informationsvermittlung, wie für das individuelle Kind die Lernumgebung gestaltet sein sollte, mit welchen Maßnahmen seine Lernmotivation unterstützt werden kann und wie Rückmeldungen gestaltet sein sollten (siehe von Suchodoletz, 2006).

Hinsichtlich des *Erwerbs der Rechenfähigkeit* stellen die oben beschriebenen Vorläuferfähigkeiten den Grundstock für den Erwerb aller höheren rechnerischen und mathematischen Fähigkeiten dar. Weitere Entwicklungsveränderungen, die lediglich mit dem Alter in Zusammenhang stehen, betreffen die Erweiterung des Zahlenbereichs. Deshalb ist es nicht verwunderlich, dass die im Vorschulalter erreichte Kompetenz in den Vorläuferfähigkeiten auch im Schulalter zwischen „guten" und „schlechten" Schülerinnen und Schülern im Sinne erreichter Schulnoten diskriminiert (Krajewski & Schneider, 2006; Weißhaupt, Peucker & Wirtz, 2006): Bereits im Vorschulalter lassen sich beträchtliche interindividuelle Unterschiede in der Lerngeschwindigkeit, der erreichten Kompetenzstufe und der Akkuratheit, mit der die Rechenstrategien angewendet werden, feststellen. Auch im Schulalter rechnen rechenschwache Schülerinnen und Schüler typischerweise langsamer und weniger genau und verfügen über weniger Lösungswissen (Grube, 2009). Rechnen zu verstehen bedeutet jedoch mehr als das Erinnern von Lösungen und Beherrschen von Lösungsverfahren: Ohne ein Verständnis für die dahinterstehenden Prinzipien und Begriffe und das Verständnis dafür, *warum* bei bestimmten Aufgaben bestimmte Rechenverfahren besser geeignet sind als andere, kann der Transfer des Gelernten auf untypische Aufgabenstellungen nicht gelingen. Ähnlich wie beim Schriftspracherwerb ist das Erreichen einer Automatisierung grundlegender und breit anwendbarer Verfahren unumgänglich, um höhere mathematische Aufgaben erfolgreich bewältigen zu können. Die sichere Beherrschung der Grundrechenarten sowie des Einmaleins sind dafür unabdingbar. Entsprechend sollten die individuellen Lernfortschritte der Kinder im Eingangsunterricht besondere Beachtung erfahren.

Eine *Störung der Rechenfähigkeit* ist analog zur Störung des Schriftspracherwerbs definiert (Krajewski & Schneider, 2005). Eine Rechenschwäche bzw.

3.7 Entfaltung schulischer Fähigkeiten

Rechenstörung (Dyskalkulie) drückt sich in deutlich schlechteren Leistungen im Vergleich zur Kontrollgruppe aus. Defizite zeigen sich vor allem in der Beherrschung grundlegender Rechenfertigkeiten, weniger bei den höheren mathematischen Fertigkeiten (Saß et al., 2003). Spezifische Merkmale sind eine schwache Mengen-Zahlen-Kompetenz, eine geringe Arbeitsgedächtniskapazität für Zahlen und eine langsamere Verarbeitung numerischer Information. Zu den Risikofaktoren gehören mangelnde Vorerfahrungen und eine geringe Wertschätzung rechnerischer Fähigkeiten in der Familie. Die Problematik tritt in der Regel bereits in der Grundschule auf, ein erstmaliges Auftreten in der Sekundarstufe ist unwahrscheinlich.

Um die Diagnose Dyskalkulie (umschriebene = isolierte Störung der Rechenfähigkeit) zu stellen, muss gesichert werden, dass die Beeinträchtigung nicht allein durch eine allgemeine Intelligenzminderung oder unangemessene Beschulung erklärbar ist, nicht Folge einer neurologischen oder anderen Krankheit ist und die Lese- und Rechtschreibfähigkeiten im Normbereich liegen. Die mit Hilfe entsprechender Verfahren festgestellte Rechenfähigkeit darf auch hier den Prozentrang 15 nicht überschreiten (Saß et al., 2003). Die Erkenntnisse zu diesem Störungsbild sind jedoch ungleich geringer. Dennoch wird zur Erklärung dieses Störungsbildes ebenfalls ein bio-psycho-soziales Bedingungsmodell favorisiert (Van Eimeren & Ansari, 2009; Jacobs & Petermann, 2008). Allerdings gilt der Einfluss einer defizitären Unterrichtsdidaktik auf die Entstehung einer Rechenschwäche ungleich höher als bei der Lese-Rechtschreibschwäche. Besonders problematisch scheint es zu sein, wenn die Grundlegungsphase des Kopfrechnens (inklusive der Festigung des Einmaleins) nicht hinreichend lange und intensiv betrieben wurde (Krauthausen, 2009). Zudem bildet sich anders als bei der Lese-Rechtschreibschwäche recht schnell eine ausgesprochene „Angst vor Mathematik" aus, die auch den natürlichen Umgang mit Rechenoperationen vermeiden lässt und das Fähigkeitsdefizit weiter verstärkt (Jacobs & Petermannn, 2008). Das gängige Rollenstereotyp „Mädchen können nicht rechnen" kann sich ebenfalls verstärkend auf die Problematik auswirken, wenn die Rechenschwäche von den Betroffenen selbst in diesem Sinne als genetisch bedingt verstanden wird und Anstrengungen zur Überwindung unterbleiben. Dabei ist das Stereotyp gar nicht zutreffend: Wie eine Vielzahl an Untersuchungen belegen, sind Mädchen im Grundschulalter sogar die besseren Rechner (Tiedemann & Faber 1994). Bezeichnend ist ebenfalls, dass bei einer tatsächlich umschriebenen Rechenstörung Jungen und Mädchen im gleichen Ausmaß betroffen sind (Schwenck & Schneider, 2003).

Entsprechend kann der Abbau psychosozialer Barrieren und Rollenstereotype als eines der Förder- wie Therapieprinzipien formuliert werden. Bei Vorliegen einer Rechenschwäche bzw. Rechenstörung gilt parallel zum Vorliegen einer Lese-Rechtschreibstörung, dass eine differenzierte Diagnostik und individuelle Fehleranalyse der Einleitung der Maßnahmen immer vorangehen sollte (Lorenz, 2004). Obwohl auch bei der Rechenschwäche eine frühzeitige Intervention dringend anzuraten ist, ist die Diagnose wegen der heterogenen Eingangsvoraussetzungen der Kinder häufig erst gegen Ende der zweiten Schulstufe zu stellen (Jacobs & Petermann, 2008).

Eine basale *Therapiemaßnahme* stellt die Übung der Grundrechenfertigkeiten (Kopfrechen, Einmaleins) dar (Lorenz, 2004). Spezielle Förderprinzipien sind die Stärkung der Menge-Zahlen-Kompetenz, das Verbalisieren mathematischer Inhalte und der Einbezug abstrakt-symbolischer Darstellungsmittel (z. B. Zahlenstrahl; vgl. Stern, Hasemann & Grünke, 2004; Krajewski & Schneider, 2005; Lorenz, 1998). Krajewski (2008) weist darauf hin, dass bei der Verwendung solcher Darstellungsmittel darauf geachtet werden sollte, dass sie einen klaren Bezug zu der abstrakt-numerischen Struktur der Mathematik aufweisen. Für ungeeignet hält Krajewski beliebige und vielfältige Alltagsmaterialien, weil diese durch ihren Kontextbezug zu stark von der abstrakten Struktur des Zahlsystems ablenken. Bei Kindern, deren Gedächtniskapazitäten für numerisches Material begrenzt scheint, kann es hilfreich sein, die Verwendung von externen Repräsentationen einzuüben, wie z. B. die Verwendung von Konzeptpapier (auf dem Zwischenergebnisse notiert werden können) und die Durchführung von Nebenrechnungen (z. B. Zerlegung von Aufgaben in einfache Teilaufgaben; vgl. Schipper, 2009; siehe zusammenfassend Krajewski, 2008).

Literaturhinweise

Marx, P. (2007). *Lese- und Rechtschreiberwerb*. Paderborn: Schöningh.
Simon, H. (2005). *Dyskalkulie. Kindern mit Rechenschwäche wirksam helfen*. Stuttgart: Klett-Cotta.

3.7.2 Lernen und Wissensaufbau

Unter „Lernen" wird in der Psychologie ein Vorgang verstanden, der nicht direkt beobachtbar ist und über das Verhalten erschlossen werden muss. Lernen wird zum einen definiert als „ein auf Erfahrung, Übung oder Beobachtung basierender Prozess, der zu relativ überdauernden Veränderungen im Verhalten oder Verhaltenspotential führt" (Hammerl & Grabitz, 2006, S. 204). Lernen wird zum anderen jedoch auch definiert als „Aufbau und Gebrauch komplexer mentaler Wissensrepräsentationen" (Hammerl & Grabitz, 2006, S. 204). Da Wissensrepräsentationen Fertigkeiten umfassen (i. S. von gespeicherten Handlungsschemata), Fertigkeiten wiederum dem Verhalten zugrunde liegen, sind diese beiden Definitionen durchaus ineinander überführbar. Zudem sind Lernen und Gedächtnis nahezu untrennbar miteinander verbunden, denn durch die Kodierung, Abspeicherung und Abruf von Fakten und Handlungsschemata wird zukünftiges Verhalten beeinflusst (Schandry, 2006, S. 505). In diesem Kapitel wird in Anlehnung an Steiner (2006) und mit Blick auf die unterrichtspraktischen Implikationen zwischen *Lernen* (Lernen im Sinne eines Prozesses, im Zuge dessen Wissensrepräsentationen entstehen) und *Wissensaufbau* (Lernen im Sinne eines Prozesses, der den Erhalt und die Weiterverwendung der Wissensrepräsentationen ermöglicht) unterschieden.

Lernen meint also die Fähigkeit eines Individuums, Wissen und Fertigkeiten zu erwerben. Hasselhorn und Gold (2009, S. 35) definieren Lernen als einen

3.7 Entfaltung schulischer Fähigkeiten

„Prozess, bei dem es zu überdauernden Änderungen im Verhaltenspotential als Folge von Erfahrungen kommt". Lernen wird als *konstruktiver* Prozess verstanden, „keine Kopie der Wirklichkeit, sondern das Ergebnis einer individuellen Konstruktionsleistung" (Holodynski & Schiefele, 2008, S. 17). Er erfolgt zudem in bestimmten, in der Regel arrangierten Situationen („Pädagogische Situation" nach Krapp, Prenzel & Weidenmann, 2006, S. 23ff.) und ist sowohl ein individueller, selbstgesteuerter, als auch ein sozialer Vorgang (vgl. Holodynski & Schiefele, 2008). Damit sind drei der vier von Hasselhorn und Gold (2009) zusammengetragenen gängigen Auffassungen hinsichtlich des Lernbegriffs genannt:

- Lernen als Wissenserwerb (kognitionspsychologische Perspektive),
- Lernen als Verhaltensänderung (lerntheoretische Perspektive),
- Lernen als Konstruktion von Wissen (konstruktivistische Perspektive).
- Lernen als Aufbau von Assoziationen (neuropsychologische Perspektive)

Neurophysiologisch werden „Assoziationen" als Verknüpfungen zwischen Neuronen nach dem Hebb'schen Prinzip verstanden: „Wenn ein Axon des Neurons A nahe genug an einem Neuron B liegt, sodass Neuron B wiederholt oder anhaltend von Neuron A erregt wird, so wird die Effizienz von Neuron A für die Erregung von Neuron B durch einen Wachstumsprozess oder eine Stoffwechseländerung in beiden oder einem der beiden Neurone erhöht" (Birbaumer & Schmidt, 2006b, S. 155; siehe auch Schäfers & Teuchert-Noodt, 2008).

Schandry (2006, S. 505 ff.) unterscheidet zwei Vorgänge, durch die ein Wissens- und/oder Fertigkeitserwerb erreicht wird: nichtassoziatives und assoziatives Lernen.

Nichtassoziatives Lernen umfasst die Vorgänge „Habituation" und „Dishabituation". Unter *Habituation* (Gewöhnung) wird verstanden, dass ein Organismus auf die wiederholte Darbietung eines Reizes immer schwächer und am Ende gar nicht mehr reagiert, obwohl die Aktivität der reizaufnehmenden sensorischen Zellen nicht nachlässt (vgl. Schandry, 2006). Ein typisches Beispiel ist die Geruchswahrnehmung: Trägt eine Person Parfum auf, wird der Geruch zunächst sehr stark wahrgenommen, von der Umgebung wie auch der Person selbst. Während die Person den Geruch jedoch nach relativ kurzer Zeit kaum noch bemerkt, bleibt er für die Umgebung sehr viel länger deutlich wahrnehmbar. Die ausgelöste Reaktion ist die begleitende Empfindung der Person, die den Geruch als „gut" oder auch „störend" bezeichnet.

Habituation stellt die einfachste Form des Lernens dar und ist bereits im Mutterleib verfügbar (vgl. Kap. 2.1.1). *Dishabituation* meint dann entsprechend, dass durch die Gabe eines ähnlichen, aber qualitativ unterschiedlichen Reizes die Gewöhnungsreaktion unterbrochen wird; es erfolgt eine Reaktion auf den neuen Reiz in einem etwas stärkeren Ausmaß als auf den vorherigen vor der Habituierung (vgl. Schandry, 2006). Wird also (in Fortführung des obigen Beispiels) neues Parfum aufgetragen, obwohl das vorherige noch aktiv Duftstoffe abgibt, wird der neue Geruch von der Person sofort wieder wahrgenommen, der alte weiterhin nicht.

3 Entwicklung kognitiver Funktionen

Als *assoziatives Lernen* wird eine Verhaltensänderung bezeichnet, die darauf zurückzuführen ist, dass ein neuer Bezug zwischen zwei oder mehr Ereignissen hergestellt wurde. Als einfachste Form assoziativen Lernens können *Konditionierungsvorgänge* bezeichnet werden (Schandry, 2006, S. 507). Es wird das klassische und das operante Konditionieren unterschieden.

Das *klassische Konditionieren* geht auf Iwan Pawlow (1849–1936) und John B. Watson (1878–1958) zurück. Es besteht im Wesentlichen darin, dass während der Auslösung einer Reflexhandlung (z. B. Speichelfluss bei Anblick von Futter) parallel konsequent ein alternativer Reiz dargeboten wird (z. B. Glockenton). Dadurch wird erreicht, dass nach einer gewissen Zeit die Reflexhandlung auch bei alleiniger Präsentation des alternativen Reizes ausgelöst wird.

Das *operante Konditionieren* geht auf Edward Lee Thorndike (1874–1949) und Burrhus F. Skinner (1904–1990) zurück. Es besteht im Wesentlichen darin, die *Auftretenswahrscheinlichkeit eines jedweden* spontan gezeigten Verhaltens durch Belohnung zu erhöhen bzw. durch Bestrafung zu vermindern. Eine belohnende Qualität im Sinne einer Erhöhung der Auftrittswahrscheinlichkeit eines bestimmten interessierenden Verhaltens kommt nicht nur der Darbietung einer positiven Konsequenz zu (positive Verstärkung), sondern auch der Entfernung oder Umgehung einer negativen Konsequenz des Verhaltens (negative Verstärkung). Analog kommt nicht nur der Darbietung einer negativen Konsequenz die Qualität einer Bestrafung zu, sondern auch der Wegnahme einer angenehmen Konsequenz (vgl. Bodenmann et al., 2004).

Die Applikation einer negativen/positiven Konsequenz erhöht oder verringert die Auftretenswahrscheinlichkeit des interessierenden Verhaltens und die Persistenz der Verhaltensänderung in Abhängigkeit von *Frequenz und Regelmäßigkeit der Verstärkergabe* sowie der zeitlichen Nähe zur erwünschten Verhaltensweise (Kontingenz): Ein Verstärker (auch: Token) wird umso wahrscheinlicher als direkte Konsequenz der Handlung begriffen, je unmittelbarer er auf diese folgt. Eine regelmäßige Belohnung nach jeder korrekten Reaktion (kontinuierliche Verstärkung) führt zu einer sehr raschen Verhaltensänderung, die aber in der Regel bei Ausbleiben der Belohnung auch schnell wieder eingestellt wird (Löschung). Wird die Belohnung nicht jedes Mal gewährt, sondern entweder quotiert nach einer bestimmten Anzahl von erwünschtem Verhalten oder nach Verstreichen eines bestimmten Zeitraumes (Intervall), wird sich das Verhalten zwar weniger schnell aufbauen, aber auch weniger schnell wieder verlieren, wenn die Belohnung ausgesetzt wird. Wird die Frequenz der Belohnungsgabe für das Individuum nicht mehr kalkulierbar, weil die Quoten oder Zeiträume variabel gehalten werden, potenzieren sich diese Zusammenhänge. In **Tabelle 3.4** sind die möglichen Verstärkerpläne und ihre Auswirkung auf Geschwindigkeit (G) und Persistenz (P) der Verhaltensänderung noch einmal zusammengefasst.

Tab. 3.4: Verstärkerpläne und ihre Auswirkung auf Geschwindigkeit (G) und Persistenz (P) der Verhaltensänderung

	Kontinuierlich = jede korrekte Reaktion	Intermittierend (= nicht alle korrekten Reaktionen)	
		Reaktionsbezogen (Quote)	Zeitbezogen (Intervall)
Regelmäßig (fix)	G+++ P- - -	G++ P-	G+ P+
Zufällig (variabel)	/	G- - P++	G- - - P+++

Sonderformen assoziativen Lernens sind das Erlernen von Sprache (vgl. Kap. 3.5), das Erlernen komplexer motorischer Abläufe (z. B. Klavier spielen; für einen Überblick siehe Haider & Hoyndorf, 2006), das Wahrnehmungslernen (zunehmende visuelle Unterscheidungsfähigkeit von Details bei Objekten, mit denen häufiger umgegangen wird; Squire & Kandel, 2009), das implizite Lernen (Lernvorgänge, die nicht bewusst sind, z. B. beim Erlernen der muttersprachlichen Grammatik; für einen Überblick siehe Frensch, 2006), das Computer-assistierte Lernen (für einen Überblick siehe Reimann, 2006) sowie das „Soziale Lernen". Hierbei werden unter dem Begriff „Soziale Lerntheorien" alle Theorien zusammengefasst, die Verhaltensänderungen aus der begleitenden sozialen Situation heraus erklären. Als Hauptvertreter gilt Albert Bandura (*1925), der als Erster das „Imitationslernen" beschrieb. Dieses auch als „Lernen am Modell" bekannte Prinzip besagt, dass ein Individuum auch dadurch lernt, indem es andere Individuen (ein Modell) beobachtet. Erscheint es dem Individuum als wahrscheinlich, dass es a) ebenfalls die Kompetenz besitzt, die Handlung auszuführen (Kompetenzerwartung), b) dieses dieselben (positiven) Konsequenzen nach sich ziehen wird (Erfolgserwartung) und es c) die Handlung auch so wird ausführen können, dass es mit sich zufrieden sein kann (Selbstbekräftigung), wird es die Handlung nachahmen. Ein anderes Individuum wird um so eher/erfolgreicher als Modell fungieren, je ähnlicher es dem lernenden Individuum ist, je erfolgreicher das Modell ist und je einfacher strukturiert und je ähnlicher die Verhaltensweise dem bereits vorhandenen Verhaltensrepertoire des lernenden Individuums ist (vgl. Bodenmann et al., 2004).

Modelllernen ist integraler Bestandteil des Unterrichtsalltags: Lehrerinnen und Lehrer fungieren explizit als Modelle, indem sie vormachen und anleiten, oder aber sie setzen medienvermittelt symbolische Modelle ein (z. B. über den Einsatz von Videos und Avataren als didaktischem Gestaltungsmittel in Unterrichtsmaterialien). Lehrerinnen und Lehrer werden besonders von Grundschulkindern als bedeutsames Modell erlebt, da die Nähe zur Elternfigur sehr groß ist. Aber auch für Jugendliche stellen sie häufig noch wichtige Identifikationsfiguren dar. Lehrerinnen und Lehrer stehen damit in besonderer Verantwortung hinsichtlich der Entwicklung der Kinder und Jugendlichen.

Lernen lässt sich also durch pädagogische Interventionen nachhaltig beeinflussen. Dies betrifft insbesondere die auf motivationale Faktoren zurückgehenden Aspekte des Lernens (Bodenmann et al., 2004) wie Ausdauer und Anstrengung bei den im Zuge des Lernvorgangs aufgewendeten Aktivitäten (vgl. unten Kap. 3.7.3). Sie können durch die Techniken des operanten Konditionierens angesprochen und unterstützt werden und sind deshalb integraler Bestandteil aller kinder- und jugendpsychotherapeutischen Verfahren. Als „Verstärker" kann alles dienen, was für das Individuum von Wert ist. Hierzu zählt auch einfache Zuwendung. Diese ist insbesondere jüngeren Kindern so wichtig, dass sie sie sogar über negative Kommunikation (z. B. Störverhalten) versuchen zu erlangen. Im Unterrichtsalltag liegt deshalb eine Gefahr darin, Störverhalten durch die Gabe von Strafreizen noch zu erhöhen, weil damit eine Beachtung der Person verbunden ist. Auf Dauer gesehen kann dies ein wirksamerer Verstärker sein als der Strafreiz (negative Verstärkung, vgl. Steiner, 2006). Auch aus diesem Grund ist es günstiger, wenn irgend möglich auf Strafen zu verzichten. Unerwünschtes Verhalten sollte besser dadurch zu verändern gesucht werden, dass alternative Verhaltensweisen aufgezeigt und das Auftreten dieser gewünschten Verhaltensweisen verstärkt wird. Es soll an dieser Stelle nachdrücklich darauf hingewiesen werden, dass bereits Thorndike und Skinner die Bestrafung im Sinne der Zuführung eines aversiven Reizes sehr kritisch sahen. Auch neuere Forschung konnte zeigen, dass Bestrafung kein wirksames Mittel ist, um eine nachhaltige Verhaltensänderung zu bewirken. Die Gründe liegen vor allem darin, dass keine Informationen über erwünschte Handlungsmuster gegeben werden und so lediglich eine Unterdrückung des Verhaltens, nicht aber eine tatsächliche Änderung der problematischen Verhaltensweise erreicht wird. Hinzu kommt, dass Bestrafungen negative Emotionen auslösen, die das Erzieher-Edukanden-Verhältnis nachhaltig negativ belasten können. Bestrafung ist nur dann gerechtfertigt, wenn ein Verhalten schnell unterbunden werden muss, z. B. weil es schädigend für das Individuum oder andere Personen ist (vgl. Bodenmann et al., 2004). Es ist dann nach Steiner (2006, S. 149f.) darauf zu achten, dass der Strafreiz auch intensiv genug ist, dass er für das Individuum eine deutlich negative Konsequenz darstellt und es sich dieser nicht entziehen kann. Der Strafreiz sollte zudem möglichst unmittelbar auf das unerwünschte Verhalten und im kompletten Ausmaß gegeben werden, jedoch nicht zu lange andauern, da sich das fragliche Verhalten sonst u. U. auch trotz der negativen Konsequenz wieder etabliert.

Der Einsatz von Verstärkern sollte keinesfalls unreflektiert erfolgen und die Maßnahmen immer in Vereinbarung mit der Zielperson etabliert werden. Es empfiehlt sich, im Rahmen einer sog. *Token-Planes* zuvor abzustimmen, was als Token fungieren soll, welche Anzahl von Token bei der Verwirklichung des Zielverhaltens maximal erhalten werden können, auf welchem Wege wann, wie viele und für welches Verhalten diese zugeteilt werden und wie sich der Token-Verdienst ggf. im Laufe der Verhaltensannäherung verändert. Als Token eignen sich z. B. Münzen, Murmeln oder auch einfach lachende Gesichter, die auf einen Plan eingezeichnet werden. Sie fungieren als Ersatz für den eigentlichen Verstärker: Wenn eine bestimmte Anzahl erworben wurde, können sie

3.7 Entfaltung schulischer Fähigkeiten

eingetauscht werden gegen etwas, das für die Person von tatsächlichem Wert ist und anders nicht erhalten werden kann (primärer Verstärker), z. B. eine gewünschte Aktivität (vgl. Lauth & Naumann, 2009). Ein Token-System kann auch auf umgekehrtem Wege eingesetzt werden: Bei einem *Response-Cost-Verfahren* (Verstärker-Entzugs-Plan) wird eine bestimmte Anzahl Token im Voraus zugeteilt (z. B. eine bestimmte Anzahl von lachenden Gesichtern oder Münzen), und vereinbart, dass bei Auftreten des unerwünschten Verhaltens jeweils eines entzogen wird (vgl. Lauth & Naumann, 2009).

Eine weitere Variante der operanten Verfahren ist die *Time-out-Technik*. Hierbei wird die Zielperson für einen bestimmten Zeitraum (z. B. 5–15 Minuten) von möglichst vielen Reizen isoliert, indem sie z. B. vor die Tür geschickt wird. Durch diese soziale und kommunikative Ausgrenzung werden dem Fehlverhalten jegliche Verstärkerreize entzogen, wie sie z. B. die Blicke der Mitschülerinnen und Mitschüler bei Störverhalten (Clownerien) im Unterricht darstellen. Ziel der Maßnahme ist es, dass der Person die Möglichkeit gegeben wird, zur Ruhe zu kommen und sein bzw. ihr Verhalten zu reflektieren. Es empfiehlt sich jedoch insbesondere bei längeren Time-out-Phasen nicht, die Kinder unbeaufsichtigt im Gang vor der Klasse zu lassen. Als alternative Möglichkeit kann ein Tisch in einer Nachbarklasse bereitgestellt werden, allerdings muss sichergestellt sein, dass sich dann niemand mit dem Neuankömmling beschäftigt. Kontrovers diskutiert wird in neuerer Zeit die Einrichtung von „Time-out-Zimmern", in denen die betroffenen Schülerinnen und Schüler auf eine speziell geschulte Lehrkraft treffen, um mit ihr das Störverhalten zu besprechen, zu protokollieren und gemeinsam eine Verhaltensänderung zu vereinbaren. Dieses von Balke 1996 im deutschen Sprachraum zur *Trainingsraum-Methode* ausgearbeitete Verfahren (z. B. Balke, 2003) wird vor allem dahingehend kritisiert, dass die Maßnahme, insbesondere wenn das Störverhalten aus Langeweile heraus entsteht, auch einen ungewollt gegenteiligen (d. h. belohnenden) Effekt haben kann (vgl. Bröcher, 2010; Bründel & Simon, 2007).

Bei allen operanten Verfahren ist zu berücksichtigen, dass die Konditionierbarkeit von Menschen lange nicht in dem Umfang gegeben ist, wie dies in Tierversuchen nachgewiesen wurde: Der Mensch nimmt mehr oder weniger bewusst wahr, dass er durch die Maßnahmen in seinem Verhalten beeinflusst werden soll, und kann sich dem entziehen, z. B. indem er beschließt, dass der dargebotene Verstärker keine Wertigkeit (mehr) für ihn besitzen soll. Jedoch erfordert dies eine bewusste und umfängliche Reflexion über das Geschehen. Je jünger Kinder sind und/oder je weniger weit die kognitiven Strukturen entwickelt sind, desto besser wirken solche operanten Verfahren. Mit dem Alter wandelt sich zudem auch die Wertigkeit von Gratifikationen: Während es Grundschulkinder z. B. noch mit Stolz erfüllt, die Tafel wischen zu *dürfen*, stellt dies für Jugendliche eine eher aversive Tätigkeit dar.

Analog zu den in Kap 3.7.1 besprochenen Vorläuferfähigkeiten des Lesens, Schreibens und Rechnens beginnt der *Aufbau von Wissen* ebenfalls nicht erst in der Schule. Bereits im Säuglings- und Kleinkindalter erwerben Kinder Kenntnisse über biologische und physikalische Vorgänge (für einen Überblick siehe

Mähler, 1999). Hinsichtlich des Wissens über lebende Dinge („Intuitive Biologie") lässt sich bereits im ersten Lebensjahr beobachten, dass Säuglinge Menschen und unbelebte Objekte unterscheiden (siehe z. B. Rakinson & Poulin-Dubois, 2001). Einige Untersuchungen legen sogar nahe, dass schon sieben Monate alte Babys Menschen von Säugetieren unterscheiden können (siehe z. B. Pauen, 2000). Eine fortgeschrittene Sprachentwicklung macht eine genauere Untersuchung des Erwerbs von Konzepten möglich. So ist belegt, dass Kinder bereits im Vorschulalter Kenntnisse über wesentliche Eigenschaften und ein Verständnis für die Unterschiede von biologischen, psychischen und physikalischen Prozessen erwerben: Sie eigen sich grundlegendes Wissen über Pflanzen und Tiere (wachsen, müssen sich ernähren und können sich fortbewegen, sterben; siehe z. B. Hickling & Gelman, 1995; Rosengren et al., 1991; Wellman & Gelman, 1998) sowie Vererbung an (gleiches Aussehen von Eltern und Kindern wird erwartet; siehe z. B. Gelman & Wellman, 1991). Hinsichtlich physikalischer Vorgänge zeigen Kinder sehr früh ein großes Interesse an Kausalität. Wie Piaget (vgl. Kap. 3.4) eindrücklich beschrieben hat, entwickelt sich ein Ursache-Wirkungs-Denken bereits im ersten Lebensjahr. Bereits Kleinkinder verstehen, dass Kraft und Energie Veränderungen bewirken, dass größere Objekte stärkere Kräfte ausüben als kleinere und dass unbelebte Objekte sich nur bewegen, nachdem sie von einem anderen Objekt angestoßen werden (siehe z. B. Cohen & Oakes, 1993; Kotovsky & Baillargeon, 1994). Im Vorschulalter entwickelt sich aus diesen Grundannahmen ein System von Erwartungen über Handlungsfolgen, das als „Intuitive Physik" zusammengefasst wird und letztlich das Alltagsverständnis der Grundgesetze der klassischen Mechanik beinhaltet. Diese Theoriebildung bewegt sich interessanterweise auf dem Stand der mittelalterlichen Physik, d. h. sie beinhaltet auch typische Misskonzepte (z. B. die Annahme, die Erde sei eine Scheibe; Vosniadou & Brewer, 1992). Im Laufe der Zeit werden daraus robuste Strukturen, was im Unterricht zu Problemen führen kann, wenn sich intuitives Wissen und Lehrbuchphysik widersprechen.

Die Entstehung dieser sog. Intuitiven Theorien über das Was, Wie und Warum der dinglichen (und auch psychologischen) Umwelt wird mit der Kernwissen-Hypothese erklärt (Wellman & Gelman, 1998; vgl. Kap. 3.4.4): Menschen sind biologisch darauf vorbereitet, bestimmte überlebenswichtige Wissensbestände besonders schnell zu erwerben. So war es evolutionär sicherlich von großer Bedeutung, schnell Wissen über Pflanzen und Tiere aufzubauen. Als Beleg für die Kernwissen-Hypothese wird angeführt, dass Kinder weltweit gleichermaßen von Tieren und Pflanzen fasziniert sind und sehr schnell diesbezüglich Wissen aufbauen und gut behalten. Zudem strukturieren alle Kinder ihr Wissen nach den gleichen Prinzipien (Wachstum, Reproduktion, Vererbung, Krankheit, Genesung). Allerdings ist auch eine Alternativerklärung denkbar: Im Sinne einer soziokulturellen Hypothese (z. B. Wygotsky, 1978) wird angenommen, dass die Informationen, die Kinder aus ihrer sozialen Umgebung *angeboten* bekommen, ihnen diesen schnellen Wissensaufbau ermöglichen. Eine integrative Position postuliert, dass es ein angeborenes Interesse für das Erlernen dieser Wissensbestände gibt und dieses die Lernmotivation bestimmt, die Umgebungsinformationen allerdings die jeweiligen gelernten Inhalte (vgl. Siegler, Deloache & Eisenberg, 2008, S. 223ff.).

Auch der *Wissensaufbau* bildet so verstanden die Fortsetzung eines bereits in Gang gekommenen kognitiven Entwicklungsprozesses. Systematisierter Wissensaufbau wird zum einen durch die Abspeicherung von Fakten und Handlungsschemata im Gedächtnis erreicht, zum anderen durch deren Verknüpfung und Neukombination. Wissensaufbau lässt sich weniger durch pädagogische Interventionen beeinflussen, als vielmehr durch didaktisches Handeln unterstützen und fördern.

So haben die von den Bildungsministerien vorgeschlagenen Kerncurricula bereits berücksichtigt, dass der Aufbau biologischen Wissens in der Schule günstigerweise unter Rückgriff auf das allgemein große Interesse an Tieren erfolgen sollte: Zuerst wird die Besprechung von Tieren vorgeschlagen, dann die von Pflanzen. Inhaltlich ist vorgesehen, die von Kindern mit besonderem Interesse belegten Kategorien Wachstum, Reproduktion, Vererbung, Krankheit und Genesung aufzugreifen. Das intuitive Wissen über diese Inhalte kann didaktisch genutzt werden, z. B. im Rahmen eines fragend-entwickelnden Unterrichts. So verfügen bereits Fünfjährige über ein funktionales Verständnis der Beziehung von Zeit und Geschwindigkeit. Analog zu den Erkenntnissen von Piaget (vgl. Kap. 3.4.4) ist die Beziehung von Masse, Volumen und Dichte für viele Kinder bis in die mittlere Kindheit hinein offenbar kaum verständlich. Kindliche Gewichtsurteile hängen stark von der physischen Wahrnehmbarkeit des Gewichtes ab (Smith, Carey & Wieser, 1985), erst mit etwa neun Jahren beginnen Kinder zu verstehen, dass sich weder Masse noch Gewicht einfach in nichts auflösen können. Kinder halten teilweise bis ins zwölfte Lebensjahr hinein auch Elektrizität, Temperatur, Echo oder Schatten für materielle Größen (für einen Überblick siehe Wilkening, Huber & Caccione, 2006). Didaktisch berücksichtigt werden sollte deshalb insbesondere das bis in die Sekundarstufe hinein vorwiegend anschauungsgebundene Denken der Kinder. Dies kann z. B. durch die Einbeziehung einer praktischen Auseinandersetzung mit der Natur und den physikalischen Themen geschehen (z. B. im Rahmen von Experimenten, Exkursionen oder einer Projektwoche).

Weitere Unterstützungsmöglichkeiten liegen in der *Reduktion* der Anforderungen an das Gehirn, die Anleitung zur effizienten Speicherung und Organisation der Lerninhalte (Lernstrategien) und die Übertragung früher erworbenen Wissens auf neue Probleme (Transfer). Eine Reduktion der Anforderungen an das Gehirn kann z. B. durch eine passende Präsentation von Informationen erreicht werden. Die Art der Präsentation der Informationen kann sowohl die Effizienz ihrer Aufnahme erhöhen, strukturiert aber auch ihre Abspeicherung vor (vgl. auch Kap. 3.2.5). So gelingt es z. B. Kindern umso besser, Gedächtnisaufgaben zu erfüllen, je näher diese ihrer allgemeinen Lebenserfahrung entsprechen (Goswami, 2001). Auch Jugendliche können Inhalte, die einen persönlichen Bezug, eine subjektive Bedeutung, eigene Interessen oder Alltagsrelevanz aufweisen, besser behalten (Brand & Markowitsch, 2006). Es ist deshalb günstig, im Unterrichtsvortrag solche Eigenheiten der Lerninhalte besonders hervorzuheben oder das Lernmaterial danach auszuwählen. Durch die mediale Hervorhebung wichtiger Informationseinheiten (z. B. farbliche oder andere gestalterische Kennzeichnung von Unterrichtsmaterialien oder eine besondere verbale Ankündigung) wird die Aufmerksamkeit auf die tatsächlich relevanten Reize gelenkt. Auch die verbale Vorstrukturierung einer Kerneinheit, z. B. indem zu Beginn des Unterrichts ein Überblick über die Themen der Stunde gegeben wird, erleichtert es, dem „roten Faden" der Lerneinheit zu folgen und daran entlang das Gehörte geordnet abzuspeichern (Brand & Markowitsch, 2006). Die Verinnerlichung komplexer Sachverhalte kann dadurch gefördert werden, dass sie anhand von zusammenfassenden Schaubildern besprochen werden. Dies unterstützt die nachhaltige Abspeicherung der Information durch Ausbildung von semantischen Netzwerkstrukturen. Denn solche auch als „Verräumlichungsstrategien" bezeichneten Techniken sind eine effiziente Form der Wissensorganisation (vgl. Steiner, 2006, S. 177ff.), weil sie zwei besonders wirksame grundlegende Lernstrategien vereinen: *Organisieren* und *Veranschaulichen*.

Eine weitere basale Lernstrategie stellt das *Wiederholen* dar: Sie kann verbal (laut oder mental wiederholen) als auch schriftlich erfolgen (abschreiben). Auch wenn einfaches Wiederholen als relativ wenig effektive Lernstrategie gilt, die zu einer recht kurzzeitigen Einspeicherung und wenig nachhaltigem Abruf führt (Imhof, 2010), sollte ihre Wirksamkeit nicht unterschätzt werden. Insbesondere das Abschreiben kann die Abspeicherung des Wissens wirksam vorstrukturieren und damit unterstützen, besonders wenn damit bereits eine Organisation des Wissens verbunden ist (Erstellen eines Lernskriptes). Das jedem Lernenden wohlbekannte Phänomen, sich einen Spickzettel zu machen, diesen dann letztlich aber gar nicht mehr zu benötigen, wird in diesem Zusammenhang erklärlich.

Eine effektivere Strategie als das einfache Wiederholen ist das *Elaborieren*. Darunter wird verstanden, neue Informationen durch Integration in bereits vorhandene Wissensstrukturen abzuspeichern. Allerdings ist diese Strategie nur dann zielführend, wenn die Zuordnungen der Informationen zu Wissenssegmenten auch richtig sind und nicht irrtümliche Schlüsse gezogen werden (Imhof, 2010). Dies kann z. B. durch Kleingruppenarbeit unterstützt werden (Brand & Markowitsch, 2006).

Transfer gilt als besonders ökonomische Form des Aufbaus von Wissen. Transfer besteht im Wesentlichen im Gebrauch bereits früher erworbenen Wissens bei der Konfrontation mit neuen Inhalten oder neuen Situationen (Steiner, 2006, S. 195ff.). Transferleistungen beim Lernen sind deshalb eigentlich automatisch zu erwarten, das Wissen ist ja – zumindest theoretisch – bereits da. Häufig zeigt sich jedoch, dass gerade dies nicht genutzt wird. Steiner (2006) nennt als Gründe hierfür zum einen, dass Basiswissen nicht solide gelernt und eingeübt wurde, zum anderen dass auch emotionale und motivationale Aspekte eine große Rolle spielen, wie z. B. die Nähe zum Gegenstand oder die aktuell gegebene Motivation, sich das neue Wissen auch gründlich aneignen zu wollen.

Literaturhinweise

Hasselhorn, M. & Gold, A. (2009). *Pädagogische Psychologie*. Stuttgart: Kohlhammer.
Bründel, H. & Simon, E. (2007). *Die Trainingsraum-Methode*. Weinheim: Beltz.

3.7.3 Entwicklung des Leistungshandelns

Motivationale Variablen sind eine wesentliche Determinante bei der Umsetzung des intellektuellen Potentials in Leistung. Neben den kognitiven Voraussetzungen werden Lern- und Leistungsmotivation als entscheidende Bedingung der Lernleistung angesehen (z. B. Pekrun & Schiefele, 1996). Nach Ramseier (2004) kann Lern- und Leistungsmotivation als Prozessfaktor oder als Qualitätskriterium in Erscheinung treten, als Determinante wie auch Ergebnis schulischen Lernens.

Motivation ist nach Rheinberg (2008, S. 15) als „aktivierende Ausrichtung des momentanen Lebensvollzuges auf einen positiv bewerteten Zielzustand" definiert. Der Begriff „Lernmotivation" bezeichnet im schulischen Kontext die Bereitschaft einer Schülerin bzw. eines Schülers, sich aktiv, dauerhaft und wirkungsvoll mit bestimmten Themengebieten auseinanderzusetzen, um „Wissen" (hier verwendet in einem weitest möglichen Verständnis des Begriffs) zu erwerben und/oder sein bzw. ihr Fähigkeitsniveau zu verbessern. „Motiviert sein zu lernen" ist für den schulischen Lernerfolg von besonderer Wichtigkeit, denn dieser Zustand fördert den Einsatz tiefenorientierter Lernstrategien und bewirkt nachhaltige Lernerfolge (Schiefele & Schreyer, 1994).

Leistung ist psychologisch definiert als die Anzahl der richtig gelösten Aufgaben in einer Zeiteinheit, das *Leistungsmotiv* als die Bereitschaft eines Menschen, durch eigene Tüchtigkeit Aufgaben zu lösen (Rheinberg, 2008). Aktualisierte Leistungsmotivation bezeichnet den Wunsch bzw. die Absicht, etwas zu leisten, d. h. Erfolge zu erzielen und Misserfolge zu vermeiden, wobei zur Bewertung der Leistung ein individuell als gültig erachteter Gütemaßstab herangezogen wird (vgl. Heckhausen & Heckhausen, 2006; Langens, 2009, S. 218). Holodynski (2007) hebt die normative Dimension leistungsmotivierten Handelns hervor: Der Anreiz zum Handeln liegt darin, eine positive Bewertung der eigenen Tüchtigkeit zu erlangen. Hierfür kommen jedoch nur solche Tätigkeiten in Betracht, die in der Gemeinschaft, der sich das Individuum zugehörig sieht, auch wertgeschätzt werden.

Das in der psychologischen Fachliteratur prominente *Selbstbewertungsmodell der Leistungsmotivation* von Heckhausen (z. B. Heckhausen & Heckhausen, 2006) erklärt das aktuelle Handeln aus der Interaktion von Personfaktoren (Bedürfnisse, Ziele und Motive), Situationsfaktoren (Gelegenheiten und Anreize) sowie den sich aus den Folgen (Fremdbewertung, Selbstbewertung, aktuelle materielle Vorteile, Einfluss auf langfristige Ziele) ergebenden Rückkoppelungen (z. B. über Ursachenzuschreibungen hinsichtlich des Zustandekommens des aktuellen Handlungsergebnisses; vgl. Stiensmeier-Pelster & Heckhausen, 2006; Holodynski, 2007). **Abbildung 3.10** stellt diese Zusammenhänge grafisch dar.

3 Entwicklung kognitiver Funktionen

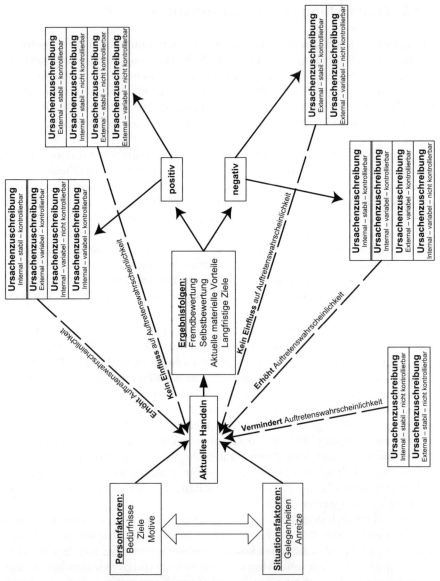

Abb. 3.10: Prozessmodell der Leistungsmotivation (nach Heckhausen & Heckhausen, 2006, sowie Holodynski, 2007)

Schüler (2009, S. 139) stellt fest, dass sich das Leistungsmotiv im Selbstbewertungsmodell „als Resultat eines in sich selbst stabilisierenden Systems aus verschiedenen Teilprozessen konzipiert" und weniger eine stabile Persönlichkeitsdisposition darstellt. Dennoch ist zu beobachten, dass sich im Laufe der Lerngeschichte ein (zumindest implizites) Leistungsmotiv entwickelt, das die Herangehensweise einer Person an Aufgaben mit leistungsthematischem Inhalt

3.7 Entfaltung schulischer Fähigkeiten

vorhersagt und hinsichtlich dessen Ausprägung sich Personen unterscheiden (vgl. Langens, 2009): Misserfolg vermeiden wollen vs. Erfolg suchen.

Es ist offensichtlich, dass Lernmotivation immer auch einen Leistungsaspekt beinhaltet. Lern- und Leistungsmotivation können jedoch in distinkter Weise voneinander abgegrenzt werden: Die *Leistungsmotivation* ist als eine Verhaltensbereitschaft anzusehen, die in unterschiedlichem Ausmaß in Richtung *Misserfolgs- und Erfolgsmotivation* ausgeprägt ist und die Aspekte Ehrgeiz, Perfektionismus und Überlegenheitsstreben beinhaltet. Dies alles spielt jedoch bei der Lernmotivation kaum eine Rolle, lernmotiviertes Verhalten ist vor allem gekennzeichnet durch eine Passung zwischen Anforderungen und Können und weniger durch eine Erfolgsorientierung. Auch stehen bei dem Leistungsverhalten die Wahl des Anspruchsniveaus, die Ausdauer und die erzielte Leistung im Mittelpunkt, all das weist keine direkte Beziehung zu Lernvorgängen auf. Mit Blick auf die Motivebene werden die Unterschiede noch deutlicher (vgl. Kasten 3.4): Das Leistungsmotiv stellt eine personspezifische Konstante dar, die den leistungsthematischen Aspekt einer Situation je nach individueller Ausprägung mehr oder weniger auffällig macht. Das Lernmotiv hingegen bringt den Aspekt des Wunsches nach Wissensanreicherung in den Fokus der Aufmerksamkeit. So konnte z. B. Pekrun (1993) die faktorielle Unabhängigkeit lern- und leistungsmotivierten Verhaltens belegen.

Kasten 3.4: Distinkte Aspekte lern- vs. leistungsmotivationalen Lernverhaltens

Auch Schick (2008) überprüfte im Rahmen eines größeren Forschungsprojektes die faktorielle Unabhängigkeit von lern- vs. leistungsthematischen Aussagen an einer Stichprobe von 1180 Gymnasiastinnen und Gymnasiasten der 9. Schulstufe. Die Ergebnisse belegen, dass lern- und leistungsmotivationale Aussagen zwar durchaus einen Überlappungsbereich aufweisen, allerdings jeweils auch spezifische Aspekte beinhalten.

Item / Faktor	Leistungsehrgeiz	Freude an Denktätigkeit	Durchhaltewille	Lernbereitschaft und Erkenntnisinteresse	Freude am Problemlösen
Ich habe mich immer angestrengt, die besten Zeugnisnoten zu erhalten, die mir möglich waren.	x			xx	
Ich bin als harter und ausdauernder Lerner bekannt.	x			xx	
Jeder, der hart arbeitet, kann es zu etwas bringen.	x				
Ich arbeite rascher und zügiger als andere.	xx				
Ich stelle hohe Anforderungen an mich und erwarte von anderen dasselbe.	xx				
Ich versuche, es immer ein bisschen besser zu machen, als man es von mir erwartet.	xx			x	
Neue Lösungen für Probleme zu finden macht mir wirklich Spaß.		xx			x
Ich habe wenig Freude daran, angestrengt und stundenlang nachzudenken. (-)		xx	x		

Item / Faktor	Leistungsehrgeiz	Freude an Denktätigkeit	Durchhaltewille	Lernbereitschaft und Erkenntnisinteresse	Freude am Problemlösen
In erster Linie denke ich, weil ich muss. (-)	xx				
Denken entspricht nicht dem, was ich unter Spaß verstehe. (-)	xx				
Ich habe es gern, wenn mein Leben voller kniffliger Aufgaben ist, die ich lösen muss.	x	x			x
Ich lese zu Hause Bücher/Zeitschriften, die den Unterrichtsstoff erweitern.	x			x	
Ich lerne oft nur das, was in Tests und Klassenarbeiten verlangt wird. (-)	x			x	
Mir fehlt oft die Geduld, eine komplizierte Aufgabe zu Ende zu führen. (-)			xx		
Wenn ich ein neues Gerät sehe, versuche ich herauszufinden, wie es funktioniert.					x
Wenn ich die Aufgabe nicht lösen kann, verliere ich schnell die Lust. (-)			xx		
Ich löse gern Aufgaben, bei denen man knobeln kann.		xx			xx
Ich gebe nicht Ruhe, bis ich eine Aufgabe erfolgreich beendet habe.			xx		
Ich will stets den Zusammenhang zwischen verschiedenen Ereignissen begreifen.		x			x
Habe ich in der Schule eine Aufgabe nicht verstanden, versuche ich, sie zu Hause zu lösen.				xx	
Ich möchte nicht nur die Lösung eines Problems wissen, sondern auch den Lösungsweg.				x	x
Wenn es sein muss, lerne ich auch am Wochenende.				xx	
Wenn ich eine schwierige Aufgabe begonnen habe, fällt mir das Aufhören schwer.		x			x
Ich fühle mich gut, wenn ich eine schwierige Aufgabe gelöst habe.					xx
Bevor ich mir Hilfe hole, versuche ich, die Aufgabe allein zu lösen.		x			x
Varianzaufklärung	8,1 %	9,8 %	12,6 %	10,7 %	9,4 %

Verwendete Methode: Hauptkomponentenanalysen, Kaiser-Guttmann-Extraktionskriterium und Varimax-Rotation.
Legende: x = mittlere Ladungsstärke (.3–.5); xx = hohe Ladungsstärke (.6–.8)

Ein für die Initiierung und Aufrechterhaltung schulischen Leistungshandelns weiteres bedeutsames motivationales Konzept ist die Unterscheidung von *extrinsischer vs. intrinsischer Anregung des (Lern-)Verhaltens*: Wird ein Verhalten vor allem deshalb begonnen und aufrechterhalten, damit belohnende Konsequenzen eintreten oder negative vermieden werden, spricht man von extrinsisch motiviertem (von außen angeregtem) Verhalten. Bei intrinsisch motiviertem (von innen angeregtem) Verhalten hingegen wird die Handlung um ihrer selbst Willen durchgeführt, weil sie als interessant, spannend, herausfordernd usw. erlebt wird, und dies *trotz* Anstrengung und anderer aversiver begleitender Zustände (vgl. Schiefele & Köller, 2010). Allerdings haben verschiedene Autoren (z. B. Schiefele, 1996) auf Abgrenzungsprobleme bezüglich der Bestimmung eines Verhaltens als *entweder* intrinsisch *oder* extrinsisch motiviert hingewiesen: Auch eine zweckfreie Handlung zieht natürliche (positive) Handlungsfolgen nach sich. So verstanden weist nahezu jedes Verhalten sowohl Aspekte extrinsischer als auch intrinsischer Motivation auf. So postuliert Schiefele (1996, S. 62) in Bezug auf die Leistungsmotivation, dass diese immer extrinsisch motiviert sei, folgt man Brunstein und Heckhausen (2006,), kann sie hingegen in ihrer unverfälschten Form als durchaus intrinsisch motiviert gesehen werden. Buff (2001) konnte zeigen, dass das Engagement für die Schule bei Sekundarstufenschülerinnen und -schülern motivationale Orientierungen aufweist, die *sowohl* Elemente intrinsischer *als auch* extrinsischer Motivation enthalten. Rheinberg (2008, S. 142) konstatiert, dass das Begriffspaar aufgrund der definitorischen Abgrenzungsprobleme für die Theoriebildung eigentlich unbrauchbar ist. Schiefele und Köller (2010) weisen jedoch darauf hin, dass sich die Unterscheidung von intrinsischer vs. extrinsischer Motivation im pädagogisch-psychologischen Kontext zumeist auf das Lernen bezieht, und hier eine Abgrenzung mit Blick auf die schulpraktischen Konsequenzen durchaus sinnvoll ist: Lern- und Leistungsmotivation gilt dann als extrinsisch motiviert, wenn der Lernzuwachs um der Folgen willen angestrebt wird, die außerhalb der Lernhandlung und des unmittelbar daran geknüpften Erlebens liegen. Intrinsische Lern- und Leistungsmotivation liegt vor, wenn gelernt wird um der Emotion während des Lernprozesses selbst, um der Wertschätzung des Lernzuwachses oder um der Emotionen willen, die sich für die lernende Person unmittelbar aus dem Erreichen des Lernzuwachses ergeben. Schiefele (1996, S. 73) stellt folgende Komponenten intrinsischer Lern- und Leistungsmotivation heraus: Präferenz für schwierige bzw. herausfordernde Aufgaben, Lernen aus Interesse und Neugier, Freude am Lernen, Streben nach Kompetenzerweiterung, anstrengungsintensive Bewältigung von Aufgaben. Intrinsisch motiviertes Lernen weist zudem einen hohen Anteil an Selbstregulation auf. Baumert et al. (2002, S. 304) beschreiben selbstreguliertes Lernen als einen „zielorientierten Prozess des aktiven und konstruktiven Wissenserwerbs [...], der auf dem reflektierten und gesteuerten Zusammenspiel kognitiver und motivational-emotionaler Ressourcen einer Person beruht". Es wird also zwischen einem kognitiven Aspekt („Lernen können") und einem motivationalen Aspekt („Lernen wollen") unterschieden.

Eine Vielzahl an Studien belegt übereinstimmend einen positiven Zusammenhang von Schulerfolg und intrinsisch motiviertem Lernverhalten (für einen Überblick siehe Schiefele, 2009). Natürlich findet sich dieser Zusammenhang auch für extrinsisch motiviertes Lernverhalten. Allerdings legen experimentelle Arbeiten nahe, dass bei intrinsisch motiviertem Lernverhalten eine Bearbeitung der Lernaufgabe hinsichtlich solcher Kriterien geleistet wird, die eine umfänglichere und nachhaltigere Behaltensleistung zur Folge haben (vgl. Schaffner & Schiefele, 2007). Dabei spielt es keine Rolle, wenn ein solches Verhalten zunächst durch extrinsische Anreize (z. B. die Aussicht auf ein gutes

Schulzeugnis) *angeregt* wird. Cameron und Pierce (1994) belegen in einer umfangreichen Metaanalyse, dass umgekehrt der Charakter eines sich entwickelnden intrinsisch-lernmotivierten Verhaltens kaum durch extrinsische Belohnungen korrumpierbar ist.

Insbesondere die Phänomene „Under- bzw. Overachievement" sind ohne Bezugnahme auf intrinsische Aspekte des schulischen Lern- und Leistungsverhaltens nicht erklärbar. Als *Underachiever* werden solche Schülerinnen und Schüler bezeichnet, die weitaus geringere Schulleistungen (zumeist hinsichtlich der erzielten Schulnoten) zeigen, als dies in Anbetracht des vorliegenden Intelligenzniveaus zu erwarten wäre. Entsprechend gelten solche Schülerinnen und Schüler als *Overachiever*, deren schulische Leistungen weit besser sind, als in Anbetracht des vorliegenden Intelligenzniveaus zu erwarten wäre. Lehrkräfte, die Schülerinnen und Schüler über Jahre hinweg betreuen, entwickeln zwar eine Vorstellung über das jeweilige allgemeine Intelligenzniveau der Schülerinnen und Schüler, jedoch ist eine sichere Bestimmung nur mit Hilfe eines Intelligenztests möglich. So fand Schick (2008) in einer Stichprobe von 1 180 Gymnasiastinnen und Gymnasiasten der 9. Schulstufe 85 Underachiever (Grenzwerte: IQ größer/gleich 120, mittlerer berichteter Notenschnitt im letzten Zeugnis 2.5 und schlechter) sowie 35 Overachiever (Grenzwerte: IQ kleiner/gleich 105, mittlerer berichteter Notenschnitt im letzten Zeugnis 1.9 und besser).

Die *Entwicklung des leistungsmotivierten Verhaltens* beginnt bereits im Säuglingsalter. Wie schon Piaget (vgl. Kap. 3.4.4) erkannte, werden Handlungen aus „Freude am Effekt" (Holodynski, 2007, S. 304) absichtsvoll so lange wiederholt, bis Ermüdung einsetzt. Sobald der Säugling sich selbst fortbewegen kann, treibt ihn das „Neugiermotiv" an, seine Umgebung zu erkunden: *Neugier* wird in der Psychologie als übergreifender Begriff für sämtliche Phänomene der Reizsuche verwendet. Neugier bzw. Neugiermotivation kann im Sinne Berlynes (1960/1974) charakterisiert werden als ein Bestreben, Informationen über neue, unklare Sachverhalte zu gewinnen, um einen als unangenehm erfahrenen Zustand subjektiver Unsicherheit durch Wissenserwerb zu reduzieren (vgl. Schneider, 1996). Neugier löst explorative Verhaltensweisen aus und treibt sie an („Neugiermotiv"; Schneider, 1996). Das Neugiermotiv wird als biogenetisch determiniert und angeboren verstanden, da schon Neugeborene Neugierverhalten aufweisen und sich ähnliche Verhaltensweisen im gesamten Tierreich nachweisen lassen (vgl. Schneider, 1996; Schneider & Schmalt, 2009). Für die Entwicklung von intrinsisch motiviertem Lernverhalten spielt das Neugiermotiv eine wesentliche Rolle: Der Antrieb, einen Sachverhalt aufklären zu wollen, ist integraler Bestandteil dieses Konstrukts. Außerdem begleitet u. a. Freude über das Gelingen bzw. Ärger über das Misslingen der Aufklärung eines Sachverhaltes die Neugieraktivitäten (vgl. Schneider, 1996, S. 136), worüber sich leistungsorientiertes Verhalten konstituiert. Weiter ist Neugier auch für die *Interessenentwicklung* von Bedeutung, denn durch sie wird ein Kontakt mit potentiellen Interessengegenständen hergestellt und aufrechterhalten, indem immer neue Aspekte in die Beschäftigung einbezogen werden. In einer prominenten psychologischen Interessentheorie wird Interesse als eine besondere Beziehung der Person zu einem Gegenstand (vgl. Rheinberg, 2006, S. 333) definiert, wobei unter Gegenstand ein subjektiv bestimmter Umweltausschnitt verstanden wird, „den die Person von anderen Umweltbereichen unterscheidet und als eingegrenzte und strukturierte Einheit abbildet" (Prenzel, Krapp & Schiefele, 1986, S. 166).

Der Person-Gegenstandsbezug beinhaltet eine kognitive, eine wertbezogene und eine emotionale Komponente. Die *kognitive Komponente* zeichnet sich durch eine gegenstandsspezifische hohe Komplexität aus. Die *wertbezogene Komponente* definiert sich über eine herausgehobene subjektive Bedeutsamkeit und Ich-Nähe. Die *emotionale Komponente* bezieht sich hingegen auf den Zustand des Interessiertseins und geht mit einer insgesamt positiven Gefühlslage, einem optimalen Aktivierungs- und Erregungsniveau sowie einem Kompetenz- und Selbstbestimmungsgefühl einher. Dem Interesse kommt darüber hinaus eine epistemische Tendenz zu. Diese äußert sich in der Bereitschaft, das auf den Interessensgegenstand bezogene Wissen und Können zu erweitern und zu entwickeln, was eine besonders enge Beziehung zwischen Interesse und Lernen bzw. Lernmotivation konstituiert. In zahlreichen Untersuchungen wurde nachgewiesen, dass eine auf persönlichen Interessen beruhende Lernmotivation positive Effekte auf die Art der Lernsteuerung und die Behaltensleistung hat, wobei der Zusammenhang mit zunehmendem Alter stärker wird (siehe hierzu die Metaanalyse von Schiefele, Krapp & Schreyer, 1993).

Im schulischen Kontext kann entsprechend ein Lernverhalten als günstig und hoch bewertet gelten, wenn dieses einen intrinsischen Charakter aufweist (wenn gelernt wird um der Emotion während des Lernprozesses selbst bzw. um der Wertschätzung des Lernzuwachses willen), wenn es begleitet ist von einem hohen Interesse am Gegenstand und unter einem hohen Grad an Selbstbestimmung durchgeführt wird. Der Ausbildung eines solchermaßen charakterisierten Verhaltens stehen jedoch im schulischen Kontext verschiedene Barrieren entgegen. Dies sind a) die Strukturen von Schule an sich, b) ihre organisatorische, c) ihre leistungsthematische und d) ihre sozialisatorische Natur.

So ist Schule eine Verwaltungseinrichtung, deren Strukturen (festgelegter Beginn der Unterrichtszeit, Abbruch des Lernprozesses nach 45 Minuten etc.) selbstbestimmtes Lernen behindert. Zudem muss Schule auch Lerngegenstände setzen, denen sich die Lernenden nicht aus eigenem Antrieb zuwenden, Lerngegenstände werden vorbestimmt und der Umfang und die Richtung der Beschäftigung mit ihnen eingegrenzt. Zusätzlich birgt das Messen von Leistungsstandards die Gefahr des Scheiterns, die Leistungsbeurteilung an sich erhält durch ihre Eigenschaft als Selektionsfunktion und ihren Stellenwert für die Vergabe von Berechtigungen und Lebenschancen eine enorme Bedeutung (vgl. Ramseier, 2004). In Bezug auf die sozialisatorische Struktur von Schule ist außerdem auf die Auswirkungen des „hidden curriculum" hinzuweisen: Schülerinnen und Schüler lernen nicht nur die Inhalte, die ihnen im Unterricht vermittelt werden, sondern sie lernen auch durch die begleitenden Sozialisationsprozesse, wie nicht von der Lehrerkraft gesteuerte Interaktionen in der Lerngruppe, das Verhalten in der Peergroup, die Imitation von Vorbildern usw.

Um im System Schule zu (über-)leben, lernen Schüler auch viele nicht-lernförderliche Strategien und Taktiken, z. B. wie man Unwissen verheimlicht, wie man unangenehme Arbeit vermeidet, wie man als Leerlauf empfundene Unterrichtszeit effektiv für Nebentätigkeiten nutzt.

Im Laufe der Schulzeit wird eine kontinuierliche Abnahme der Lernmotivation, der Lern- und Schulfreude und fachlicher Interessen beobachtet (Todt, 1985; Eder, 1995; Fend, 1997; Köller, 1998). Nicht zuletzt wirkt hier aber auch die zunehmende Orientierung an Gleichaltrigen und an der außerschulischen Umwelt. Ein positiver Zusammenhang von Lernbedingungen und intrinsisch motiviertem Lernverhalten ist verschiedentlich bei Vorliegen folgender Merkmale nachgewiesen worden: emotionale Wärme, unterstützende Haltung der Lehrperson, Anerkennung von Anstrengung, kooperativer und autonomieunterstützender Unterricht, Leistungsrückmeldung unter Berücksichtigung der individuellen Bezugsnorm (vgl. weiter unten Kap. 5.2.2). Die Lösungsmöglichkeiten für Probleme, die durch die strukturellen Bedingungen entstehen, liegen damit auf individueller Ebene: durch die positive Gestaltung von Unterricht und der Schüler-Lehrer-Beziehung sowie der Schaffung eines emotional warmen und akzeptierenden Lern- und Klassenklimas.

3.8 Zusammenfassung

Unter „kognitiven Funktionen" werden alle Vorgänge verstanden, die Erkenntnis und Wissen betreffende geistige Betätigung und Leistungen ermöglichen. Hierzu zählen Wahrnehmung, Aufmerksamkeit, Handlungssteuerung, Gedächtnis, Denken und Sprechen. Kognitive Funktionen ermöglichen es z. B., aufmerksam zu sein, sich etwas vorzustellen, Ideen zu entwickeln, sich zu erinnern, Probleme zu lösen, über Dinge zu urteilen, Handlungen zu planen und sich für Handlungsalternativen zu entscheiden. Sie bestehen aus bewussten und unbewussten Anteilen. Die Gesamtheit und Integration all dieser Leistungen macht zusammenfassend das aus, was gemeinhin mit „Intelligenz" bezeichnet wird.

Kognitive Funktionen basieren auf neuronalen Vorgängen. Bei den Wahrnehmungsfunktionen nehmen diese bereits im Wahrnehmungsorgan ihren Ausgang, indem physikalische Reize in elektrische Impulse umgewandelt und über das neuronale Leistungssystem zum Gehirn transportiert werden. Eine erste Verarbeitung der Reize findet in subkortikalen Arealen statt, sie verläuft weitgehend unbewusst und ist zumeist in Arealen des limbischen Systems lokalisiert. Dadurch werden bereits in diesem frühen Stadium der Reizverarbeitung die sensorischen Empfindungen mit emotionalen und motivationalen Elementen verschaltet. Die Interpretation der elektrischen Impulsmuster zu bedeutungshaltigen Wahrnehmungen wird erst in der Hirnrinde geleistet. Sensorischer Input aus unterschiedlichen Organen wird primär in spezifischen Hirnregionen verarbeitet. Eine sekundäre Verarbeitung findet in vielfältigen, untereinander kommunizierenden Hirnregionen statt. Die Verarbeitung von Wahrnehmungen

3.8 Zusammenfassung

in der Hirnrinde ist potentiell dem Bewusstsein zugänglich. Für das bewusste „Begreifen" (Verstehen) von Objekten ist die Fähigkeit zur intermodalen Wahrnehmung notwendig.

Die Aufmerksamkeitsfunktion besteht im Wesentlichen darin, die Wahrnehmung auf bestimmte Stimuli der Umwelt oder des eigenen Innenlebens zu konzentrieren. Der Aufmerksamkeitsfunktion kommt ein Überlebenswert zu, weil sie frühzeitig Gefahren identifiziert. Das ungerichtete Aufmerksamkeitssystem verarbeitet sensorische Reize vorwiegend unbewusst, die Reaktionen sind reflexartig. Es ist im Hirnstamm angesiedelt und bleibt auch bei Ausfall des Großhirns teilweise erhalten. Die kontrollierte (auch gerichtete, fokussierte oder selektive) Aufmerksamkeit entspricht im Wesentlichen dem, was im Alltagsverständnis mit „Konzentration" bezeichnet wird. Sie wird über eine Hemmung von konkurrierenden Impulsen durch Rückkoppelungsschleifen zwischen Frontalhirn und Thalamus erreicht. Eine Aufmerksamkeits-Defizit-Störung geht auf neurophysiologische und morphologische Veränderungen in den beteiligten Gehirnregionen zurück.

Das Denken stellt eine Mischung aus logisch abstrakter Symbolverarbeitung und Gedächtnisleistung dar. Zu den Basisprozessen des Denkens gehören Wahrnehmung, Aufmerksamkeit, Gedächtnis und in gewisser Weise auch Sprache. Zu den höheren Funktionen des Denkens gehören begriffliches Denken, kausales Denken, schlussfolgerndes Denken und Problemlösen. Kreativität gilt als ein Bestandteil des problemlösenden Denkens. Denken und Gedächtnisfunktionen werden nicht von singulären Strukturen des Großhirns ermöglicht, sondern durch multiple Verschaltungen von Neuronenverbänden, die in allen Bereichen des Großhirns zu finden sind. Sprache ist ein Kommunikationssystem, das aus Lauten, Symbolen und Gesten besteht, über visuelle wie auditive Kanäle vermittelt und über motorische Komponenten ermöglicht wird. Sie ist humanspezifisch und hat eine biologische Basis. Sie wird durch besondere anatomische und hirnorganische Strukturen ermöglicht. Die hirnorganischen Strukturen reifen erst um das zweite Lebensjahr herum aus. Die hirnorganischen Mechanismen, die den Spracherwerb ermöglichen, sind nach wie vor unbekannt. Der Prozess des Spracherwerbs ist vorwiegend als ein Phänomenbereich der biologischen Entwicklung zu verstehen. Ohne die Verfügbarkeit einer sprachlichen Umwelt wird jedoch der Spracherwerbsprozess unmöglich.

Kognitive Funktionen weisen eine postnatale Entwicklung auf, die über eine rein quantitative Zunahme hinausgeht. Während die Wahrnehmungsorgane bei oder relativ kurze Zeit nach der Geburt voll verfügbar sind und auch die erste Reizverarbeitung auf unbewusster Ebene gegeben ist, müssen die reizverarbeitenden Strukturen des Endhirns, die ein bewusstes Wahrnehmen ermöglichen, noch nachreifen. Auch im mittleren Schulalter findet noch eine Weiterentwicklung der Wahrnehmungsfähigkeiten statt. Sie wird zunehmend stärker verwoben mit anderen kognitiven Leistungen und vor allem sprachlichen Fähigkeiten. Die Wahrnehmungsorgane sind im Kindes- und Jugendalter teilweise noch im Wachstum begriffen und anfällig für Krankheiten, aus denen eine Fehlentwicklung resultieren kann. Nur eine frühzeitige Erkennung und Behandlung stellt eine optimale Entwicklung sicher. Eine intakte Wahrnehmungsfähigkeit ist für die Entwicklung und das Lernen im Kindes- und Jugendalter grundlegend, denn was nicht wahrgenommen werden kann, kann auch nicht zu Wissen verarbeitet werden. Auf Wahrnehmungsleistungen basierende Lernprozesse können im Unterricht durch die Beachtung von gestaltpsychologischen Prinzipien beim Einsatz von Medien unterstützt werden.

Die Hirnreifung kommt zwar erst nach der Pubertät zu einem vorläufigen Abschluss, die autonom arbeitenden Anteile des Aufmerksamkeitssystems sind jedoch bereits pränatal aktiv. Die Entwicklung der selektiven Aufmerksamkeit besteht vor allem in einer Zunahme der verfügbaren Konzentrationsspanne. Erst im Jugendalter wird das Erwachsenenniveau erreicht. Allerdings gibt es große interindividuelle Unterschiede. Parallel verbessert sich das Planungsverhalten kontinuierlich: Bilder und Ereignisse werden zunehmend gründlicher und systematischer betrachtet. Die Dauer einer normalen Unterrichtsstunde überfordert die Aufmerksamkeitsfähigkeit aller Grundschulkinder und bis in die Mittelstufe hinein auch die älterer Schülerinnen und Schüler. Es empfiehlt sich, Unterrichtsanteile mit hoher Informationsdichte an die mittleren Konzentrationsspannen anzupassen und größere Themenblöcke durch praktische Elemente, Gruppenarbeit oder die Variation der Lernmodalität (sehen, hören, anfassen) aufzulockern. Die Aufmerksamkeitsleistung kann durch die äußere und innere Gestaltung des Lernumfeldes „Klassenzimmer" unterstützt werden.

Die Verfügbarkeit von Gedächtnisfunktionen ist an die Ausreifung der Gehirnstrukturen gebunden. Die Entwicklung der Gedächtnisfunktion beginnt bereits im Mutterleib. Der Umfang der Verfügbarkeit deklarativer Gedächtnisleistungen nimmt bei Kindern bis ins mittlere Jugendalter kontinuierlich zu. Entwicklungsschübe und damit verbunden eine in kurzem Zeitraum deutliche Erweiterung der Gedächtnisfunktionen sind in den ersten zwei Lebensjahren sowie dem Jugendalter zu beobachten. Anders als bei der Entwicklung des Gedächtnisses sind die höheren Funktionen des Denkens im Kindesalter vor allem in qualitativer Hinsicht eingeschränkt. Jean Piaget beschreibt in seinem Entwicklungsmodell des kindlichen Denkens systematisch die Besonderheiten im Denken von Kindern und vor allem die Denkfehler, die sie machen. Aktuelle Theorien kognitiver Entwicklung stellen das Prinzip der Informationsverarbeitung in den Mittelpunkt.

Die Entwicklung des Sprechens stellt für das Kind einen eigenständigen Phänomen- und Problembereich dar. Der Spracherwerbsprozess wird bereits im Mutterleib vorbereitet. Er geschieht nach einem vorgegebenen Plan, der für alle Kinder und in jeder Sprachgemeinschaft derselbe ist. Sprach- und Kommunikationsstörungen zählen zu den häufigsten Entwicklungsauffälligkeiten im Alter zwischen drei und 16 Jahren. Eine frühzeitige Erkennung und Behandlung ist von enormer Wichtigkeit für eine positive Gesamtentwicklung. Eine altersgerechte Verfügbarkeit der Unterrichtssprache ist eine entscheidende Voraussetzung für schulischen Erfolg. Kinder sind allgemein sehr gute Sprachlerner. Je jünger sie sind, desto langsamer lernen sie zwar eine neue Sprache, dafür aber umso nachhaltiger. Eine Zweitsprachenunterrichtung in der Grundschule ist mittlerweile verbindlich. Diese sollte jedoch unbedingt auf die Be-

3.8 Zusammenfassung

sonderheiten kindlichen Lernens abgestimmt werden und grundschulspezifischen fachdidaktischen Prinzipien folgen.

„Erkennen" und „Verstehen" beruht auf den Prozessen der Wahrnehmung und damit verbunden denen der Aufmerksamkeit und der Funktionen des Gedächtnisses. Zudem sind Erkennen und Verstehen eng verbunden mit der Sprachfähigkeit. „Intelligenz" kann so gesehen bestimmt werden als ein Abstraktum, das sich aus der Integration all dieser Teilfähigkeiten ergibt. Intellektuelle Funktionen ermöglichen es dem Menschen, Probleme systematisch anzugehen, zu treffenden Verallgemeinerungen und Schlussfolgerungen zu gelangen und viele Details kurz- wie langfristig behalten zu können. Die Logik von Intelligenztestverfahren besteht darin, die Ausprägung intellektueller Funktionen (Probleme lösen zu können, zu Verallgemeinerungen und Schlussfolgerungen zu gelangen und Details kurz- wie langfristig behalten zu können) im Hinblick auf ihre elementaren Bestandteile (Schnelligkeit, Präzision, Kapazität, Produktivität) zu messen. Ein zu einem bestimmten Zeitpunkt erzieltes Testergebnis generiert sich jedoch immer aus dem Zusammenspiel der Komponenten wahrer Wert der Ausprägung aktueller Verfügbarkeit von wissensabhängigen und wissensunabhängigen Aspekten des Problems/der Aufgaben sowie Motivations- und Trainingseffekten.

Der Zusammenhang von Intelligenzniveau und Schulleistungen ist immer dann recht groß, wenn die in einem Fach geforderten Leistungen nah an den Aufgaben des im konkreten Fall verwendeten Intelligenztests liegen. Intellektuelle Hochbegabung ist statistisch definiert als eine weit überdurchschnittliche Ausprägung allgemeiner Intelligenz. Sie tritt über ein außergewöhnlich schnelles Auffinden und Verarbeiten von Informationen, außergewöhnlich präzise und/oder produktive Ergebnissen der Denkoperationen und eine außergewöhnlich große Funktionskapazität des Gedächtnisses in Erscheinung. Eine besondere intellektuelle Begabung ist nicht regelhaft mit anderen (insbesondere nicht negativen) Persönlichkeitscharakteristika verbunden. Jedoch ergeben sich aus den speziellen Lernvoraussetzungen spezifische Lernbesonderheiten, die im Unterrichtsalltag Berücksichtigung finden sollten: Eine außergewöhnlich schnelle Auffassungsgabe, hohe Verarbeitungskapazität und große Merkfähigkeit ermöglichen ein weit höheres Lerntempo, als dies von Altersgleichen eingefordert wird. Eine weit überdurchschnittlich ausgeprägte Fähigkeit zum logischen Schlussfolgern, zur Abstraktion und Verallgemeinerung fordert darüber hinaus eine tiefere Auseinandersetzung mit den gegebenen Unterrichtsinhalten heraus und kann gleichzeitig weit komplexere Zusammenhänge und Konzepte berücksichtigen, als dies bei Altersgleichen gegeben ist.

Der Erwerb von Kulturtechniken und Begrifflichkeiten aus Natur- und Gesellschaftswissenschaften gehört zu den „Nutzanwendungen" von Intelligenz. Die basalen Fähigkeiten bilden das Lesen, Schreiben und Rechnen. Bevor die Kinder in die Schule kommen, haben sie bereits ein grundlegendes Verständnis für die elementaren Bestandteile des Lesens, Schreibens und Rechnens erworben. Mit Eintritt in die Schule wird also ein bereits in Gang gekommener Entwicklungsprozess weiter fortgesetzt. Lese- und Rechtschreibkompetenz bedingen einander wechselseitig. Der Erwerb beider Fertigkeiten steht in einem bedeutsamen Zusammenhang mit der phonologischen Bewusstheit. Ein Leseunterricht, der Lautstruktur und phonologische Rekodierung betont, trägt zur Ausbildung einer schnellen und akkuraten Worterkennung bei. Rechenschwache Schülerinnen und Schüler rechnen typischerweise langsamer, weniger genau und verfügen über weniger Lösungswissen. Ähnlich wie beim Schriftspracherwerb ist das Erreichen einer Automatisierung grundlegender und breit anwendbarer Verfahren unumgänglich, um höhere mathematische Aufgaben erfolgreich bewältigen zu können. Die sichere Beherrschung der Grundrechenarten sowie des Einmaleins sind dafür unabdingbar.

Denken führt zu Lernen und Wissensaufbau. Unter Lernen wird ein Prozess verstanden, in dessen Zuge Wissensrepräsentationen entstehen. Lernen lässt sich durch pädagogische Interventionen beeinflussen, insbesondere die auf motivationale Faktoren zurückgehenden Aspekte des Lernens wie Ausdauer und Anstrengung. Wissensaufbau stellt eine spezifische Form des Lernens dar im Sinne eines Prozesses, der den Erhalt und die Weiterverwendung der Wissensrepräsentationen ermöglicht. Auch der Aufbau von Wissen beginnt nicht erst in der Schule. Bereits im Säuglings- und Kleinkindalter erwerben Kinder Kenntnisse über biologische und physikalische Vorgänge. Wissensaufbau lässt sich weniger durch pädagogische Interventionen beeinflussen, als vielmehr durch didaktisches Handeln unterstützen und fördern.

Die Entwicklung des Leistungshandelns basiert neben den kognitiven Voraussetzungen auf der Ausbildung von Lern- und Leistungsmotivation. Im schulischen Kontext gilt ein Lernverhalten als besonders günstig, wenn es einen intrinsischen Charakter aufweist (wenn gelernt wird um der Emotion während des Lernprozesses selbst bzw. um der Wertschätzung des Lernzuwachses willen), wenn es begleitet ist von einem hohen Interesse am Gegenstand und unter einem hohen Grad an Selbstbestimmung durchgeführt wird. Dies steht in einem positiven Zusammenhang mit der Nachhaltigkeit des Lernerfolgs.

4 Emotionale und Soziale Entwicklung

4.1 Grundlagen sozio-emotionaler Entwicklung

Um sich in die soziale Lebenswelt integrieren zu können, müssen Kinder lernen, ihre Gefühle zu regulieren und ihr Verhalten an die Erfordernisse der sozialen Umwelt anzupassen. Dieser Entwicklungsbereich wird *sozio-emotionale Entwicklung* genannt. Sozio-emotionale Fähigkeiten entfalten sich jedoch nicht so selbstverständlich wie die in Kapitel 2 beschriebenen motorischen Funktionen. Zwar sind auch hier hirnorganische Reifungsvorgänge beteiligt, die Entwicklung sozio-emotionaler Fähigkeiten wird jedoch sehr viel stärker durch mitmenschlichen Kontakt und Austausch beeinflusst, als dies in den bisher besprochenen Entwicklungsbereichen der Fall ist. Eine wesentliche Grundlage bilden die Bindungserfahrungen, welche die Kinder im ersten Lebensjahr machen.

Das *Konzept der Bindung* wurde von John Bowlby in den 1950er Jahren in die Entwicklungspsychologie eingebracht (vgl. Bowlby, 2008a, S. 16 ff.; Bowlby, 1958, 1969/1975) und von Mary Ainsworth in wesentlichen Teilen ausdifferenziert (Ainsworth & Wittig, 1969). Bowlby nimmt Bezug auf das in der Ethologie vertretene Bindungskonzept, welches „die Neigung, eine starke emotionale Bindung zu spezifischen Individuen aufzubauen, als eine grundlegende Komponente der menschlichen Natur, welche im Keim bereits beim Neugeborenen vorhanden ist und die bis zum Erwachsenenalter und hohen Alter bestehen bleibt" versteht (Bowlby, 2009, S. 20/21). Spangler und Zimmermann (1999, S. 172) formulieren es etwas knapper: „Unter Bindung versteht man ein lang andauerndes affektives Band zu bestimmten Personen, die nicht ohne weiteres auswechselbar sind".

Grundlage ist das *Bindungsverhalten*, das Bowlby als „jegliches Verhalten, das darauf ausgerichtet ist, die Nähe eines vermeintlich kompetenteren Menschen zu suchen oder zu bewahren" definiert (Bolwby, 2008a, S. 17). Dieses wird umso deutlicher, je bedrohlicher eine Situation dem Individuum erscheint. Bowlby verknüpft im entwicklungspsychologischen Konzept der Bindung das Bindungsverhalten mit dem *Explorationsverhalten* des Kindes. Letzteres definiert er als „Drang, die Umwelt zu erkunden, zu spielen, und an verschiedenen Aktivitäten mit Gleichaltrigen teilzunehmen" (Bolwby, 2009, S. 21). Obwohl das Explorationsverhalten dem Bindungsbestreben diametral entgegensteht, wird es doch durch eine sichere Bindung an eine Bezugsperson (das Wissen, dass eine Fürsorgeperson erreichbar wäre, wenn man sie bräuchte) erst ermöglicht. Bolwby bezeichnet dies als „Erkundung von einer sicheren Basis aus" (Bolwby, 2009, S. 21). Das Zusammenspiel von Bindungsverhalten und Explorationsverhalten wird mit dem Begriff „Bindungsorganisation" zusammengefasst (Spangler & Zimmermann, 1999). Das Konzept der Bindung im entwicklungspsychologischen Sinn ist zusammenfassend nach Maccoby (1980) als eine relativ dauerhafte emotionale Orientierung an einer anderen Person zu verstehen, die sich in vier Aspekte aufgliedern lässt: die Nähe einer anderen Person suchen, unter der Trennung von der Person leiden, sich bei der Rückkehr der Person freuen und sich auch dann an der Person zu orientieren, wenn sie nicht in unmittelbarer Nähe ist (d. h. an ihren Verboten/Geboten im Hinblick auf eigene Handlungsentscheidungen sowie ihrem Verhalten im Sinne eines Vorbildes).

Insbesondere der letztgenannte Aspekt unterstreicht, dass das Bindungsverhalten auch mit der kognitiven Entwicklung im Zusammenhang steht (Zimmermann, 2009): Um sich auch bei physischer Trennung von der Pflegeperson sicher zu sein, dass diese im Zweifelsfall verfügbar wäre, muss das Kind ein inneres Bild der Pflegeperson imaginieren können. Dies wird als *Bindungsrepräsentation* bezeichnet oder auch als „Arbeitsmodell von Bindung (inner working model)" (Fremmer-Bombik, 2009). Ein internales Arbeitsmodell enthält neben der kognitiven Komponente (Wissen um Eigenschaften und Verhaltensweisen der Bindungsperson) auch eine affektive Komponente (Gefühle für die Bindungsperson). Je gefestigter das internale Arbeitsmodell der Bindungsperson ist, desto länger kommt das Kind ohne ihre physische Nähe aus.

Das Bindungsverhalten zeigt sich bereits im ersten Lebensjahr und findet sich bei Kleinkindern aller Kulturen in ähnlicher Weise (Bretherton, 2009). Bowlby sieht darin einen Beleg, dass diesem ein angeborenes Motivsystem zugrunde liegt und sieht den Zweck erfüllt, das Kleinkind vor Gefahren und Bedrohungen aus der Umwelt zu schützen (Bowlby, 2009). Das Bindungssystem zwischen Kind und Pflegeperson entwickelt sich nach Bowlby vorwiegend in den ersten neun Lebensmonaten und ist im Alter von etwa drei Jahren voll ausgebildet (vgl. Holmes, 2006, S. 97).

Damit Bindung entstehen kann, müssen von beiden Seiten der Dyade aus Signale gesendet und beantwortet werden. Als *Bindungsverhaltensweise* des Kindes ist jedes Verhalten zu verstehen, mit dem Säuglinge und Kleinkinder üblicherweise auf sich aufmerksam machen: Schreien, Lächeln, Babbeln, Rufen, Anklammern und später auch Nachfolgen. Auf Seiten der Mutter bzw. der primären Bezugsperson müssen die vom Kind gezeigten Bindungsverhaltensweisen mit einem entsprechenden *Fürsorgeverhalten* beantwortet werden: Bedürfnisse werden erkannt und ein entsprechendes Pflegeverhalten ausgeführt, die Reaktionen auf das Nähesuchen des Kindes ist positiv und die Pflegeperson verhält sich dem Kind zugewandt. Wichtig ist, dass die Antworten der Bezugsperson verlässlich erfolgen und mit den tatsächlichen Bedürfnissen des Kindes korrespondieren. Alltagssprachlich wird dies mit dem Begriff „Feinfühligkeit der Mutter" umschrieben: Es ist eine Gegenseitigkeit und Austausch zwischen Mutter und Kleinkind gegeben, die Mutter stimuliert und ermutigt das Kind, die Mutter beachtet das Kind und ist ihm gegenüber aufmerksam, sie bringt ihm eine positive Einstellung im Sinne von Wärme und Mitgefühl entgegen und unterstützt es emotional. Die Signale des Kindes haben überlicherwiese eine Auslösefunktion, d. h. Bezugspersonen reagieren ohne große Überlegung oder Übung in der geforderten Weise (vgl. Bowlby, 2008b).

Mary Ainsworth hat in den späten 1960er Jahren ein Untersuchungsparadigma entwickelt, um die Ausprägungen einer Mutter- (bzw. Pflegeperson-) Kind-Bindung (Bindungsqualität) zu ermitteln. Sie bedient sich des sog. „Strange Situation Test": Das Kleinkind (typisches Alter ein bis drei Jahre) wird mit seiner Mutter in einen Untersuchungsraum gebracht, der ähnlich wie ein Wartezimmer gestaltet ist. Es gibt Stühle, eventuell einen Tisch mit Zeitschriften für die Erwachsenen sowie Spielzeug für das Kind. Durch einen Einwegspiegel beobachten die Forscherinnen und Forscher das Geschehen (vgl. auch Kap. 1 Kasten 1.1). Dieses ist in acht standardisierte Handlungssequenzen untergliedert (siehe Kasten 4.1).

Kasten 4.1: Ablauf des Strange Situation Test (nach Schmidt-Denter, 2005, S. 18)

Sequenz	Akteure	Dauer	Handlungsablauf
Sequenz 1	Mutter, Kind	30 Sek	Mutter und Kind werden in den Raum gebracht.
Sequenz 2	Mutter, Kind	3 Min	Kind erforscht den Raum und beginnt zu spielen.
Sequenz 3	Fremde, Mutter, Kind	3 Min	Fremde betritt den Raum. Nach einer Minute unterhält sie sich mit der Mutter, nach einer weiteren Minute beginnt sie mit dem Kind zu spielen.
Sequenz 4	Fremde, Kind	ca. 3 Min	Mutter verlässt den Raum, die Fremde kümmert sich um das Kind.
Sequenz 5	Mutter, Kind	ca. 3 Min	Wiedervereinigung. Fremde verlässt unauffällig den Raum. Nachdem sich das Kind beruhigt hat und wieder spielt, verlässt die Mutter ein zweites Mal den Raum.
Sequenz 6	Kind	ca. 3 Min	Kind ist allein im Raum.
Sequenz 7	Fremde, Kind	ca. 3 Min	Fremde betritt den Raum und versucht das Kind zu trösten und abzulenken.
Sequenz 8	Mutter, Kind	3 Min	Wiedervereinigung. Fremde hält sich abseits.

Zur Beurteilung der Bindungsqualität werden folgende Kriterien herangezogen: Wie lange dauert es, bis sich das Kind in der neuen Situation in das Spiel vertieft? Wie reagiert das Kind, wenn die Mutter den Raum verlässt (Weinen, Nachfolgen)? Lässt es sich auch von der fremden Person beruhigen? Wie reagiert das Kind, wenn die Mutter den Raum wieder betritt (Begrüßung)? Ainsworth fand unterschiedliche Muster der Bindungsorganisation, die sie als *Bindungsstile* bezeichnet (vgl. Fremmer-Bombik, 2009; Holmes, 2006):

Sicher gebundene Kinder zeigen wenig Aufsuchen und Aufrechterhalten des Kontakts zur Mutter während ihrer Anwesenheit sowie intensiveres Spielverhalten während ihrer Anwesenheit. In der Trennungsphase äußern sie wenig Widerstandsverhalten und weinen weniger, sie lassen sich durch die Fremde trösten und begrüßen die Mutter freudig bei der Wiedervereinigung.

Unsicher-vermeidend gebundene Kinder wirken in der fremden Situation äußerlich noch souveräner als die sicher gebundenen Kinder: Sie vertiefen sich bald ins Spiel und reagieren kaum merklich, wenn die Mutter den Raum verlässt. Die Kontaktangebote der fremden Person nehmen sie wahr. Bei genauerer Beobachtung ist jedoch feststellbar, dass diese Kinder unter einem besonders hohen Stress stehen, ihr Spiel ist gehemmt, sie behalten die Mutter immer im Auge und reagieren mit aktiver Abwendung, wenn die Mutter den Raum wieder betritt.

Unsicher-ambivalent gebundene Kinder zeigen ein geringes Explorationsverhalten, lassen sich von einer Fremdem kaum in ein Spiel hineinziehen. Wenn die Mutter den Raum verlässt, weinen sie exzessiv und lassen sich von der Fremden nicht beruhigen. Kehrt die Mutter zurück, suchen sie einerseits sofort den Kontakt, andererseits gehen sie deutlich zornig mit der Mutter um, sie winden sich aus dem Arm, wehren angebotenes Spielzeug ab oder treten nach ihr.

Main und Hesse fanden später noch einen weiteren Bindungstyp (Main, 2009): *Unsicher-desorganisiert gebundene Kinder* zeigen ein wenig kohärentes Verhalten, das als „Verwirrtheit" umschrieben wird, hierzu gehören das Einfrieren des Gesichtsausdrucks und stereotype Bewegungen bei der Wiedervereinigung.

Längsschnittstudien belegen übereinstimmend, dass der Bindungsstil nicht nur über die Kindheit stabil bleibt, sondern auch über das Jugendalter bis ins Erwachsenenalter bestehen bleibt (Zimmermann, 2009; Wensauer, 2009; Spangler & Grossmann, 2009). Mit Hilfe des von Mary Main (George, Kaplan & Main, 1985/2001) entwickelten „Adult Attachment Interview" lässt sich die überdauerte Bindungsrepräsentation bei Erwachsenen feststellen. Korrespondierend zu den vier Bindungsstilen werden vier Bindungsrepräsentationen unterschieden (vgl. Schmidt-Denter, 2005, S. 27):

- sicher autonome Repräsentation (Bemühen um objektive Beschreibung und Wertung der Beziehung; entspricht dem sicher gebundenen Bindungsstil),
- abwertende Repräsentation (positive Beschreibung der Beziehung zur Bindungsperson, jedoch gleichzeitig Schilderung entgegenstehender konkreter Begebenheiten; entspricht dem unsicher-vermeidenden Bindungsstil),
- verwickelte Repräsentation (wenig distanzierte, emotional verstrickte Beschreibug der Beziehung zur Bindungsperson; entspricht dem unsicher-ambivalenten Bindungsstil) und
- unverarbeitete Repräsentation (inkohärente und angstgeprägte Beschreibung zur Bindungsperson; entspricht dem desorganisierten Bindungsstil).

Die Entwicklung einer stabilen Bindung wird immer dann behindert, wenn entweder auf Seiten des Kindes oder der Mutter die Interpretation der Verhaltensweisen des jeweiligen Gegenübers erschwert ist. Auf Seiten des Kindes sind es die sog. „Temperamentsmerkmale", die hierauf einen Einfluss nehmen. Temperamentsmerkmale wurden von Thomas und Chess in den 1950er Jahren als „wiederkehrende Verhaltensmuster (patterns of reactivity)" beschrieben (vgl. Zentner, 1993), durch die sich bereits Neugeborene voneinander unterscheiden. Thomas und Chess benennen neun Dimensionen, in denen ein unterschiedlich ausgeprägtes Verhalten zu beobachten ist:

- Regelmäßigkeit (Berechenbarkeit körperlicher Funktionen wie Ausscheidungen, Hunger, Schlaf),
- Aktivität (Niveau, Tempo und Häufigkeit motorischer Aktionen),
- Reagibilität (wie stark muss ein Reiz sein, um eine Reaktion hervorzurufen),
- Intensität (der Antwort/Reaktion auf einen Reiz),
- Annäherung/Rückzug (Interesse/Desinteresse an neuen und unbekannten Personen und Situationen),
- Ablenkbarkeit (von der Beschäftigung mit einem Objekt),
- Ausdauer (bei der Beschäftigung mit einem Objekt),
- Anpassungsvermögen (an Anforderungen der Umwelt, z. B. das Einfinden in eine veränderte oder neue Umgebung),
- Stimmungslage (Anzahl positiver Reaktionen wie Lächeln, Lachen, Freude, Zufriedenheit im Verhältnis zur Anzahl negativer Reaktionen wie Weinen, Schreien, Unzufriedenheit).

Insbesondere Kinder, die unregelmäßige körperliche Funktionen aufweisen, auf fremde Menschen und Situationen unruhig reagieren und viel schreien, weil sie sich oft nicht wohlfühlen („schwierige Kinder"), stellen für die Mütter eine Herausforderung dar. Trifft ein schwieriges Kind auf eine Mutter mit wenig Erfahrung („mangelnde Passung" sensu Thomas und Chess, 1977), kann der Aufbau der Bindung empfindlich erschwert sein (Spangler, 2009). Denn die Mutter ist zunehmend überfordert, weiß die Signale des Kindes nicht sicher zu deuten: Weint es, weil es Bauchweh hat oder Hunger? Irrt sich die Mutter, wird das Kind weiterhin unleidlich sein. Der Mutter fehlt so zusätzlich die emotionale Unterstützung durch ein Kind, das Zufriedenheit signalisiert, was die Überforderungsproblematik bei der Mutter weiter verstärkt.

Auf Seiten der Mutter sind es wesentlich die Erfahrungen mit der eigenen Mutterbeziehung, die ihre Fähigkeit, Signale des Kindes zu entschlüsseln und in kontingenter Weise darauf zu reagieren bedingen. Verschiedene Studien belegen, dass die Bindungsqualität eines Kindes durch die Bindungsrepräsentation der Mutter (so wie sie sich an ihre eigene Mutter erinnert) vorhergesagt werden kann und über die Generationen hinweg tradiert (Steele & Steele, 2009). Die Feinfühligkeit der Mutter erwies sich dabei als die tragende Variable (Spangler & Grossmann, 2009).

Die *Bedeutung der Bindungsqualität für die Persönlichkeitsentwicklung* wird mittlerweile durch verschiedene Längsschnittstudien belegt. Im deutschsprachigen Raum wurden unter der Leitung von Klaus Grossmann verschiedene Studien durchgeführt. Sie zeigen übereinstimmend, dass sich der Entwicklungsverlauf sicher gebundener Kinder mit einem feinfühligen und empathischen Elternhaus günstiger darstellt als bei unsicher gebundenen Kindern. Spangler und Zimmermann (1999) fassen den Forschungsstand dahingehend zusammen, dass sicher gebundene Kinder häufig eine hohe soziale Kompetenz aufweisen und über ein hohes Selbstvertrauen und Selbstwertgefühl verfügen. Zudem wurde eine bessere Konzentrationsfähigkeit und eine höhere Anstrengungsmotivation belegt (vgl. Spangler & Grossmann, 2009). Korntheuer, Lissmann und Lohaus (2010) berichten aus einer aktuellen Längsschnittuntersuchung von 85 Mutter-Kind-Dyaden einen bedeutsamen Zusammenhang von Bindungs- und Sprachentwicklung. Ein direkter Zusammenhang zur sozialen Entwicklung wurde hingegen nicht gefunden. Magai (2009) stellt jedoch heraus, dass unsicher gebundene Kinder, die zudem unterdrückenden Erziehungsmethoden ausgesetzt waren, im späteren Leben häufig die sozialen Signale anderer Menschen in feindseliger Weise deuten und überzogen aggressiv reagieren.

In jüngerer Zeit wird diskutiert, ob positive und negative Gefühlserfahrungen während der ersten Lebensphase die Ausbildung von hirnorganischen Verschaltungsmustern beeinflussen können. Klinische Studien weisen immer mehr in diese Richtung: Bei Kindern mit Störungen des Lernverhaltens und der Emotionsregulation lässt sich anamnestisch häufig ein emotional instabiles Umfeld in der frühen Kindheit nachweisen. Eine Forschergruppe um Katharina Braun hat diesbezüglich richtungweisende tierexperimentelle Arbeiten vorgelegt (z. B. Bock et al., 2003): Sie führte u. a. eine Untersuchung an jungen Strauchratten (Octodon degus) durch. Diese sind dem menschlichen Kleinkind in den interessierenden Charakteristika insofern ähnlich, als sie ebenfalls sofort nach der Geburt bereits mit allen Sinnessystemen die Veränderungen ihrer Umwelt wahrnehmen und ebenso wie der Mensch ein komplexes Familien- und Sozialverhalten inklusive eines umfangreichen vokalen Kommunikationsverhaltens besitzen. Da sich Strauchratten sehr schnell entwickeln (Lebensdauer durchschnittlich ca. 4–6 Jahre, Geschlechtsreife nach ca. 8–12 Wochen), wirken sich selbst kurzzeitige Interventionen bedeutsam auf den gesamten Entwicklungsverlauf aus.

Degus wachsen in natürlicher Umgebung im engen Familienverband auf. Die Intervention der Forscher/innengruppe bestand nun einzig darin, die Degusjungtiere entweder wiederholt eine Stunde am Tag oder chronisch von der Familie zu trennen. Während der Trennung von Eltern und Geschwistern zeigte sich insbesondere in Regionen des limbischen Systems, des Präfrontalkortex, des Hippocampus und Thalamus eine deutliche Reduktion des Hirnstoffwechsels. Diese reduzierte Hirnaktivität führte dazu, dass bereits Strauchrattenjunge, die während ihrer ersten drei Lebenswochen täglich stundenweise von ihren Eltern getrennt wurden, eine signifikant erhöhte (140 %) Dichte von unspezifischen synaptischen Verschaltungen aufwies. Zusätzlich war eine Dysbalance im Transmitterhaushalt des präfrontalen Kortex nachweisbar (Braun et al., 1999). Offensichtlich führt der emotionale Stress dazu, dass die Hirnreifung in den Zentren, die für die Steuerung von Emotionen, Entwerfen von Handlungsplänen sowie Hemmung von Handlungsimpulsen nachhaltig gestört wird.

Bindungsgestaltung und Bindungserfahrungen entstehen in einer dem Kind nicht und auch der Mutter nur teilweise bewussten psychosozialen und emotionalen Dynamik. An der weiteren sozial-emotionalen Entwicklung wirkt das Kind jedoch zunehmend als aktiver und sich seiner Rolle bewusster Gestalter mit. Als bedeutendste Entwicklungsbereiche gelten das Emotionserleben, seine Regulation und Kontrolle, das soziale Verhalten in der Gemeinschaft (Prosozialität und Moralität) und der Kontakt zu Gleichaltrigen (Peerbeziehungen). Diese Aspekte werden in den nachfolgenden Abschnitten besprochen.

Literaturhinweis

Spangler, G. & Zimmermann, P. (Hrsg.). (2009). *Die Bindungstheorie. Grundlagen, Forschung und Anwendung.* Stuttgart: Klett-Cotta.

4.2 Emotionale Entwicklung

4.2.1 Emotionen und Emotionalität

Emotionen zählen zu den stärksten Triebkräften des Strebens und Handelns (Pekrun, 1998). Eine exakte theoretische Definition des Begriffs „Emotion" zu geben, die von allen Emotionspsychologen akzeptiert wird, ist jedoch nicht möglich. Emotion kann nach Meyer, Reisenzein und Schützwohl (2001, S. 24ff.) charakterisiert werden als zeitlich datierte, unwiederholbare Ereignisse, die aktuelle psychische Zustände von Personen darstellen und eine bestimmte Qualität, Intensität und Dauer aufweisen. Sie sind darüber hinaus in der Regel objektgerichtet. Janke (2007, S. 347) schlägt eine ähnliche Arbeitsdefinition vor: „Emotionen sind vorübergehende psychische Vorgänge, die durch äußere und innere Reize ausgelöst werden und durch eine spezifische Qualität und einen zeitlichen Verlauf gekennzeichnet sind."

Emotionen werden im Deutschen mit Hilfe dieser Charakteristika von „Affekten" und „Stimmungen" abgegrenzt. Affekte gelten als kurzfristige und in der Regel mit großer Heftigkeit einsetzende Emotionszustände, die von einer ausgeprägten, teilweise reflexartigen Verhaltenstendenz begleitet und an ein äußeres Geschehnis gebunden sind (vgl. Sokolowski, 2008). Stimmungen hingegen stellen länger andauernde Gemütszustände dar, die wenig intensiv sind und in der Regel an kein konkretes Geschehen gebunden sind, allerdings u. U. durch ein Geschehen ausgelöst werden (vgl. Schmidt-Atzert, 1996).

Emotionen lassen sich nach Schmidt-Atzert (1996) auf drei Ebenen beschreiben: der somatischen Veränderungen, des (sozialen) Ausdrucks und des (subjektiven) psychischen Erlebens. Sokolowski (2008) spricht in ähnlicher Weise von „Emotionskomponenten".

Die *somatischen Veränderungen* (physiologische Komponente) ergeben sich aus einer biologischen Stressreaktion: Herzschlag, Blutdruck und Schweißabsonderung steigen an, die Muskulatur weist einen erhöhten Spannungszustand

4 Emotionale und Soziale Entwicklung

aus, der ein sofortiges motorisches Agieren ermöglicht. Die physiologische Reaktion ist bei allen Arten von Emotionen dieselbe. Dies legt nahe, dass das Emotionsgeschehen evolutionär verankert ist und ihm ein Überlebenswert zukommt (Euler, 2009). Insbesondere für negative Emotionen (Wut, Angst, Ekel) liegt dies nahe. Bereits Darwin (1872/2009) vermutete, dass Emotionen der sozialen Kommunikation dienen und das Subjekt bei der Bewältigung von Herausforderungen der Umwelt unterstützen, indem sie z. B. die Vorbereitung einer Abwehrreaktion beschleunigen.

Mitgeteilt wird eine Emotion über den *sozialen Ausdruck* (ihre expressiven Komponenten) wie Lachen, Schreien, Weinen sowie den mimischen, gestischen und körperlichen Ausdruck. Jedoch sind gerade Lachen und Weinen nicht unbedingt für spezifische Emotionen „reserviert": Auch vor Freude kann man weinen. Hingegen sind mimischer, gestischer und körperlicher Ausdruck über die Kulturen hinweg gleichförmig oder ähnlich (Euler, 2009). So wiesen Ekman und Friesen (1978) in einer vielbeachteten Untersuchung nach, dass der Ausdruck von Emotionen in Mimik, Gestik und Körperhaltung interkulturell gleich ist und auch interkulturell sicher zugeordnet wird. Der Emotionsausdruck dient in einer sozialen Gruppe entsprechend der Kommunikation der Gefühlszustände (Hamm, 2006). Während der Emotionsausdruck insbesondere im Säuglings- und Kleinkindalter sehr deutlich ist und offensichtlich dazu dient, die Handlungen der Bezugspersonen zu regulieren (Holodynski, 2009, S. 465), ist dies im Erwachsenenalter gerade diejenige Komponente des Emotionsgeschehens, die besonders leicht unter bewusste Kontrolle zu bringen ist und in ihrer Expressivität auch durch erzieherische Maßnahmen und kulturelle Besonderheiten überformt wird (Merten, 2009).

Das, was eine Emotion tatsächlich spezifisch macht, ist das *psychische Erleben* (subjektive Komponente; Gefühl). In Kasten 4.2 wird die Kernthematik des psychischen Erlebens einiger Emotionen benannt.

Kasten 4.2: Kernthematik einiger Emotionen (nach Lazarus, 1991)

Furcht/Angst/Panik:	mit ungewisser, existenzieller Bedrohung konfrontiert sein
Ärger/Wut/Hass:	aggressiver, erniedrigender Angriff gegen die Person
Überraschung:	Konfrontation mit unerwarteter (zumeist freudiger) Gegebenheit
Schreck:	plötzliche Konfrontation mit (vermeintlicher und zumeist physischer) Gefahr
Freude/Glück:	sinnvollen Fortschritt in Richtung eigene Zielerreichung machen
Traurigkeit/Verzweiflung:	eine Verlusterfahrung machen
Liebe:	eine starke Zuneigung für eine Person oder Objekt empfinden
Eifersucht:	schmerzhaftes Erkennen, dass tatsächlich oder vermeintlich eine andere Person von einer wichtigen Bezugsperson stärker begünstigt wird
Schmerz:	tatsächlich oder vermeintlich eine Verletzung/Gewebeschädigung erleiden

Ekel:	starke Abneigung in Verbindung mit Widerwillen, ggf. Übelkeit und Brechreiz
Verachtung:	auf der Überzeugung des Unwertes basierende Geringschätzung einer Person oder Institution
Stolz:	Bewusstsein, etwas Besonderes zu leisten
Neid:	etwas wollen, was andere besitzen
Scham/Peinlichkeit:	an eigenen Idealen scheitern
Schuld:	gegen moralisches Gebot verstoßen haben

Art und Intensität der hervorgerufenen Emotion sind davon abhängig, wie die Person das Ereignis bewertet (Reisenzein, 2009). Denn Personen können durchaus unterschiedlich auf ein und dasselbe Ereignis reagieren. Dieses als *kognitive Komponente* verstandene Phänomen wird nach Ortony, Clore und Collins (1988) mit Hilfe eines Entscheidungsbaums erklärt: Zunächst schätzt die Person ein, ob das Ereignis ihr eigenes Wohlergehen betrifft oder nicht. Wenn nein, überlegt sie, ob dies positiv oder negativ für andere subjektiv bedeutsame Personen ist. In beiden Fällen wird weiter differenziert, ob das Ereignis für die eigene Person erwünscht oder unerwünscht ist. Entsprechend würden sich Mitfreude (positiv/erwünscht), Neid/Missgunst (positiv/unerwünscht), Schadenfreude (negativ/erwünscht) oder Mitleid einstellen (negativ/unerwünscht). Ist das Ereignis für die eigene Person bedeutsam, wird nach Auffassung der Autoren zunächst beurteilt, inwieweit das Ereignis tatsächlich auch vollständig eintreten wird. Ist dies unsicher, handelt sich aber um ein erwünschtes Ereignis, stellt sich Hoffnung, im anderen Fall Furcht ein. Wird das vollständige Eintreten des Ereignisses für sicher gehalten, wird die ausgelöste Emotion unterschiedlich ausfallen, je nachdem ob es gehegte Erwartungen bestätigt (erwünscht: Befriedigung; unerwünscht: bestätigte Furcht), ob es sie entkräftet (erwünscht: Enttäuschung; unerwünscht: Erleichterung) oder ob keine Erwartungen gehegt wurden (erwünscht: Freude; unerwünscht: Leid). In **Abbildung 4.1** sind die möglichen Fälle noch einmal grafisch zusammengefasst.

Psychisches Erleben und Verhalten sind eng miteinander verbunden. In diesem Sinne benennt Sokolowski (2008) noch eine weitere, *behaviorale Komponente* der Emotion: Emotionen werden von spezifischen, spontan auftretenden Reaktionstendenzen gefolgt. Nach Salzen (1991) folgt z. B. auf Überraschung eine Aufmerksamkeitsreaktion, auf Begierde eine aktive Annäherungsreaktion, bei Wut und Hass eine aggressive Annäherungsfunktion bzw. Widerstandsverhalten, bei Angst und Furcht eine Fluchtreaktion bzw. Rückzug, bei Ekel und Verachtung eine Abwendungsreaktion, bei Schmerz werden Schutzbewegungen ausgeführt, bei Trauer herrscht die Tendenz vor, ursprüngliche Handlungsinitiativen aufzugeben und Freude und Spaß sind von expressivem Interaktionsverhalten begleitet.

Untersuchungen der Stoffwechselaktivität während des emotionalen Erlebens mit bildgebenden Verfahren (MRT, PET) konnten zeigen, dass unter anatomischer Perspektive das limbische System die neuronale Grundlage von Emotionen und Stimmungen bildet, speziell die Amygdala (Bear, Connors & Paradiso, 2009). Das limbische System stellt einen funktionalen Zusammen-

4 Emotionale und Soziale Entwicklung

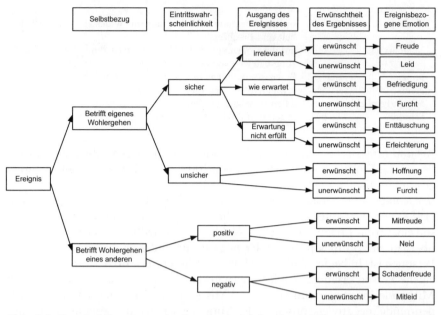

Abb. 4.1: Entscheidungsbaum der Emotionsinduktion (nach Reisenzein, 2009, S. 438)

schluss von thalamischen, hypothalamischen und hippocampischen Hirnnervenkernen dar, die auf Höhe des Hirnstamms und des Corpus callosum angesiedelt sind und mit einem speziellen Teil des Frontalhirns (cingulärer Kortex) verschaltet sind (vgl. oben Kap. 2.2.1). Eine besondere Rolle spielt die Amygdala, eine mandelförmige Struktur im vorderen Bereich des Schläfenlappens unterhalb der Großhirnrinde, die aus 13 Einzelkernen besteht. Über diese Struktur sind nahezu alle komplexen Hirnfunktionen verschaltet, insbesondere Lernprozesse, Gedächtnisbildung, Verhaltensaktionen und auch das emotionale Erleben. Ein häufig berichtetes Symptom bei Läsionen in diesem Bereich ist die Unfähigkeit, Angst in einem Gesichtsausdruck zu erkennen (Bear, Connors & Paradiso, 2009). Aus der anatomischen Lokalisation der einzelnen Strukturen des Systems ist ableitbar, dass Emotionen größtenteils autonom und unterhalb der Bewusstseinsschwelle generiert und erst über Verschaltungen mit dem Großhirn bewusst moduliert und reguliert werden. So werden intensive Emotionen oftmals als regelrechte Widerfahrnisse erlebt, die sich der direkten, willentlichen Kontrolle entziehen, die Person vollständig erfassen und nach Ausdruck drängen. Die Fähigkeit, sich zu beherrschen und die eigenen Gefühle zu kontrollieren ist auch von einer entsprechenden Ausreifung des Stirnlappens abhängig (vgl. Peper, 2008).

Unter diesem als *Emotionsregulation* bezeichneten Vorgang wird die Steuerung der Initiierung, Modulierung, Aufrechterhaltung und Beendigung von emotionalen Zuständen verstanden (Petermann & Wiedebusch, 2008). Sie ist notwendig für Aufrechterhaltung, Herstellung und Unterbrechung der Beziehung zwischen Personen sowie der Person und ihrer Umwelt. Ebenen der Emotionsregulation bilden zentralnervöse Erregungs- und Hemmungsprozesse, Aufmerksamkeitsprozesse, die Deutung emotionaler Anlässe, die Dekodierung internaler Emotionsindikatoren, die Verfügbarkeit externer Bewältigungsressourcen, Charakteristika des aktuellen Lebensumfeldes und die Verfügbarkeit von Reaktionsalternativen (Friedlmeier, 1999).

Unter *Emotionalität* oder auch *Affektivität* wird die Gesamtheit des emotionalen Erlebens einer Person verstanden, und zwar mit Blick auf die individuell unterschiedliche Eigenart dieses Erlebens, einschließlich der für die Person typischen Affektsteuerung und deren Verarbeitung. Die wissenschaftliche Auseinandersetzung mit diesem Phänomenbereich wird unter der Perspektive eines jeweils bestimmten Vorverständnisses vom Wesen der Emotionen und der damit verbundenen Herangehensweise (Forschungsparadigma) geleistet. Holodynski (2006) benennt vier Paradigmen der Emotionsforschung:

- Im *strukturalistischen Paradigma* wird eine Emotion als ein *spezifischer psychischer Zustand* begriffen, der aus einer subjektiven Gefühls- und einer objektiven Körper- und Ausdrucks- Komponente besteht. Entsprechend hat sich die empirische Forschung auf die Zusammenhänge von neurophysiologischen Prozessen und der Gefühlskomponente sowie der Mimikanalyse und anderer Aspekte des Körperausdrucks (Körperhaltung, Gestik, Stimme) konzentriert. Man möchte in diesem Paradigma Emotionen durch das spezifische Zusammenspiel von Ausdruck, Körper- und Gefühlskomponente beschreiben.
- Im *funktionalistischen Emotionsparadigma* werden Emotionen als eine *spezifisch psychische Funktion* begriffen. Diese Forschungstradition konzentriert sich darauf, welche Funktion einer spezifischen Emotion im Handlungssystem der Person zukommt. Sie wird dazu im Tätigkeitssystem aus Wahrnehmung, Kognition, Gedächtnis und Motivation analysiert und bestimmt, zu welcher motivrelevanten Einschätzung der gegebenen Situation und der Auslösung welcher Handlungsbereitschaften sie führt. In diesem Zusammenhang wird auch die Frage behandelt, wann eine Person gewahr wird, dass sie gerade eine Emotion erlebt, auf welchen Ebenen sie diese reguliert und auf welche Regulationsmechanismen sie dabei zurückgreift.
- Im *dynamisch-systemischen Paradigma* werden Emotionen als ein dynamisches System betrachtet, das aus einer Vielzahl von Komponenten besteht, die miteinander in Wechselbeziehung stehen und im Laufe des Geschehens neue Ordnungsstrukturen hervorbringen. In dieser Forschungstradition werden die aus der Naturwissenschaft stammenden allgemeinen Prinzipien der Selbstorganisation auf den Gegenstandsbereich der Emotionalität übertragen. Forschungsgegenstand sind vor allem Interaktionssysteme (wie z. B. die Mutter-Kind-Dyade) und Entwicklungsübergänge (der Eintritt in den Kindergarten oder die Schule).
- Im *soziokulturellen Paradigma* werden Emotionen als *sozial konstruierte psychische Funktion* begriffen und die Forschungsperspektive um die kulturelle Dimension erweitert. Hier wird untersucht, welche Bedeutungsmuster in einer Kultur tradiert sind, welche Emotionen wie reguliert und ausgedrückt werden und welche Mittel dazu angemessen sind.

Angesichts der Vielfalt der Forschungstraditionen und ihrer jeweils nur eingeschränkten Sicht auf den Phänomenbereich wird deutlich, dass es keine alleingültige, alles umfassende Theorie der Entwicklung von Emotionalität geben kann, sondern jedes Paradigma nur zu einem Teil des Phänomenbereiches Erklärungen beisteuert. Holodynski (2005, S. 231) resümiert, dass mittlerweile relativ unstrittig sei, dass Emotionen ein Produkt der phylogenetischen Entwicklung sind und der Überlebenssicherung dienen. Als kulturell determiniert wird verstanden, in welchem Ausmaß Emotionen ausgedrückt oder maskiert werden und was ein typischer Anlass für eine spezifische Emotion ist.

Der Zusammenhang von *Emotionen und Verhalten* ist nach Holodynski (2006) zum einen darin gegeben, dass sie eigene Handlungsziele, Handlungsergebnisse und Handlungsfolgen unter Berücksichtigung des situationalen Kontextes dahingehend einschätzen helfen, inwieweit sie der Befriedigung der personspezifischen Handlungsmotive dienlich sind oder waren und ggf. entsprechende Handlungen einleiten. Diese Betrachtung von Emotionen unter funktionalistischer Perspektive (vgl. auch Campos & Barrett, 1984) ergänzt Sroufe (1996) um die Auffassung, dass Emotionen ebenso Regulativ und Determinante von Verhalten allgemein darstellen: Die Auslösung einer Emotion ist nicht nur mit der Auslösung einer spezifischen (autonom entstehenden) Verhaltensbereitschaft verbunden (sensu Salzen, 1991), z. B. dem Impuls wegzulaufen, wenn Angst entsteht. Emotionen regulieren darüber hinaus das Verhalten z. B. hinsichtlich seiner Intensität (nach Holodynski auf Basis der „motivrelevanten Aspekte" der gegebenen Situation; Holodynski, 2006, S. 41) oder aber sie sind der Grund für die Initiierung einer bewussten Handlung mit einem spezifischen Ziel (z. B. jemanden aus Eifersucht schädigen wollen).

Personen unterscheiden sich sowohl in ihren Motivsystemen, d. h. was wichtige Ziele und Bedürfnisse für eine Person darstellen, die entsprechend vorrangig verfolgt werden, als auch in der Höhe der Reizschwelle, bei der eine merkbare Emotion ausgelöst wird (Emotionsbereitschaft). Sie unterscheiden sich weiter in der Frage, auf welche Stimuli sie typischerweise stärker oder weniger stark reagieren sowie in der mittleren Intensität ihrer emotionalen Antwort. Diese oben als Emotionalität definierte Gesamtheit des emotionalen Erlebens einer Person wird von der Umgebung als überdauernde Persönlichkeitseigenschaft wahrgenommen und es ist anzunehmen, dass eine genetische Komponente beteiligt ist. So stellt z. B. Zentner (1999) heraus, dass die bei Säuglingen beobachtbaren Temperamentsmerkmale (vgl. oben Kap. 4.1) auch als Emotionsbereitschaften aufgefasst werden können: Sie legen die Schwelle für die Auslösung bestimmter Emotionen fest und vermitteln durch die Art der Interpretation von Situationsreizen zwischen äußeren Anlässen und dem Emotionserleben.

Literaturhinweis

Holodynski, M. (2006). *Emotionen. Entwicklung und Regulation*. Berlin: Springer.

4.2.2 Entwicklung emotionaler Kompetenz

Holodynski und Oerter (2008) benennen zwei Aspekte der Entwicklung der Emotionalität: die Differenzierung von Emotionsqualitäten und die Regulation von Emotionen und Verhalten.

Im Hinblick auf die Differenzierung der *Emotionsqualitäten* wird häufig die Position von Bridges (1932) zitiert, die davon ausging, dass sich spezifische Emotionen aus einem einzigen Zustand der Erregung nach und nach herausdifferenzieren. Allerdings ist klar erkennbar, dass bereits Neugeborene über mindestens zwei Gefühlsqualitäten verfügen: Lust und Unlust. So postulieren verschiedene Autoren das Vorhandensein einer unterschiedlich begrenzten Anzahl von Grund- bzw. Basisemotionen, aus denen sich die Vielzahl von Gefühlsnuancen nach und nach ausdifferenziere (Ekman, 1994). Auch aktuelle Theorien der Emotionsentwicklung gehen davon aus, dass bereits Neugeborene über eine begrenzte Zahl von Emotionen verfügen. Holodynski (2009) benennt als basale Emotionen Distress (in psychoanalytischer Terminologie „unspezifische Unlust"), Interesse, endogenes Wohlbehagen (in psychoanalytischer Terminologie „Lust"), Ekel und Erschrecken. Sroufe (1996) bezeichnet die bei Neugeborenen beobachtbaren Emotionsqualitäten hingegen als „Vorläuferemotionen", da sie noch nicht über alle prototypischen Bestandteile (vor allem die kognitive Komponente) verfügen.

Hinsichtlich des Mechanismus, durch den es zur Entstehung neuer Emotionsqualitäten kommt, gehen aktuelle Theorien davon aus, dass sich diese durch das interaktive Zusammenspiel von Kind und Bezugsperson herausbilden (Holodynski, 2009). Denn der kindliche Emotionsausdruck ist zunächst ungerichtet: Das Neugeborene schreit, weil ihm Unwohl ist (Distress, unspezifische Unlust), aber das kann eben verschiedenen Gründen haben, die ein Erwachsener auch so bezeichnen würde: Hunger, Schmerz, Wut, Angst/Furcht, Schreck. Ähnlich ist es, wenn sich das Kind wohlfühlt (Lust, endogenes Wohlbehagen): Es lächelt, weil ihm wohlig warm ist, weil es gerade satt geworden ist, weil es ihm schmeckt, weil es sich über Ansprache oder sich an der Bewegung eines Objektes erfreut, weil es gekitzelt wird und vieles mehr. Erst dadurch, dass die Bezugsperson die Ausdrucksreaktion deutet, sie in ihrem eigenen Emotionsausdruck prägnant widerspiegelt und zeitnah mit den entsprechenden Bewältigungshandlungen reagiert (z. B. Trösten, Füttern, Ansprache), wird die kognitive Komponente quasi von der Bezugsperson hinzugefügt und das Kind lernt durch die Kontingenzen in diesem „koreguliertem System", seinen Emotionsausdruck den Anlässen entsprechend anzupassen (vgl. Holodynski, 2006). Erst mit zunehmender Reife der Stirnlappen sind Kinder (ab etwa dem Vorschulalter) auch zur intrapersonalen Regulation in der Lage. Sie wissen jetzt zunehmend sicherer, was sie brauchen, wenn sie bestimmte Erlebnisqualitäten bei sich feststellen, was ihnen hilft, diese zu regulieren, und wie sie ihr Erleben ausdrücken müssen, um die Bezugspersonen zu den unterstützenden Handlungen zu veranlassen. Zudem ist das Verständnis für kulturelle Regularien so weit entwickelt, dass sich erstmals auch selbstbezogene Emotionen (Schuld, Scham, Stolz) einstellen.

Die Entwicklung der *Emotionsregulation* stellt mit Blick auf die soziale Eingliederung den wohl wichtigsten Entwicklungsbereich der Emotionalität dar: Das Kind muss zum einen im Hinblick auf intrapsychisches Emotionserleben lernen, eine emotionale Reaktion und ihre Ursache bei sich selbst zu erkennen. Es muss zum anderen im Hinblick auf den interpersonellen Kontakt lernen, Emotionen in angemessener Weise auszudrücken, emotionales Erleben zu kontrollieren und angemessen auf den emotionalen Ausdruck anderer zu reagieren. Dieser Fertigkeitskomplex wird als „emotionale Kompetenz" bezeichnet (Petermann & Wiedebusch, 2008). Saarni (1999) benennt diesbezüglich acht emotionale Schlüsselfertigkeiten:

- die Fähigkeit, sich seiner eigenen Emotionen bewusst zu sein,
- die Fähigkeit, die Emotionen anderer wahrzunehmen und zu verstehen,
- die Fähigkeit, über Emotionen zu kommunizieren,
- die Fähigkeit zur Empathie (vgl. Kap. 4.3.1),
- die Fähigkeit zur Trennung von emotionalem Erleben und emotionalem Ausdruck,
- die Fähigkeit, mit negativen Emotionen und Stresssituationen umzugehen,
- die Fähigkeit, sich der emotionalen Kommunikation in sozialen Beziehungen bewusst zu sein und
- die Entwicklung eines Selbstwirkamkeitserlebens.

Nach Denham (1998) setzt sich *emotionale Kompetenz* aus drei Komponenten zusammen: Emotionsausdruck, Emotionsverständnis und Emotionsregulation.

Wie oben bereits ausgeführt postulieren aktuelle Emotionstheorien, dass sich die Emotionsregulation von der dyadischen (interpsychischen) Regulation zur (intrapsychischen) Selbstregulation hin entwickelt (vgl. Sroufe, 1996; Holodynski, 2006). Dies geschieht über drei Vermittlungsinstanzen: Erstens werden die emotionalen Ausdrucksmuster (Mimik, Gestik) zur gegenseitigen Verhaltenssteuerung genutzt. Im vorsprachlichen Alter kommt zweitens der Prosodie des Sprechens eine besondere Bedeutung zu: Durch die intuitive Anpassung der Sprachmelodie wird dem Kind der Bedeutungsgehalt seines Empfindens vermittelt. In dem Maße, wie die sprachliche Entwicklung des Kindes voranschreitet, wird dies zunehmend über den rein sprachlichen Austausch geleistet (vgl. Papousek & Papousek, 1999). Drittens tritt im weiteren Entwicklungsverlauf als Regulativ die Peerinteraktion hinzu: Die Rückmeldungen, die Kinder hinsichtlich der Angemessenheit ihres Emotionsausdrucks, aber auch der Interpretation und Reaktion auf die Signale anderer von „Ranggleichen" erhalten, nimmt mit zunehmendem Alter einen immer größeren Einfluss auf die Ausgestaltung des eigenen Emotionserlebens.

Im *Vorschulalter* sind die hauptsächlichen Entwicklungsbereiche der Emotionalität der Aufbau des Emotionswissens (z. B. in Bezug auf Mimik, Anlässe, Wünsche) sowie das Hinzutreten von selbstbezogenen Emotionen (Scham,

Schuld, Stolz). In der Regel ist bis zum Schuleintritt die Fähigkeit, eine emotionale Reaktion bei sich selbst und anderen zu erkennen und ihre Ursache zu benennen, abgeschlossen (Friedelmeier, 1999).

Im *Grundschulalter* entwickelt sich vor allem die Fähigkeit weiter, Emotionen in angemessener Weise auszudrücken, sowie das eigene emotionale Erleben zu kontrollieren und angemessen auf den emotionalen Ausdruck anderer zu reagieren. Die Kinder sind dabei jedoch noch regelmäßig darauf angewiesen, eine „soziale Rückversicherung" zu erhalten, inwieweit das gezeigte Anpassungsverhalten angemessen war oder auch, welches alternative Verhalten oder welche alternative Strategie möglich gewesen wäre. Typische Strategien der Emotionsregulation sind in Kasten 4.3 zusammengestellt. Erst ab etwa der späten Kindheit (ca. 10–12 Jahre) gelingt es den Kindern, Emotionen auch ohne soziale Rückversicherung regelmäßig selbstständig zu regulieren (Friedelmeier, 1999).

Kasten 4.3: Strategien der Emotionskontrolle (nach Egloff, 2009)

Abwendung von unangenehmen Situationen, z. B.
- Sinnesempfindungen abdämpfen
- Aufmerksamkeit abziehen
- Aufsuchen von angenehmen Situationen

Ablenkung, z. B.
- über angenehme/entspannende Dinge nachdenken
- sich eine angenehme/entspannende Beschäftigung suchen

Beendigung von überschäumenden körperlichen Gefühlsreaktionen, z. B.
- bewusste Wahrnehmung der physiologischen Reaktionen
- Beruhigung durch Selbstsuggestion (Selbstgespräche)
- direkte Spannungsreduktion (Alkohol, Drogen, Sex)
- Beruhigung durch Veränderung von Zielen

Verarbeitung emotional belastender Situationen, z. B.
- Gefühle ausdrücken/ausleben
- Umdeutung von Emotionsanlässen
- Nachdenken über Problemlösungen

Verfügbarkeit von Reaktionsalternativen, z. B.
- Nachdenken über Motive des Gegenübers
- Rollenspiele

Suche nach emotionaler Unterstützung im sozialen Umfeld, z. B.
- die Gesellschaft anderer/ähnlich Betroffener/Stärkerer suchen
- sich trösten lassen

Schaffung eines emotional handhabbaren Umfeldes, z. B.
- sich mit Freunden umgeben
- belastende Person- und Situationskontakte vermeiden
- Einsamkeit suchen

4 Emotionale und Soziale Entwicklung

Im *Jugendalter* werden nach Zimmermann (1999) Situationen zunehmend auf abstrakt-logischem Niveau analysiert. Dies führt zu einer Veränderung der Situationsbewertung, die immer stärker unter dem Einfluss des individuellen Wertesystems geleistet wird. Während die Reaktion auf ein bestimmtes Verhalten im Kindesalter noch sehr vorhersagbar ist, gelingt dies im Jugendalter nicht mehr so leicht. Als weitere typische Entwicklungsveränderung ist eine zunehmende internale Regulation von belastenden und negativen Gefühlen zu beobachten. Insgesamt herrscht in dieser Altersphase zwar eine positive Grundstimmung vor, die Zimmermann (1999) aus dem vergrößerten Handlungsspielraum erklärt, eigene Wünsche, Ziele und Handlungsentscheidungen zu verfolgen. Die tiefgreifenden körperlichen und vor allem hormonellen Veränderungen während der Pubertät führen jedoch zu einer erhöhten basalen Emotionalität, d. h. die Stärke und Häufigkeit einzelner Emotionen nimmt zu, was von der sozialen Umwelt als „Stimmungsschwankungen" wahrgenommen wird. Zudem ist die emotionale Reaktivität erhöht, d. h. die Jugendlichen sprechen auf innere und äußere Reize leichter emotional an. Dies wird von der sozialen Umwelt als „Reizbarkeit" sowie „Verletzlichkeit/Empfindsamkeit" wahrgenommen.

Auch im Bereich der Emotionsregulation hat sich die *Bindungsqualität* der frühen Mutter-Kind-Beziehung (vgl. oben Kap. 4.2) als einflussreich erwiesen (Spangler, 1999). Längsschnittstudien belegen übereinstimmend, dass die Bindungsstabilität wesentlich die funktionale Verhaltensregulation im gesamten sozio-emotionalen Bereich auch des weiteren Lebens bestimmt. So aktivieren Emotionen nicht nur das System des Bindungsverhaltens und ermöglichen über kontingente Beantwortung der Signale die Regulation der physiologischen Reaktionen, sondern dieses vermittelt gleichzeitig auch Regulationsstrategien. So zeigen sicher gebundene Kinder regelmäßig eine höhere Regulationskompetenz als unsicher gebundene Kinder. Zudem wird durch die Imitation der Bezugsperson die Art der Bewertung von Situationserfahrungen nachhaltig geprägt. Im Jugendalter gelingt es unter dem Einfluss eines sicheren internalen Arbeitsmodells leichter, eine belastende Situation flexibel zu bewerten und entsprechend funktionaler auf sie zu reagieren als unter dem Einfluss eines unsicheren Arbeitsmodells (Zimmermann, 1999).

Die Verfügbarkeit einer hohen emotionalen Kompetenz ist der Entwicklung in vielen Bereichen förderlich. Raver (2002) konnte z. B. zeigen, dass Kinder mit einer hohen emotionalen Kompetenz mit höherer Wahrscheinlichkeit frühe schulische Erfolge erzielen als Kinder, die mangelnde emotionale Fertigkeiten aufweisen. Izard (2001, 2002) erklärt dies mit den positiven Auswirkungen eines umfangreichen Emotionswissens und einer angemessenen Emotionsregulation. So integrieren sich Kinder mit überwiegend positiver Gestimmtheit und prosozialem Verhalten schneller in den Klassenverband (Ladd, Birch & Buhs, 1999).

Literaturhinweis

Von Salisch, M. (2002). *Emotionale Kompetenz entwickeln.* Stuttgart: Kohlhammer.

4.2.3 Förderung emotionaler Kompetenz

Emotionale Kompetenz beinhaltet, Emotionen regulieren zu können, sie angemessen auszudrücken und auf den Emotionsausdruck anderer angemessen zu reagieren. Es beinhaltet aber auch, sich bewusst zu sein, dass der eigene Emotionsausdruck bei anderen Reaktionen hervorruft und dass man diese durch die Art des Emotionsausdrucks beeinflussen kann. Emotionale Schlüsselfertigkeiten wurden oben bereits genannt: die eigenen Gefühle kennen; die Gefühle anderer erkennen und verstehen; altersangemessenes Emotionsvokabular beherrschen; sich in andere einfühlen können; verstehen, dass Emotionserleben und Emotionsausdruck unterschiedlich sein können; mit belastenden Emotionen und Problemsituationen angemessen umgehen; verstehen, das soziale Beziehungen durch emotionale Kommunikation mitgeprägt werden; über ein positives emotionales Selbstwirksamkeitserleben verfügen (vgl. Petermann et al., 2007).

Liegen bei Kindern Defizite in einer oder mehrerer dieser Schlüsselfertigkeiten vor, kann das Zusammenleben in einer Gemeinschaft (z. B. der Schulklasse) u. U. empfindlich gestört werden. Hauptproblem ist zumeist ein hoher Aggressionsspegel in der Klasse: Exzessiver Streit mit Prügeleien sind in den Pausen an der Tagesordnung. Im Unterricht wirkt sich dies z. B. auf die Gruppenarbeit aus, indem bestimmte Kinder nicht mehr zusammenarbeiten wollen oder auch bei der Arbeit immer wieder anfangen zu streiten. Neben dieser externalisierenden Form kann die Entwicklung auch einen internalen Ausgang nehmen, wenn sich in Folge einer mangelnden emotionalen Kompetenz eine übertriebene (vor allem soziale) Ängstlichkeit ausbildet. Diese Kinder werden im Unterricht nicht mitarbeiten, stehen in den Pausen allein und werden nicht selten Opfer körperlicher und seelischer Angriffe. Diese Probleme werden in Kapitel 4.3.3 noch einmal aufgegriffen.

Wie in den vorangegangenen Kapiteln hervorgehoben wurde, kann die Ausbildung emotionaler Kompetenz nur in der sozialen Interaktion gelingen, d. h. sie wird „gelernt", vorwiegend im Rahmen elterlicher Erziehungsbemühungen. Entsprechend ist es auch möglich, diese Fähigkeiten nachträglich zu trainieren und Defizite auszugleichen. Defizite emotionaler Kompetenz äußern sich wie oben beschrieben auf drei Ebenen:

- dem *Emotionsausdruck* (vor allem hinsichtlich seiner Angemessenheit),
- dem *Emotionsverständnis* (vor allem hinsichtlich der Entschlüsselung der Signale anderer sowie des Einfühlungsvermögens),
- der *Emotionsregulation* (vor allem hinsichtlich fehlender Regulationsstrategien).

Trainingskonzepte emotionaler Kompetenz sollten entsprechend Übungen auf drei Ebenen enthalten: der Selbstbeobachtung, der Selbstkontrolle und der Selbstregulation. Beispielhaft wird im Folgenden das Konzept des Trainingsverfahrens von Petermann, Koglin, Natzke und von Marées (2007) vorgestellt, das als präventives Förderprogramm konzipiert ist. Die Trainingsinhalte des

Programms stellen die Umsetzung wissenschaftlicher Erkenntnisse dar, das Material wurde bereits erfolgreich evaluiert (von Marées & Petermann, 2010). Die Besonderheit dieses Verfahrens besteht darin, dass es als Gruppentraining im Grundschulunterricht einsetzbar ist und auch von Lehrkräften im Klassenverband durchgeführt werden kann.

Das Verfahren „Verhaltenstraining in der Grundschule" (Petermann et al., 2007) ist als Training emotionaler und sozialer Kompetenz sowie der Eigen- und Sozialverantwortung konzipiert. Es richtet sich an Kinder der dritten und vierten Grundschulklasse.[2] Ergänzend werden Hinweise zur Kooperation mit den Eltern (Öffentlichkeitsarbeit, Elternabende, Elternbriefe) gegeben. Das Programm umfasst 26 Trainingseinheiten von 45–90 Minuten Dauer, zehn Trainingseinheiten sind für den Bereich des Trainings emotionaler Kompetenz vorgesehen. Das Autorenteam empfiehlt als optimale Frequenz zwei Sitzungen in der Woche und den Einsatz in den ersten Schulstunden des Tages.

Die Kinder werden zu Beginn jeder Einheit durch die Folge eines Hörspiel angesprochen, das als Einstig und Rahmenhandlung dient. Es handelt sich um eine spannende Abenteuergeschichte, in der vier gleichaltrige Kinder eine geheimnisumwitterte Burg erkunden. Die Gruppe der Protagonisten ist multikulturell zusammengesetzt und „versinnbildlicht das Modell gelingender persönlicher Beziehungen unter Kindern vor dem Hintergrund sehr unterschiedlicher gesellschaftlicher Lebensbedingungen" (Petermann et al., 2007, S. 44). Innerhalb des Abenteuers sind die Protagonisten allein oder in der Gruppe immer wieder prototypischen emotionsauslösenden Situationen ausgesetzt (Angst, Ärger, Stolz, Scham etc.) und verbalisieren ihre Empfindungen ausführlich. Diese Erfahrungen werden in den Trainingseinheiten aufgegriffen und didaktisch als emotionales Beispielerleben sowie als Aufhänger für Gruppenaktivitäten genutzt. Die Geschichte und die Protagonisten werden den Kindern in der einführenden ersten Trainingseinheit ausführlich erläutert, ebenso wie der generelle Ablauf der folgenden Stunden.

In den *Trainigseinheiten* lernen die Kinder zunächst, ihre eigenen Gefühle und die Gefühle anderer besser wahrzunehmen und zu verstehen. So werden in der dritten Einheit Selbstbeobachtungskompetenzen thematisiert und eingeübt, zwischen unterschiedlichen Erlebensebenen zu diskriminieren (wann das Gefühl auftritt, was man dann macht). Über drei weitere Einheiten schließt sich ein Selbstkontrolltraining an. Die Kinder üben ein, ihre Emotionsstärken wahrzunehmen, einzuschätzen und zu benennen. In einem dritten Teil üben die Kinder Selbstregulationsstrategien am Beispiel Wut ein: Sie lernen, wie sie unangenehme Gefühle situationsangemessen bewältigen können durch Sammlung von Wutkontrollstrategien, Diskriminierungsübungen angemessenen und unangemessenen Verhaltens bei Ärger, Erstellen eines Wutkontrollplanes, Sensibilisierung der Ärgerwahrnehmung, Einüben von Wutkontrollstrategien.

Das Engagement der Kinder im Rahmen des Trainings sowie das Einüben und Einhalten der selbstentwickelten Verhaltensregeln wird durch einen *Verstärker-*

---

[2] Verfahren für die erste und zweite Klasse sowie für Jugendliche liegen ebenfalls vor, sie sind am Ende dieses Kapitels im Literaturhinweis benannt.

plan unterstützt. Der Verstärkerplan basiert auf den in Kapitel 3.4.6 beschriebenen Prinzipien des operanten Konditionierens: Angemessenes Verhalten wird systematisch belohnt und die Auftretenswahrscheinlichkeit des Zielverhaltens dadurch erhöht. Als Verstärker (im Fachjargon auch „Token" genannt) dienen „Pluspunkte", welche die Kinder sich gegenseitig am Ende jeder Stunde verleihen. Wer die Regeln guter Zusammenarbeit nicht einhält, bekommt keinen Pluspunkt zugesprochen. Sie werden in einen Plan eingetragen und sichtbar für alle aufgehängt. Damit wird eine positive Wettbewerbssituation unter den Kindern geschaffen. Die erreichten Punkte werden am Ende des Trainings in einem Zertifikat festgehalten und den Kindern überreicht, zusätzlich schägt das Autorenteam vor, als Belohnung eine „Burggespensterparty" zu veranstalten.

Der Einsatz von Verstärkerplänen ist (vor allem in der nichtpsychologischen Fachdiskussion) nicht unumstritten. So ist zum einen offensichtlich, dass der sekundäre (extrinsische) Verstärker/Token bzw. die Belohnung, die das Kind am Ende dafür eintauschen kann, auch einen Wert für das Kind haben muss (extrinsische = von außen vorgegebenen; siehe auch unten Kap. 7.1). Selbst wenn dies der Fall ist, kann sich das Kind oder der bzw. die Jugendliche dem natürlich auch dadurch verweigern, dass es die Erlangung dieses Wertes für sich als momentan nicht zielrelevant einstuft. Die Praxis zeigt jedoch, dass vor allem Kinder sich diesen Maßnahmen nur selten aktiv entziehen. Generell kann vorhergesagt werden, dass je jünger ein Kind ist und/oder je unreifer der kognitive Entwicklungsstand des Kindes/des Jugendlichen, desto eher wird das Kind/der bzw. die Jugendliche das Verfahren annehmen und desto größer wird der Erfolg einer solchen Maßnahme sein. Ein Grund ist sicherlich auch in der Freude am Wettbewerb zu sehen: Zu gewinnen (auch gegen sich selbst) stärkt das Selbstwirksamkeitserleben und wirkt so als zusätzlicher (intrinsischer) Verstärker (intrinsisch = aus innerem Antrieb gesuchter; siehe auch unten Kap. 7.1). Aber auch im Jugend- und Erwachsenenalter können Verstärkerpläne die eigenen Bemühungen um eine Verhaltensänderung (z. B. Durchhalten eines Lernplanes vor Klassenarbeiten/Prüfungen, Einhalten einer Diät, Aufgeben von Suchtverhalten) nachhaltig unterstützen, wenn sie sich freiwillig auferlegt und als Selbstbelohnungsstrategien genutzt werden.

Literaturhinweise

Petermann, F., Natzke, H., Gehrken, N. & Walter, H.-J. (2006). *Verhaltenstraining für Schulanfänger.* Göttingen: Hogrefe.
Petermann, F. Koglin, U., Natzke, H. & von Marées, N. (2007). *Verhaltenstraining in der Grundschule.* Göttingen: Hogrefe.
Petermann, F. & Petermann, U. (2007). *Training mit Jugendlichen.* Göttingen: Hogrefe.

4.2.4 Emotionales Erleben in der Schule

Emotionales Erleben findet nicht nur auf dem Schulhof oder im Rahmen nichtunterrichtlicher Interaktionen statt, sondern Emotionen begleiten schulisches

Lernen auch direkt. Zu den solchermaßen verstandenen „lern- und leistungsthematischen Emotionen" zählen Lernfreude, Langeweile, Stolz, Scham, (Prüfungs-)Angst, Angst vor Misserfolg, Hoffnung auf Erfolg, Erleichterung, Enttäuschung, Traurigkeit. Hinzu treten soziale Emotionen wie Bewunderung, Verachtung, Mitleid und Schadenfreude. Das die schulischen Aktivitäten begleitende emotionale Erleben ist auch für das unterrichtliche Handeln bedeutsam, da es sowohl kognitive als auch die motivationalen Aspekte des Lernens berührt (siehe auch Kap. 3.7.3).

Eine Forschergruppe um Reinhard Pekrun (Pekrun, 1998) ist in einer Reihe von Untersuchungen erstmals systematisch der Frage nachgegangen, welche Emotionen von Schülerinnen und Schülern in unterschiedlichen Schulsituationen erlebt werden und welcher Stellenwert ihnen für Lernen und Leistung zukommt. In einer explorativen Untersuchung wurden 56 Gymnasiastinnen und Gymnasiasten der 11. bis 13. Klasse in einem halbstrukturierten Fragebogen rückblickend nach ihrem emotionalen Erleben vor, während und nach jeweils einer Situation der folgenden Situationsklassen befragt: Schulunterricht, häusliches Lernen, schulische Prüfung, Situation der Leistungsrückmeldung. Es zeigte sich, dass das Emotionserleben während Lern- und Leistungssituationen sehr vielfältig ist. Zu den als negativ klassifizierten Emotionen zählt Pekrun (1998) Ärger, Angst, Hoffnungslosigkeit, Enttäuschung, Unzufriedenheit/Unlust, Langeweile sowie Scham und Schuld. Unter die als positiv klassifizierten Emotionen subsumiert er Freude, Hoffnung, Interesse, Neugier, Zufriedenheit, Erleichterung und Stolz. Während sich insgesamt negative und positive Emotionen die Waage hielten, überwogen doch für Unterrichts- und Lernsituationen tendenziell positive Emotionen, in Prüfungs- und Rückmeldungssituationen tendenziell negative.

Ausgehend von diesen Arbeiten hat das emotionale Erleben jenseits von Prüfungs- und Schulangst starken Einzug in die empirisch-pädagogische Forschung gehalten, wie Hascher und Edlinger (2009) in einem Forschungsüberblick konstatieren. Die neueren Ergebnisse unterstreichen und ergänzen die Erkenntnisse dieser frühen Studien der Forschergruppe um Reinhard Pekrun: Das emotionale Erleben während Lern- und Leistungssituationen ist sehr vielfältig und beeinflusst Lernverhalten und Lernergebnis merkbar.

So ist eine *Emotionswirkung* auf Lernen und Leistung zweifach gegeben. Zum einen bewirkt emotionales Erleben hinsichtlich seiner motivationalen Konsequenzen eine Steigerung der Leistungsfähigkeit beim Lernen (vgl. Kap. 3.7.3). Vor allem der Durchhaltewille wird größer, weil Freude am Kompetenzgewinn erlebt wird, die Person eine gute Leistungsrückmeldung erhalten möchte oder auch weil sie fürchtet, andernfalls bestraft zu werden oder die Versetzung nicht zu schaffen (Pekrun, 1998). Csikszentmihalyi (1979, 260 ff.) weist auf den Aspekt des „Flow-Erlebens" hin: Er bezeichnet damit einen Erlebniszustand, der insbesondere im Zusammenhang mit intrinsisch motivierten Handlungen auftritt. In diesem Zustand ist die Person voll auf eine Aufgabe konzentriert, geht ganz in ihren Handlungen auf und lässt sich kaum von Störreizen beeinflussen. Das Zeitgefühl geht verloren und die Person hat das sichere Gefühl, den Anforderungen der Situation gewachsen zu sein und das

Geschehen kontrollieren zu können. Neben den das Lernen bzw. den Lernerfolg begleitenden positiven Emotionen kommt dem Flow-Erleben die Qualität einer eigenständigen leistungsförderlichen Komponente zu. Csikszentmihalyi und Schiefele (1993, S. 212) sehen in dieser Qualität des Lernens die entscheidende Bedingung für eine freiwillige Beschäftigung eines Schülers/einer Schülerin mit einem Stoffgebiet. Rheinberg (1996) weist auf den besonderen Tätigkeitsanreiz hin, der dem Flow-Erleben innewohnt. Schiefele, Wild und Winteler (1995) berichten von regelmäßig auftretenden, signifikanten Korrelationen zwischen schulfachspezifischem Interesse und der Häufigkeit von Flow-Erlebnissen während des Lernens. Abele (1996) weist darauf hin, dass insbesondere für die Bearbeitung komplexer Lernaufgaben und das Erbringen kreativer Leistungen das Vorhandensein einer positiv getönten emotionalen Lage förderlich ist.

Abele (1996) stellt ebenfalls heraus, dass Emotionen neben diesem indirekten Einfluss auch direkt Einfluss auf den Lern- und Leistungsprozess nehmen – und zwar sowohl im Hinblick auf die Art und Weise der Aufnahme, Speicherung und Verarbeitung von Lerninformation, als auch der Verfügbarkeit kognitiver Ressourcen allgemein. Bless und Fiedler (1999) fassen zusammen, dass positive Emotionen während des Lernens (auch Spaß am Lernen oder Vorfreude auf eine Prüfung kann es geben!) eher zum Einsatz flexibler (meta-)kognitiver Lernstrategien führen. Negative Emotionen hingegen führen eher zum Einsatz von rigideren Strategien wie das einfache Wiederholen des Stoffes. Die beiden Strategien unterscheiden sich hinsichtlich der Nachhaltigkeit des Gelernten, d. h. bei Einsatz von metakognitiven Strategien ist die langfristige Behaltensleistung in der Regel besser.

Die Wirkung auf die Verfügbarkeit kognitiver Ressourcen ist hauptsächlich im Zusammenhang mit Prüfungsängstlichkeit untersucht worden. Unter Prüfungsängstlichkeit wird die Entstehung einer Angstemotion in Bewertungssituationen verstanden (= Erregungs- und Spannungszustand mit somatischen und psychischen Begleiterscheinungen sowie typischen Verhaltenstendenzen, insbesondere Flucht- und Vermeidungsimpulsen), weil diese als (Selbstwert-)Bedrohung erlebt werden. Prüfungsangst wird entsprechend auch als „Bewertungsangst" bezeichnet, denn die generiert sich zu einem hohen Anteil aus Kognitionen, die mit der Beobachtung und imaginierten Bewertung durch andere während oder nach der Leistungserbringung in Zusammenhang stehen (z. B. „Mein Lehrer wird von mir enttäuscht sein und nicht mehr mit mir reden ..."; „Meine Eltern werden wütend und ich bekomme Fernsehverbot, dabei wollte ich doch so gern ..."; „Ich werde die ganzen Ferien für eine Nachprüfung lernen müssen, dabei hatte ich mich doch schon verabredet, was werden mein Freunde dazu sagen ..."; „Womöglich werde ich nicht versetzt und verliere meine Freunde, ich werde dann mit genau denen zusammen sein, die ich noch nie leiden mochte ..." etc.). Prüfungsängstlichkeit erzeugt vorwiegend irrationale Kognitionen, welche die für die Erbringung der Prüfungsleistung gebrauchten kognitiven Ressourcen belegt. Dieses auch als „Beschäftigung mit handlungsirrelevanten Gedanken" (Schnabel, 1998) bezeichnete Phänomen führt vor allem dazu, dass der Wissensabruf nachhaltig behindert wird und die Prüfungsleistung entsprechend sinkt. Im Rahmen der Prüfungsvorbereitung sinkt ebenfalls die Lernleistung, weil die dauernde Beschäftigung mit dem, was alles passieren könnte, wenn man in der Prüfung versagen würde, die zeitlichen Ressourcen für das Lernen schmälert und folglich die Lernleistung automatisch sinken muss.

Eine in jüngerer Zeit häufiger im schulischen Kontext untersuchte Emotion ist die *Langeweile*. Götz und Frenzel (2006) definieren Langeweile als einen subjektiv negativ erlebten Gefühlszustand, der mit einem subjektiv als langsam empfundenen Verstreichen der Zeit einhergeht („lange Weile") und – je länger er dauert – von einem sich ständig erhöhenden internen Erregungszustand („Arousal") begleitet wird, der als Ärger und Aggression erlebt wird. Dies führt zur Erhöhung der Bereitschaft, Handlungsimpulsen zur Beendigung der Situation nachzugeben. Lohrmann (2008, S. 16) ergänzt diese Auffassung um einen Sach- bzw. Sozialbezug: Sie weist darauf hin, dass Langeweile immer auch eine aufgabenbezogene Emotion ist, die durch eine Situation bzw. durch eine Tätigkeit ausgelöst wird.

Von jeher zählt Langeweile zu den nachhaltigen Erinnerungen von Erwachsenen an Schule und Unterricht. Lohrmann (2008) berechnet auf der Basis einer Studie von Larson und Richards (1991) sogar, dass Schülerinnen und Schüler bis zum Schulabschluss im Mittel knapp 5 000 langweilige Schulstunden erleben. Sparfedt et al. (2009) weisen nach, dass bereits Grundschüler Langeweile erleben und dass diese im Zusammenhang mit (negativem) Kompetenzerleben und (geringem) Interesse steht.

Auf Basis einer Befragung von 50 Gymnasiastinnen und Gymnasiasten identifizieren Götz und Frenzel (2006) vier Formen schulischer Langeweile:

- Die *inaktiv-hinnehmende* (auch: „indifferente") Form der Langeweile ist durch eine geringes Erregungsniveau und eine schwache Ausprägung der negativen Bewertung der Situation gekennzeichnet; Schülerinnen und Schüler sprechen in dieser Situation vorwiegend von „Abschalten", Müdigkeit oder Trägheit, Desinteresse oder Gedankenleere.
- Als *kalibrierende Langeweile* wird ein Zustand bezeichnet, in welchem der innere Erregungszustand ebenfalls noch niedrig ist, die Schülerinnen und Schüler aber nach anderweitigen Beschäftigungen suchen: Sie berichten von einem unspezifischen „Abschweifen der Gedanken" zu Hobbys, Freizeit und eigenen Interessen, u. U. auch auf andere schulische Inhalte.
- Die *zielsuchende Langeweile* wird von den vorherigen Zuständen durch ein nun deutlich erhöhtes Arousal abgegrenzt, das sich in Ruhelosigkeit äußert und das aktiv nach Handlungsalternativen oder gedanklichen Beschäftigungen suchen lässt. Schülerinnen und Schüler denken in diesem Stadium z. B. intensiv darüber nach, was sie am Nachmittag alles vorhaben oder mit wem sie sich verabreden könnten.
- Die vierte Form bezeichnen der Autor und die Autorin als *reaktante Langeweile*. Sie ist gekennzeichnet durch ein hohes Erregungsniveau und ist deutlich von Ärger und Aggression, aber auch Hilflosigkeit begleitet.

Götz und Frenzel (2006) gehen davon aus, dass je nach der Verfügbarkeit von Freiheitsgraden diese vier Formen entweder ineinander übergehen oder aber zu Alternativhandlungen führen. So werden sich Schülerinnen und Schüler in einer Hausaufgabensituation im Stadium der zielsuchenden Langeweile wohl eher Alternativbeschäftigungen suchen, wohingegen dieses Stadium in einer Unterrichtssituation wohl eher in die reaktante Langeweile übergehen wird und sie u. U. versuchen werden, den als belastend empfundenen Spannungszustand durch Störverhalten zu reduzieren.

Negative Emotionen (insbesondere das Erleben von Langeweile) stehen in deutlichem Zusammenhang mit handlungsirrelevantem Denken, Aufmerksamkeitsstörungen, Schulunlust und aufsässigem Verhalten, während positive Emotionen im Zusammenhang mit Schulzufriedenheit, Lernfreude, Interesse und Anstrengung stehen (siehe zusammenfassend z. B. Lohrmann, 2008, S. 60). Entsprechend empfiehlt es sich, positive Emotionen während des Unterrichts zu fördern und die Entstehung negativer Emotionen möglichst zu vermeiden. So wird Langeweile zum einen durch eine als monoton erlebte Situation hervorgerufen. Lohrmann (2008) stellt auf Grundlage einer Literaturübersicht heraus, dass bei Schülerinnen und Schülern vor allem langes Zuhören, Warten, wenig Beteiligungsmöglichkeiten sowie als nutzlos verstandene oder mit wenig Lebensbezug verbundene Unterrichtsinhalte Langeweile hervorrufen. Langeweile kann sich aber auch bei individueller Unterforderung (z. B. Harris, 2000; Götz & Frenzel, 2010) oder Überforderung (z. B. Götz & Frenzel, 2010; Götz, Frenzel & Haag, 2006) durch die Unterrichtsinhalte einstellen.

Positive Emotionen entstehen in der Schule zum einen bei Erfahrungen, die zur Steigerung des Fähigkeitsselbstkonzeptes (vgl. weiter unten Kap. 5.2) beitragen. Wie eine Vielzahl an Studien belegt (siehe zusammenfassend Spinath, 2008; Rheinberg, 2001), wird dies durch eine intraindividuelle Leistungsrückmeldung gefördert: Leistungsrückmeldungen können mit Bezug auf ein absolutes, externes Kriterium (z. B. maximal zu erreichende Punktzahl) gegeben werden („sachliche Bezugsnorm"), mit Bezug auf den Leistungsstand der übrigen Klasse (interindividuell, „soziale Bezugsnorm"), oder aber mit Bezug auf den bisherigen Leistungsstand desselben Schülers (intraindividuell, „internale Bezugsnorm") erfolgen. Im letzten Fall ist es sehr viel eher möglich, auch kleine Leistungsfortschritte positiv herauszustellen, die im interindividuellen Vergleich nicht merkbar oder im Vergleich mit dem externen Kriterium marginal erscheinen.

Zum anderen ist das Lernen immer dann von positiven Emotionen begleitet, wenn Interesse und Spaß beim Lernen erlebt werden kann. Dies spricht vor allem die Unterrichtsqualität an: Schülerinnen und Schüler lernen besser und nachhaltiger, wenn es gelingt, das Interesse am Lernstoff zu wecken, der Unterricht gut strukturiert ist, wenn der individuelle Lernstand berücksichtigt wird (Binnendifferenzierung) und wenn dem Entwicklungsstand angemessene Spielräume zum selbstreguliertem Lernen eingeräumt werden (Gläser-Zikuda et al., 2005). Lernförderlich ist es darüber hinaus, wenn insgesamt eine entspannte und freundliche Atmosphäre in der Lernumgebung herrscht (Astleitner & Hascher, 2008). So nennen Schülerinnen und Schüler folgende Aspekte, die zu ihrem Wohlbefinden im Unterricht beitragen: eine positive Stimmung der Lehrperson, klare und vielfältige Erklärungen, positive Rückmeldungen, faire und transparente Beurteilungen, Offenheit gegenüber Problemen der Schülerinnen und Schüler, Ermöglichung selbstständigen Arbeitens, Behandlung alltagsrelevanter und sinnvoller Themen, ein angemessenes Unterrichtstempo (Gläser-Zikuda & Fuß, 2004).

Diese Möglichkeiten, positive Emotionen auszulösen, scheinen leider im Schulalltag zu wenig genutzt zu werden: Seit Jahrzehnten wird auch in längsschnittlichen Studien immer wieder belegt, dass die Lernfreude der Schülerinnen und Schüler, die bei Schuleintritt noch recht hoch ist, bald und dann kontinuierlich immer weiter abnimmt (z. B. Helmke 1993; van Ophuysen, 2008; Heise & Rahm, 2007). Hascher und Edlinger (2009, S. 119) kommen nach einer Sichtung der Literaturlage zum Thema positive Emotionen und Wohlbefinden in der Schule zu dem Schluss, dass es Schule nicht nur misslinge, die „ursprünglich positiven Gefühle der Kinder gegenüber dem schulischen Setting aufrechtzuerhalten, sie scheint sogar aktiv dazu beizutragen, dass sich diese Gefühle verschlechtern".

Literaturhinweis

Hascher, T. (Hrsg.). (2004). *Schule positiv erleben*. Bern: Haupt.

4.3 Entwicklung des Sozialverhaltens

4.3.1 Grundlagen prosozialen Verhaltens

Um in eine Gesellschaft hineinwachsen zu können, ist es unabdingbar, sich den Umgangsformen der Gesellschaft anzupassen. Diesen als Sozialisation bezeichneten Vorgang definiert Durkin (2002, S. 54) als „Prozess, über den sich Menschen die Verhaltensregeln und die Überzeugungs- und Einstellungssysteme aneignen, die einer Person ein Funktionieren als vollwertiges Mitglied einer Gesellschaft erlauben". Während Kinder dies nicht ohne konkrete Anleitung von Älteren/Erwachsenen leisten können, sind Jugendliche zunehmend in der Lage, selbstständig gesellschaftlich erwünschte Verhaltensweisen zu identifizieren und ihr eigenes Verhalten entsprechend zu modifizieren (Selbstsozialisation).

Kinder müssen zunächst lernen, nicht nur ihre eigenen Interessen, sondern auch die anderer zu erkennen und zu berücksichtigen. Dazu muss die Fähigkeit verfügbar sein, sich in die Gedanken und Gefühle anderer hineinzuversetzen. Die Grundlage bildet das „einfühlende Verstehen" (Empathie). Wissenschaftlich wird darunter eine affektive Reaktion verstanden, die „aus dem Erkennen oder dem Verständnis des emotionalen Zustandes einer Zielperson resultiert und die ähnlich zu dem ist, was die Zielperson fühlt oder erwartungsgemäß fühlen würde" (Steins, 2009, S. 723).

Die Fähigkeit zur Empathie ist jedoch nicht bei Geburt gegeben, sondern entwickelt sich nach und nach. Üblicherweise geht man davon aus, dass Kinder erst ab dem Alter von zwei Jahren in der Lage sind, solche Deutungen vorzunehmen. Dennoch sind erste Schritte in der Entwicklung des mitfühlenden Verstehens bereits im ersten Lebensjahr beobachtbar: Die Kinder beobachten, worauf andere Menschen ihre Aufmerksamkeit lenken, was diese betrachten – und tun es ihnen nach. Diese „gemeinsame Aufmerksamkeitslenkung" ist nach Schmidt-Denter (2005) zunächst vor allem zwischen Mutter und Kind beobachtbar; mit etwa neun Monaten weisen die Kinder dann die Bezugspersonen auch selbst aktiv auf interessante Objekte hin (Schmidt-Denter, 2005).

Zum empathischen Erleben kommt es neben der oben beschriebenen automatischen Auslösung durch den Gefühlsausdruck eines Gegenübers auch in einer Situation, in der normalerweise eine ganz spezifische Emotion ausgelöst wird (z. B. Freude bei einem Gewinn, Traurigkeit bei einer Beerdigung), obwohl diese die Emotion gerade nicht zeigt bzw. maskiert. Hier liegt also eine Deutung der Situation zu Grunde, die erst ab einer gewissen kognitiven Reife möglich ist. Die zugrunde liegende Kompetenz wird als „Fähigkeit zur Perspektivübernahme" beschrieben. Definiert ist Perspektivübernahme als die Fähigkeit, sich vorzustellen, was andere Menschen möglicherweise denken oder fühlen.

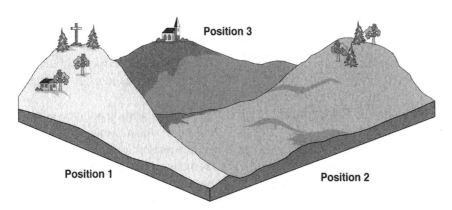

Abb. 4.2: Drei-Berge-Versuch (aus: Rothgang, 2009, S. 59)

Nach allgemeiner Auffassung ist dies bei Kindern erst ab einem Alter von etwa vier Jahren gegeben. Piaget hat das in einem eindrucksvollen und vielfach mit demselben Ergebnis wiederholten Versuchsaufbau nachgewiesen (vgl. **Abb. 4.2**; Aebli, Montada & Schneider, 1968): Dem Kind wird das quadratische Modell einer Landschaft gezeigt. In drei der vier Ecken befindet sich jeweils ein Berg mit einem je unterschiedlichen Objekt. So ist auf dem einen Berg eine Kirche, auf dem anderen ein Haus und auf dem dritten ein Baum montiert. Die vier Ecken des Landschaftsmodells sind als Position eins bis vier bezeichnet. Position 1 ist an der Ecke angesiedelt, die keinen Berg hat. Nun wird das Kind an Position 1 gebracht und soll aus einer Reihe von vorgegebenen Bildern seine eigene Perspektive heraussuchen. Dies gelingt auch. Nun wird an die gegenüberliegende Position 3 eine Puppe gesetzt. Das Kind wird nun ebenfalls an Position 3 geführt und stellt sich hinter die Puppe. Nun soll es aus einer Reihe von vorgegebenen Bildern die Perspektive der Puppe heraussuchen. Auch das gelingt. Danach wird das Kind wieder an Position 1 geführt und soll nun aus einer Reihe von vorgegebenen Bildern die Perspektive der Puppe heraussuchen. Dies gelingt jüngeren Kindern nicht, sondern diese werden wieder die Abbildung mit der Perspektive der aktuell eigenen Position heraussuchen.

Ein häufig zitiertes Modell der Entwicklung der Perspektivübernahme stammt von Selman (1984; Selman & Byrne, 1974; vgl. auch Siegler, DeLoache & Eisenberg, 2008 S. 487f.). Selman postuliert in diesem Fünf-Phasen-Modell, dass Kinder ausgehend von der Phase Null (undifferenzierte Perspektivenübernahme, ca. 3–6 Jahre) zunächst entdecken, dass es auch andere Perspektiven als die eigene geben kann (Phase 1, sozial-informative Perspektivenübernahme, ca. 4–9 Jahre). Allerdings glauben die Kinder hier noch, dass diese andere Sicht der Dinge dadurch zustande kommt, dass die anderen nicht über dieselben Informationen zur Sachlage verfügen wie sie selbst. In Phase 2 werden die Kinder dann gewahr, dass sie diese andere Perspektive auch einnehmen und über sie nachdenken können (selbst-reflexive Perspektivenübernahme, ca. 7–12 Jahre). In Phase 3 sind sie in der Lage, systematisch die eigene und die Perspektive andere miteinander zu vergleichen oder von einem dritten Standpunkt aus zu beurteilen (Perspektivenübernahme durch Dritte ca. 10–15 Jahre). In Phase 4 versuchen sie schließlich, die andere Perspektive in Beziehung zur „Durchschnittsmeinung" zu setzen und mit der Meinung in der eigenen Gruppe zu vergleichen (gesellschaftliche Perspektivenübernahme, ab ca. 14 Jahren).

In dieser Abfolge sind hinsichtlich der zeitlichen Dimension große interindividuelle Unterschiede zu beobachten. Obwohl diese Entwicklungsfortschritte in deutlichem Zusammenhang mit der kognitiven Reife stehen, nehmen in diesem Entwicklungsbereich soziale Erfahrungen einen großen Einfluss: Je häufiger Kindern der eigene Standpunkt von Erwachsenen wie auch in der Gleichaltrigengruppe erläutert wird, je mehr sie ermutigt werden, die Perspektive anderer wahrzunehmen, desto größer werden die Entwicklungsfortschritte und desto höher das erreichte Kompetenzniveau sein (vgl. Berk, 2005, S. 440).

Literaturhinweis

Schmidt-Denter, U. (2005). *Soziale Beziehungen im Lebenslauf.* Weinheim: Beltz/PVU.

4.3.2 Kooperation und Wettbewerb

Unter *Kooperation* wird nach Schmidt-Denter (2005, S. 85) die „Koordination von Tätigkeiten zur Ereichung eines gemeinsamen Zieles zur Bewältigung einer bestimmten Aufgabe" verstanden. Van Lange und DeDreu (2002, S. 383) definieren Kooperation als ein „Verhalten, das die Handlungsergebnisse (oder das Wohl) eines Kollektivs (bzw. einer Gruppe) maximiert". Es kommt hierbei darauf an, dass sich Verhaltensweisen sinnvoll ergänzen. Die Entwicklung kooperativen Verhaltens baut auf der Fähigkeit zur Perspektivübernahme auf und stellt einen eigenen Entwicklungsbereich dar. Sie entwickelt sich über das *Verhalten im Spiel*. Während Kleinkinder überwiegend allein oder parallel spielen, sind im Vorschulalter zunehmend Interaktionen während des gemeinsamen Spiels beobachtbar. Als kooperatives Spiel gilt es jedoch erst, wenn mit dem Spiel auch die Verfolgung eines gemeinsamen Ziel unter Zuhilfenahme von Aufgabenteilung erkennbar wird (vgl. Schmidt-Denter, 2005). Zu unterscheiden ist zwischen Rollenspielen (mehrere Personen bekleiden fiktive Rollen und realisieren in diesen eine gemeinsame Handlung) und Regelspielen (es wird nach festgelegten Regeln agiert). Das Einhalten der Regeln macht den besonderen Reiz des Spieles aus. Regelspiele sind zudem zumeist Wettkampfspiele und bilden nach Oerter (2008b, S. 239) das „Paradigma der Leistungsmotivation" (vgl. auch Kap. 3.7.3). *Wettbewerbsverhalten* ist nach Van Lange und DeDreu (2002, S. 383) definiert als ein „Verhalten, das den relativen Vorteil gegenüber anderen maximiert".

Sowohl Kooperationsverhalten als auch Wettbewerbsstreben nehmen mit dem Alter zu (Schmidt-Denter, 2005). Das *Wettbewerbsstreben* vertieft sich in der Regel auch ohne besondere Unterstützung, denn das Gewinnen eines Wettbewerbes befriedigt das grundlegende Bedürfnis nach Kompetenzerleben sensu Deci und Ryan (2000, vgl. auch Bles, 2002). Insbesondere Kinder im Grundschulalter sind für Wettpiele sehr empfänglich und initiieren diese auch ohne die Anleitung von Erwachsenen. Die *Entwicklung der Kooperationsbereitschaft* muss hingegen durch erzieherische Maßnahmen unterstützt werden. Denn die Fähigkeit zur Perspektivübernahme mündet nicht notwendig in koorperativem Verhalten, sondern sie kann auch dazu genutzt werden, wettbewerbsorientierte und rivalisierende Interaktion zu effektivieren (Hartung, 2006).

Im Unterricht kann die Fähigkeit zur Kooperation im Rahmen des *„Kooperativen Lernens"* unterstützt werden. Bei diesem didaktischen Ansatz erarbeiten Schülerinnen und Schüler ein Thema in Partner- oder Gruppenarbeit, unterstützen sich dabei gegenseitig und gelangen gemeinsam zu Ergebnissen. Wenn die Lerngruppen gut strukturiert sind und ein abwechslungsreiches Methodenrepertoire eingesetzt wird, kann ein hohes Aktivierungsniveau der Lernenden erzielt werden sowie gleichermaßen nachhaltige Erfolge im kognitiven Bereich und im Aufbau von Problemlöse- und Sozialkompetenz. Grundvoraussetzung für die erfolgreiche Arbeit in solchen Gruppen sind ein förderliches soziales Klima und eine positive Gruppendynamik (vgl. Hasselhorn & Gold, 2009, S. 284ff.).

Durch die Schaffung einer Wettbewerbsatmosphäre zwischen den Gruppen, z. B. durch ein Belohnungssystem für konzentriertes Arbeiten, lassen sich Kinder und jüngere Jugendliche in der Regel gern ansprechen. Allerdings sollte dieses didaktische Mittel mit Bedacht eingesetzt werden, denn Wettbewerb zwischen Gruppen kann eine Reihe Dynamiken auslösen, die dem eigentlichen Ziel, die Kooperationsbereitschaft zu stärken, diametral entgegensteht. Eine Forschergruppe um Sherif (z. B. Sherif & Sherif, 1969) hat hierzu ein eindrückliches

Feldexperiment durchgeführt, das wegen seiner großen Nähe zu der in Schulen gepflegten Tradition mehrtägiger Klassenausflüge näher beschrieben wird.

In einem Ferienlager für Jungen von etwa elf Jahren wurden einander unbekannte Kinder mit ähnlichem sozioökonomischem Hintergrund zusammengeführt. Die Jungen wurden bei ihrer Ankunft im Zeltlager zunächst per Zufall in zwei Gruppen aufgeteilt, und in getrennten Zeltlagern untergebracht. Das Forscherteam bediente sich der Methode der „teilnehmenden Beobachtung", d. h. sie agierten als Gruppenleiter und Forscher zugleich, die Kinder wussten aber nicht, dass sie beobachtet wurden.

In der ersten Phase des Experiments wurden die Gruppen nur minimal geführt, damit sich die Gruppenbeziehungen möglichst unbeeinflusst entfalten konnten. Es wurden spezifische Problemsituationen eingeführt, die Arbeitsteilung erforderten und das kooperative Verhalten innerhalb der jeweiligen Gruppe auf natürliche Weise fördern sollten, wie das Zubereiten der Mahlzeiten, die Bestückung des Lagerfeuers oder das Boot des Camps zu Wasser zu lassen. Nach einer Woche hatten sich die Gruppen gebildet und klar voneinander abgegrenzt: Sie ernannten Besitztümer wie z. B. eine Stelle, an welcher sie bevorzugt schwammen oder ihr Lagerfeuer errichteten, sie hatten ihrer Gruppe einen Namen gegeben und diesen auf ihre T-Shirts gestempelt, hatten Lieblingslieder und Lieblingsspiele gewählt. Auch Rangfolgen und ein System aus Verhaltensnormen hatten sich gebildet.

Im zweiten Teil des Experiments wurden Kontakte zwischen beiden Gruppen unter Wettbewerbsbedingungen initiiert. Dabei waren die gemeinsamen Aktivitäten (Turniere in Form von Spielen) so gewählt, dass eine Gruppe als deutlicher Verlierer hervorging. Anfangs verhielten sich die Gruppen im Sinne sportlicher Fairness, wenn sie verloren hatten. Nach einer Serie von Siegen und Niederlagen änderte sich dies, und die Gruppen ergingen sich auch außerhalb der Aktivitäten zunehmend in Feindseligkeiten: So wurde nach einem verlorenen Turnier die Fahne der gegnerischen Gruppe verbrannt, was von diesen als Beleidigung empfunden wurde und dazu führte, dass die Gruppen nichts mehr miteinander zu tun haben wollten. In den regelmäßig durchgeführten Befragungen wurden stereotype Einstellungen gegenüber den Mitgliedern der anderen Gruppe geäußert. Auch nach Beendigung der Wettkampfphase blieb die Distanz zwischen den Gruppen erhalten bzw. vergrößerte sich sogar noch.

Das Forscherteam versuchte die Spannungen zu mildern, indem sie gemeinsame Aktivitäten initiierten, die für beide Seiten gleichermaßen erfolgreich ausfallen würden, wie z. B. gemeinsame Mahlzeiten zubereiten oder Filmabende organisieren. Dies konnte am feindseligen Verhalten der Gruppen zueinander jedoch nichts ändern. Erst als die Forscher dazu übergingen, Notsituationen zu schaffen, die nur durch die gemeinsame Anstrengung beider Gruppen abgewendet werden konnten, wie z. B. eine Wasserknappheit im Zeltlager, änderte sich der Umgang miteinander – jedoch nur so lange, wie das gemeinsame Ziel die Gruppen verband. War die Aufgabe bewältigt, kehrte die Feindseligkeit zurück. Erst als einzelne Gruppenmitglieder in Eigenregie die gemeinsamen Aktivitäten ausweiteten und sich spontan auch gruppenübergreifende Freundschaften bildeten, erfasste dies nach und nach die ganze Gruppe und brachte sie wieder zusammen. Am Ende wollten beide Gruppen nach Abschluss des Zeltlagers doch lieber gemeinsam und nicht wie ursprünglich vorgesehen in getrennten Bussen nach Hause fahren.

Perrez, Huber und Geißler (2006) weisen darauf hin, dass auch die Schulklasse eine formelle soziale Gruppe ist, die sich nach denselben Mustern, wie Sherif und Mitarbeiter sie beobachtet haben, zusammenfindet und agiert. Während die Abgrenzung von Klassen zueinander vorwiegend im nicht-unterrichtlichen Anteilen des Schullebens zum Tragen kommt, können sich erhebliche Störungen auch in der unterrichtlichen Interaktion einstellen, wenn sich innerhalb der Klasse Untergruppen bilden, die sich stark voneinander abgrenzen. Welcher Einfluss einzelnen Schülerpersönlichkeiten dabei zukommt, wird unten in Kap. 4.4 aufgegriffen. Perrez, Huber und Geißler (2006, S. 397) stellen heraus, dass die Förderung kooperativer anstatt kompetitiver Orientierung als wichtige Prävention gegen problematische Interaktionsmuster in Schulklassen angesehen wird.

Literaturhinweis

Brüning, L. & Saum, T. (2009). *Erfolgreich unterrichten durch Kooperatives Lernen.* Essen: Neue Deutsche Schule Verlagsgesellschaft.

4.3.3 Gerechtigkeitssinn und Moralität

Häufig treten in Gruppen und Gesellschaften Konflikte im Zusammenhang mit der Verteilung von Ressourcen auf. Streit entzündet sich typischerweise an der Frage, ob dies in einem gegebenen Fall auf „gerechte" Weise geschehen ist. Was „gerecht" ist, kann jedoch in der subjektiven Auffassung variieren. In der philosophischen Tradition werden nach Ulfig (2003) im Anschluss an Aristoteles drei Formen der Gerechtigkeit unterschieden: die gesetzliche Gerechtigkeit (in Bezug auf Pflichten und Aufgaben gegenüber der staatlichen Ordnung und dem Gemeinwohl), die ausgleichende Gerechtigkeit (in Bezug auf das Zusammenleben der Menschen untereinander und den Tausch von Gütern) sowie die austeilende bzw. distributive Gerechtigkeit (in Bezug auf die Verteilung von Ämtern und materiellen Gütern unter Maßgabe der sozialen Gleichheit). Nach Höffe (2010, S. 11) bildet interkulturell das Prinzip der Gleichheit den Kern der Vorstellung von Gerechtigkeit (zumindest in individualistischen Kulturen): „Gleiche Fälle sind gleich zu behandeln". Gerechtigkeit gilt seit Kant als Grundlage des sittlich-moralischen Handelns (Ulfig, 2003). Mit dem Begriff „Gerechtigkeitssinn" oder auch „Gerechtigkeitsgefühl" wird auf Gerechtigkeit als Persönlichkeitsmerkmal abstrahiert, das sich in einer charakteristischen sittlichen Lebenshaltung ausdrückt, die auf dem Gesamt der Überzeugungen einer Person beruht, wie Lasten und Vorteile in einer Gesellschaft verteilt werden sollten.

Unter Moral wird nach Ulfig (2003) die Gesamtheit von Normen bzw. ethisch relevanten Inhalten einer Gemeinschaft verstanden. Die Fähigkeit, moralisch zu denken, ist eine der wichtigsten Voraussetzungen, um miteinander und nebeneinander in Gesellschaften zu leben. Moralisches Denken basiert darauf,

Ansichten und Urteile über „Richtig" oder „Falsch" zu treffen und damit das Verhalten des Gegenüber abzuschätzen und vorherzusagen. Moralisches Denken beinhaltet zudem eine Vorstellung von Gerechtigkeit sowie die Verfügbarkeit von Entscheidungsprinzipien und Handlungsgrundsätzen. Es wird u. a. durch die in einer Gesellschaft geltenden Normen und Werte herausgebildet sowie durch staatliche Gesetze und andere Regeln, die einige dieser Werte verbindlich festschreiben.

Normen und Werte entstehen durch Vereinbarungen innerhalb einer Gruppe, welche Regeln für das Zusammenleben gelten sollen. Auch wenn es einige Werte gibt, über deren Gültigkeit sich die meisten Gesellschaften einig sind (die sog. Menschenrechte wie z. B. das Recht auf Leben, auf körperliche Unversehrtheit, auf persönliche Freiheit) sind naturgemäß verschiedene Kulturen unterschiedlicher Ansicht darüber, was im Einzelnen gelten soll. Insbesondere da auch die in einer Gesellschaft gelebten religiösen Traditionen die Basis für die Setzung einer Reihe von Verhaltensnormen bilden und sich u. U. epochal wandeln, divergieren moralische Überzeugungen entsprechend nicht nur zwischen verschiedenen Kulturen/Gesellschaften, sondern auch zwischen Teilpopulationen einer Gesellschaft (horizontal) oder zwischen Generationen (vertikal). Zudem können Normen auch innerhalb des Wertesystems miteinander konfligieren (z. B. bei Eintreten einer ungewollten Schwangerschaft das Recht auf Leben des Ungeborenen und das Recht auf persönliche Freiheit).

Unter entwicklungspsychologischer Perspektive bedeutet die *Entwicklung von Moralität*, sich Wissen über geltende Normen und Werte anzueignen, Recht von Unrecht unterscheiden zu lernen, sich entsprechend dieser Unterscheidung zu verhalten und sich über ein subjektives Wertesystem klarzuwerden. Begleitend werden sich „moralische Gefühle" einstellen, die das (auch bei anderen beobachtete) Einhalten oder Übertreten dieser Regeln begleiten (Montada, 2008b). Mit zunehmendem Alter werden moralisches Empfinden, moralische Motivation und moralische Entscheidungen immer differenzierter und die Konsistenz zwischen moralischem Urteilen und moralischem Verhalten nimmt zu (Montada, 2008b). Allerdings bleibt das aktuelle Handeln eine „Momententscheidung" und kann nicht sicher aus dem Überzeugungssystem einer Person vorhergesagt werden. Auch die subjektive Verbindlichkeit gegenüber einzelnen Werten oder Normen kann sich im Laufe des Lebens verändern.

Grundlegenden Untersuchungen zur *Entwicklung des Gerechtigkeitsverständnisses* bei Kindern stammen von Piaget (1954/1973). Piaget untersuchte die Entwicklung der kindlichen Moral durch Beobachtungen des gemeinsamen Murmelspiels. Er stellte fest, dass sich jüngere Kinder streng den einmal erlernten Regeln unterwarfen und keine Abweichungen zuließen, die Älteren (ab etwa zwölf Jahren) sich über abweichende Formen im Vorfeld verständigten und so die aktuellen Regeln jeweils im Vorhinein aushandelten. Dieser Wechsel vollzog sich nicht abrupt, sondern Piaget (1954/1973, S. 22) identifizierte vier Stadien: Das erste Stadium ist das individuelle, in dem das Kind noch gar nicht mit anderen zusammen spielt, sondern sich ganz individuell mit den Murmeln beschäftigt. Im zweiten, dem sog. egozentrischen Stadium, spielen sie bereits nach bekannten Regeln, allerdings noch lieber für sich als mit anderen. Im dritten

Stadium, der beginnenden Zusammenarbeit, sind sie um ein Zusammenspiel bemüht, achten aber peinlich darauf, dass die gesetzten Regeln eingehalten werden, sie gelten gleichsam als „heilig und unantastbar" (Piaget, 1954/1973, S. 24). Erst im vierten Stadium, der Kodifizierung, stellen sie vor dem Spiel alle bekannten Regelvarianten zur Diskussion und handeln die aktuellen Regeln aus, ggf. werden sie auch noch während des Spiels modifiziert, wenn sich eine Regel mit Blick auf den Spaß am Spiel als ungeeignet erweist. Anhand dieser sich verändernden Regeln kooperativen und konkurrierenden Verhaltens abstrahierte Piaget, dass sich das Gerechtigkeitsgefühl durch die gegenseitige Achtung und Solidarität der Kinder untereinander herausbildet (Piaget, 1954/1973, S. 220 ff.) und übertrug dies auf die moralische Urteilsfähigkeit. Nach Piaget befinden sich Kinder bis zum Alter von etwa acht Jahren im Stadium der „heteronomen Moral": Sie orientieren sich in der Bewertung einer Handlung an objektiven Konsequenzen und nicht an den Motiven des Akteurs. Begleitend ist zu beobachten, dass Autoritätsfiguren in den Augen der Kinder unbedingt Recht haben, ihre Entscheidungen und Regeln werden nicht hinterfragt. Es schließt sich nach Piaget eine Übergangsphase an, die etwa vom siebten/achten Lebensjahr bis zum zehnten Lebensjahr dauert. Hier ist der Beginn der Perspektivenübernahme zu beobachten, die durch soziale Interaktionen mit Gleichaltrigen gefestigt wird. Sie leitet allmählich über in das Stadium der „autonomen Moral": Kinder ab etwa dem elften oder zwölften Lebensjahr berücksichtigen, dass Regeln nicht unveränderlich sind, dass Strafen unter gleichzeitiger Berücksichtigung von Motiven, Intentionen und dem Handlungsausgang festgelegt werden und dass dabei Fairness und Gleichheitsprinzipien zur Anwendung kommen sollten.

Nach Damon (1990) entwickelt sich ein *Verständnis für Verteilungsgerechtigkeit und Fairness* ebenfalls in einer Entwicklungssequenz vom 4.–11. Lebensjahr. Zunächst sind die Verteilungskonzeptionen von Vorschulkindern egozentrisch an den eigenen Wünschen orientiert. In einem zweiten Stadium (ca. 5–6 Jahre) werden Gleichbehandlung und Gleichverteilung präferiert. Dies ist darüber definiert, dass alle den gleichen Anteil bekommen, wobei sich dies analog zu den Beobachtungen von Piaget nur auf eine Dimension (Zahl *oder* Größe) beschränkt. In einem dritten Stadium (ca. 6–7 Jahre) tritt der Aspekt „Verdienst" hinzu: Die Kinder verstehen, dass Aufteilung nach Leistung, Fähigkeit und Reziprozität erfolgen sollte – wer eine besondere Leistung vollbracht hat, kann auch eine Sonderzuwendung bekommen. In einem vierten Stadium (ab ca. 8 Jahre) wird den Kindern bewusst, dass verschiedene Aufteilungsmöglichkeiten auch Konflikte bergen. Sie verstehen jetzt, dass benachteiligte Menschen auch ohne besondere Leistung bevorzugt berücksichtigt werden sollten, z. B. dass es unterschiedliche Beurteilungsmaßstäbe gibt, je nachdem ob das Gegenüber ein Fremder oder ein Freund ist.

Piaget (1954/1973) postuliert, dass Kinder im Alter von ungefähr zwölf oder dreizehn Jahren den Wechsel des moralischen Urteilens vom heteronomen (= fremd- bzw. autoritätsbestimmt) zum autonomen (= selbstbestimmten) Denken abgeschlossen haben.

Kohlberg (1958, 2006) beschäftigte sich näher mit der weiteren *Entwicklung des moralischen Urteilens*, das eine grundlegende Fertigkeit im Rahmen der moralischen Entwicklung darstellt (siehe oben: „Recht von Unrecht unterscheiden können"). Er interessierte sich allerdings nicht so sehr für die auf dieser Basis gegebene aktuelle Handlungsempfehlung, sondern dafür, wie diese begründet wird. Seine Stufentheorie beschreibt, wie sich die Argumentationsgänge mit dem Alter typischerweise entwickeln. Dabei unterstellte er ganz in der Tradition Piagets die den Stufentheorien allgemein inhärenten Grundannahmen (vgl. Kap. 1.2.1 sowie Heidbrink, 1996):

- Die Stufen bauen als strukturierte Ganzheit aufeinander auf. Dies impliziert ein Je-höher-desto-komplexer, allerdings wird dies teilweise auch im Sinne eines Je-höher-desto-besser (oder auch: „reifer") interpretiert (zur Kritik siehe weiter unten).
- Jede Stufe relativiert die vorausgehende, d. h. es erscheint etwas je qualitativ Neues.
- Der Prozess ist gerichtet und nicht umkehrbar, d. h. wenn eine höhere Stufe erreicht wurde, wird nicht weiter auf einer niederen argumentiert.
- Der Prozess ist universell gültig, d. h. in allen Kulturen findet sich dieselbe Entwicklungsreihenfolge und es werden dieselben Endzustände erreicht.

Kohlberg (2006) ordnete die sechs Stufen der moralischen Entwicklung drei Ebenen zu: der präkonventionellen, der konventionellen und der postkonventionellen Ebene. Jede dieser Ebenen untergliedert sich in zwei Stufen.

Die *präkonventionelle Ebene* ist von der Befriedigung eigener Bedürfnisse und Interessen sowie von der Orientierung an Autoritäten und der Vermeidung von Strafe durch diese Autoritäten geprägt. Auf der ersten Unterstufe dieser Ebene ist das oberste handlungsleitende Prinzip die gehorsame Befolgung von Geboten, um einer Strafe zu entgehen, ohne dabei den Sinn dieser Gebote zu hinterfragen. Da nur die (physischen) Konsequenzen einer Handlung berücksichtigt werden, sind alle Handlungen akzeptabel, die nicht bestraft werden können. Auf der zweiten Stufe zeigt sich der Mensch hingegen primär zweck- und austauschorientiert und instrumentalisiert seine Beziehungen zu anderen Menschen, um eigene Bedürfnisse zu befriedigen.

Auf der *konventionellen Ebene* bilden die Einhaltung der Konventionen und die Erfüllung der Erwartungen anderer die wichtigsten handlungsleitenden Prinzipien. Es „herrscht eine Tendenz zur Erhaltung wichtiger Sozialbeziehungen vor" (Montada, 2008b, S. 594). Auf der ersten Unterstufe bezieht sich dies auf überschaubare und persönlich bekannte Gruppen. Handlungsleitend ist die Übereinstimmung mit den Normen der Primärgruppe (Freunde, Familie). Auf der zweiten Unterstufe erweitert sich diese Orientierung auf ein abstrakteres System, wie das des Staates und seiner Gesetze. Diese moralische Orientierung ist durch das Vertrauen in die soziale Ordnung, den Gehorsam gegenüber dem System und seinen Institutionen sowie exekutiven Autoritäten geprägt.

Auf der *postkonventionellen Ebene* ersetzen unabhängige und übergeordnete Prinzipien und Werte die bloße Orientierung an von Autoritäten festgesetzten oder von Gruppen definierten Normen und Gesetzen. Diese werden nun als relativ und wandelbar angesehen und die Frage nach ihrer Legitimität bzw. die seiner Gesetzgeber aufgeworfen. Auf der ersten Unterstufe findet eine Orientierung an den Gesetzen eines Systems dann statt, wenn diese das Ergebnis eines Sozialvertrags sind, der eine (demokratische, konsensuelle) Vereinbarung zwischen Menschen darstellt und das Wohl aller maximieren hilft (utilitaristische Orientierung). Auf der zweiten Unterstufe orientiert der Mensch sich an abstrakten, übergeordneten ethischen Prinzipien wie der Unantastbarkeit der Freiheit und Würde des Menschen und kommt ohne Ansehen der Person und den Umständen der konkreten Gegebenheit zu einer unabhängigen Entscheidung.

Kohlberg geht nicht davon aus, dass alle Menschen die höchste Stufe erreichen, sondern dass sie während der Entwicklung auf einer je individuellen Stufe stehen bleiben können. Das Erreichen der Stufen kovariiert mit dem Alter bzw. Niveau der kognitiven Entwicklung, jedoch ist die individuelle Zeitspanne bis zur Erlangung der nächsten Stufe sehr variabel. Kasten 4.4 stellt die Stadien moralischen Urteilens und die Argumentationscharakteristika noch einmal übersichtlich zusammen.

Kasten 4.4: Überblick über die Stufen moralischen Argumentierens nach Kohlberg (2006)

I. Präkonventionelles Stadium (Moral des Zwanges)

Stufe 1 – Heteronome Moralität
- Materielle Konsequenzen als Kriterium
- Orientierung an ggf. direkt erfahrbarer Strafe oder Belohnung

Stufe 2 – Naiver instrumenteller Hedonismus
- Materieller Austausch als Kriterium
- Orientierung an Gegenseitigkeit

II. Konventionelles Stadium (Moral der gesellschaftlichen Konventionen)

Stufe 3 – interpersonale Konformität
- Absichten als Kriterium
- Orientierung an Normen der familialen Bezugsgruppe

Stufe 4 – soziales System und Gewissen: Gesellschaftsperspektive
- Pflichterfüllung als Kriterium
- Orientierung an Recht und Ordnung

III. Postkonventionelles Stadium (Moral der Prinzipien)

Stufe 5 – sozialer Kontakt
- Allgemeine Gerechtigkeitsprinzipien als Kriterium
- Orientierung an Maximierung des Gemeinwohls

Stufe 6 – universale ethische Prinzipien
- Abstrakte ethische Richtlinien als Kriterium
- Orientierung an Erfüllung dieser Richtlinien ohne Ansehen von Person, gesellschaftlicher Norm oder Gesetzgebung

Kohlberg hat das Modell im Rahmen einer zunächst querschnittlichen Untersuchung an einer Stichprobe von 96 amerikanischen, überwiegend weißen Jungen im Alter von 10, 13 und 16 Jahren überprüft (Kohlberg, 1958). Er führte die Untersuchung dann in einem Abstand von jeweils vier Jahren über einen Zeitraum von 20 Jahren längsschnittlich fort; insgesamt konnten für 56 Jungen Stufenzuordnungen über die gesamte Untersuchungsspanne hinweg vorgenommen werden. Die Verfügbarkeit der Argumentationsstrukturen wurde mit Hilfe hypothetischer moralischer Dilemmata überprüft, von denen das bekannteste das sog. Heinz-Dilemma ist (vgl. Kasten 4.5). Den Probanden wurden zu Beginn jeder Erhebung von einem Interviewer insgesamt neun solcher Dilemmageschichten vorgelegt, in denen sich jeweils (mindestens) zwei moralische, miteinander unvereinbare, Werte gegenüberstehen. Der Befragte musste sich also zwischen beiden Werten entscheiden. Der Interviewer sollte die Personen durch gezieltes Nachfragen dahingehend motivieren, ihre Antworten gut zu überdenken und eventuell zu erweitern. In einem umfangreichen und mehrstufigen Auswertungsprozess wurden die Stufenzuordnungen der Begründungen zu einem Gesamtwert zusammengefasst und als Endergebnis die jeweilige Stufenstruktur des Befragten festgestellt (vgl. Rothgang, 2009).

Kasten 4.5: Das „Heinz-Dilemma" (Kohlberg, 2006, S. 495)

Eine Frau, die an einer besonderen Krebsart erkrankt war, lag im Sterben. Es gab eine Medizin, von der die Ärzte glaubten, sie könne die Frau retten. Es handelte sich um eine besondere Form von Radium, die ein Apotheker in der gleichen Stadt erst kürzlich entdeckt hatte. Die Herstellung war teuer, doch der Apotheker verlangte zehnmal mehr dafür, als ihn die Produktion gekostet hatte. Er hatte 2 000 Dollar für das Radium bezahlt und verlangte 20 000 Dollar für eine kleine Dosis des Medikaments.
Heinz, der Ehemann der kranken Frau, suchte alle seine Bekannten auf, um sich das Geld auszuleihen, und er bemühte sich auch um eine Unterstützung durch die Behörden. Doch er bekam nur 10 000 Dollar zusammen, also die Hälfte des verlangten Preises. Er erzählte dem Apotheker, dass seine Frau im Sterben liege, und bat, ihm die Medizin billiger zu verkaufen bzw. ihn den Rest später bezahlen zu lassen. Doch der Apotheker sagte: „Nein, ich habe das Mittel entdeckt, und ich will damit viel Geld verdienen." Heinz hat nun alle legalen Möglichkeiten erschöpft; er ist ganz verzweifelt und überlegt, ob er in die Apotheke einbrechen und das Medikament für seine Frau stehlen soll. Sollte Heinz das Medikament stehlen oder nicht?

Kohlberg konnte mit Hilfe dieser empirischen Daten die Gültigkeit seines Modells partiell nachweisen (vgl. **Abb. 4.3**). So nimmt der Anteil an Personen mit einer Stufenstruktur auf dem Niveau von eins und zwei bis zum Ende des Jugendalters stark ab, Personen auf Stufe eins sind mit Erreichen des Erwachsenenalters nicht mehr nachweisbar und auch der Anteil an Personen auf dem Niveau von Stufe zwei konvergiert im mittleren Erwachsenenalter gegen null. Analog dazu nimmt der Anteil an Personen mit einer Stufenstruktur auf dem Niveau von Stufe drei und vier theoriekonform kontinuierlich zu und eine Stufenstruktur auf dem Niveau fünf taucht erst ab dem Erwachsenenalter auf.

4.3 Entwicklung des Sozialverhaltens

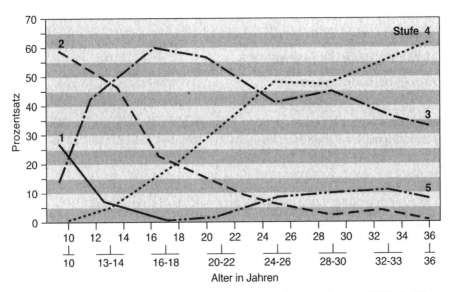

Abb. 4.3: Ergebnisse aus Kohlbergs LS-Untersuchung (aus: Rothgang, 2009, S. 75)

Einer der Kritikpunkte an den Untersuchungen Kohlbergs und seinem Modell richtet sich darauf, dass natürlich mit der Feststellung einer gezeigten Argumentationsstruktur in einem zwar paradigmatischen, aber eben hypothetischen Fall keinerlei Schlüsse auf aktuell zu erwartende Handlungen möglich sind – weil eben trotz der Verfügbarkeit des Wissens über „Richtig" und „Falsch" unter Berücksichtigung eines entsprechenden „Warum" die aktuelle Handlungsentscheidung ganz anders ausfallen kann. So konnten z. B. Schick et. al., (2000) mit Hilfe einer Analyse der Argumentationsmuster von Politikerinnen und Politikern hinsichtlich der Beurteilung von politischen Affären in der eigenen vs. einer anderen Partei zeigen, dass regelhaft „niedere" Argumentationsmuster bevorzugt wurden, wenn es galt, eine Affäre in der eigenen Partei zu beurteilen, hingegen „höhere" Argumentationsmuster bevorzugt wurden, wenn es galt, eine Affäre in einer konkurrierenden Partei zu bewerten (vgl. Kasten 4.6). Im Gegensatz zu den Kohlbergschen Annahmen eines entwicklungsbedingten Rückgriffs auf ein entsprechendes Niveau moralischen Argumentierens zeigten sich also im Erwachsenenalter Aussagen mit Begründungsstrukturen, die alle sechs Stufen moralischen Argumentierens abdeckten.

4 Emotionale und Soziale Entwicklung

Kasten 4.6: Beziehungs- oder Prinzipientreue in der Politik

Schick et al. (2000) untersuchten in Anlehnung an das Stufenmodell moralischen Urteilens von Lawrence Kohlberg, in welchen moralischen Kategorien sich Politikerinnen und Politiker verschiedener Parteien zur Glogowski-Affäre (Ministerpräsident Niedersachsen, SPD, November 1999, Vorwurf: Annahme von Sachleistungen für private Zwecke) und Kohl-Affäre (ehem. Bundeskanzler, CDU, Untersuchungsausschuss 2000, Vorwurf: Parteispenden unbekannter Herkunft wurden in „schwarzen Kassen" verwaltet) äußern. Aus 43 in vorwiegend Tages- oder Wochenzeitungen veröffentlichten Interviews von Politikerinnen und Politikern wurden 99 moralisch-wertende Aussagen identifiziert.

Bedingung	Glogowski/ andere Partei	Glogowski/ SPD	Kohl/ andere Partei	Kohl/ CDU
Anzahl Analyseeinheiten	13	15	31	27

Mit Hilfe eines Kategoriensystems wurden die Aussagen den Argumentationsniveaus nach Kohlberg zugeordnet. Folgende Aussagen galten dabei für die jeweiligen Niveaus als typisch:

Stufe 1
„Verstöße gegen das Parteiengesetz unterstehen nicht dem Strafrecht!"
„Er hat wohl geglaubt, dass das nie herauskommen wird."
„Normalerweise rechnet man nicht damit, dass ein Politiker für so etwas aus dem Amt geworfen wird."

Stufe 2
„Es war für die beteiligten Firmen eine Werbemaßnahme."
„Der Politiker hat schon so viel für das Land getan, da kann man es ihm doch auch mal gönnen, wenn er mit seiner Frau eine schöne Reise zur Erholung machen will."
„Wer so viel für unser Land getan hat wie er, dem wird man doch auch zugestehen, dass er sich mal einen kleinen Fehltritt leistet."

Stufe 3
„Er hat doch nur so gehandelt, weil er die Partei stärken wollte. Das wollen wir doch alle."
„Seine Freunde stehen alle hinter ihm."
„Es war keine Parteientscheidung. Wir hätten dem niemals zugestimmt."

Stufe 4
„Kohl hat ganz klar gegen das Parteiengesetz verstoßen."
„Es steht nirgendwo geschrieben, dass es nicht erlaubt ist, Geschenke anzunehmen."

Stufe 5
„Wir brauchen eine starke CDU, weil nur so in diesem Land Ordnung herrschen kann."
„Er hat doch nur in seine eigene Tasche gewirtschaftet."
„Er wollte damit viele Arbeitsplätze schaffen."

Stufe 6
„Er hat gelogen."
„Er hat damit gegen grundlegende demokratische Prinzipien unserer Verfassung verstoßen."

4.3 Entwicklung des Sozialverhaltens

Die Zuordnung der Aussagen zu den Kategorien (qualitative Inhaltsanalyse nach Rustemeyer, 1992; vgl. Kap. 1.1.3) erbrachte folgendes Ergebnis:

Stufe 1	Stufe 2	Stufe 3	Stufe 4	Stufe 5	Stufe 6
15	16	15	23	16	6

Die Hypothese, dass sich unabhängig von der jeweiligen Affäre Äußerungen in Kategorien finden, die eine Orientierung an Beziehungen bzw. „niedrigeren" Maßstäben deutlich werden lassen (Stufe 1–3), solange eine Affäre in der eigenen Partei zur Sprache kommt, aber eine Orientierung an Prinzipien bzw. „höheren" Maßstäben (Stufe 4–6), wenn es sich um eine Affäre in einer anderen Partei handelt, konnte auch statistisch gestützt werden.

Obwohl sich also soziales Handeln durch eine Erziehung zur Moralität nicht sicherstellen lässt, haben die theoretischen Ansätze doch in zweierlei Hinsicht unterrichtspraktische Relevanz: der schulischen Werteerziehung und der Verteilungsgerechtigkeit.

Zierer (2010) stellt fest, dass die *Werteerziehung* seit jeher ein wichtiges Feld schulischer Arbeit darstellt. Der Bildungsauftrag der Schule erstreckt sich insbesondere in demokratischen Gesellschaften auch darauf, Kinder und Jugendliche zu mündigen Bürgern heranzubilden. Standop (2008, S. 93) führt aus, dass Schülerinnen und Schüler heute einerseits mit einem „Wertepluralismus" und gleichzeitig mit der Anforderung konfrontiert werden, früh selbstständige Entscheidungen zu treffen. Werturteilsfähigkeit wird erreicht, indem Kinder lernen, ihre Urteile abzuwägen und zu begründen und die Urteile anderer zu analysieren, um Stellung dazu nehmen zu können. Das Stufenmodell moralischen Argumentierens lässt sich didaktisch nutzen, um die Argumentationsfähigkeit der Schülerinnen und Schüler zu stärken, indem Kohlbergsche Dilemmageschichten mit aktuellem Inhalt diskutiert und die jeweiligen Horizonte der vorgebrachten Argumente transparent gemacht werden („progressiver Ansatz der Werteerziehung", vgl. Standop, 2005; Schuster, 2001; Heidbrink, 1996). Auch das in Kapitel 4.2.3 bereits vorgestellte Verhaltenstraining für die Grundschule (Petermann et al., 2007) enthält ein Modul für den Trainingsbereich moralische Entwicklung.

Bierhoff (2006) weist darauf hin, dass Schule eine Institution ist, in der „Güter" verteilt werden: Lehrkräfte vergeben Noten, belobigen oder kritisieren Leistungen und Verhalten. „Verteilungsgerechtigkeit" ist etwas, das Schülerinnen und Schüler in diesem Kontext einfordern. Nur wenn das Handeln der Lehrkraft mit den Erwartungen der Schülerinnen und Schüler übereinstimmt, wird es als „gerecht" verstanden. Die oben berichteten theoretischen Ansätze legen jedoch nahe, dass ein Verständnis dafür, was „gerecht" ist, erst während der Schulzeit entwickelt wird und dass bestimmte Perspektiven in jüngerem Alter regelmäßig noch nicht ohne Weiteres eingenommen werden können. Insbesondere in den unteren Grundschulklassen empfiehlt es sich darauf zu achten, den Kindern die jeweils verwendeten Grundsätze bei der Aufteilung eines „Gutes" transparent zu machen.

4 Emotionale und Soziale Entwicklung

Literaturhinweis

Standop, J. (2005). *Werte-Erziehung*. Weinheim: Beltz.

4.3.4 Entwicklung sozialer Kompetenz

Kanning (2002) versteht *sozial kompetentes Verhalten* als das Verhalten einer Person, das in einer spezifischen Situation dazu beiträgt, die eigenen Ziele zu verwirklichen, wobei gleichzeitig die soziale Akzeptanz des Verhaltens gewahrt wird. Soziale Kompetenz meint darüber hinaus die Gesamtheit des Wissens, der Fähigkeiten und Fertigkeiten, welche die Qualität eigenen Sozialverhaltens fördert. Rose-Krasnor (1997, S. 111) fasst soziale Kompetenz etwas kürzer als „effectiveness in social interaction" auf, also als Fähigkeit, sich erfolgreich in sozialen Situationen bewegen zu können. Nach Kanning (2002, S. 155) handelt es sich bei dem Begriff der sozialen Kompetenz um einen „Sammelbegriff für unterschiedliche Wissensbestandteile, Fähigkeiten und Fertigkeiten, die auch als Kompetenzen bezeichnet werden können". Denn eine Vielzahl an Teilfähigkeiten trägt dazu bei, die Anforderungen in den unterschiedlichsten sozialen Situationen (im Unterricht, im Zusammensein mit Gleichaltrigen, bei Arztbesuchen, beim Einkaufen, Fremde um Hilfe bitten ...) zu bewältigen. Kanning (2002) benennt *drei Dimensionen sozialer Kompetenz*: die motivational-emotionale Dimension (z. B. Prosozialität, Wertepluralismus, emotionale Stabilität), die behaviorale Dimension (z. B. Durchsetzungsfähigkeit, Kommunikationsfertigkeiten, Kooperationsfähigkeit, Kompromissbereitschaft) und die perzeptiv-kognitive Dimension (z. B. Perspektivübernahme, Selbstaufmerksamkeit, Personenwahrnehmung). Die meisten hier genannten Teilfähigkeiten wurden bereits in den vorangehenden Abschnitten angesprochen.

Die Entwicklung dieser Teilfähigkeiten baut zum Teil aufeinander auf: Die Basis bildet die Fähigkeit zur Empathie, die sich bereits im Säuglingsalter auszubilden beginnt (vgl. 4.3.1). Hierauf folgt unter Fortschreiten der kognitiven Reifung die Fähigkeit zur Perspektivübernahme (vgl. Kap. 4.3.1). Die Aufrechterhaltung und Weiterentwicklung dieser Fähigkeiten zu prosozialem Verhalten (sich um andere zu kümmern und Hilfe anzubieten) geschieht unter dem Einfluss der Erfahrungen, die das Kind zunächst mit der Primärgruppe Familie, dann den Peers (vgl. Kap. 4.3.2) und schließlich in pädagogischen Institutionen sowie auch den Medien macht. Es wird dabei stark durch die Beobachtung von Vorbildern (Lernen am Modell, vgl. Kap. 3.7.2), sowie der Interaktionsqualität der Netzwerke beeinflusst (Schmidt-Denter, 2005). So konnten z. B. Volland und Trommsdorf (2003) zeigen, dass die mütterliche Feinfühligkeit die Entwicklung des mitfühlend-prosozialen Verhaltens bei Vorschulkindern positiv beeinflusst.

Parallel zur Entwicklung der Prosozialität findet der Prozess der *Aneignung sozialer Normen* statt (vgl. Kap. 4.3.3). Als vermittelnde Mechanismen nennt Hartung (2006) neben dem Modell-Lernen auch das Verstärkungslernen sowie

Mechanismen der Selbstverstärkung, wenn es zur Internalisierung der Normen und Werte gekommen ist. Auch wenn die Entwicklung sozialer Kompetenz stark von den Umwelt- und Lernerfahrungen abhängt, weisen Zwillingsstudien doch auf die Beteiligung einer genetischen Komponente hin (z. B. Zahn-Wachsler, Robinson & Emde, 1992).

Die *Entwicklung emotionaler und sozialer Kompetenzen* bedingt sich wechselseitig: So ist die Fähigkeit zur Emotionsregulation eine notwendige Voraussetzung für ein angemessenes Sozialverhalten. Frühe Störungen in der Entwicklung emotionaler Kompetenz gehen entsprechend häufig mit Beeinträchtigungen im Sozialverhalten einher (vgl. Petermann & Wiedebusch, 2008). So konnten z. B. Izard et. al (2008) in einer Längsschnittuntersuchung zeigen, dass die Kompetenz fünfjähriger Kinder, den mimischen Ausdruck verschiedener Emotionen (Freude, Traurigkeit, Ärger, Angst, Interesse, Überraschung ...) beim Gegenüber sicher zu deuten, das Ausmaß der Kontakte in der Grundschulzeit vorhersagt.

Jerusalem und Klein-Heßling (2002, S. 164) weisen darauf hin, dass die *Förderung sozialer Kompetenzen* im deutschen Schulgesetz explizit als wesentlicher Erziehungsauftrag verankert ist. In Kapitel 4.2.3 wurde bereits das Verhaltenstraining für die Grundschule vorgestellt (Petermann et al., 2007). Dieses enthält auch ein Modul für den Trainingsbereich soziale Kompetenz. In mehreren Trainingseinheiten wird zunächst die soziale Wahrnehmung, d. h. Interpretation der sozialen Hinweise des Gegenübers trainiert. In einem zweiten Schritt werden Handlungsalternativen erarbeitet, um dann das Erkennen von Handlungskonsequenzen einzuüben sowie diese zu bewerten.

Literaturhinweis

Petermann, F., Koglin, U., Natzke, H. & von Marées, N. (2007). *Verhaltenstraining in der Grundschule.* Göttingen: Hogrefe.

4.3.2 Entwicklungsstörungen des Sozialverhaltens

Das Leitsymptom von Entwicklungsstörungen des Sozialverhaltens ist eine überschießende und unregulierte *Aggressivität*. Aggressionen sind nach Scheithauer und Petermann (2004, S. 369) „Verhalten mit Schädigungsabsicht, das vom Opfer als verletzend empfunden wird". Bei aggressivem Verhalten sind drei Funktionsebenen beteiligt: die motivationale Ebene (Einstellungen, Absichten), die emotionale Ebene (Wut, Ärger) und die Verhaltens- bzw. Ausdrucksebene. In der Literatur finden sich mannigfaltige Unterscheidungen von Subtypen aggressiven Verhaltens, eine Auswahl ist in Kasten 4.7 aufgelistet. Typischerweise treten bestimmte Subtypen im Zusammenhang auf. Aggressive Handlungen werden zudem danach unterschieden, ob sie sich gegen Personen, Tiere oder Objekte richten. Nach Bierhoff und Wagner (1998, S. 6) bezeichnet „Gewalt" eine schwere Form von Aggression, die zumeist physischer Art und nutzorientiert ist.

4 Emotionale und Soziale Entwicklung

> **Kasten 4.7:** Subtypen aggressiven Verhaltens (nach U. Petermann & F. Petermann, 2008; Baving, 2008; Essau & Conradt, 2004; Bierhoff & Wagner, 1998)
>
> - feindselige Aggression (Schädigungsabsicht ist unmotiviert)
> - instrumentelle Aggression (Schädigung wird zur Erreichung eines persönlichen Vorteils eingesetzt)
> - proaktive/räuberische Aggression (aggressive Handlungen werden geplant und absichtsvoll eingesetzt)
> - reaktive Aggression (aggressiver Verhaltensausdruck als Reaktion auf eine Bedrohung oder erfahrene Schädigung)
> - affektive Aggression (der Aggressionsausdruck ist spontan, unkontrolliert und ungeplant)
> - parteiergreifende Aggression (dem aggressiven Verhalten eines anderen wird zugestimmt)
> - verbale Aggression (die Schädigung wird auf verbalem Wege herbeizuführen versucht)
> - physische Aggression (die Schädigung wird durch körperliche Attacken herbeizuführen versucht)
> - relationale Aggression (Schädigung wird durch Zerstörung sozialer Beziehungen des Opfers herbeizuführen versucht)
> - offene/direkte Aggression (Schädigungshandlung ist für Opfer wie Beobachter erkennbar)
> - verdeckte/indirekte Aggression (die schädigende Handlung wird im Verborgenen gehalten und ist nur am Ergebnis erkennbar)

Da Aggressionen über das Vorhandensein einer Schädigungsabsicht definiert sind, können sie bei Säuglingen per definitionem nicht auftreten. Als *Vorstufe aggressiven Verhaltens* wird jedoch die emotionale Wutreaktion angesehen (vgl. Essau & Conradt, 2004). Mit etwa dem Beginn des zweiten Lebensjahres zeigt sich aggressives Verhalten typischerweise in instrumenteller Form, indem die Kinder einander Spielzeug wegnehmen. Essau und Conradt (2004, S. 22ff.) fassen die weitere Entwicklung folgendermaßen zusammen: Im dritten Lebensjahr findet sich zunehmend die Tendenz, auf einen Angriff oder eine Frustration mit körperlichen Vergeltungsmaßnahmen zu reagieren. In dem Maße, wie die sprachliche Kompetenz wächst, werden Aggressionen auch verbal ausgedrückt. Bis in die mittlere Kindheit hinein (Grundschulalter und untere Klassen der Sekundarstufe) nimmt die Häufigkeit und Intensität körperlicher Auseinandersetzungen zu. Emotionsanlässe sind jetzt vor allem wahrgenommene Bedrohungen und Angriffe auf den Selbstwert. Hinzu tritt offen antisoziales Verhalten wie Ungehorsam. Zum Jugendalter hin verlagert sich die Äußerung von Aggressionen von der physischen zur verbalen Form. Insgesamt nimmt die Häufigkeit offen gezeigter Aggressionen bis zum Ende des Jugendalters stetig ab. Aggressionen werden stattdessen zunehmend in verdeckter, indirekter Form (z. B. Betrügen, Stehlen, Sachbeschädigung, Beziehungsaggression) ausgelebt.

Wie aus einzelnen Subtypen (reaktive Aggression, instrumentelle Aggression) bereits herauszulesen ist, kommt aggressivem Verhalten auch ein *Überlebenswert* zu. Das generelle Auftreten von aggressiven Reaktionen vor allem physischer Art ist deshalb durchaus normal und kommt bei Kindern auch häufig vor. Der gezielte Einsatz eines in den sozialen Kontext eingebetteten aggressiven Verhaltens zum Schutz des eigenen Fortkommens und die Regulation des Aggressionsausdrucks sind als Entwicklungsaufgabe zu verstehen. Die resultierenden sozialen Kompetenzen sind Durchsetzungsfähigkeit und Wettbewerbsverhalten.

Störungen des Sozialverhaltens sind in den Internationalen Klassifikationssystemen als „Verhaltens- und emotionale Störungen mit Beginn in der Kindheit und Jugend" eingruppiert. Das ICD 10 (Dilling, Mombour & Schmidt, 2009) unterscheidet die auf den familiären Rahmen beschränkte Störung des Sozialverhaltens (aggressiv-dissoziales Verhalten nach Baving, 2008) mit den Untergruppen mit bzw. ohne familiäre Bindung sowie die Störung des Sozialverhaltens mit oppositionellem, aufsässigem Verhalten (aggressiv-oppositionelles Verhalten nach U. Petermann & F. Petermann, 2008). Im DSM-IV (Saß et al., 2003) wird analog zum Auftreten im Entwicklungsverlauf eine „Störung mit oppositionell trotzigem Verhalten" (jüngere Kinder, Hauptkennzeichen: andauerndes Muster an aufsässigem Verhalten gegenüber Autoritätspersonen) von einer „Störung des Sozialverhaltens" (ältere Kinder, Hauptkennzeichen: andauerndes Muster an Dissozialität und Aggressivität) unterschieden. In Kasten 4.8 sind die diagnostischen Kriterien der Störung des Sozialverhaltens nach DSM-IV zusammengestellt. Auch hier gilt für eine Diagnosestellung, dass die Verhaltensweisen sich von üblichem kindlichen und jugendlichen Unfug oder Aufmüpfigkeit deutlich unterscheiden müssen und mindestens seit sechs Monaten wenigstens vier der definierten Verhaltensweisen gezeigt werden.

Kasten 4.8: Einzelsymptome nach Symptomgruppen (Saß et al., 2003)

1. Aggressives Verhalten gegenüber Menschen und Tieren:
- Bedroht und schüchtert andere häufig ein
- Beginnt häufig Schlägereien
- Hat schon Waffen benutzt, die anderen schwere körperliche Schäden zufügen können (z. B. Schlagstöcke, Messer, Ziegelsteine)
- War körperlich grausam zu Menschen
- Quält Tiere
- Hat in Konfrontation mit dem Opfer gestohlen (z. B. Erpressung, Taschendiebstahl, Überfall)
- Zwang andere zu sexuellen Handlungen

2. Zerstörung von Eigentum:
- Beging vorsätzlich Brandstiftung mit der Absicht, schweren Schaden zu verursachen
- Zerstörte vorsätzlich fremdes Eigentum

3. Betrug oder Diebstahl:
- Brach in fremde Wohnungen, Gebäude oder Autos ein
- Lügt häufig, um sich Güter oder Vorteile zu verschaffen oder um Verpflichtungen zu entgehen
- Stahl Gegenstände von erheblichem Wert ohne Konfrontation mit dem Opfer (z. B. Ladendiebstahl, Fälschungen)

4. *Schwere Regelverstöße:*
- Bleibt schon vor dem 13. Lebensjahr trotz elterlicher Verbote häufig über Nacht weg
- Lief mindestens zweimal über Nacht von zu Hause weg, während er noch bei den Eltern oder anderen Bezugspersonen wohnte
- Schwänzt schon vor dem 13. Lebensjahr häufig die Schule

In den meisten Fällen treten diese Verhaltensweisen temporär in bestimmten Entwicklungsphasen auf. *Risikoentwicklungen* zeichnen sich dann ab, wenn die problematischen Verhaltensweisen von der frühen Kindheit bis ins Jugendalter persistieren und in mehreren Lebensbereichen auftreten. Im weiteren Entwicklungsverlauf kommt es dann häufig zu Substanzmissbrauch und zunächst deviantem, im Erwachsenenalter dann offen kriminellem Verhalten mit all seinen Begleiterscheinungen (Inhaftierung, Arbeitslosigkeit, soziale Isolation). Nicht selten manifestiert sich im Erwachsenenalter eine antisoziale Persönlichkeitsstörung (vgl. Petermann & Petermann, 2008; Baving, 2008).

Auch dieses Störungsbild wird mit Hilfe eines bio-psycho-sozialen Modells zu erklären versucht, d. h. es wird angenommen, dass eine ungünstige Konstellation aus biologischen, psychischen und sozialen Risikofaktoren auf ein Kind mit hoher Vulnerabilität und geringen sozialen Ressourcen trifft (Petermann & Petermann, 2008; Baving, 2008). Zu den *biologischen Risikofaktoren* zählen zum einen prä- und perinatale Einflüsse wie die Einnahme von Alkohol, Drogen, Nikotin und Medikamenten während der Schwangerschaft sowie Geburtskomplikationen. Zudem werden verschiedene konstitutionelle Faktoren benannt, die die Wahrscheinlichkeit für das Auftreten einer Störung des Sozialverhaltens erhöhen. Dies sind männliches Geschlecht (Jungen sind 2–3-fach häufiger betroffen), eine neurologisch mitbedingte Erregbarkeit und Irritabilität, ein insgesamt niedriges Aktivitätsniveau (z. B. niedrige Herzfrequenzrate) sowie niedrige Kortisolwerte.

Zu den *psychischen Risikofaktoren* zählen ein schwieriges Temperament des Kleinkindes (unregelmäßiger Schlaf-Wachrhythmus, exzessives Schreien, Probleme mit Nahrungsaufnahme), eine niedrige Intelligenz, geringes Einfühlungsvermögen (aggressive Kinder können sich häufig nicht in die Rolle des Opfers hineinversetzen), geringe Impulskontrolle und Emotionsregulation (keine Verfügbarkeit alternativer Problemlösestrategien) und eine verzerrte Informationsverarbeitung (mehrdeutige Situationen werden grundsätzlich als feindlich, bedrohlich eingeschätzt).

Als *soziale Risikofaktoren* wurden eine unsichere Bindung zur Bezugsperson, mangelnde Aufsicht durch die Eltern, mangelnde emotionale Unterstützung und Akzeptanz, bestimmte Charakteristika der Elternbeziehung und ihrer Persönlichkeit (Ehekonflikte, Depressivität der Mutter), familiäre Stressoren wie Misshandlung, häufiger Streit und ein bestrafender, inkonsequenter Erziehungsstil sowie die soziale Ablehnung durch Gleichaltrige identifiziert (vgl. Petermann & Petermann, 2008; Baving, 2008).

Es sollte jedoch bedacht werden, dass solche Zusammenstellungen von Risikofaktoren lediglich dadurch zustande kommen, dass aus den Anamnesen der (erwachsenen) Patientinnen und Patienten Statistiken erstellt werden und die Häufigkeit des Vorkommens bestimmter Faktoren mit dem Vorkommen in unbelasteten Gruppen verglichen wird und ihnen somit per se *kein* Erklärungswert zukommt.

Die *Therapie bei Störungen des Sozialverhaltens* (z. B. das Training mit aggressiven Kindern nach Petermann & Petermann, 2008) setzt an den über die psychischen und sozialen Risikofaktoren identifizierten Defiziten an. Kernbereich der Therapie sind a) die Herstellung motorischer Ruhe und Entspannung, b) die Förderung einer differenzierten sozialen Wahrnehmung, c) das Einüben einer angemessenen Selbstbehauptung, d) das Einüben von Kooperation und Hilfeverhalten, e) die Stärkung von Selbstkontrollkompetenzen, f) die Stärkung des Einfühlungsvermögens sowie zusätzlich begleitend eine Eltern- und Familienberatung.

Literaturhinweis

Petermann, F. & Petermann, U. (2008). *Training mit aggressiven Kindern*. Weinheim: BeltzPVU.

4.3.6 Aggressives Verhalten in der Schule

Aggressives Verhalten kann in der Schule in doppelter Hinsicht zum Problem werden: Zum einen belastet das Auftreten überschießender aggressiver Reaktionen das Unterrichtsklima, insbesondere wenn sich die Anzahl solcher Schülerinnen und Schüler in der Klasse häuft. Zum anderen kann es als Gruppenphänomen auftreten und einzelne Schülerinnen und Schüler können während Zeiten der Aufsichtsführung durch die Schule nachhaltig zu Schaden kommen. Damit ist das Phänomen des in jüngerer Zeit auch in der Öffentlichkeit breit diskutieren „Mobbing" oder „Bullying" angesprochen. Beide Begriffe bezeichnen dasselbe Phänomen, allerdings wird Bullying in Deutschland speziell dann verwendet, wen es sich um ein Mobbing handelt, das unter Schülerinnen und Schülern stattfindet.

Bullying wird in einer weit verbreiteten Definition von Olweus (1991, S. 413) folgendermaßen verstanden: „Ein Schüler wird viktimisiert, wenn er oder sie wiederholt und über längere Zeit negativen Handlungen eines oder mehrerer anderer Schüler ausgesetzt ist." Eine im Deutschen auch gebräuchliche Bezeichnung für ein solches Verhalten ist „schikanieren" (Schäfer, 2008). Folgende Aspekte grenzen Bullying von „normalen" Aggressionen unter Jugendlichen ab: Es handelt sich um ein längerfristiges Geschehen, die Aggressionen treten systematisch auf und es liegt ein deutliches Machtgefälle zwischen Täter(n) und Opfer vor. Bullying ist damit nach Schäfer (2008) als eine spezifische Form aggressiven Verhaltens zu verstehen, dessen Intention es ist, zur Aufwertung des eigenen sozialen Status („aggressives Dominanzstreben") gezielt physisch und/oder psychisch Schwächere zu quälen („viktimisieren"). Schäfer (2008, S. 522) führt weiter aus, dass die spezifische Intention des Täters zeigt, dass

Bullying nur auf der Basis sozialer Beziehungen möglich und deshalb originär als ein *kollektives Phänomen* zu verstehen ist, das nur auf dem Boden einer gefügten, verbindlichen sozialen Organisationsstruktur in Gruppen und innerhalb hierarchisch organisierter Systeme auftritt. Auch eine Schulklasse bildet ein solches geschlossenes System: Über Jahre hinweg wird eine zufällig zusammengestellte Gruppe viele Stunden am Tag in einer engen Interaktionsstruktur zusammengebracht, der sich der/die Einzelne nicht entziehen kann. Scheithauer, Hayer und Petermann (2003) weisen auf die gruppendynamische Komponente des Bullying hin und benennen folgende *Elemente*, die eine Bullying-Situation bestimmen:

- Es lassen sich mindestens ein Täter (Bully) sowie ein Opfer (Viktim) identifizieren.
- Das Opfer ist dem Täter eindeutig unterlegen und kann sich gegen die gegen ihn gerichtete Gewalt nicht wehren. Unterschieden wird zwischen passiven/wehrlosen und provozierenden Opfern. Eine Sonderform bilden die Bully/Victims, die sowohl viktimisiert werden als auch andere viktimisieren. Typischerweise bleiben Täter- und Opferstatus über Jahre hinweg stabil. Als Risikobedingungen für den Viktim-Status gelten körperliche Merkmale, die eine Schwäche auffällig machen (körperliche Schwäche, Übergewicht, Seh- und Sprechbeeinträchtigungen) sowie Auffälligkeiten im Sozialverhalten wie Ängstlichkeit, Empfindsamkeit, Schüchternheit, Zurückgezogenheit (vgl. Scheithauer, Hayer & Petermann, 2003).
- Hinzu treten in einer Bully-Situation Assistenten und Verstärker, die den Gewaltexzess entweder aktiv durch z. B. Festhalten des Opfers (Assistenten) oder passiv durch Ermutigungen des Täters (Verstärker) vorantreiben. Teilweise finden sich in der Gruppe auch Verteidiger des Opfers sowie eine größere Gruppe, die bemüht ist, sich aus der Angelegenheit herauszuhalten (Outsider).
- Die aggressiven Handlungen können physischer, verbaler und/oder relationaler Art sein.

Die Folgen für die Opfer sind gravierend: Da sich die Viktimisierung über einen längeren Zeitraum hinzieht und oftmals die Ausgrenzung aus der Klassengemeinschaft mit sich bringt, kommt es neben psychosomatischen Beschwerden, Unkonzentriertheit und Leistungsabfall auch zu einer deutlichen Selbstwertbeeinträchtigung mit depressiven Verstimmungen und Angstsymptomen, die sich bis zur Suizidalität steigern können (vgl. Scheithauer, Hayer & Petermann, 2003).

Mittlerweile sind vielfältige *Interventionsprojekte* gegen Mobbing entwickelt worden (für einen Überblick siehe Scheithauer, Hayer & Petermann, 2003). Sie sind entweder rein präventiv, auf die Identifikation bestehender Bullyingprobleme oder auf eine direkte Intervention hin konzipiert. Schäfer (2008) weist darauf hin, dass Bullying nicht eine Sache Einzelner ist, sondern den Zustand eines sozialen Systems widerspiegelt, weil sie den Missbrauch sozialer Macht zulässt und ermöglicht. Aggressive Handlungen in jeder Form sollten entsprechend konsequent unterbunden werden. Es empfiehlt sich, die sich in der Klasse abzeichnende Gruppendynamik bewusst zu beobachten und Risikokindern Integrationshilfen anzubieten (z. B. durch gelenkte Zusammensetzung bei Gruppenarbeiten, die es den Kindern ermöglichen, ihre Stärken auszuspielen). Es empfiehlt sich zudem, die Pausenaufsicht auch auf wenig einsehbare Bereiche des Schulhofes inklusive der Toiletten auszuweiten. Eine Schulklasse, in der eine kooperative Atmosphäre und ein entspanntes Klassenklima vorherrschen, bildet einen wirksamen Schutz gegen das Auftreten von sozialem Machtmissbrauch. Kooperatives Verhalten kann durch schulische wie außerschulische Gruppenaktivitäten gefördert werden, insbesondere wenn damit eine Belobigung für die Gesamtgruppenleistung verbunden ist.

Literaturhinweis

Scheithauer, H., Hayer, T. & Petermann, F. (2003). *Bullying unter Schülern*. Göttingen: Hogrefe.

4.4 Soziale Beziehungen im Kindes- und Jugendalter

4.4.1 Funktion und Bedeutung

Tragfähige und konstruktive Beziehungen zu Mitmenschen bilden die Basis der emotionalen und sozialen Entwicklung. Im wechselseitigen Austausch und der gemeinsamen Ausrichtung auf eine Aktivität konstituiert sich das „Soziale" der Kontakt- bzw. Beziehungsaufnahme. Die emotionalen und sozialen Kompetenzen der Bezugspersonen dienen als Vorbild, die Interaktion mit dem Gegenüber als Regulativ des eigenen Verhaltens; beides fördert so das Hineinwachsen in die Gesellschaft (Sozialisation). Hosser (2006, S. 208) stellt fest, dass es zu den fundamentalen menschlichen Motiven gehört, Kontakte zu anderen Menschen herzustellen und Anschluss zu suchen. Dieses auch als *Affiliationsbedürfnis* bezeichnete Motivsystem wird im Rahmen der frühesten sozialen Beziehungserfahrungen geprägt: der Bindung an die primäre Pflegeperson, typischerweise der Mutter. Die besondere Qualität der Beziehung, die sich zwischen Mutter und Kind ausgestaltet, nimmt wesentlich Einfluss auf die weitere soziale, emotionale und auch kognitive Entwicklung (vgl. Kap. 4.1).

Neben der Beziehung zur Mutter bzw. den Eltern und anderen erwachsenen Familienangehörigen nehmen Kinder schon früh auch *Kontakt zu außerfamiliären Personen* auf. Mütter beobachten häufig, dass bereits Säuglinge besonders fasziniert von „ihresgleichen" sind; in Anwesenheit anderer Kinder sind sie interessierter und lassen sich durch sie leichter ablenken als in Anwesenheit oder von fremden erwachsenen Personen. Das englische Wort „peer", das in diesem Zusammenhang zu einem wissenschaftlichen Terminus geworden ist

(Schmidt-Denter, 2005), meint die ungefähre Gleichheit der Personen. In der psychologischen Forschung wird häufig als bestimmendes Merkmal vor allem die ungefähre Altersgleichheit hervorgehoben. Da aber dasselbe chronologische Alter nicht unbedingt die Gleichheit psychologischer Attribute impliziert (z. B. intellektueller und sozialer Fähigkeiten), ist darüber hinaus auch die Gleichheit in Bezug auf den Rang, den Status und den Stand der Persönlichkeitsentwicklung zu berücksichtigen, im Sinne von „Ebenbürtiger" oder „Standesgleicher" (Schmidt-Denter, 2005). Es kommt also auf die Vergleichbarkeit des Entwicklungsstandes an. Petermann, Niebank und Scheithauer (2004, S. 201) definieren entsprechend Peers als „Menschen, die einander im Hinblick auf sozialen Status und kognitive Fähigkeiten ähneln". Insbesondere hinsichtlich des letztgenannten Aspekts kann die Gruppe „Gleichbefähigter", in der das Kind Austausch und Anregung erfährt, durchaus auch aus wesentlich älteren Kindern bestehen (vgl. Kap. 3.6.5).

Als Peers gelten so verstanden formal alle Personen, die dieser Definition entsprechen. Als weiteres Merkmal von Peerbeziehungen wird in der Literatur die Freiwilligkeit hervorgehoben, mit der man sich in die Gruppe integriert. Allerdings bildet die Schulklasse per definitionem ebenfalls die Peergroup des Schulkindes – und die ist nicht freiwillig zusammengesetzt. Mit der formalen Kategorisierung als Peer ist also noch nicht gesagt, dass das Individuum zu dieser Person auch eine zumindest unverbindliche Beziehung aufbaut, d. h. gewisse emotionale Bande knüpft. *Freundschaften* sind deshalb als eine Sonderform von Peerbeziehungen zu verstehen: Sie definieren sich nicht über die Entwicklungs- und Statusgleichheit, sondern über das besondere (intensive) emotionale Band zwischen den Personen. Auch *Geschwisterbeziehungen* können als Sonderform von Peerbeziehungen verstanden werden: Sie übernehmen vielfach ganz ähnliche Funktionen. Die Besonderheit liegt hier in der Langwierigkeit der Beziehung, der Vergleichbarkeit der weiteren sozialen Beziehungssysteme und dem gemeinsamen Schicksal (Kasten, 2003).

Der Umgang mit Gleichaltrigen wird für Kinder im Laufe der Entwicklung immer wichtiger. Während im Grundschulalter noch vor allem das Interesse an exklusiven Spielpartnern vorherrscht (Berk, 2005), ist spätestens am Übergang zur weiterführenden Schule ein starkes Interesse für eine Zugehörigkeit zu größeren Gruppen zu beobachten: Teenager begegnen einem zumeist in Kollektiven von drei bis zwölf Personen (vgl. Berk, 2005, S. 443). In der Regel bilden sich geschlechterhomogene Gruppen. Im frühen Jugendalter vermischen sie sich zunehmend auch geschlechterheterogen und im mittleren Jugendalter gliedern sich typischerweise intimere Zweier- bis Vierergruppen aus (vgl. Berk 2005).

Neben dem Spaß, den der Umgang miteinander zunächst im gemeinsamen Spiel, später im gegenseitigen Austausch, bringt, übt der Umgang mit Peers und Freunden auch eine wichtige *Sozialisationsfunktion* im Entwicklungsprozess von Kindern und Jugendlichen aus (nach Oerter & Dreher, 2008, S. 321ff.). Peers geben Orientierung, neue Verhaltensweisen können erprobt und Wertvorstellungen entwickelt werden, die Peergroup bildet sozusagen eine „Gesellschaft im Kleinen". Die Zugehörigkeit zu einer Peergroup steigert das psychosoziale Wohlbefinden, stützt das Selbstwertgefühl und die Lebenszufriedenheit durch das Gefühl emotionaler Geborgenheit. Die Peergroup bietet Schutz und die Jugendlichen erfahren Anerkennung durch die anderen Mitglieder.

Peers unterstützen sich auch bei der Bewältigung von Belastungen und Problemen, die insbesondere im Rahmen der zunehmenden Ablösung vom Elternhaus auftauchen. Weitere Formen der Unterstützung sind Informationsweitergabe, materielle bzw. finanzielle Hilfe, gemeinsame Suche nach Problemlösungen. In dem Maße, in dem sich Beziehungen zu Gleichaltrigen intensivieren und ausdehnen, nimmt die Bedeutung der Beziehung zu den Eltern und der Familie ab. Peerbeziehungen sind so bedeutsam, dass sie u. U. auch Defizite im familiären Beziehungssystem kompensieren helfen können (vgl. Petermann, Niebank & Scheithauer, 2004).

Flammer und Alsaker (2002) weisen darauf hin, dass Peerbeziehungen auch eine Kehrseite innewohnt: Peergroups sind zumeist hierarchisch organisiert. Der Erhalt der Gruppenzugehörigkeit unterliegt der Einhaltung eines Kodexes, von Gruppennormen und Verhaltensregeln, die von der Gruppe bzw. ihrem Führer nachdrücklich eingefordert werden. *Gruppendruck* und *Gruppenselektion* können durchaus auch negative Entwicklungsverläufe bedingen. Insbesondere in einem problematischen Umfeld ist es möglich, dass Peergroups Jugendliche zu gewalttätigen Handlungen, Substanzkonsum und Risikoverhalten veranlassen (Siegler, DeLoache & Eisenberg, 2008). Einen zusätzlich schädigenden Einfluss können Aufnahmerituale, Mutproben und Erpressungen auf insbesondere identitätsschwache Jugendliche ausüben (vgl. Wehner, 2006, sowie Kap. 5.3).

Literaturhinweis

Kasten, H. (2003). *Geschwister. Vorbilder, Rivalen, Vertraute.* München: Reinhardt.

4.4.2 Entwicklung von Freundschaftsbeziehungen

Freundschaftsbeziehungen unterliegen hinsichtlich inhaltlicher und struktureller Merkmale einem Entwicklungsprozess. Sie entwickeln sich von einer reinen Spielepartnerschaft hin zu einem interdependenten Verhältnis, das trotz tiefer gegenseitiger Zuneigung die Autonomie des anderen respektiert. Wagner und Alisch (2006) stellen heraus, dass sich *inhaltliche Bestimmungsmerkmale* darauf beziehen, welche Erwartungen Freundinnen und Freunde aneinander herantragen, aus welchen Motiven Freundschaft entsteht und nach welchen Regeln sie sich gestaltet. *Strukturelle Ansätze* betrachten hingegen Veränderungen im Verständnis von Freundschaft, z. B. hinsichtlich der Gestaltung von Reziprozität und Kooperation, und erklären dies mit der Veränderung kognitiver Strukturen. Beide Ansätze sind als sich gegenseitig ergänzend hinsichtlich der Bestimmung der Entwicklungscharakteristika von Freundschaften zu verstehen.

Ein häufig zitierter inhaltsorientierter Ansatz stammt von Bigelow und La Gaipa (1975), einen breit rezipierten strukturellen Ansatz hat Selman (1984) mit einem „Stufenmodell des Freundschaftsverständnisses" vorgelegt. Im Folgenden wird die typische Entwicklung von Freundschaftskonzepten auf Grundlage der Zusammenfassung dieser beiden Ansätze beschrieben. Sie unterliegt einer großen interindividuellen Variabilität, deshalb müssen die Altersangaben als ein nur sehr ungefährer Hinweis verstanden werden, welches Freundschaftsverständnis in welcher Altersstufe zu erwarten ist. Die von den Autoren genannten Altersspannen weisen deshalb bereits Überlappungen von etwa 60–80 % auf (vgl. auch Wagner & Alisch, 2006).

Im *Vorschulalter* (ca. 3–7 Jahre) wird typischerweise dann ein anderes Kind als Freundin bzw. Freund bezeichnet, wenn es ein attraktives Spielzeug besitzt, wenn es zufälligerweise in der Nachbarschaft wohnt oder der/die aktuelle Spielpartner/in ist. Selman (1984) bezeichnet dieses Stadium als „Freundschaft als momentane physische Interaktion"; Bigelow und La Gaipa (1975) sprechen von einer „situationalen Stufe" (vgl. Wagner & Alisch, 2006, S. 14/19). Kindern in diesem Alter ist üblicherweise nicht klar, dass der jeweils andere eigene Wünsche und Gefühle hat. Entsprechend kann die Interaktion schnell konflikthaft werden, was durch körperliche Gewalt oder Aufgeben der Beziehung gelöst wird. Freundschaften in diesem Stadium sind also zufälliger, materieller und sehr flüchtiger Natur.

Zum *Eintritt in die Grundschule* (ca. 4–8 Jahre) wird typischerweise ein anderes Kind dann als Freundin bzw. Freund bezeichnet, wenn ein gemeinsames Interesse entdeckt und darauf eine Spielepartnerschaft aufgebaut wird. Die Freundschaft ist jedoch beendet, sobald dieses gemeinsame Interesse nicht mehr aufrechterhalten werden kann. Das Kind erkennt jetzt zwar, dass die Gedanken und Gefühle anderer von den eigenen Gedanken und Gefühlen verschieden sind, jedoch bezieht es sie noch nicht auf diese. Eine Freundin/ein Freund ist dies nur so lange, wie die eigenen Bedürfnisse befriedigt werden. Konflikte werden nicht ausgetragen, sondern einseitig durch Entschuldigung oder Aufgeben des störenden Verhaltens gelöst. Selman (1984) bezeichnet dieses Stadium als „Freundschaft als einseitige Hilfestellung" (vgl. Wagner & Alisch, 2006, S. 19).

Im *höheren Grundschulalter und Übergang zur weiterführenden Schule* (ca. 6–12 Jahre) bildet sich ein Verständnis dafür aus, dass in einer Beziehung ein gegenseitiges Geben und Nehmen herrschen muss. Treten jedoch Dissonanzen auf, werden die Freundschaftsbeziehungen immer noch sehr schnell beendet. Selman (1984) bezeichnet dieses Stadium als „Freundschaft als Schönwetter-Kooperation", Bigelow und La Gaipa (1975) sprechen von einer Stufe „vertraglicher Vereinbarung" (vgl. Wagner & Alisch, 2006, S. 14/19). Eine typische Antwort auf die Frage „Wer kann deine Freundin/dein Freund sein?" könnte lauten: „Ein Freundin/ein Freud ist jemand, der mich mag und mit dem ich viel zusammen spiele und deshalb auch meine Sachen mit ihm teile."

In der *Unter- und Mittelstufe* (ca. 9–15 Jahre) wandeln sich Freundschaften zunehmend zu intimen Beziehungen mit einer stabilen affektiven Bindung. Einfache Konflikte führen nicht mehr zur Beendigung der Freundschaft, sondern werden ausgetragen und es wird versucht, eine einvernehmliche Lösung zu finden. Selman (1984) bezeichnet dieses Stadium als „Freundschaft als intimer gegenseitiger Austausch" (vgl. Wagner & Alisch, 2006, S. 19). Freundschaften entstehen entsprechend nicht mehr zufällig, sondern gezielt selektiv und bleiben relativ stabil über einen längeren Zeitraum (mehrere Jahre) hinweg. Eine typische Antwort auf die Frage „Wer kann deine Freundin/dein Freund sein?" könnte lauten: „Ein Freundin/ein Freud ist jemand, dem ich vertrauen und auf den ich zählen kann." Allerdings wird in diesem Stadium noch unbedingte Loyalität und oftmals auch die Exklusivität der Beziehung eingefordert.

Dies ändert sich ab etwa der *Mittelstufe* (ca. 12 Jahre). Enge Freundinnen bzw. Freunde geben sich weiterhin vor allem gegenseitig soziale Unterstützung. Sie akzeptieren aber jetzt, dass das Gegenüber weitere eigene Wünsche hat und um diese zu erfüllen auch andere Beziehungen eingeht. Freundschaften auf dieser Basis sind recht langlebig, sie halten häufig über die Beendigung der Schulzeit hinaus. Selman (1984) bezeichnet dieses Stadium als „Freundschaft als Autonomie und Interdependenz", Bigelow und La Gaipa (1975) sprechen von einer „intern-psychologischen Stufe" (vgl. Wagner & Alisch, 2006, S. 14/19). Eine typische Antwort auf die Frage „Wer kann deine Freundin/dein Freund sein?" könnte lauten: „Ein Freundin/ein Freud ist jemand, dem ich alles erzählen kann und der immer hinter mir steht."

Die Ausbildung von Freundschaftsbeziehungen läuft zur Ausbildung von Peerbeziehungen normalerweise parallel. Sie ergänzen sich dann gegenseitig durch ihre je eigenen Charakteristika. Freundschaftsbeziehungen wohnt jedoch darüber hinaus ein so großes Entwicklungspotential inne, dass sie auch das Fehlen von weiteren Peerbeziehungen kompensieren (vgl. Alisch & Wagner, 2006).

Literaturhinweis

Alisch, L.-M. & Wagner, J. W. L. (Hrsg.). (2006). *Freundschaften. Interdisziplinäre Perspektiven und Befunde.* Weinheim: Juventa.

4.4.3 Entwicklungsstörungen in Peerbeziehungen

Kinder gehen Freundschaften und Peerbeziehungen in der Regel dann ein, wenn das Gegenüber als wertvoller Spielpartner begriffen wird (Berk, 2005). Der wissenschaftliche Terminus „Peerakzeptanz" kann mit „Beliebtheit" übersetzt werden: Er beschreibt das Ausmaß, in dem ein Kind von anderen als wertvoller Spielpartner betrachtet wird. Quantitativ festgestellt werden kann Peerakzeptanz über *soziometrische Verfahren* (Moreno, 1996): Jedes Kind einer Gruppe soll einschätzen, wie gut es jedes einzelne seiner Gruppenmitglieder leiden kann. Oder man lässt das Kind diejenigen Gruppenmitglieder benennen, die es am liebsten oder wenigsten mag. Bei jüngeren Kindern kann die Beliebtheit auch über die Frage festgestellt werden, neben wem es am liebsten oder gar nicht sitzen möchte. Für jedes Kind der Gruppe wird dann die Anzahl der Positiv-/Negativwahlen festgestellt, daraus ergeben sich der Peerstatus und eine Beliebtheitshierarchie. Neben der Beliebtheit kann mit Hilfe eines solchen Verfahrens auch die Dominanzhierarchie einer Gruppe erfasst werden (z. B. über die Frage „Wer steht in deiner Gruppe oft im Mittelpunkt?"). Beliebtheits- und Dominanzstatus eines Gruppenmitgliedes korrelieren zwar sehr hoch miteinander, fallen aber nicht unbedingt zusammen (Vaillancourt & Hymel, 2006).

Um die Frage zu klären, warum manche Kinder mehr gemocht werden als andere, warum manche viele Freunde haben und andere wenige oder gar keine, sind mit dieser Methodik eine Vielzahl Untersuchungen durchgeführt worden. Die Ergebnisse sind relativ homogen: In einer Gruppe wie z. B. einer Schulklasse finden sich in der Regel fünf Typen von Kindern (nach Dodge, Coie & Linham, 2006): beliebte Kinder, abgelehnte Kinder, kontroverse Kinder, vernachlässigte Kinder und „neutrale" Kinder.

Beliebte Kinder sind typischerweise schulisch und sozial besonders kompetent, oder aber sie verhalten sich gerade auffällig antisozial: Insbesondere die sog. „harten Jungs", die über eine große körperliche Stärke verfügen, rangieren in der Beliebtheitsskala häufig weit oben.

Auch bei den *abgelehnten Kindern* werden zwei Subtypen unterschieden: die abgelehnt-aggressiven Kinder weisen ein hohes Ausmaß an Konflikten, Feindseligkeiten, hyperaktives, unaufmerksames und impulsives Verhalten auf. Die abgelehnt-zurückgezogenen Kinder verhalten sich sehr passiv und sozial unbeholfen.

Kontroverse Kinder zeigen eine Mischung aus positiven und negativen sozialen Verhaltensweisen. Daduch werden sie von einem Teil der Gruppe gemocht, von einem anderen Teil jedoch eher abgelehnt.

Vernachlässigte Kinder weisen in der Regel eine hohe Schüchternheit auf, die sie daran hindert, aktiv auf andere zuzugehen und Freundschaften zu schließen. Sie erscheinen aber sonst sozial gut angepasst.

Die *„neutralen" Kinder* erhalten Positiv-und Negativwahlen durchgängig im mittleren Bereich, sie nehmen in der Gruppe keine besondere Stellung ein und ihr Loyalitätsverhalten ist nicht auf bestimmte Gruppenmitglieder festgelegt. Etwa ein Drittel aller Gruppenmitglieder werden in dieser Weise bewertet.

Peerakzeptanz gilt als wirkungsvoller Prädiktor für psychische Anpassung (Parker et al., 1995). So weisen abgelehnte Kinder häufig auch schlechte Schulleistungen und ein niedriges Selbstwertgefühl auf, im Jugendalter kommen emotionale Probleme sowie antisoziales und delinquentes Verhalten hinzu (Laird et al., 2001). Insbesondere abgelehnt-zurückgezogene Kinder tragen ein hohes Risiko, Opfer von Bullying zu werden, beliebt antisoziale Kinder ein hohes Risiko für den Bully-Status (vgl. Scheithauer, Hayer & Petermann, 2003).

Die Eingliederung von vernachlässigten und passiv-abgelehnten Kindern in die Gruppe kann von der Lehrkraft im Unterrichtsalltag dadurch unterstützt werden, dass sie bei Gruppenarbeiten die Teams gelenkt zusammenstellt: Auch hinsichtlich schulischer Aufgaben etwas besonders gut zu können, macht einen

Peer im Rahmen einer gemeinsam zu bearbeitenden Aufgabe „wertvoll". Wenn die Gruppen so zusammengesetzt und die Themen so verteilt werden, dass die vernachlässigten Kinder ihre Stärken besonders gut einbringen können, kann es sein, dass diese Gruppe bei der nachfolgenden Aufgabe auch freiwillig zusammenbleibt. Zudem haben die Kinder so die Möglichkeit, positive Interaktionserfahrungen mit dem wenig beachteten Kind zu sammeln, ohne sich vor den anderen der Gruppe rechtfertigen zu müssen, warum sie sich mit dem Außenstehenden beschäftigen.

Literaturhinweis
Petermann, F. Koglin, U., Natzke, H. & von Marées, N. (2007). *Verhaltenstraining in der Grundschule.* Göttingen: Hogrefe.

4.5 Zusammenfassung

Der Bereich sozio-emotionaler Entwicklung umfasst alle Kompetenzen, die es ermöglichen, Gefühle zu regulieren und das Verhalten an die Erfordernisse der sozialen Umwelt anzupassen. Zwar sind auch hier hirnorganische Reifungsvorgänge beteiligt, die Entwicklung wird jedoch sehr viel stärker durch mitmenschlichen Kontakt und Austausch beeinflusst, als das im Bereich körperlicher oder kognitiver Entwicklung der Fall ist.

Eine wesentliche Grundlage bilden die Bindungserfahrungen. Unter Bindung wird ein lang andauerndes affektives Band zu bestimmten Personen verstanden, die nicht ohne Weiteres auswechselbar sind. Grundlage ist das Bindungsverhalten, unter das jegliches Verhalten subsumiert wird, das darauf ausgerichtet ist, die Nähe eines vermeintlich kompetenteren Menschen zu suchen oder zu bewahren. Das Explorationsverhalten des Kindes wird durch eine sichere Bindung an eine Bezugsperson ermöglicht (Erkundung von einer sicheren Basis aus). Das Zusammenspiel von Bindungsverhalten und Explorationsverhalten wird als Bindungsorganisation bezeichnet. Es beruht auf der Ausbildung einer Bindungsrepräsentation, der Ausbildung eines internalen Abbildes von der Bindungsperson. Es enthält das Wissen um Eigenschaften und Verhaltensweisen der Bindungsperson und die Gefühle für die Bindungsperson. Je gefestigter das internale Arbeitsmodell der Bindungsperson ist, desto länger kommt das Kind ohne ihre physische Nähe aus.

Damit Bindung entstehen kann, müssen die Bindungsverhaltensweisen des Kindes und der Bindungsperson aufeinander abgestimmt sein: Das Kind macht in einer für es typischen Weise (Temperament) auf sich aufmerksam, die Pflegeperson beantwortet die Signale in angemessener und verlässlicher Weise (Feinfühligkeit). Mary Ainsworth entwickelte ein Untersuchungsparadigma, um die Bindungsqualität zu ermitteln. Längsschnittstudien belegen übereinstimmend, dass der Bindungsqualität eine große Bedeutung für die weitere Persönlichkeitsentwicklung zukommt.

4 Emotionale und Soziale Entwicklung

Emotionen zählen zu den stärksten Triebkräften des Strebens und Handelns. Sie sind charakterisiert als zeitlich datierte, unwiederholbare Ereignisse, die aktuelle psychische Zustände von Personen darstellen, eine bestimmte Qualität, Intensität und Dauer aufweisen und in der Regel objektgerichtet sind. Als Affekte werden kurzfristige und zumeist mit großer Heftigkeit einsetzende Emotionszustände bezeichnet, die von einer ausgeprägten, teilweise reflexartigen Verhaltenstendenz begleitet und an ein äußeres Geschehnis gebunden sind. Stimmungen sind länger andauernde Gemütszustände, die wenig intensiv sind und in der Regel an kein konkretes Geschehen gebunden sind, allerdings u. U. durch ein Geschehen ausgelöst werden. Emotionen konstituieren sich über vier Komponenten: somatische Veränderungen, sozialer Ausdruck, subjektives psychisches Erleben und nachfolgende Verhaltenstendenz. Art und Intensität der hervorgerufenen Emotion ist von der Bewertung des auslösenden Ereignisses abhängig. Emotionen generieren sich größtenteils autonom und unterhalb der Bewusstseinsschwelle. Erst über Verschaltungen mit dem Großhirn werden sie bewusst, können moduliert und reguliert werden (Emotionskontrolle). Personen unterscheiden sich in der Höhe der Reizschwelle, bei der eine merkbare Emotion ausgelöst wird (Emotionsbereitschaft). Im Vorschulalter sind die hauptsächlichen Entwicklungsbereiche der Emotionalität der Aufbau des Emotionswissens sowie das Hinzutreten von selbstbezogenen Emotionen (Scham, Schuld, Stolz). Im Grundschulalter bildet sich die Fähigkeit, Emotionen in angemessener Weise auszudrücken, sein eigenes emotionales Erleben zu kontrollieren und angemessen auf den emotionalen Ausdruck anderer zu reagieren, weiter aus. Im Jugendalter werden Situationen zunehmend auf abstrakt-logischem Niveau analysiert und Emotionen immer mehr internal reguliert. Emotionale Kompetenz beinhaltet, Emotionen regulieren zu können, sie angemessen auszudrücken, auf den Emotionsausdruck anderer angemessen zu reagieren und sich bewusst zu sein, dass der eigene Emotionsausdruck bei anderen Reaktionen hervorruft und dass man diese durch die Art des Emotionsausdrucks beeinflussen kann. Diese Fähigkeiten können trainiert und Entwicklungsdefizite dadurch nachträglich ausgeglichen werden. Emotionales Erleben begleitet auch direkt schulisches Lernen: über lern- und leistungsthematische Emotionen sowie über soziale Emotionen (Bewunderung, Verachtung, Mitleid, Schadenfreude). Die Wirkung von Emotionen auf Lernen und Leistung ist über die motivationalen Konsequenzen im Hinblick auf die Art und Weise der Aufnahme, Speicherung und Verarbeitung von Lerninformation, sowie der Verfügbarkeit kognitiver Ressourcen zu beobachten. Positive Emotionen entstehen in der Schule bei Erfahrungen, die zur Steigerung des Fähigkeitsselbstkonzeptes beitragen und wenn Interesse und Spaß beim Lernen erlebt wird.

Sozialisation bezeichnet einen Prozess, über den sich Menschen die Verhaltensregeln und die Überzeugungs- und Einstellungssysteme aneignen, die einer Person erlauben, als vollwertiges Mitglied einer Gesellschaft zu agieren. Grundlage ist, die Interessen anderer zu erkennen und zu berücksichtigen. Die Basis bilden das einfühlende Verstehen (Empathie) und die Fähigkeit zur Perspektivübernahme. Letztere ist von der kognitiven Reifung abhängig und wird erst ab einem Alter von etwa vier Jahren in einem längeren Prozess ausgebildet.

4.5 Zusammenfassung

Kooperation ist als ein Verhalten definiert, das die Handlungsergebnisse (oder das Wohl) eines Kollektivs (bzw. einer Gruppe) maximiert, indem sich Verhaltensweisen sinnvoll ergänzen. Die Entwicklung kooperativen Verhaltens baut auf der Fähigkeit zur Perspektivübernahme auf und stellt einen eigenen Entwicklungsbereich dar. Die Basis bildet das Spielverhalten. Wettbewerbsverhalten ist hingegen darauf ausgerichtet, den relativen eigenen Vorteil gegenüber anderen zu maximieren. Während sich Wettbewerbsstreben auch ohne besondere Unterstützung vertieft, muss die Entwicklung der Kooperationsbereitschaft durch erzieherische Maßnahmen unterstützt werden. Im Unterricht kann die Fähigkeit zur Kooperation im Rahmen des „Kooperativen Lernens" gefördert werden. Durch die Schaffung einer Wettbewerbssituation zwischen den Gruppen kann eine leistungsförderliche Arbeitssituation hergestellt werden. Allerdings sollte dieses didaktische Mittel mit Bedacht eingesetzt werden, denn Wettbewerb zwischen Gruppen kann eine Reihe Dynamiken auslösen, die dem eigentlichen Ziel, die Kooperationsbereitschaft zu stärken, diametral entgegenstehen.

Konflikte treten in Gruppen häufig im Zusammenhang mit der Verteilung von Ressourcen auf. Das Gerechtigkeitsverständnis entwickelt sich in einer typischen Sequenz vom 4.–11. Lebensjahr: egozentrisch, Orientierung an den eigenen Wünschen, Gleichbehandlung und Gleichverteilung bedeutet gleicher Anteil, Gleichbehandlung und Gleichverteilung bedeutet Aufteilung nach Leistung, Fähigkeit und Reziprozität, Gleichbehandlung und Gleichverteilung bedeutet Benachteiligungen zu berücksichtigen und zwischen Fremden und Freunden zu differenzieren. Das Gerechtigkeitsverständnis bildet die Basis für die Entwicklung moralischen Denkens. Dies beinhaltet Wissen über geltende Normen und Werte, die Fähigkeit, Recht von Unrecht zu unterscheiden, sich entsprechend dieser Unterscheidung zu verhalten, sich über ein subjektives Wertesystem klar zu sein und moralische Gefühle zu haben.

Als sozial kompetent gilt ein Verhalten, das in einer spezifischen Situation dazu beiträgt, in sozial akzeptierter Weise die eigenen Ziele zu verwirklichen. Soziale Kompetenz umfasst die Gesamtheit des Wissens, der Fähigkeiten und Fertigkeiten, welche die Qualität eigenen Sozialverhaltens fördern. Die Aufrechterhaltung und Weiterentwicklung dieser Fähigkeiten zu prosozialem Verhalten (sich um andere zu kümmern und Hilfe anzubieten) geschieht unter dem Einfluss der Erfahrungen, die das Kind zunächst mit der Primärgruppe Familie, dann den Peers und schließlich in pädagogischen Institutionen sowie auch den Medien macht. Die Entwicklung emotionaler und sozialer Kompetenzen bedingt sich wechselseitig: Die Förderung sozialer Kompetenzen ist im deutschen Schulgesetz explizit als wesentlicher Erziehungsauftrag verankert.

Das Leitsymptom von Entwicklungsstörungen des Sozialverhaltens ist eine überschießende und unregulierte Aggressivität. Aggressionen sind definiert als ein Verhalten mit Schädigungsabsicht, das vom Opfer als verletzend empfunden wird. Es sind drei Funktionsebenen beteiligt: die motivationale Ebene (Einstellungen, Absichten), die emotionale Ebene (Wut, Ärger) und die Verhaltens- bzw. Ausdrucksebene. In den meisten Fällen treten aggressive Verhaltensweisen temporär in bestimmten Entwicklungsphasen auf. Risikoentwicklungen zeichnen sich dann ab, wenn die problematischen Verhaltensweisen von der frühen Kindheit bis ins Jugendalter persistieren und in mehreren Lebensbereichen auftreten. Aggressives Verhalten wird in der Schule dann zum Problem, wenn ständige Streitereien das Unterrichtsklima belasten oder wenn es als Gruppenphänomen auftritt: Bullying bezeichnet ein Verhalten, durch das ein Schüler/eine Schülerin zu Schaden kommt, wenn er/sie wiederholt und über längere Zeit negativen Handlungen eines oder mehrerer anderer Schüler/innen ausgesetzt ist. Bullying unterscheidet sich von normalen Aggressionen unter Jugendlichen durch seine Langfristigkeit, Systematik und das Vorliegen eines Machtgefälles zwischen Täter(n) und Opfer. Bullying ist nur auf der Basis sozialer Beziehungen möglich und deshalb originär als ein kollektives Phänomen zu verstehen, das nur auf dem Boden einer gefügten, verbindlichen sozialen Organisationsstruktur in Gruppen und innerhalb hierarchisch organisierter Systeme auftritt. Interventionsprogramme sind mittlerweile vielfach verfügbar.

Tragfähige und konstruktive Beziehungen zu Mitmenschen bilden die Basis der emotionalen und sozialen Entwicklung. Im wechselseitigen Austausch und der gemeinsamen Ausrichtung auf eine Aktivität konstituiert sich das „soziale" der Kontakt- bzw. Beziehungsaufnahme. Die emotionalen und sozialen Kompetenzen der Bezugspersonen dienen als Vorbild, die Interaktion mit dem Gegenüber als Regulativ des eigenen Verhaltens; beides fördert so das Hineinwachsen in die Gesellschaft (Sozialisation).

Als Peers (Gleichbefähigte) werden Menschen bezeichnet, die sich im Hinblick auf sozialen Status und kognitive Fähigkeiten ähneln. Zumeist sind sie gleichen Alters. Freundschaften stellen eine Sonderform von Peerbeziehungen dar, sie definieren sich nicht über die Entwicklungs- und Statusgleichheit, sondern über das besondere (intensive) emotionale Band zwischen den Personen. Auch Geschwisterbeziehungen können als Sonderform von Peerbeziehungen verstanden werden.

Der Umgang mit Gleichaltrigen wird für Kinder im Laufe der Entwicklung immer wichtiger. Während im Grundschulalter noch vor allem das Interesse an exklusiven Spielpartnern vorherrscht, ist spätestens am Übergang zur weiterführenden Schule ein starkes Interesse für eine Zugehörigkeit zu größeren Gruppen zu beobachten. In der Regel bilden sich geschlechterhomogene Gruppen. Im frühen Jugendalter vermischen sie sich zunehmend auch geschlechterheterogen und im mittleren Jugendalter gliedern sich typischerweise intimere Zweier- bis Vierergruppen aus.

Der Umgang mit Peers und Freunden übt wichtige Sozialisationsfunktionen aus. Peers geben Orientierung, neue Verhaltensweisen können erprobt und Wertvorstellungen entwickelt werden, die Zugehörigkeit zu einer Peergroup steigert das psychosoziale Wohlbefinden, stützt das Selbstwertgefühl und die Lebenszufriedenheit durch das Gefühl emotionaler Geborgenheit. Die Peergroup bietet Schutz und die Jugendlichen erfahren Anerkennung durch die anderen Mitglieder. Peers unterstützen sich auch bei der Bewältigung von Belastungen und Problemen, die insbesondere im Rahmen der zunehmenden Ablösung vom Elternhaus auftauchen. Weitere Formen der Unterstützung sind Informationsweitergabe, materielle bzw. finanzielle Hilfe, gemeinsame Suche nach Problemlösungen. In dem Maße, in dem sich Beziehungen zu Gleichaltrigen intensivieren und ausdehnen, nimmt die Bedeutung der Beziehung zu den Eltern und der Familie ab. Peerbeziehungen sind so bedeutsam, dass sie u. U. auch Defizite im familiären Beziehungssystem kompensieren können. Tragfähige Freundschaftsbeziehungen sind erst ab der Mittelstufe zu erwarten.

Kinder gehen Freundschaften und Peerbeziehungen ein, wenn das Gegenüber als wertvoller Spielpartner begriffen wird. Das Ausmaß der Peerakzeptanz kann über soziometrische Verfahren festgestellt werden. In einer Gruppe wie z. B. einer Schulklasse finden sich in der Regel fünf Typen von Kindern: beliebte Kinder, abgelehnte Kinder, kontroverse Kinder, vernachlässigte Kinder und „neutrale" Kinder. Peerakzeptanz gilt als wirkungsvoller Prädiktor für psychische Anpassung. Abgelehnte Kinder zeigen häufig auch schlechte Schulleistungen und ein niedriges Selbstwertgefühl, im Jugendalter kommen emotionale Probleme sowie antisoziales und delinquentes Verhalten hinzu. Insbesondere abgelehnt-zurückgezogene Kinder tragen ein hohes Risiko, Opfer von Bullying zu werden, beliebte antisoziale Kinder ein hohes Risiko für den Bully-Status. Die Eingliederung von vernachlässigten und passiv-abgelehnten Kindern in die Gruppe kann von der Lehrkraft im Unterrichtsalltag dadurch unterstützt werden, dass sie bei Gruppenarbeiten die Teams gelenkt zusammenstellt.

5 Entfaltung der Persönlichkeit

5.1 Selbstkonzept und Identität

Mit dem Prozess der „Entfaltung der Persönlichkeit" wird allgemein verbunden, dass sichtbar wird, was einen Menschen in psychischer Hinsicht besonders, einmalig und unverwechselbar macht. Asendorpf (2007) unterscheidet diesbezüglich verschiedene Bereiche: Temperament, Gestalt, Fähigkeiten (z. B. Intelligenz und soziale Kompetenz), Handlungseigenschaften (Bedürfnisse, Motive, Interessen, Handlungsüberzeugungen, Bewältigungsstile), Bewertungsdispositionen sowie „selbstbezogene Dispositionen". Den Letzteren ordnet er die Konstrukte „Ich", „Mich", „Selbstkonzept", „Selbstwertgefühl", „Selbstwertdynamik" und „Wohlbefinden" zu. Diese auch unter der Überschrift „Psychologie des Selbst" behandelten Konzepte eint das gemeinsame Thema „sich seiner selbst bewusst zu sein" bzw. „sich seiner selbst bewusst zu werden". Eine einheitliche Theorie ist jedoch auch hier nicht auszumachen, unterschiedliche Fachbereiche und vielfältige Theorieströmungen beschäftigen sich in der ihr eigenen Weise mit diesem Konstrukt: Neben der Entwicklungspsychologie sind dies vor allem die Differentielle Psychologie, die Allgemeine Psychologie, die Sozialpsychologie, die Psychoanalyse und die Klinische Psychologie. Auch verwandte Fächer steuern ihren Teil zur Diskussionen bei, so die Soziologie, die Medizin und die Philosophie. Flammer und Alsaker (2002, S. 142) konstatieren, dass die Konzepte „Selbst, Selbstkonzept, Selbstwert und Identität … zu den meist verwendeten und diskutierten Begriffen in der Literatur zur Adoleszenz (gehören)". Trotz der Vielfalt der größtenteils synonym verwendeten Begrifflichkeiten lassen sich spezifische Charakteristika des Zugangs zum Thema ausmachen, die sich aus der jeweils zugrunde liegenden theoretischen Orientierung ergeben (vgl. Neuenschwander, 1996).

Der Begriff „Selbst" wurde bereits 1890 von William James in die psychologische Literatur eingebracht. Nach James (1890) konstituiert sich das Selbst („Self") aus den beiden Komponenten „I" (Ich), dem „Self as knower", womit er die subjektive Interpretation eigener Erfahrung meint, sowie dem „Me" (Mich), dem „Self as known", womit all das gemeint ist, was die Person objektiv über sich weiß. Darauf aufbauend wird der Begriff des Selbst als ein Konzeptsystem verstanden, das aus den *Gedanken und Einstellungen über sich selbst* besteht (Siegler, De Loache & Eisenberg, 2008., S. 602). Auch Greve (2000, S. 16) verwendet Selbst als einen „Sammelbegriff für eine Vielzahl, freilich thematisch konvergenter Fragen und Probleme", bei denen es darum geht, wie die Person sich selbst sieht, beschreibt, bewertet und versteht. Insbe-

5.1 Selbstkonzept und Identität

sondere sozialpsychologische und soziologische Ansätze bauen auf den Arbeiten von William James auf und fokussieren auf das soziale Selbstbild und das Handeln in der Gesellschaft.

Kognitionspsychologisch ausgerichtete Ansätze verwenden hingegen vorwiegend den Begriff „Selbstkonzept" und untersuchen die Reflektionen der eigenen Person über sich selber. In dieser Forschungstradition werden eine deskriptive Komponente (Selbstkonzepte), eine evaluative Komponente (Selbstbewertungen) und eine konative Komponente (das Handeln und Wollen betreffend) unterschieden, bei Letzteren insbesondere Kontrollmeinungen (z. B. Haußer, 1995). Selbstkonzepte werden neben der psychologischen Dimension (Gefühle, Selbstbewertungen) auch in der physischen Dimension (Körper), der handlungsbasierten Dimension (Fähigkeiten) und der sozialen Dimension (Beziehungen, Gruppenzugehörigkeit) lokalisiert. Entsprechend aufwendig ist die Befragung, wenn die Person in allen Aspekten erfasst werden soll: Die Vielzahl der Subkonstrukte einer jeden Dimension muss hinsichtlich jeder der drei Komponenten (Wissen über sich selbst, Selbstbewertung, Wollen und Handeln) erfragt werden. Ein vielzitiertes Selbstkonzeptmodell stammt von Shavelson, Huber und Stanton (1976; vgl. Abb. 5.1); es wird von Dickhäuser (2006, S. 5) als „eines der fruchtbarsten Modelle in der Selbstkonzeptforschung" bezeichnet: Die Autoren konzeptualisieren das Selbstsystem als hierarchisch organisiert. In der obersten Ebene findet sich das allgemeine Selbstkonzept. Es gliedert sich auf in die Subkonstrukte akademisches, soziales, emotionales und physisches Selbstkonzept. Diese wiederum sind in weitere Subdimensionen untergliedert und differenzieren sich auf untergeordneten Ebenen in Form von Beispielfacetten in immer spezifischere Teilbereiche aus.

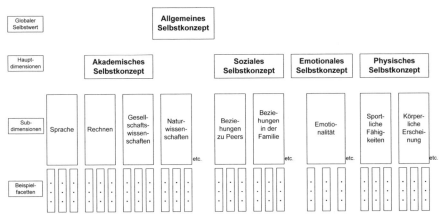

Abb. 5.1: Hierarchisches Selbstkonzeptmodell (nach Shavelson, Huber und Stanton, 1976)

Wohl vor allem aufgrund der nahezu unmöglichen Aufgabe, das Selbstkonzept einer Person tatsächlich vollständig erheben zu können, betrachten die Forscherinnen und Forscher typischerweise jeweils nur einen definierten Ausschnitt des Selbstsystems, wie beispielsweise das akademische Selbstkonzept (vgl. weiter unten Kap. 5.2). Einige Autorinnen und Autoren reduzieren die Betrachtung sogar bis auf die evaluative Selbstkonzeptdefinition: Sie setzen das Allgemeine Selbstkonzept mit dem globalen Selbstwertgefühl als übergeordneter Instanz gleich (z. B. Harter, 1983; Alsaker & Olweus, 1986, 1992); Filipp (1980) spricht in diesem Zusammenhang z. B. von einem positiven/negativen Selbstkonzept.

Die begriffliche Abgrenzung von *Identität* gegenüber „Selbst" und „Selbstkonzept" wird kontrovers diskutiert: Während einige Autorinnen und Autoren je nach inhaltlicher Bestimmung die Begriffe synonym verstehen, betonen andere gerade die Notwendigkeit zur Abgrenzung (vgl. Grundke, 2001). Witte und Linnewedel (1993, S. 30) unterscheiden Selbstkonzept und Identität dahingehend, dass das Selbstkonzept aus drei Selbstbildern (kognitiv, evaluativ, konativ) bestehe, Identität sich hingegen nicht „auf die Inhalte und Eigenschaften der Selbstbilder, sondern auf die Beziehungen, genauer die Konsistenz zwischen ihnen" beziehe. Flammer und Alsaker (2002, S. 156f.) stellen heraus, dass das Selbstkonzept von vielen Forscherinnen und Forschern als das Resultat einer Selbstbeschreibung und Selbstbewertung konzipiert sei, während die Identität „das Ergebnis einer aktiven Suche, Definition oder Konstruktion des Selbst beinhaltet".

Der Identitätsbegriff wurde in der psychoanalytischen Tradition geprägt. Die wohl am meisten zitierte Identitätsdefinition stammt von Erikson (1959/1980, S. 18), der Identität als auf zwei gleichzeitigen Beobachtungen beruhend bestimmt: „… der unmittelbaren Wahrnehmung der eigenen Gleichheit und Kontinuität in der Zeit und der damit verbundenen Wahrnehmung, daß auch andere diese Gleichheit und Kontinuität erkennen" (vgl. auch Kap. 1.2.3, Kasten 1.2). Aus der Sicht des Individuums stellt sich „Identität" dar als die Antwort auf die Frage „Wer bin ich?", wobei diese Frage in Anlehnung an Tajfel (1982) mit Blick auf verschiedene Bezüge beantwortet werden kann: mit Bezug auf die eigene Person, mit Bezug auf die Zugehörigkeit zu einer Gruppe und mit Bezug auf das Verhältnis zu Fremdgruppen. Neuenschwander (1996, S. 53) formuliert, dass „von der subjektiven Erfahrung der Konsistenz und Kontinuität ausgehend, […] heute der Wert der Begriffe Identität und Selbst von vielen Autoren akzeptiert [wird]." Auch sei dieses „subjektive Gefühl, selber Ereignisse bewirken zu können und ein Selbst zu haben" eine wichtige intersubjektiv geteilte Erfahrung (Neuenschwander, 1996, S. 53).

Eine wie oben als *Selbstkonzept* beschriebene Vorstellung von der eigenen Person entwickelt sich kumulativ: Sie beinhaltet vorwiegend Wissen über sich selbst und konstituiert sich wesentlich aus gemachten Erfahrungen und Rückmeldungen der als relevant erlebten sozialen Umgebung. Die Entstehung eines *Identitätsgefühls* hingegen bedingt zusätzlich, dass die Person das eigene Erleben und Handeln reflektiert. Wie in Kapitel 2.3.2 bereits angemerkt wurde, sind die kognitiven Voraussetzungen erst durch die hirnorganischen Reifungsprozesse im Rahmen des pubertären Geschehens verfügbar. Im Grundschulalter wird deshalb nur die Entwicklung von Selbstkonzeptfacetten betrachtet, die Identitätsbildung kann erst Thema des Jugendalters sein.

Literaturhinweis

Schachinger, H. E. (2005). *Das Selbst, die Selbsterkenntnis und das Gefühl für den eigenen Wert*. Bern: Huber.

5.2 Entwicklung des Selbstkonzepts im Grundschulalter

5.2.1 Entwicklung des allgemeinen Selbstkonzepts

Das Grundschulalter weist hinsichtlich der Entwicklung des allgemeinen Selbstkonzepts die Besonderheit auf, dass es in den Übergang von zwei kognitiven Entwicklungsphasen fällt: Piaget siedelt in diesem Alter den Übergang vom voroperatorischen zum konkret-operatorischen Denken an (vgl. Kap. 3.4.4). Diese Erweiterung der denkerischen Fähigkeiten hin zu mehr Komplexität, Reflexivität und Mehrdimensionalität drückt sich auch in einer Veränderung der Organisation des Wissens über die eigene Person aus. Die Kinder sind in diesem Alter in der Lage, zu psychischen, handlungsbasierten sozialen und psychologischen Dimensionen konkrete Beschreibungen ihrer Person vorzunehmen. Damon und Hart (1988) unterscheiden zwei Phasen der Selbstkonzeptentwicklung. Die erste Phase siedeln sie in der frühen bis mittleren Kindheit an und benennen als zentrales Charakteristikum die *kategorische Selbstidentifikation*: Kinder beschreiben sich mit Hilfe kategorialer Zuschreibungen, wenn man sie danach fragt, die z. B. folgendermaßen aneinandergereiht sind: „Ich habe braune Haare" (physisch), „Ich habe Freunde" (sozial), „Ich kann auf einem Bein rückwärtshüpfen" (handlungsbasiert), „Ich bin meistens fröhlich" (psychologisch).

Die zweite Phase ist in der mittleren bis späten Kindheit angesiedelt und wird als Phase der vergleichenden Bewertung beschrieben. Als zentrales Charakteristikum tritt nun die Beurteilung der eigenen Charakteristika und Fähigkeiten im *Vergleich mit anderen Personen* hinzu (vgl. auch Petermann, Niebank & Scheithauer, 2004). Die beispielhaften Aussagen oben würden in diesem Alter vermutlich so abgewandelt werden: „Ich habe *dickere Haare als* meine Geschwister" (physisch), „Ich habe *viele* Freunde" (sozial), „Ich kann *besser* auf einem Bein rückwärtshüpfen als die meisten anderen Kinder in meiner Klasse" (handlungsbasiert), „Ich bin *die lustigste* unter meinen Freundinnen" (psychologisch). Harter (2006) teilt die Entwicklung des Selbstkonzepts in diesem Alter ähnlich ein und fügt hinzu, dass in der mittleren bis späten Kindheit zunehmend auch negative Bewertungen anderer in das Selbstbild integriert werden und die überzogen positive Einschätzung von sich selbst als Person und den eigenen Fähigkeiten nach und nach realistischer wird. Dies bildet die Grundlage für die Entwicklung des speziellen Bereichs des Selbstkonzepts des „akademisches Selbstkonzepts" (auch: Fähigkeitsselbstkonzept).

5 Entfaltung der Persönlichkeit

Literaturhinweis

Hellmich, F. (Hrsg.). (2011). *Selbstkonzepte im Grundschulalter.* Stuttgart: Kohlhammer.

5.2.2 Entwicklung des Fähigkeitsselbstkonzepts

Unter dem Fähigkeitsselbstkonzept, im deutschen Sprachraum häufig auch als „Begabungsselbstkonzept" oder „akademisches Selbstkonzept" bezeichnet (manchmal auch etwas missverständlich einfach nur „Selbstkonzept"), wird die Gesamtheit der kognitiven Repräsentationen verstanden, welche die eigenen Begabungen bzw. Fähigkeiten betreffen (vgl. Meyer, 1984; Dickhäuser et al., 2002), und zwar insbesondere in der Einschätzung ihrer Höhe. Es handelt sich also um den Teil des Selbstkonzeptes, der das *Wissen über die eigenen kognitiven Fähigkeiten enthält,* wie z. B. das Wissen über Können, Vorlieben und Überzeugungen im schulischen, aber auch außerschulischen Bereich. Es stellt, wenn es erst einmal ausgebildet ist, eine relativ stabile Kompetenzüberzeugung dar im Sinne eines überdauernden Persönlichkeitsmerkmals und beinhaltet eine *evaluative* und darüber hinaus auch eine *emotionale* Komponente.

Der Begriff „akademisches Selbstkonzept" wird eher für das Gesamt der Kognitionen und Repräsentationen über die Leistungsfähigkeit in schulischen Fächern verwendet. In Anlehnung an die Systematik von Shavelson, Huber und Stanton (1976) werden zudem fach- und domänespezifische Facetten unterschieden („Selbstkonzept Mathematik", „Selbstkonzept Deutsch" etc.; vgl. Dickhäuser, 2002, 2006). Der Begriff „Begabungsselbstkonzept" wird hingegen zumeist als Globalmaß der Vorstellung von der intellektuellen Leistungsfähigkeit operationalisiert.

Das Fähigkeitsselbstkonzept generiert sich aus Vergleichen: z. B. mit anderen Personen (*sozial*), mit der eigenen Entwicklung im Zeitverlauf (temporal), mit dem Abstand zur Erreichung einer bestimmten Ausprägung (kriterial/sachlich), mit dem Erfolg in anderen Fähigkeitsbereichen (dimensional). In der pädagogisch-psychologischen Literatur wird in diesem Zusammenhang die Frage nach der Bezugsnorm gestellt, die für den Vergleich jeweils herangezogen wird. Rheinberg und Fries (2010, S. 61) definieren unter Rückgriff auf Heckhausen (Heckhausen & Heckhausen, 2006; vgl. Kap. 3.7.3) Bezugsnorm als „einen Standard, mit dem ein Resultat verglichen wird, wenn man es als Leistung wahrnehmen und bewerten will". **Abbildung 5.2** fasst die möglichen Arten von Vergleichen noch einmal zusammen.

Interessanterweise wird das gleiche Leistungsresultat von der Person u. U. sehr unterschiedlich bewertet, je nachdem welche Bezugsnorm sie heranzieht, und dies kann auch unterschiedliche Folgen haben (Rheinberg & Fries, 2010, S. 62; vgl. auch Kap. 3.7.3). Verschiedene Forschergruppen haben sich damit beschäftigt, welche Effekte es hat, wenn unterschiedliche Bezugsnormen herangezogen werden. Seinen Ausgang nahmen diese Arbeiten bei Marsh (1986), der das sog. „Internal/external Frame-of-Reference-Modell" entwickelte, im

5.2 Entwicklung des Selbstkonzepts im Grundschulalter

INTERNAL INDIVIDUELL		EXTERNAL	
Temporal „Ich mache heute weniger Fehler beim Diktat als im letzten Schuljahr."	**Dimensional** „In Rechtschreiben bin ich nicht so gut, im Rechnen bin ich besser."	**Kriterial** „Wenn ich bedenke, was wir in Mathe alles so können müssen, denke ich, dass ich für dieses Fach nicht so begabt bin."	**Sozial** „Ich mache weniger Fehler beim Rechtschreiben als die meisten anderen in meiner Klasse."

Abb. 5.2: Verschiedene Möglichkeiten des Fähigkeitsvergleichs

Deutschen auch kurz als „Bezugsrahmenmodell" bezeichnet. Marsh konzeptualisiert in diesem Modell den interindividuellen Vergleich, also mit einem externalen Kriterium („externaler Bezugsrahmen") als ausschließlich *sozial* und stellt es dem Vergleich mit einem in der Person liegenden Kriterium („internaler Bezugsrahmen") intraindividuellen Vergleich gegenüber, den er als ausschließlich *dimensional* versteht. Marsh (1986) nimmt an, dass diese beiden Vergleiche prinzipiell bei der Genese des allgemeinen Fähigkeitskonzepts zusammenwirken: Weil Schülerinnen und Schüler recht gut differenzieren, dass Leistungen in dem einen und anderen Fach größtenteils *nicht* auf dieselben Begabungsbereiche zurückgehen und durchaus unabhängig voneinander sein können, relativiert dies die Auswirkung von sozialen Vergleichen innerhalb eines Faches. Dies wurde für das deutsche Schulsystem z. B. von Lüdtke et al. mit Daten aus der PISA-Studie belegt (Lüdtke et al., 2002).

Schöne et al. (2004) stellen hingegen temporale (= internale Ebene) und soziale Vergleiche (= externale Ebene) gegenüber und sprechen hier von *individueller vs. sozialer Bezugsnorm*. Sie konnten zeigen, dass Schülerinnen und Schüler, die üblicherweise ihre Leistungen anhand vorangegangener Leistungen einschätzen (temporaler Vergleich bzw. individuelle Bezugsnorm) auch vorwiegend lernzielorientiert für die Schule arbeiten, d. h. aus Interesse am Fach und um des Kompetenzzuwachses willen lernen, während Schülerinnen und Schüler, die ihre Leistungen üblicherweise über den Vergleich mit den Leistungen der anderen in der Klasse einschätzen (soziale Bezugsnorm), vorwiegend leistungsorientiert lernen, d. h. um des Erfolges willen, der mit guten Noten verbunden ist.

Vergleiche können jedoch nicht nur horizontal erfolgen, sondern auch explizit vertikal: Wenn die eigene Leistung in einem Fach (z. B. Mathematik) mit schlechteren Leistungen in einem anderen Fach (z. B. Chemie) kontrastiert wird (dimensionaler Abwärtsvergleich), wird dies zu einem Ansteigen des Fähigkeitsselbstkonzepts in Bezug auf das bessere Fach führen. Wird hingegen die Leistung in einem Fach (z. B. Mathematik) mit besseren Leistungen in einem anderen Fach (z. B. Deutsch) kontrastiert (dimensionaler Aufwärtsvergleich), wird dies zu einem Absinken des Fähigkeitsselbstkonzepts in Bezug auf das schlechtere Fach führen. Dieser Effekt konnte von Dickhäuser, Seidler und Kölzer (2005) auch experimentell nachgewiesen werden. Pohlmann, Möller und Streblow (2006) konnten zeigen, dass Schülerinnen und Schüler zwar sowohl Aufwärts- als auch Abwärtsvergleiche durchführen, dass die mit dimensionalen Abwärtsvergleichen verbundenen positiven Effekte (Selbstvertrauen in die eigenen Fähigkeiten) jedoch durchweg stärker ausfallen als die mit dimensionalen Aufwärtsvergleichen verbundenen negativen Effekte (Bestärkung des negativen fachlichen Fähigkeitsselbstkonzepts).

Dem Fähigkeitsselbstkonzept kommt eine besondere *Stellung im Persönlichkeitsgefüge* zu. Denn es besitzt eine hohe praktische Bedeutsamkeit, weil es nicht nur eine aus eigenen Kompetenzerfahrungen manifestierte Produktvariable darstellt, sondern gleichzeitig in einem deutlichen Zusammenhang mit dem allgemeinen Wohlbefinden und dem generellen Selbstwertgefühl steht. Es muss damit auch als Prozessvariable verstanden werden, der eine aktiv verhaltensregulierende Funktion zukommt und die damit eine hohe Bedeutsamkeit sowohl als intervenierende als auch abhängige Variable besitzt (vgl. Köller, 2004). Das Fähigkeitsselbstkonzept wird in diesem Sinne von Marsh (2005, S. 119) auch als „‚hot' variable that makes things happen" bezeichnet. Mahoney (1998) hält fest, dass das Bewusstsein um die eigene Begabung von eminenter Wichtigkeit für eine gesunde psychische Entwicklung ist.

Das Fähigkeitsselbstkonzept von Grundschulkindern ist bei Schuleintritt typischerweise unrealistisch positiv ausgeprägt. Insbesondere werden weder die eigenen Leistungen mit denen anderer verglichen, noch irritierende (d. h. negative) Leistungsergebnisse in das Selbstkonzept integriert (sie werden schlicht ignoriert). Erst ab der mittleren Grundschulzeit werden soziale Vergleiche vorgenommen und die Fähigkeitseinschätzungen werden zunehmend realistischer, verbleiben aber über die gesamte Schulzeit hinweg üblicherweise im positiven Bereich. Die Entwicklung des schulfachspezifischen Fähigkeitsselbstkonzepts wurde z. B. von Helmke (1998) in einer umfangreichen Längsschnitterhebung untersucht. Helmke verfolgte den Entwicklungsverlauf des Mathematik- und des Deutsch-Selbstkonzepts vom Kindergarten bis zur 6. Klasse. Es zeigte sich, dass die Fähigkeitseinschätzungen in beiden Dimensionen kurz nach dem Schuleintritt im Vergleich zum Kindergartenniveau zwar zunahmen, dann aber langsam und kontinuierlich absanken. Im Mittel verblieben die Ausprägungen aber auch in der 6. Klasse noch im positiven Bereich.

Literaturhinweis

Stadler-Altmann, U. (2010). *Das Schülerselbstkonzept: Eine empirische Annäherung.* Bad Heilbrunn: Klinkhardt.

5.2.3 Schule und Fähigkeitsselbstkonzept

Belege für die Wirkung eines gegebenen Fähigkeitsselbstkonzepts auf das schulische Lernen wurden vielfach über die Erklärung und Vorhersage von Lern-

5.2 Entwicklung des Selbstkonzepts im Grundschulalter

und Leistungsverhalten gefunden. Vermittelt über motivationale Variablen fördert es Lernprozesse in der Schule und hat darüber einen Anteil am Schulerfolg (siehe zusammenfassend z. B. Köller, 2004).

Auswirkungen des Fähigkeitsselbstkonzepts auf den sozio-emotionalen Bereich und das Selbstwerterleben sind weitaus seltener untersucht worden. Aus den oben dargestellten Zusammenhängen kann jedoch abgeleitet werden, dass die ein hohes Fähigkeitsselbstkonzept bedingenden Kompetenzüberzeugungen zu mehr Experimentierfreude und Leistungsbereitschaft führen, was zur Folge hat, dass mehr positive Emotionen (z. B. Freude, Stolz) und weniger negative Emotionen (z. B. Frustration, Prüfungsangst) erlebt werden (vgl. Preckel & Götz, 2006).

Wie Dickhäuser (2005) zusammenfasst, herrscht in der Forschergemeinde weitgehend Einigkeit, dass vorangegangene Leistungen einer Person zur Ausbildung des Fähigkeitsselbstkonzepts beitragen. Gleichzeitig ist unbestritten, dass neben diesem (auch als „Skill-development" bezeichneten) Ansatz das Fähigkeitsselbstkonzept auch das nachfolgende Erleben und Handeln von Personen beeinflusst (Self-enhancement-Ansatz). So konnten Steinmayr und Spinath (2007) zeigen, dass domänespezifische Fähigkeitsselbstkonzepte für Schulnoten eine deutlich höhere Vorhersagekraft haben als andere Persönlichkeitseigenschaften.

Bei Vorliegen bestimmter Bedingungskonstellationen lässt sich die Richtung der *Veränderung des Fähigkeitsselbstkonzepts* vorhersagen und damit auch beeinflussen. Hierbei müssen allerdings motivationale Personfaktoren berücksichtigt werden: Personen werden dahingehend unterschieden, ob sie in Leistungssituationen typischerweise ihr Anstrengungsverhalten eher so kalkulieren, dass möglichst Misserfolge vermieden werden (*Misserfolgsmeider*, sie haben Furcht vor Misserfolg), oder ob sie über Leistungssituationen den Erfolg suchen (*Erfolgssucher*, sie hoffen auf Erfolg; vgl. Kap. 3.7.3). Misserfolgsmeider werden einen eintretenden Erfolg typischerweise eher Glück und Zufall zuschreiben (sie nehmen an, sie haben eine leichte Aufgabe bekommen oder der Prüfer war milde in seiner Beurteilung), Erfolgssucher hingegen der eigenen Begabung. Tritt ein Misserfolg ein, dann werden Misserfolgsmeider diesen typischerweise eher einer mangelnden Begabung zuschreiben, Erfolgssucher hingegen der mangelnden eigenen Anstrengung (vgl. z. B. Heckhausen & Heckhausen, 2006). Es ist offensichtlich, dass die *Zuschreibungsmuster* der Misserfolgsmeider dysfunktional sind: Sie schwächen das Fähigkeitsselbstkonzept im Sinne einer negativen Abwärtsspirale immer weiter. Aber auch die Zuschreibungsmuster der Erfolgssucher sind suboptimal: Auch ein Erfolg sollte mit der eigenen Anstrengung in Zusammenhang gebracht werden. Lehrkräfte können die Ausbildung eines angemessen positiven Selbstkonzepts entsprechend unterstützen, indem sie bei der Kommentierung von Leistungsergebnissen diesen Aspekt besonders hervorheben.

Zudem gilt als gut belegt, dass die *Verwendung von individuellen Bezugsnormen und temporalen Vergleichen bei Leistungsrückmeldungen* (ob in verbaler Form oder unter Hinzunahme von Ziffernnoten) deutlich positive Effekte für die Lern-, Leistungs- und Persönlichkeitsentwicklung mit sich bringt (vgl.

zusammenfassend Rheinberg & Fries, 2010; siehe auch Kap. 3.7.3): Furcht vor Misserfolg wird geringer und Hoffnung auf Erfolg größer, Prüfungsangst tritt seltener auf, ebenso wie Schulunlust, es werden realistischere Zielsetzungen und günstigere Zuschreibungsmuster der Ursachen von Erfolg und Misserfolg gefunden, Selbstbewertungen fallen positiver aus, es werden höhere Selbstwirksamkeitserwartungen, eine verbesserte Leistungsmotivation und ein insgesamt positiveres Fähigkeitsselbstkonzept beobachtet.

Literaturhinweis

Köller, O. (2004). *Konsequenzen von Leistungsgruppierungen*. Münster: Waxmann.

5.3 Identitätsentwicklung im Jugendalter

5.3.1 Entwicklung personaler Identität

Das Jugendalter ist eine Phase innerhalb des Lebenszyklus, in der die Entwicklung in besonderem Maße unter dem Einfluss von Veränderungen steht: Beschleunigtes körperliches Wachstum und sexuelle Reifung treffen zusammen mit einer raschen Steigerung intellektueller Fähigkeiten und der Konfrontation mit neuen sozialen Anforderungen. Die Integration dieser Einflüsse und Veränderungen stellt für alle Jugendlichen eine große Herausforderung dar. Dies wurde von Havighurst (1972) im Konzept der Entwicklungsaufgaben beschrieben (vgl. Kap. 1.2.3). Zu den Entwicklungsaufgaben im Jugendalter gehören neben dem Aufbau eines Freundeskreises, der Akzeptierung der körperlichen Veränderungen und des eigenen Aussehens, der Aufnahme enger/ intimer Beziehungen, der Ablösung vom Elternhaus, der Orientierung auf Ausbildung und Beruf, der Entwicklung von Vorstellungen bezüglich Partnerschaft und Familie auch die Gewinnung von Klarheit über sich selbst, die Ausbildung einer eigenen Weltanschauung und die Entwicklung einer Zukunftsperspektive (vgl. Dreher & Dreher, 1985, 1997). Kernpunkt und zentrales Thema ist jedoch die Herausbildung einer *bewussten und handlungskompetenten Identität* (Oerter & Oerter, 1993; Oerter & Dreher, 2008), eine Aufgabe, die in der heutigen Zeit aufgrund der sich bietenden vielfältigen Möglichkeiten und Freiräume ungleich schwieriger zu bewältigen ist (Mietzel, 2002). Die Suche nach der „subjektiven Identität" (Mietzel, 2002, S. 386) geschieht in der Auseinandersetzung sowohl mit der eigenen Person als auch mit der sozialen Umwelt. Auf personaler Ebene resultiert dies in der Wahrnehmung von Gleichheit und Kontinuität in der Beziehung zu anderen Personen, auf sozialer Ebene in einer Verortung der eigenen Person im engeren und weiteren sozialen und kulturellen Kontext. Aus der gelungenen Lösung dieser Entwicklungsaufgaben geht eine bewusste und handlungskompetente Identität hervor, die „jenen zentralen Wissensbestand ausmacht, ohne den für sie die Orientierung im raschen Wandel von Person-Umwelt-Bezügen erschwert,

5.3 Identitätsentwicklung im Jugendalter

wenn nicht gar unmöglich wäre" (Filipp, 1980, S. 105). Insbesondere der positive Fortschritt des Individuationsprozesses, der strukturellen und emotionalen Umgestaltung der Beziehung zu den Eltern hin zu einer symmetrischen Beziehung mit einer ausgewogenen Balance zwischen Verbundenheit und Abgrenzung, wirkt sich dabei förderlich aus (vgl. Schuster, 2002; Pinquart & Silbereisen, 2002). Daneben sind die Beziehungen zu Gleichaltrigen und die schulische Umwelt wichtige Einflussfaktoren, weil sie die Jugendlichen mit zahlreichen selbstbezogenen Informationen konfrontieren (Pinquart & Silbereisen, 2000; vgl. auch Kap. 4.4).

Eine wesentliche Voraussetzung für die Ausbildung der Identität ist die Fähigkeit zur *Selbstreflexion*. Unter diesem Begriff werden Konstrukte zusammengefasst, die im Zusammenhang mit der Neigung stehen, über sich selbst nachzudenken. Verschiedene Literaturbefunde (Duriez, Soenens & Beyers, 2004; Duriez & Soenens, 2006) weisen darauf hin, dass selbstreflexiven Prozessen eine vermittelnde Stellung zwischen Persönlichkeit und Handeln zukommt.

Selbstreflexives Denken wird ermöglicht durch eine zum Abschluss kommende *Hirnreifung* des Stirnlappens (präfronalem Kortex): Ein Myelinisierungsschub ermöglicht eine Beschleunigung der Durchführung von Denkoperationen, die Intensivierung und Konsolidierung der Neuronen- und Synapsenentwicklung erweitert die mögliche Komplexität von Denkoperationen und die Intensivierung der elektrischen Verknüpfungen der verschiedenen Areale der Hirnrinde vertieft die Verknüpfung von Denken und Gefühlen. Zudem erlangt das Aufmerksamkeitssystem den Erwachsenenstatus, was eine höhere Intensität der Durchführung von Denkoperationen zulässt (vgl. Kap. 2.3.2). Diese Veränderung in den kognitiven Fähigkeiten in Richtung auf eine Erweiterung der Denkoperationen, der Entwicklung der Fähigkeit zu Abstraktionen und metakognitivem Denken wurde bereits von Piaget beschrieben (vgl. Kap. 3.4.4).

Die Fähigkeit zur Selbstreflexion kann zwar horizontal (auf der Zeitachse) als abhängig von der Entwicklung der allgemeinen Intelligenz verstanden werden, vertikal (in Bezug auf ihre Ausprägung) ist sie jedoch unabhängig von der allgemeinen Intelligenz. Denn die Reifung kognitiver Funktionen ermöglicht zwar die Fähigkeit zur Selbstreflexion, sie wird aber nicht zwingend auch in höherem Ausmaß bei einem akzelerierten Fähigkeitsstand genutzt. So wiesen Zuo und Cramond (2001) in einer Reanalyse der Daten der Terman-Studie nach, dass elterliche Unterstützung von Ablösungsprozessen und die Verfügbarkeit von Rollenmodellen wichtigere Einflussfaktoren sind. Auch Schick (2008) konnte keinen Zusammenhang zwischen allgemeiner Intelligenz und der Ausprägung selbstreflexiver Haltungen finden.

Die Identität bildet sich in einem mehrere Jahre dauernden Prozess heraus, der bis in das Erwachsenenalter hineinreicht. Während der Schulzeit lassen sich nach Harter (2006) ähnlich wie bei der Entwicklung des allgemeinen Selbstkonzepts auch alterstypische Veränderungen im Denken und den Vorstellungen von sich und der Welt beobachten:

- Im *frühen Jugendalter* (etwa 12–14 Jahre, d. h. Klasse 7/8) stehen hinsichtlich der Selbstrepräsentationen *eigene Fähigkeiten und Affekte* im Mittelpunkt. Die Jugendlichen konstruieren in dieser Phase jedoch noch multiple Selbstbilder, die über verschiedene Rollen und Beziehungen hinweg variieren: Sie geben unterschiedlichen Personen gegenüber unterschiedliche Rollenbeschreibungen ab, Widersprüchlichkeiten werden nicht wahrgenommen.
- Im *mittleren Jugendalter* (etwa 15–17 Jahre, d. h. Klasse 9/10) differenziert sich die Sichtweise von der eigenen Person zunehmend aus, typisches Indiz ist die Zunahme der Länge von Selbstbeschreibungen. Aus den multiplen Selbstbildern entsteht unter Hinzunahme sozialer Vergleiche und Meinungen signifikanter Anderer über die eigene Person nach und nach eine Vorstellung des „wahren Selbst". Typischerweise probieren sich die Jugendlichen in dieser Phase in wechselnden Identitätsentwürfen aus. Parallel ist ein Absinken des Selbstwertgefühls zu beobachten.
- Dieses stabilisiert sich im *späten Jugendalter* jedoch normalerweise wieder (etwa 17–19 Jahre, d. h. in der Oberstufe). Die variierenden Selbstbilder werden nun kohärent und für die Umgebung werden für die Persönlichkeit typische Eigenheiten erkennbar. Zu beobachten ist bei den meisten Jugendlichen in dieser Phase, dass moralische Standards und Werte internalisiert sind oder dass sie aus der eigenen Perspektive neu konstruiert werden. Im Mittel ist jedoch nach wie vor eine große Kongruenz zwischen Eltern und Jugendlichen bzgl. politischer oder religiöser Entscheidungen zu finden.

Die beschriebenen Veränderungen nehmen nur dann diesen Verlauf, wenn der bzw. die Jugendliche sich aktiv in diesen Prozess einbringt und sog. „Identitätsarbeit" leistet. Marcia (1966) stellte ein Phasenmodell der Identitätsentwicklung vor (diffuse Identität, Moratorium, übernommene Identität, erarbeitete Identität) und entwickelte ein Verfahren, um den jeweiligen *Identitätsstatus* zu bestimmen. In einem Interview („Identity Status Interview", Marcia, 1980) werden einzelne Bereiche des Lebens, mit denen sich Jugendliche auseinandersetzen, hinsichtlich dreier Dimensionen exploriert:

- *Erkundung.* Dies meint die Art und Weise, in der sich Jugendliche mit einer Thematik auseinandersetzen: Sie verweigern sich der Auseinandersetzung und ignorieren Problemfelder, oder sie fragen nicht weiter nach und übernehmen Ansichten und Verhaltensweisen, die ihnen vorgelebt werden, oder aber sie suchen nach Informationen und überdenken intensiv die möglichen Einstellungen und Handlungsoptionen. Berzonsky (1989) hat in Anlehnung an Marcia eine solche Attitüde, mit selbstbezogenen Informationen umzugehen, als „diffusen, normativen bzw. informationsorientierten Identitätsstil" konzeptualisiert.
- *Verpflichtung.* Dies meint das Ausmaß, in dem die gefundenen Einstellungen oder Handlungsmuster auch eingehalten werden.
- *Krise.* Dies meint das Ausmaß an Beunruhigung, Unsicherheit oder auch Rebellion, das durch den Status des Noch-nicht-festgelegt-Seins erlebt wird.

Die von Marcia (1966, 1980) postulierten Stadien auf dem Weg zur Identitätsgewinnung sind durch eine bestimmte Kombination in der Ausprägung dieser drei Kriterien gekennzeichnet (vgl. Flammer & Alsaker, 2002): Im Stadium der diffusen Identität findet keine Erkundung statt, es herrscht nur eine geringe Verpflichtung gegenüber den vorhandenen Einstellungen und es resultiert eine hohe Unsicherheit. Das Stadium „Moratorium", auch als kritische Identität bezeichnet, zeichnet sich durch eine zwar hohe Erkundung, jedoch geringe Verpflichtung aus, da die Einstellungen nicht gefestigt sind. Auch hier resultiert eine hohe Unsicherheit. Im Stadium der übernommenen Identität findet keine Erkundung statt, denn die Einstellungen werden unreflektiert übernommen und es wird ihnen gegenüber eine hohe Verpflichtung gezeigt. Dies reduziert das Unsicherheitserleben deutlich. Im Stadium der erarbeiteten Identität findet sich ebenfalls eine hohe Verpflichtung und es resultiert eine geringe Unsicherheit, jedoch erhält sich das Individuum ein hohes Ausmaß an Erkundung, es überdenkt seine Ansichten und Handlungsoptionen weiterhin und überprüft sie laufend auf Angemessenheit.

In verschiedenen Studien konnte belegt werden, dass der Identitätsbildung und Identitätsarbeit eine stabilisierende Wirkung für die Gesamtpersönlichkeit zukommt (Marcia et al., 1993; Pekrun & Fend, 1991; Asendorpf, 2007). Umgekehrt wird eine gestörte Identitätsbildung im Zusammenhang mit der Ausbildung verschiedener psychischer Erkrankungen beobachtet (vgl. Cloninger, 1999; Burbiel & Schmolke, 2001). Insbesondere stehen depressive Verstimmtheit und geringer Selbstwert mit einer hohen Ausprägung diffuser Identität in Zusammenhang.

Literaturhinweis

Erikson, E. H. (1980). *Identität und Lebenszyklus*. Frankfurt a. M.: Suhrkamp.

5.3.2 Entwicklung nationaler und ethnischer Identität

Im Rahmen der Identitätsbildung werden neben der Bewusstwerdung der eigenen Person (Ausbildung personaler Identität) auch zunehmend die eigenen kulturellen Wurzeln wahrgenommen und die Zugehörigkeit zu Gruppen bzw. die Abgrenzung gegenüber anderen Gruppen ausgelotet. Dieser Teil des Selbst wird mit Tajfel (1982) auch als „soziale Identität" bezeichnet. Tajfel (1982, S. 102) definiert soziale Identität als „den Teil des Selbstkonzepts eines Individuums, der sich aus seinem *Wissen um seine Mitgliedschaft* in sozialen Gruppen und aus dem *Wert* und der *emotionalen Bedeutung* ableitet, mit der diese Mitgliedschaft besetzt ist". Die soziale Identität ist nach Tajfel zum einen so vielfältig wie es Gruppen gibt, denen ein Individuum sich zugehörig fühlt, zum anderen ist das Gefühl der Zugehörigkeit zu einer Gruppe werthaltig: Aus der Zugehörigkeit zu einer bestimmten sozialen Gruppe und der Beschaffenheit der Beziehungen, die diese Zugehörigkeit begleiten, konstituiert sich die soziale Identität des Individuums. Der Wert der Gruppe und damit der sozialen

Identität ergibt sich aus dem *Ansehen*, das die Gruppe genießt und das durch *soziale Vergleiche* festgestellt wird: Fallen sie positiv aus, erlebt man seine soziale Identität als positiv, fallen sie negativ aus, erlebt man seine soziale Identität als negativ. Kern der Theorie der sozialen Identität ist die Annahme, dass der Mensch dazu motiviert ist, eine positive soziale Identität zu erreichen oder zu erhalten.

Die *Entwicklung der sozialen Identität* verläuft normalerweise nahezu unbemerkt, auch wenn sie existenzielle Fragen nach dem „Wo komme ich her?" und „Wo gehöre ich hin?" berührt. Grundlegend anders stellt sich dies jedoch für Jugendliche dar, die Angehörige einer ethnischen Minderheit sind und insbesondere dann, wenn ein Migrationshintergrund nur noch vermittelt über die Familienzugehörigkeit vorliegt. Denn bei diesen fallen zwei Aspekte der sozialen Identität auseinander, die üblicherweise eine Einheit bilden: nationale und ethnische Identität.

Unter der „nationalen Identität" wird die subjektive Identifikation mit einer Nation verstanden, die über eine gemeinsame Zugehörigkeit zu einem Staat konstituiert wird und sich im *Stolz auf nationale Errungenschaften und Symbole* ausdrückt. Als *„ethnische Identität"* wird hingegen die subjektive Identifikation mit einer Ethnie bzw. Volksgruppe bezeichnet, die sich über *gemeinsame kulturelle Traditionen* konstituiert und in dem Ausmaß, in dem das Individuum Gedanken, Wahrnehmungen, Gefühle und Verhaltensweisen mit diesen teilt, zum Ausdruck kommt. Die Entwicklung einer ethnischen Identität beinhaltet nach Bernal et al. (1993)

- den *Aufbau ethnischen Wissen*, d. h. um spezifische Unterschiedungsmerkmale,
- das Vornehmen einer *ethnischen Selbst-Identifikation*, d. h. sich als Mitglied einer Ethnie zu kategorisieren,
- ein Verständnis für *ethnische Beständigkeit*, dass man unabdingbar dazugehört,
- die *Übernahme ethnischen Rollenverhaltens*, d. h. die Beteiligung an Verhaltensweisen, die charakteristische Merkmale der Ethnie widerspiegeln, und
- die Ausbildung *ethnischer Gefühle* und Vorlieben sowie eigener Gefühle gegenüber der Zugehörigkeit zu dieser Gruppe.

Das Zugehörigkeitsgefühl zu einer Gruppe beeinflusst auch die Ausbildung personaler Identität: Es bestimmt die Inhalte des aufzubauenden Wertesystems mit. *Kulturelle Konflikte* sind bei Auseinanderfallen von ethnischer und nationaler Zugehörigkeit immer dann vorprogrammiert, wenn die Wertesysteme von Nation und Ethnie divergieren bzw. konfligieren und die ethnische Gruppe normkonformes Verhalten nachhaltig einfordert. Vielfach sind Jugendliche mit dieser Aufgabe überfordert und bleiben in ethnischen Aspekten ihrer Identität diffus oder übernehmen die Einstellungs- und Handlungsmuster, ohne sie zu hinterfragen (Markstrom-Adams & Adams, 1995; vgl. auch Berk, 2005, S. 532).

Das Bemühen um die *Herstellung einer positiven sozialen Identität* ist davon jedoch unabhängig. Nach Tajfel (1982) bevorzugen Gruppenmitglieder besonders solche sozialen Vergleiche, die eine gute Unterscheidung zwischen ihrer Eigengruppe („Ingroup") und einer relevanten Vergleichsgruppe ermöglichen, die also eine größtmögliche soziale Distinktheit zu anderen Gruppen herstellen (vgl. Kasten 5.1). Zur Herstellung einer möglichst hohen Distinktheit wird die Eigengruppe im Rahmen sozialer Vergleiche generell favorisiert und die Fremdgruppe („Outgroup") abgewertet. Ist die unterlegene Position der Eigengruppe hingegen nicht mehr zu übersehen, bieten sich als Strategien zur Wiederherstellung der positiven sozialen Identität auf individueller Ebene das Verlassen der Gruppe (soziale Mobilität) oder auf kollektiver Ebene das Eintreten in einen direkten Wettbewerb mit der Outgroup auf der relevanten Vergleichsdimension an (sozialer Wandel). Aber auch kognitive Umdeutungen oder Veränderung der Vergleichsparameter werden eingesetzt: Erfindung einer neuen Vergleichsdimension, auf der jetzt die Ingroup besser abschneidet, Umkehrung der Bewertungsrichtung der bisherigen Vergleichsdimension oder der Austausch der Vergleichsgruppe, d. h. Vergleiche mit der statushöheren Gruppe werden vermieden und Vergleiche mit einer statusniederen Gruppe gesucht.

Kasten 5.1: Die Forschungsarbeiten zur Social Identity Theory von Henri Tajfel

Tajfel und Turner legten 1979 eine Theorie zur Beziehung zwischen Gruppen vor, die Verhaltensstrategien zwischen Gruppen durch das Bestreben erklärt, eine positive Selbsteinschätzung zu erreichen oder zu bewahren. Dieser Ansatz fand später mit Blick auf das zentrale Konzept dieser Theorie als „Social Identity Theory" (SIT) Eingang in die sozialpsychologische Literatur (Tajfel & Turner, 1986).
Die maßgeblich von Henri Tajfel vorangetriebenen Forschungsarbeiten nahmen ihren Ausgang bei optischen Wahrnehmungsexperimenten, bei denen es um die Größenschätzung von Münzen ging. Von Bruner und Goodman (1947) angestoßene Untersuchungen hatten zur Entdeckung des Phänomens der „perzeptuellen Überschätzung" geführt: Stimuli, die für die Untersuchungspartnerinnen und Untersuchungspartner einen gewissen Wert darstellten, wurden in ihrer Größe verglichen mit neutralen oder wertlosen Stimuli durchgängig überschätzt. Zusätzlich zeigte sich, dass in einer Reihe von werthaltigen Stimuli die kleinsten in ihrer Größe unterschätzt, die größten aber überschätzt wurden. Tajfel erklärte nach einer Reihe eigener experimenteller Überprüfungen dieses Phänomen mit der „Akzentuierung von Unterschieden", d. h. eine Kategorisierung der Stimuli in werthaltige und wertlose (interseriell) oder aber größere und kleinere (intraseriell) führt bei interseriellen Vergleichen zur Wahrnehmung eines Unterschiedes zwischen den Gruppen, der objektiv nicht gegeben ist, bei intraseriellen Vergleichen zu einer Vergröberung der Unterschiede zwischen den Gruppen. Tajfel sah dies als „einen Sonderfall und ein überzeugendes experimentelles Paradigma eines allgemeinen Aspekts der sozialen Wahrnehmung" an (Tajfel, 1982, S. 38), denn es hatte sich gezeigt, dass auch viele soziale Objekte und Ereignisse in Bezug auf ihren Wert oder ihre Relevanz klassifiziert werden. Also mussten auch Wert- oder Relevanzunterschiede hinsichtlich sozialer Dimensionen abgegrenzter Kategorien quantitative Urteile dahingehend beeinflussen, dass bestehende Unterschiede stärker betont werden. Tajfel vermutete, dass diese Akzentuierung von Unterschieden in der Wahrnehmung von Merkmalen immer dann besonders stark hervortritt, wenn diese Merkmale einen „sozialen Wert" haben, wie z. B. die Hautfarbe, und es sich um den Vergleich einer werthaltigen mit einer

neutralen Dimension handelt. In Verbindung mit Ergebnissen von Untersuchungen über die Entstehung und Funktion von Stereotypen kommt Tajfel zu dem Schluss, dass „Differenzierung ... ein ‚dynamischer' Prozess [ist], den man nur vor dem Hintergrund von *Beziehungen* zwischen Gruppen und den sozialen Vergleichen, die sie im Kontext dieser Beziehungen anstellen, verstehen kann" (Tajfel, 1982, S. 56, Hervorhebungen im Original). Auch sei die Schaffung oder Erhaltung einer Differenzierung oder einer positiven Unterscheidbarkeit der eigenen Gruppe von der fremden hinsichtlich selbstbildrelevanter Dimensionen ein in vielen Kulturen weitverbreitetes Phänomen (Tajfel, 1982).

Tajfel widmete seine weitere Forschungstätigkeit im Anschluss an diese Arbeiten zentral der Sozialpsychologie der Intergruppenbeziehung. In Abgrenzung zu den Untersuchungen von Sherif (z. B. 1966; vgl. Kap. 4.3.2) benutzte Tajfel ein Gruppenkonzept, das die Gruppenzugehörigkeit über die Selbstidentifikation der Mitglieder bestimmt und im experimentellen Design eine minimale Stärke der Manipulation einsetzt, um diesen Zugehörigkeitseffekt zu erreichen. Diese Untersuchungssituation des sog. „minimal group paradigm" sieht eine Einteilung der Untersuchungsteilnehmerinnen und Untersuchungsteilnehmer nach trivialen Aspekten wie z. B. der Präferenz für das eine oder andere Gemälde oder sogar durch das beobachtete Werfen einer Münze vor. Anschließend müssen Aufgaben wie die Verteilung von Belohnungen auf anonyme Mitglieder der eigenen und der fremden Gruppe bearbeitet werden. Es zeigt sich durchgehend, dass Mitglieder der eigenen Gruppe dabei bevorzugt werden. Außerdem wird versucht, den Unterschied zwischen den Belohnungen der eigenen Gruppe und der fremden Gruppe möglichst zu maximieren, selbst wenn der Gesamtgewinn für die eigene Gruppe dadurch niedriger ausfällt.

Um diese auffallenden Ergebnisse erklären zu können, wurde die Theorie der sozialen Identität entwickelt, die eine Neuformulierung und Erweiterung der bisherigen Ergebnisse von Tajfels Forschungstätigkeit darstellt. Tajfel stellt als grundlegendes Postulat voran, dass „ein Individuum, zumindest in unserer Gesellschaftsform, nach einem zufriedenstellenden Selbstkonzept oder Selbstbild strebt" (Tajfel, 1982, S. 101). Dieses Postulat ist der Festingerschen „Sozialen Vergleichstheorie" (1954) entlehnt, die dies aber bisher nur für den Vergleich zwischen Individuen behauptet hatte. Tajfel weitet den Anwendungsbereich dieser Aussage auf die Beziehung zwischen Gruppen aus. Wesentlich ist dabei, dass Tajfel die Bestimmung des Selbstkonzepts nicht nur über solche Merkmale gegeben sieht, die das Individuum als einzigartig definieren und es von anderen Individuen unterscheiden (personale Identität), sondern auch über sozial geteilte Merkmale wie Gruppenmitgliedschaften (soziale Identität). In Abhängigkeit von der Situation definieren sich die Individuen nach Tajfel dann mal stärker über ihre personale und mal stärker über ihre soziale Identität – wobei die Untersuchungen des „minimal group paradigm" – wie oben berichtet – gezeigt haben, dass schon sehr geringe Umstände dazu führen, eine Definition über die Gruppenzugehörigkeit auszulösen. Der Ausdruck „Gruppe" bezieht sich für Tajfel dabei auf „eine kognitive Entität, die für das Individuum zu einem bestimmten Zeitpunkt von Bedeutung ist" (Tajfel, 1982, S. 101). Außerdem umfasst dieser Gruppenbegriff für ihn drei weitere Komponenten, hinsichtlich derer die Wahrnehmung einer Gruppe variieren kann: eine kognitive Komponente (Wissen um die eigene Gruppenmitgliedschaft), eine evaluative Komponente (positive oder negative Bewertung der Gruppenmitgliedschaft) und eine emotionale Komponente (Gefühle, die mit dem Wissen um die Bewertung der Gruppenmitgliedschaft einhergehen; vgl. Mummendey, 1985). Zudem verbindet Tajfel vier Konzepte miteinander: soziale Kategorisierung, soziale Identität, sozialer Vergleich und soziale Distinktheit. Soziale Kategorisierung versteht Tajfel als einen Prozess, „durch den soziale Objekte oder Ereignisse, die in Bezug auf die Handlungen, Intentionen und das Wertesystem eines Individuums gleichwertig sind, zu Gruppen zusammengefaßt werden" (Tajfel, 1982, S. 101). Ergebnis ist die Trennung der sozialen Welt in Gruppen,

> denen man angehört (Ingroups) und Gruppen, denen man nicht angehört (Outgroups). Den Erwerb des Wertunterschiedes zwischen der bzw. den eigenen und anderen Gruppen sieht Tajfel als einen integralen Bestandteil des Sozialisierungsprozesses an.

Tajfel (1982) postuliert, dass die soziale Identität derjenige kognitive Mechanismus ist, der Gruppenverhalten erklärt. Soziale Identität und Gruppenverhalten sind dabei durch zwei Prinzipien verknüpft: Kognitive Prozesse der sozialen Kategorisierung und motivationale Prozesse, die durch das Bedürfnis nach positiver sozialer Identität entstehen (vgl. Mummendey, 1985). Für die Herstellung sozialer Identität sind die Wichtigkeit der Vergleichsdimension und das Ausmaß, in dem die andere Gruppe als relevante Vergleichsgruppe wahrgenommen wird, von Bedeutung. Je ähnlicher die Vergleichsgruppe im Hinblick auf die Vergleichsdimension ist, desto relevanter ist das Vergleichsergebnis für die Herstellung der sozialen Identität.

Ob es auch zwischen Gruppen mit wahrgenommener hoher Unterschiedlichkeit bezüglich relevanter Vergleichsdimensionen zu sozialen Vergleichsprozessen kommt, hängt nach Tajfel (1982) von zwei weiteren Bedingungen ab: *Stabilität und Legitimität des Statusunterschiedes*. Ein Statusunterschied wird umso stabiler wahrgenommen, je weniger Möglichkeiten zu seiner Veränderung denkbar sind. Ein Statusunterschied kann darüber hinaus als legitim oder illegitim beurteilt werden, je nachdem ob die Situation dem, was als berechtigter Anspruch empfunden wird, entgegensteht oder nicht.

Literaturhinweis

Tajfel, H. (1982). *Gruppenkonflikt und Vorurteil: Entstehung und Funktion sozialer Stereotypen*. Bern: Huber.

5.3.3 Identitätsentwicklung und Schule

In der Schule treffen zunehmend Jugendliche aufeinander, die zwar formal die *Zugehörigkeit zu einer Nation* eint, die jedoch *unterschiedlichen Ethnien* angehören und sich diesbezüglich als unterschiedliche Gruppen wahrnehmen. In der Grundschule können sich aus diesem Umstand Probleme ergeben, wenn Minderheiten zurückgewiesen werden, d. h. Kinder, die bestimmten Ethnien angehören, in der Klasse ausgegrenzt werden. In der weiterführenden Schule sind es häufig die Angehörigen ethnischer Minderheiten selbst, die durch *rigide Abgrenzungstendenzen* und ein *unangemessenes ethnisches Rollenverhalten* Spannungen erzeugen (vgl. Berk, 2005).

Lehrerinnen und Lehrer können die Entwicklungsarbeit der Jugendlichen in dieser Altersphase unterstützen. Im Hinblick auf die Ausbildung personaler Identität bedeutet dies vor allem, *Toleranz* gegenüber den wechselnden Identitätsentwürfen zu zeigen, in denen sie sich ausprobieren, und die manchmal ein etwas bizarres Aussehen und Verhalten begleitet.

Im Hinblick auf die Ausbildung ethnischer Identität kann die *Wertschätzung anderer Kulturen* gefördert werden, indem zum einen Gemeinsamkeiten herausgestellt, zum anderen die Wertschätzung der Besonderheiten der einzelnen Ethnien gefördert wird. Dies kann zum Beispiel über außerunterrichtliche Festivitäten gelingen, in denen die Jugendlichen kulinarische Spezialitäten vorstellen. Im Rahmen des unterrichtlichen Handelns kann z. B. die Geschichte der Ursprungsnationen durch die Schülerinnen und Schüler referiert werden: Dies unterstützt bei den Referentinnen und Referenten die Auseinandersetzung mit der eigenen Kultur und fördert im Auditorium den Respekt vor den Besonderheiten anderer ethnischer Gruppen durch Hervorhebung z. B. besonderer kultureller und geschichtlicher Leistungen.

Literaturhinweis

Kelek, N. (2002). *Islam im Alltag. Islamische Religiosität und ihre Bedeutung in der Lebenswelt von Schülerinnnen und Schülern türkischer Herkunft*. Münster: Waxmann.

5.4 Zusammenfassung

Im Prozess der Entfaltung der Persönlichkeit wird sichtbar, was einen Menschen in psychischer Hinsicht besonders, einmalig und unverwechselbar macht. Während das Selbstkonzept das deskriptive, evaluative und konative Wissen der Person über sich selbst beinhaltet und sich wesentlich aus gemachten Erfahrungen und Rückmeldungen der als relevant erlebten sozialen Umgebung konstituiert, bezieht sich die Ausbildung von Identität auf die Beziehungen der Komponenten bzw. die Konsistenz der resultierenden Selbstbilder. Während das Selbstkonzept sich aus nebeneinander bestehenden, immer differenzierteren Selbstbeschreibungen kumulativ entwickelt, ist Identität das Ergebnis einer aktiven Suche, Definition und Konstruktion des Selbst. Aus der Sicht des Individuums stellt sich „Identität" als die Antwort auf die Frage „Wer bin ich?" dar, und kann mit Blick auf die eigene Person (personale Identität) sowie mit Bezug auf die Zugehörigkeit zu einer Gruppe und das Verhältnis zu Fremdgruppen beantwortet werden (soziale Identität). Die kognitiven Voraussetzungen für die Identitätsbildung werden erst durch die hirnorganischen Reifungsprozesse im Rahmen des pubertären Geschehens verfügbar. Die Identitätsbildung kann Thema erst des Jugendalters sein, im Grundschulalter wird die Entwicklung einzelner Selbstkonzeptfacetten betrachtet. Dabei ist auf dem Boden des Übergangs vom voroperatorischen zum konkret-operatorischen Denken sensu Piaget ein qualitativer Entwicklungsfortschritt zu verzeichnen. Die Erweiterung der denkerischen Fähigkeiten hin zu mehr Komplexität, Reflexivität und Mehrdimensionalität drückt sich in einer Veränderung der Organisation des Wissens über die eigene Person aus: Die kategorische Selbstidentifikation wird durch die Hinzunahme vergleichender Bewertung zunehmend realistischer. Dies be-

5.4 Zusammenfassung

trifft speziell die Entwicklung des Fähigkeitsselbstkonzepts, in dem die Gesamtheit der kognitiven Repräsentationen zusammengefasst ist, welche die eigenen Begabungen bzw. Fähigkeiten betreffen.

Das Fähigkeitsselbstkonzept generiert sich aus Vergleichen: mit anderen Personen (sozial), mit der eigenen Entwicklung im Zeitverlauf (temporal), mit dem Abstand zur Erreichung einer bestimmten Ausprägung (kriterial/sachlich), mit dem Erfolg in anderen Fähigkeitsbereichen (dimensional). Die Person kommt bei der Bewertung eines Leistungsergebnisses zu unterschiedlichen Ergebnissen, je nachdem welche Bezugsnorm sie heranzieht. Dem Fähigkeitsselbstkonzept kommt eine besondere Stellung im Persönlichkeitsgefüge zu, weil es in einem deutlichen Zusammenhang mit dem allgemeinen Wohlbefinden und dem generellen Selbstwertgefühl steht. Vermittelt über motivationale Variablen fördert es zudem Lernprozesse in der Schule und hat darüber einen Anteil am Schulerfolg.

Identität bildet sich in einem mehrere Jahre dauernden Prozess heraus, der bis in das Erwachsenenalter hineinreicht. Die Identitätsarbeit lässt sich über das Ausmaß an Erkundung, gezeigter Verpflichtung gegenüber gefundenen Einstellungen oder Handlungsmustern sowie dem Ausmaß an Beunruhigung, Unsicherheit oder auch Rebellion (Krise) beschreiben, das durch den Status des Noch-nicht-festgelegt-Sein erlebt wird. Im Rahmen der Identitätsbildung werden neben der Bewusstwerdung der eigenen Person (Ausbildung personaler Identität) auch zunehmend die eigenen kulturellen Wurzeln wahrgenommen und die Zugehörigkeit zu Gruppen bzw. die Abgrenzung gegenüber anderen Gruppen ausgelotet (soziale Identität). Der Wert der Gruppe und damit der sozialen Identität ergibt sich aus dem Ansehen, das die Gruppe genießt und das durch soziale Vergleiche festgestellt wird. Mit besonderen Schwierigkeiten bei der Identitätsbildung haben Angehörige einer ethnischen Minderheit und Jugendliche mit Migrationshintergrund in der Familie zu kämpfen, weil nationale und ethnische Identität auseinanderfallen. Kulturelle Konflikte sind immer dann vorprogrammiert, wenn die Wertesysteme von Nation und Ethnie divergieren bzw. konfligieren und die Eigengruppe normkonformes Verhalten nachhaltig einfordert. Vielfach sind Jugendliche mit dieser Aufgabe überfordert und bleiben in ethnischen Aspekten ihrer Identität diffus oder übernehmen ethnische Einstellungs- und Handlungsmuster, ohne sie zu hinterfragen.

In der Schule treffen zunehmend Jugendliche aufeinander, die zwar formal die Zugehörigkeit zu einer Nation eint, die jedoch unterschiedlichen Ethnien angehören und sich diesbezüglich als unterschiedliche Gruppen wahrnehmen. In der Grundschule können sich aus diesem Umstand Probleme ergeben, wenn Minderheiten zurückgewiesen werden, in der weiterführenden Schule sind es eher die Angehörigen ethnischer Minderheiten selbst, die durch rigide Abgrenzungstendenzen und ein unangemessenes ethnisches Rollenverhalten Spannungen erzeugen. Lehrerinnen und Lehrer können die Entwicklungsarbeit der Jugendlichen unterstützen, indem sie Toleranz gegenüber den wechselnden Identitätsentwürfen zeigen und die Wertschätzung anderer Kulturen fördern, z. B. durch das Erarbeiten von ethnischen Gemeinsamkeiten und der Aufarbeitung besonderer kultureller und geschichtlicher Leistungen der Ursprungsnationen.

Literatur

Abele, A. (1996). Zum Einfluß positiver und negativer Stimmung auf die kognitive Leistung. In J. Möller & O. Köller (Hrsg.), *Emotion, Kognition und Schulleistung* (S. 91–114). Weinheim: BeltzPVU.

Achenbach, T. M. (1982). *Developmental psychopathology*. New York: Wiley.

Achenbach, T. M. & Edelbrock C. S. (1978). The classification of child psychopathology: A review and analysis of empirical efforts. *Psychological Bulletin, 85*, 1275–1301.

Ackerman, C. M. (1997). Identifying gifted adolescents using personality characteristics: Dabrowski's Overexcitabilities. *Roeper Review, 19*, 229–236.

Adler, A. (1966). *Menschenkenntnis* (Original 1927). Frankfurt: Fischer.

Aebli, H. (1963). *Über die geistige Entwicklung des Kindes*. Stuttgart: Klett-Cotta.

Aebli, H. (2001). *Zwölf Grundformen des Lehrens. Eine Allgemeine Didaktik auf psychologischer Grundlage* (11. Aufl.). Stuttgart: Klett-Cotta. Original 1951: Didactique psychologique. Application à la didactique de la psychologie de Jean Piaget.

Aebli, H., Montada, L. & Schneider, U. (1968). *Über den Egozentrismus des Kindes*. Stuttgart: Klett.

Ainsworth, M. D. S., Blehar, M. C., Waters, E. & Wall, S. (1978). *Patterns of attachment: A psychological study of the strange situation*. Hillsdale, NJ: Erlbaum.

Ainsworth, M. D. S. & Wittig, B. A. (1969). Attachment and the exploratory behaviour of one-year-olds in a strange situation. In B. M. Foss (Ed.), *Determinants of infant behaviour* (Vol. 4, pp. 113–136). London: Methuen.

Alisch, L.-M. & Wagner, J. W. L. (Hrsg.) (2006). *Freundschaften. Interdisziplinäre Perspektiven und Befunde*. Weinheim: Juventa.

Alsaker, F. & Olweus, D. (1986). Assessment of global negative self-evaluations and perceived stability of self in Norwegian preadolescents and adolescents. *Journal of Early Adolescence, 6*, 269–278.

Alsaker, F. & Olweus, D. (1992). Stability of global self-evaluations in early adolescence: A cohort longitudinal study. *Journal of Research on Adolescence, 2 (2)*, 123–145.

Amelang, M, Bartussek, D., Stemmler, G. & Hagemann, D. (2010). *Differentielle Psychologie und Persönlichkeitsforschung* (7. überarb. Aufl.). Stuttgart: Kohlhammer.

Anderson, J. R. (2007). *Kognitive Psychologie*. Berlin: Spektrum.

Andresen, H. (2005). *Vom Sprechen zum Schreiben. Sprachentwicklung zwischen dem vierten und siebten Lebensjahr*. Stuttgart: Klett-Cotta.

Annett, M. (2002). *Handedness and brain asymmetry: The right shift theory*. Hove: Psychology Press.

Arbeitsgemeinschaft ADHS der Kinder- und Jugendärzte e.V. (2007). *ADHS bei Kindern und Jugendlichen* (aktualisierte Fassung). Online-Dokument: Verfügbar unter http://www.ag-adhs.de/uploads/Leitlinie2009.pdf (22.8.2010).

Arduini, D., Rizzo, G. & Romanini, C. (1995). Fetal behavioral states and behavioral transitions in normal and comprised fetuses. In J. Lecanuet, W. P. Fifer, N. A. Krasnegor & W. P. Smotherman (Eds.), *Fetal development: A psychobiological perspective* (pp. 83–99). Hillsdale, NJ: Erlbaum.

Asendorpf, J. B. (2007). *Psychologie der Persönlichkeit* (4. Aufl.). Berlin: Springer.

Astleitner, H. & Hascher, T. (2008). Emotionales Instruktionsdesign und E-Learning. In J. Zumbach & H. Mandl (Hrsg.), *Pädagogische Psychologie in Theorie und Praxis* (S. 265–274). Göttingen: Hogrefe.

Ayres, A. J. (2002). *Bausteine kindlicher Entwicklung* (4. Aufl.). Berlin: Springer.

Baddeley, A. D. (1979). *Die Psychologie des Gedächtnisses*. Stuttgart: Klett-Cotta.

Baer, M., Fuchs, M., Füglister, P., Reusser, K. & Wyss, H. (2006). *Didaktik auf psychologischer Grundlage. Von Hans Aeblis kognitionspsychologischer Didaktik zur modernen Lehr-Lern-Forschung*. Bern: hep-verlag.

Baker, J. (1996). Everyday stressors of academically gifted adolescents. *The Journal of Secondary Gifted Education*, 7 (2), 356–368.

Balke, S. (2003). *Die Spielregeln im Klassenzimmer* (2. Aufl.). Bielefeld: Karoi.

Baltes, P. B. (1990). Entwicklungspsychologie der Lebensspanne: Theoretische Leitsätze. *Psychologische Rundschau*, 40, 1–24.

Baltes, P. B., Lindenberger, U. & Staudinger, U. M. (2006). Life span theory in developmental psychology. In R. M. Lerner (Ed.), *Handbook of child psychology: Vol. 1. Theoretical models of human development* (6th ed., pp. 569–664). New York: Wiley.

Baltes, P. B., Reese, H. & Lipsett, L. (1980). Lifespan developmental psychology. *Annual Review of Pyschology* 31: 65–110.

Baltes, P. B., Staudinger, U. M. & Lindenberger, U. (1999). Lifespan psychology: Theory and application to intellectual functioning. *Annual Review of Psychology*, 50, 471–507.

Banaschewski, T. (2010). Genetik. In H.-C. Steinhausen, A. Rothenberger & M. Döpfner (Hrsg.), *Handbuch ADHS* (S. 113–127). Stuttgart: Kohlhammer.

Banaschewski, T., Roessner, V., Dittmann, R. W., Janardhanan, S. P. & Rothenberger, A, (2004). Non-stimulant medications in the treatment of ADHD. *European Child and Adolescent Psychiatry*, 13 (Suppl 1), 102–116.

Bartnitzky, H. (2008). Schulfähigkeit: die „kindfähige Grundschule". In E. Jürgens & J. Standop (Hrsg.), *Das Grundschulkind* (S. 76–86). Baltmannsweiler: Schneider-Hohengehren.

Bauer, W. & Marotzki, W. (1998). Erziehungswissenschaft und ihre Nachbardisziplinen. In H.-H. Krüger & W. Helsper (Hrsg.), *Einführung in die Grundbegriffe der Erziehungswissenschaft* (S. 277–302). Opladen: Leske & Budrich.

Baumert, J., Artelt, C., Klieme, E. & Stanat, P. (2002). PISA – Program for International Student Assessment. Zielsetzung, theoretische Konzeption und Entwicklung von Messverfahren. In F. E. Weinert (Hrsg.), *Leistungsmessungen in Schulen* (2. Aufl., S. 285–310). Weinheim: Beltz.

Baving, L. (2008). Aggressiv-dissoziales Verhalten. In F. Petermann (Hrsg.), *Lehrbuch der klinischen Kinderpsychologie* (S. 295–310). Göttingen: Hogrefe.

Bear, M. F., Connors, B. W. & Paradiso, M. A. (2009). *Neurowissenschaften* (3. Aufl.). Heidelberg: Spektrum.

Beckmann, U. (2006). Frühes Fremdsprachenlernen: Historischer Überblick. In M. Pienemann, J.-U. Kessler & E. Roos (Hrsg.), *Englischerwerb in der Grundschule. Ein Studien- und Arbeitsbuch* (S. 11–23). Paderborn: Schöningh.

Berger, E. (2010). *Neuropsychologische Grundlagen kindlicher Entwicklung*. Wien: Böhlau.

Bergius, R. (2009). Denken, Denkforschung. In H.-O. Häcker & K. H. Stapf (Hrsg.), *Dorsch, Psychologisches Wörterbuch* (15. Aufl., S. 189–191). Bern: Huber.

Bergmann, R. L., Spohr, H.-L. & Dudenhausen, J. W. (Hrsg.). (2006). *Alkohol in der Schwangerschaft*. München: Urban und Vogel.

Berk, L. (2005). *Entwicklungspsychologie* (3. Aufl.). München: Pearson.

Berlyne, D. E. (1974). *Konflikt, Erregung, Neugier* (original 1960: Conflict, arousal, and curiosity). New York: McGraw-Hill.

Bernal, M. E, Knight, G. P., Ocampo, K. A., Garza, C. A. & Cota, M.K. (1993). Development of Mexican American Identity. In M. E. Bernal & G. P. Knight (Hrsg.), *Ethnic identity: formation and transmission among Hispanics and other minorities* (pp.31–46). Albany: State University of New York Press.

Berzonsky, M. D. (1989). Identity style: Conceptualization and measurement. *Journal of Adolescence Research, 4,* 267–281.

Bierhoff, H.-W. (2006). *Sozialpsychologie* (6. Aufl.). Stuttgart; Kohlhammer.

Bierhoff, H. W. & Wagner, U. (1998). *Aggression und Gewalt: Phänomene, Ursachen und Interventionen*. Stuttgart: Kohlhammer.

Bigelow, B. & La Gaipa, J. (1975). Children's written descriptions of friendship: A multidimensional analysis. *Developmental Psychology, 11,* 857–858.

Birbaumer, N. & Schmidt, R. F. (2006a). Kognitive Funktionen und Denken. In R. F. Schmidt & H.-G. Schaible (Hrsg.), *Neuro- und Sinnesphysiologie* (5. Aufl., S. 449–465). Berlin: Springer.

Birbaumer, N. & Schmidt, R. F. (2006b). *Biologische Psychologie* (6. Aufl.). Berlin: Springer.

Birbaumer, N. & Schmidt, R. F. (2006c). Wachen, Aufmerksamkeit und Schlafen. In R. F. Schmidt & H.-G. Schaible (Hrsg.), *Neuro- und Sinnesphysiologie* (5. Aufl., S. 374–401). Berlin: Springer.

Bischofberger, J. & Schmidt-Hieber, C. (2006). Adulte Neurogenese im Hippocampus. *Neuroforum, 2/06,* 212–221.

Bishop, D. V. M. (1990). *Handedness and developmental disorder.* Oxford: Mac Keith.

Bjorklund, D. F. & Schneider, W. (2006). Ursprung, Veränderung und Stabilität der Intelligenz im Kindesalter: Entwicklungspsychologische Perspektiven. In W. Schneider & B. Sodian (Hrsg.), *Kognitive Entwicklung. Enzyklopädie der Psychologie, Themenbereich C: Theorie und Forschung, Serie V: Entwicklungspsychologie* (Band 2, S. 770–821). Göttingen: Hogrefe.

Blatchford, P. (2003). A systematic observational study of teachers' and pupils' behaviour in large and small classes. *Learning and Instruction, 13* (6), pp. 569–595.

Bles, P. (2002). Die Selbstbestimmungstheorie von Deci und Ryan. In D. Frey & M. Irle (Hrsg.), *Theorien der Sozialpsychologie: Band III* (S. 234–253). Bern: Huber.

Bless, H. & Fiedler, K. (1999). Förderliche und hinderliche Auswirkungen emotionaler Zustände auf kognitive Leistungen im sozialen Kontext. In M. Jerusalem & R. Pekrun (Hrsg.), *Emotion, Motivation und Leistung* (S. 9–29). Göttingen: Hogrefe.

Blum, D. (2010). *Die Entdeckung der Mutterliebe. Die legendären Affenexperimente des Harry Harlow.* Weinheim: Beltz.

Bock, J., Helmeke, C., Ovtscharoff jr, W., Gruß, M. & Braun, K. (2003) Frühkindliche emotionale Erfahrungen beeinflussen die funktionelle Entwicklung des Gehirns. *Neuroforum 2/03,* 15–20.

Bodenmann, G., Perrez, M., Schär, M. & Trepp, A. (2004). *Klassische Lerntheorien.* Bern: Huber.

Boenninghaus, H.-G. & Lenartz, T. (2007). *Hals-Nasen-Ohren-Heilkunde* (13. Aufl.). Heidelberg: Springer.
Bösel, R. N. (2006). *Das Gehirn. Ein Lehrbuch der funktionellen Anatomie für die Psychologie.* Stuttgart: Kohlhammer.
Böttger, H. (2009). *Englischunterricht in der 5. Klasse an Realschulen und Gymnasien. Eine qualitative Studie zur Behandlung der Ergebnisse des Englischunterrichts in der Grundschule im bayerischen Schulsystem.* Nürnberg: SUN (Schulpädagogische Untersuchungen Nürnberg).
Bonse, M. (2010). *Neurologie und neurologische Pflege* (8. überarb. Aufl.). Stuttgart: Kohlhammer.
Bootz, F. (2009). Ohr. In C. P. Speer & M. Gahr (Hrsg.), *Pädiatrie* (3. vollst. neu bearb. Aufl., S. 840–843). Heidelberg: Springer.
Boring, E. G. (1923). Intelligence as the tests test it. *New Republic, 34,* 35–37.
Bortz, J. (2005). *Statistik für Human- und Sozialwissenschaftler* (6. Aufl.). Berlin: Springer.
Bouchet, N. & Falk, R. F. (2001). The relationship among giftedness, gender, and overexcitability. *Gifted Child Quarterly, 45,* 260–267.
Bowlby, J. (1958). The nature of the child's tie to his mother. *International Journal of Psychoanalysis, 29,* 1–23.
Bowlby, J. (1975): *Bindung. Eine Analyse der Mutter-Kind-Beziehung.* München: Kindler. Original 1969: Attachment and loss.
Bowlby, J. (2008a). Die Entstehung der Bindungstheorie. In J. Bowlby (Hrsg.), *Bindung als sichere Basis. Grundlagen und Anwendung der Bindungstheorie* (S. 16–29). München: Reinhardt.
Bowlby, J. (2008b). Elterliches Pflegeverhalten und kindliche Entwicklung. In J. Bowlby (Hrsg.), *Bindung als sichere Basis. Grundlagen und Anwendung der Bindungstheorie* (S. 3–15). München: Reinhardt.
Bowlby, J. (2009). Bindung: Historische Wurzeln, theoretische Konzepte und klinische Relevanz. In G. Spangler & P. Zimmermann (Hrsg.), *Die Bindungstheorie. Grundlagen, Forschung und Anwendung* (S. 17–26). Stuttgart: Klett-Cotta.
Bradley, D. R. & Petry, H. M. (1977). Organizational determinants of subjective contour: The subjective Necker cube. *American Journal of Psychology, 90,* 253–262.
Brand, M. & Markowitsch, H. J. (2006). Lernen und Gedächtnis aus neurowissenschaftlicher Perspektive. Konsequenzen für die Gestaltung des Schulunterrichts. In U. Herrmann (Hrsg.), *Neurodidaktik* (S. 60–77). Weinheim: Beltz.
Brandeis, D. & Banaschewski, T. (2010). Neurophysiologie. Elektrische Hirnaktivität. In H.-C. Steinhausen, A. Rothenberger & M. Döpfner (Hrsg.), *Handbuch ADHS* (S. 57–75). Stuttgart: Kohlhammer.
Brandeis, D., Banaschewski, T., Baving, L., Georgieva, P., Blanz, B., Schmidt, M. H., Warnke, A., Steinhausen, H.-C., Rothenberger, A. & Scheuerpflug, P. (2002). Multicenter P300 brain mapping of impaired attention to cues in hyperkinetic children. *Journal of the American Academy of Child and Adolescent Psychiatry, 41,* 990–998.
Brandstätter, J. (2007). Entwicklungspsychologie der Lebensspanne: Leitvorstellungen und paradigmatische Orientierungen. In J. Brandstätter & U. Lindenberger (Hrsg.), *Entwicklungspsychologie der Lebensspanne* (S. 3–5). Stuttgart: Kohlhammer.
Braun, K., Lange, E., Metzger, M. & Poeggel, G. (1999). Maternal separation followed by early social deprivation affects the development of monoaminergic fiber systems in the medial prefrontal cortex of Octodon degus. *Neuroscience, 95,* 309–318.

Bretherton, I. (2009). Die Geschichte der Bindungstheorie. In G. Spangler & P. Zimmermann (Hrsg.), *Die Bindungstheorie. Grundlagen, Forschung und Anwendung* (S. 27–49). Stuttgart: Klett-Cotta.
Brezinka, W. (1990). *Grundbegriffe der Erziehungswissenschaft* (5. Aufl.). München: Reinhardt.
Brezinka, W. (1995). *Erziehungsziele, Erziehungsmittel, Erziehungserfolg.* München: Reinhardt.
Bridges, K. M. B. (1932). Emotional Development in early infancy. *Child Development, 3*, 324–341.
Broca, P.P. (1861) Loss of speech, chronic softening and partial destruction of the anterior left lobe of the brain. *Bulletin de la Société Anthropologique, 2*, 235–238. Original: Perte de la Parole, Ramollissement Chronique et Destruction Partielle du Lobe Antérieur Gauche du Cerveau.
Bröcher, J. (2010). *Trainingsraum Kritik.* Norderstedt: Books on Demand.
Bromme, R. (1997). Kompetenzen, Funktionen und unterrichtliches Handeln des Lehrers. In F. E. Weinert (Hrsg.), *Psychologie des Unterrichts und der Schule. Enzyklopädie der Psychologie, Serie I, Bd. 3* (S. 177–212). Göttingen: Hogrefe.
Bronfenbrenner, U. (1981). *Die Ökologie der menschlichen Entwicklung. Natürliche und geplante Experimente.* Stuttgart: Klett-Cotta.
Bronfenbrenner, U. (1990). Ökologische Sozialisationsforschung. In L. Kruse, C. F. Graumann & E. D. Lantermann (Hrsg.), *Ökologische Psychologie* (S. 76-79). Stuttgart: Enke.
Bronfenbrenner, U. & Morris, P. A. (2006). The bioecological model of human development. In R. M. Lerner (Ed.). *Theoretical models of human development* (pp. 793–828). Volume 1 of *Handbook of Child Psychology* (6th ed.). Hoboken, NJ: Wiley.
Brosat, H. & Tötemeyer, N. (2007). *Der Mann-Zeichen-Test nach Hermann Ziler* (11. Aufl.). Münster: Aschendorff.
Brown, M., Keynes, R. & Lumsden, A. (2001) *The developing brain.* New York: Oxford University Press.
Bründel, H. & Simon, E. (2007). *Die Trainingsraum-Methode* (2. erw. u. aktual. Aufl.). Weinheim: Beltz.
Brüning, L. & Saum, T. (2009). *Erfolgreich unterrichten durch Kooperatives Lernen.* Essen: Neue Deutsche Schule Verlagsgesellschaft.
Bruner, J. S. & Goodman, C. C. (1947). Value and need as organizing factors in perception. *Journal of Abnormal and Social Psychology, 42*, 33–44.
Brunstein, J. & Heckhausen, H. (2006). Leistungsmotivation. In J. Heckhausen & H. Heckhausen (Hrsg.), *Motivation und Handeln* (3. Aufl., S. 143–192). Heidelberg: Springer.
Buchner, A. (2006). Funktionen und Modelle des Gedächtnisses. In H.-O. Karnath & P. Thier (Hrsg.), *Neuropsychologie* (S. 437–447). Heidelberg: Springer.
Bühler, Ch. (1933). *Der menschliche Lebenslauf als psychologisches Problem.* Leipzig: Hirzel.
Bülthoff, H. & Ruppertsberg, A. I. (2006). Funktionelle Prinzipien der Objekt- und Gesichtserkennung. In H.-O. Karnath & P. Thier (Hrsg.), *Neuropsychologie* (S. 107–116). Heidelberg: Springer.
Büttner, G. & Schmidt-Atzert, L. (Hrsg.). (2004). *Diagnostik von Konzentration und Aufmerksamkeit.* Göttingen: Hogrefe.

Buff, A. (2001). Warum lernen Schülerinnen und Schüler? Eine explorative Studie zur Lernmotivation auf der Basis qualitativer Daten. *Zeitschrift für Entwicklungspsychologie und Pädagogische Psychologie, 33* (3), 157–164.

Buggle, F. (2001). *Die Entwicklungspsychologie Jean Piagets* (4. Aufl.). Stuttgart: Kohlhammer.

Bundesärztekammer (1999). Stellungnahme des Wissenschaftlichen Beirates: Gehörschäden durch Lärmbelastungen in der Freizeit. *Deutsches Ärzteblatt, 96* (16), A-1081–1084.

Bundesärztekammer (2006). ADHS. Stellungnahme zur ‚Aufmerksamkeitsdefizit- /Hyperaktivitätsstörung (ADHS)'. *Deutsches Ärzteblatt PP, 5* (1), 39–45.

Bundeszentrale für gesundheitliche Aufklärung BZgA (2008). *Lärm und Gesundheit. Materialien für die Klassen 5–10.* Köln: BZgA.

Bundy, A. & Murray, E. A. (2007). Sensorische Integration: Jean Ayres Theorie aus heutiger Perspektive. In A. Bundy, S. J. Lane & E. A Murray (Hrsg.), *Sensorische Integrationstherapie* (3. Aufl., S. 3–36). Heidelberg: Springer.

Burbiel, L. & Schmolke, M. (2001). Ressourcenorientierte Psychotherapie bei Patienten mit archaischen Identitätsstörungen. In M. Krisor, H. Pfannkuch & K. Wunderlich (Hrsg.), *Gemeinde, Alltag, Ressourcen – Aspekte einer subjektorientierten Psychiatrie* (S. 264–276). Lengerich: Pabst Science Publishers.

Cameron, J. & Pierce, W. D. (1994). Reinforcement, reward, and intrinsic motivation: A meta-analysis. *Review of Educational Research, 64* (3), 363–423.

Campos, J. J. & Barrett, K. (1984). Toward a new understanding of emotions and their development. In C. Izard, J. Kagan & R. Zajonc (Eds.), *Emotions, cognition, and behavior* (pp. 229–263). New York: Cambridge University Press.

Campos, J. J., Bertenthal, B. I. & Kermoian, R. (1992). Early experience and emotional development: The emergence of wariness of heights. *Psychological Science, 3*, 61–64.

Campos, J. J., Langer, A. & Krowitz, A. (1970). Cardiac responses on the visual cliff in prelocomotor human infants. *Science, 170,* 195–196.

Carroll, J. B. (1993). *Human cognitive abilities. A survey of factor-analytic studies.* Cambridge: Cambridge University Press.

Cattell, R. B. (1963). Theory of fluid and cristallized intelligence: A critical experiment. *Journal of Educational Psychology, 54,* 1–22.

Chall, J. S. (1979). The great debate: Ten years later. With a modest proposal for reading stages. In L. B. Resnick & P. A. Weaver (Eds.), *Theory and practice of early reading* (pp. 29–55). Hillsdale, NJ: Erlbaum.

Cheon, K. A., Ryu, Y. H., Kim, Y. K., Namkoong, K., Kim, C. H. & Lee, J. D. (2003). Dopamine transporter density in the basal ganglia assessed with [123I]IPT SPET in children with attention deficit hyperactivity disorder. *European Journal of Nuclear Medicine and Molecular Imaging, 30* (2), 306–311.

Cherry, E. C. (1953): Some experiments on the recognition of speech, with one and with two ears. *Journal of the Acoustical Society of America 25,* 975–979.

Cloninger, C. R. (Ed.). (1999). *Personality and psychopathology.* Washington: American Psychiatric Press.

Cohen, J., Cohen, P., West, S. G. & Aiken, L. S. (2003). *Applied multiple regression/ correlation analysis for the behavioral sciences.* Mahwah, N. J.: Lawrence Erlbaum.

Cohen, L. B. & Oakes, L. M. (1993). How infants perceive simple causality. *Developmental Psychology, 29,* 421–433.

Conzelmann, A. (2009). Plastizität der Motorik im Lebenslauf. In J. Baur, K. Bös, A. Conzelmann & R. Singer (2009). *Handbuch motorische Entwicklung* (S. 69–86). Schorndorf: Hofmann.

Conzen, P. (2010). *Erik H. Erikson. Leben und Werk*. Stuttgart: Kohlhammer.

Csikszentmihalyi, M. (1979). The concept of flow. In B. Sutton-Smith (Ed.), *Play and learning* (pp. 257–274). New York: Gardener.

Csikszentmihalyi, M. & Schiefele, U. (1993). Die Qualität des Erlebens und der Prozeß des Lernens. *Zeitschrift für Pädagogik, 39* (2), 207–221.

Curtiss, S. (1977). *Genie: A psycholinguistic study of a modernday „wild child"*. London: Academic Press.

Curtiss, S. (1989). The independence and task-specifity of language. In M. H. Bornstein & J. S. Bruner (Eds.), *Interaction in human development* (pp. 105–138). Hillsdale, NJ: Erlbaum.

Dabrowski, K. & Piechowski, M. M. (1977). *Theory of levels of emotional development*. Oceanside, NY: Dabor Science.

Damon, W. (1990). *Die soziale Welt des Kindes*. Frankfurt a. M.: Suhrkamp. (Original 1977: The social world of the child)

Damon, W. & Hart, D. (1988). *Self-understanding in childhood and adolescence*. New York: Cambridge University Press.

Darling-Fisher, C. S. & Leidy, N. K. (1988). Measuring Eriksonian development in the adult: The modified Erikson Psychosocial Stage Inventory. *Psychological Reports, 62*, 747–754.

Darwin, C. (1860/2008). *Über die Entstehung der Arten im Thier-und-Pflanzen-Reich durch natürliche Züchtung* (Reprint der ersten Auflage). Darmstadt: Wissenschaftliche Buchgesellschaft.

Darwin, C. (1871/2010). *The descent of man, and selection in relation to sex*. (Reprint from the Second English Edition, revised and augmented). Newcastle upon Tyne: Cambridge Scholars Publishing.

Darwin, C. (1872/2009). *Der Ausdruck der Gemüthsbewegungen bei dem Menschen und den Thieren* (Reprint der Ausgabe von 1877). Bremen: Salzwasser Verlag.

Davis, S. D. (1996). A study of depression and self-esteem in moderately gifted and nongifted children. *Dissertation Abstracts International, 56* (10-A), 3886.

Dawiec, J. (2008). *Mehrsprachigkeit im Vorschulalter*. Saarbrücken: VDM.

DeCaspar, A. J. & Fifer, W. P. (1980). Of human bonding: Newborns prefer their mothers' voices. *Science, 208*, 1174–1176.

DeCaspar, A. J. & Spence, M. J. (1986). Prenatal maternal speech influences newborns' perception of speech sounds. *Infant Behavior and Development, 9*, 133–150.

Deci, E. L. & Ryan, R. M. (2000). The "what" and "why" of goal pursuits: Human needs and the self-determination of behaviour. *Psychological Inquiry, 11*, 227–268.

Demetriou, A. (2006). Neo-Piagetsche Theorien der kognitiven Entwicklung. In W. Schneider & F. Wilkening (Hrsg.). *Theorien, Modelle und Methoden der Entwicklungspsychologie. Enzyklopädie der Psychologie. Themenbereich C: Theorie und Forschung, Serie V: Entwicklungspsychologie* (Band 1, S. 191–219). Göttingen: Hogrefe.

Denham, S. A. (1998). Emotional development in young children. *The Guildford Series on Social and Emotional Development, 2*, 19–57.

Deutscher Sportbund (Hrsg.). (2003). *WIAD-AOK-DSB-Studie II. Bewegungsstatus von Kindern und Jugendlichen in Deutschland*. Mainz: Kunze & Partner.

Dickhäuser, O. (2002). Stichwort: Fähigkeitsselbstkonzepte. *Psychologie in Erziehung und Unterricht, 49*, 310.

Dickhäuser, O. (2005). A fresh look: Testing the internal/external frame of reference model with frame specific self-concepts. *Educational Research, 47*, 279–290.

Dickhäuser, O. (2006). Fähigkeitsselbstkonzepte: Entstehung, Auswirkung, Förderung. *Zeitschrift für Pädagogische Psychologie, 20*, 5–8.

Dickhäuser, O., Schöne, C., Spinath, B. & Stiensmeier-Pelster, J. (2002). Die Skalen zum akademischen Selbstkonzept: Konstruktion und Überprüfung eines neuen Instrumentes. *Zeitschrift für Differentielle und Diagnostische Psychologie, 23*, 393–405.

Dickhäuser, O., Seidler, A. & Kölzer, M. (2005). Kein Mensch kann alles? Effekte dimensionaler Vergleiche auf das Fähigkeitsselbstkonzept. *Zeitschrift für Pädagogische Psychologie, 19*, 97–106.

Dilling, H., Mombour, W. & Schmidt, M. H. (2009). *Internationale Klassifikation psychischer Störungen, Kapitel V/F* (7., überarb. Aufl.). Bern: Huber.

DiPietro, J. A., Hodgson, D. M., Costigan, K. A., Hilton, S. C. & Johnson, T. R. B. (1996a). Fetal Neurobehavioral Development. *Child Development, 67*, 2553–2567.

DiPietro, J. A., Hodgson, D. M., Costigan, K. A. & Johnson, T. R. B. (1996b). Fetal antecedents of infant temperament. *Child Development, 67*, 2568–2583.

Dixon, F. A., Lapsley, D. K. & Hanchon, T. A. (2004). Empirical typology of perfectionism in gifted adolescents. *Giftes Child Quarterly, 48*, 95–106.

Dodge, K. A., Coie, J. D. & Lynam, D. (2006). Aggression and antisocial behavior in youth. In W. Damon, R. M. Lerner & N. Eisenberg (Eds.), *Handbook of Child Psychology: Vol. 3. Social, Emotional, and Personality Development* (6th ed., pp. 719–788). New York: Wiley.

Döpfner, M., Banaschewski, T. & Sonuga-Barke, E. (2008). Aufmerksamkeitsdefizit-/Hyperaktivitätsstörug (ADHS). In F. Petermann (Hrsg.), *Lehrbuch der Klinischen Kinderpsychologie* (S. 257–276). Göttingen: Hogrefe.

Döpfner, M., Lehmkuhl, G. & Steinhausen, H.-C. (2006). *Kinder-Diagnostik-System (KIDS), Band 1: Aufmerksamkeitsdefizit- und Hyperaktivitätsstörungen (ADHS)*. Göttingen: Hogrefe.

Döpfner, M., Schürmann, S. & Frölich, J. (2007). *Therapieprogramm für Kinder mit hyperkinetischem und oppositionellem Problemverhalten (THOP*; 4. Aufl.). Weinheim: BeltzPVU.

Döpfner, M. & Sobanski, E. (2010). Multimodale Therapie. In H.-C. Steinhausen, A. Rothenberger & M. Döpfner (Hrsg.), *Handbuch ADHS* (S. 272–288). Stuttgart: Kohlhammer.

Döpfner, M. & Steinhausen, H.-C. (2010). Psychosoziale Faktoren. In H.-C. Steinhausen, A. Rothenberger & M. Döpfner (Hrsg.), *Handbuch ADHS* (S. 134–144). Stuttgart: Kohlhammer.

Dollase, R. (1985). *Entwicklung und Erziehung. Angewandte Entwicklungspsychologie für Pädagogen*. Stuttgart: Klett.

Dreher, E. & Dreher, M. (1985). Entwicklungsaufgaben im Jugendalter. Bedeutsamkeit und Bewältigungskonzepte. In D. Liepmann & A. Stiksrud (Hrsg.), *Entwicklungsaufgaben und Bewältigungsprobleme in der Adoleszenz* (S. 56–70). Göttingen: Hogrefe.

Dreher, E. & Dreher, M. (1997). Entwicklungsaufgaben im Jugendalter – Urteilstendenzen im Wandel eines Jahrzehnts. In J. Glück (Hrsg.), *13. Tagung Entwicklungspsychologie. Kurzfassungen* (S. 37). Wien: Universität Wien.

Dreher, E. & Dreher, M. (2008). Kognitive Entwicklung im Jugendalter. In R. K. Silbereisen & M. Hasselhorn (Hrsg.), *Entwicklungspsychologie des Jugendalters. Enzyklopädie für Psychologie, Themenbereich C: Theorie und Forschung, Serie V: Entwicklungspsychologie* (Band 5, S. 54–107). Göttingen: Hogrefe.

Driescher, E. (2005). *Bildungsstandards praktisch.* Wiesbaden: Verlag für Sozialwissenschaften.

Duden (2006). *Deutsches Universalwörterbuch* (6. überarb. u. erw. Aufl.). Mannheim: Dudenverlag.

Duriez, B. & Soenens, B. (2006). Personality, identity styles, and religiosity: An integrative study among late and middle adolescents. *Journal of Adolescence, 29,* 119–135.

Duriez, B., Soenens, B. & Beyers, W. (2004). Personality, identity styles, and religiosity: An integrative study among late adolescents in Flanders (Belgium). *Journal of Adolescence, 72,* 877–910.

Durkin, K. (2002). Entwicklungssozialpsychologie. In W. Stroebe, M. Reiss & M. Hewstone. *Sozialpsychologie* (S. 54–80). Berlin: Springer.

Eaton, W. O. & Saudino, K. J. (1992). Prenatal activity level as a temperament dimension? Individual differences and developmental functions in fetal movement. *Infant Behavior and Development, 15,* 57–70.

Edelmann, W. (2000). *Lernpsychologie* (6. überarb. Aufl.). Weinheim: BeltzPVU.

Eder, F. (1995). Das Befinden von Kindern und Jugendlichern in den öffentlichen Schulen – Ergebnisse der Repräsentativerhebung. In F. Eder (Hrsg.), *Das Befinden von Kindern und Jugendlichen in der Schule* (S. 24–168). Innsbruck: Studien-Verlag.

Egloff, B. (2009). Emotionsregulation. In V. Brandstätter & J. H. Otto (Hrsg.), Handbuch der *Allgemeinen Psychologie. Motivation und Emotion* (S. 714–722). Heidelberg: Springer.

Ehri, L. C., Nunes, S. R., Willows, D. M., Schuster, B. V., Yaghoub-Zadeh, Z. & Shanahan, T. (2001). Phonemic awareness instruction helps children learn to read: Evidence from the National Reading Panel's meta-analysis. *Reading Research Quarterly, 36,* 250–287.

Ehrt, O. (2005). Frühdiagnostik bei Sehstörungen. In W. von Suchodoletz (Hrsg.), *Früherkennung von Entwicklungsstörungen* (S. 161–278). Göttingen: Hogrefe.

Ekman, P. (1994). All emotions are basic. In P. Ekman & R. J. Davidson (Eds.), *The nature of emotion. Fundamental questions* (pp. 15–19). New York: Oxford University Press.

Ekman, P. & Friesen, W. V. (1978). *Facial action coding system: A technique for the measurement of facial movement.* Palo Alto, CA: Consulting Psychology Press.

Elkind, D. (1978). Zwei Entwicklungspsychologische Ansätze: Piaget und Montessori. In G. Steiner (Hrsg.), *Piaget und die Folgen* (S. 584–594). Berlin: Kindler.

Elsner, D. & Kessler, J. (2009). Englischunterricht in der Grundschule. Hoffnungslos ergebnislos? *HotSpot 3/2009.* Bildungshaus Schulbuchverlage.

Endepohls, M. (1995). Die Jugendphase aus der Sicht von Kindern und Jugendlichen: Krise oder Vergnügen? *Praxis der Kinderpsychologie und Kinderpsychiatrie, 44* (10), 377–382.

Erikson, E. H. (1980). *Identität und Lebenszyklus. Drei Aufsätze.* Frankfurt a. M.: Suhrkamp. (original 1959)

Erikson, E. H. (1988). *Der vollständige Lebenszyklus.* Frankfurt a. M.: Suhrkamp.

Essau, C. A. & Conradt, J. (2004). *Aggression bei Kindern und Jugendlichen.* München: Reinhardt.

Euler, H. A. (2009). Evolutionäre Psychologie. In H.-O. Karnath & P. Thier (Hrsg.), *Neuropsychologie* (S. 405–411). Heidelberg: Springer.

Fahle, M. (2008). Visuelles System und visuelle Wahrnehmung. In S. Gauggel & M. Herrmann (Hrsg.), *Handbuch der Neuro- und Biopsychologie* (S. 359–374). Göttingen: Hogrefe.

Feick, P., Haas, S. L. & Singer, M. V. (2006). Gesundheitsfördernde und -schädigende Aspekte des moderaten Alkoholkonsums. In R. L. Bergmann, H.-L. Spohr & J. W. Dudenhausen (Hrsg.), *Alkohol in der Schwangerschaft* (S. 93–54). München: Urban und Vogel.

Feldmann, R. (2006). Psychopathologie bei Kindern und Jugendlichen mit fetalem Alkohol-Syndrom. In R. L. Bergmann, H.-L. Spohr & J. W. Dudenhausen (Hrsg.), *Alkohol in der Schwangerschaft* (S. 93–102). München: Urban und Vogel.

Fend, H. (1997). *Der Umgang mit Schule in der Adoleszenz*. Bern: Huber.

Fend, H. (2003). *Entwicklungspsychologie des Jugendalters* (3. Aufl.). Opladen: Leske + Budrich.

Festinger, L. (1954). A theory of social comparison processes. *Human Relations, 7*, 117–140.

Field, T., Harding, J., Yando, R., Gonzalez, K., Lasko, D., Bendell, D. & Marks, C. (1998). Feelings and attitudes of gifted students. *Adolescence, 33*, 331–343.

Filipp, S.-H. (1980). Entwicklung von Selbstkonzepten. *Zeitschrift für Entwicklungspsychologie und Pädagogische Psychologie, 12* (2), 105–125.

Filipp, S.-H. (1999a). *Kritische Lebensereignisse* (3. Aufl.). Weinheim: BeltzPVU.

Filipp, S.-H. (1999b). Ein allgemeines Modell für die Analyse kritischer Lebensereignisse. In S.-H. Filipp (Hrsg.), *Kritische Lebensereignisse* (3. Aufl., S. 3–52). Weinheim: BeltzPVU.

Filipp, S.-H. (2007). Kritische Lebensereignisse. In J. Brandtstätter & U. Lindenberger (Hrsg.), *Entwicklungspsychologie der Lebensspanne* (S. 337–366). Stuttgart: Kohlhammer.

Filipp, S.-H. & Aymanns, P. (2010). *Kritische Lebensereignisse und Lebenskrisen*. Stuttgart: Kohlhammer.

Flammer, A. (2009). *Entwicklungstheorien* (4. überarb. Aufl.). Bern: Huber.

Flammer, A. & Alsaker, F. D. (2002). *Entwicklungspsychologie der Adoleszenz*. Bern: Huber.

Flynn, J. R. (1999). Searching for justice. The discovery of IQ gains over time. *American Psychologist, 54* (1), 5–20.

Frank, M. C., Everett, D. L., Fedorenko, E. & Gibson, E. (2008). Number as a cognitive technology: Evidence from Pirahã language and cognition. *Cognition 108*. 819–824.

Fremmer-Bombik, E. (2009). Innere Arbeitsmodelle von Bindung. In G. Spangler & P. Zimmermann (Hrsg.), *Die Bindungstheorie. Grundlagen, Forschung und Anwendung* (S. 109–119). Stuttgart: Klett-Cotta.

Frensch, P. A. (2006). Implizites Lernen. In J. Funke & P. A. Frensch (Hrsg.), *Handbuch der Allgemeinen Psychologie. Kognition* (S. 229–238). Göttingen: Hogrefe.

Freund-Braier, I. (2000). Persönlichkeitsmerkmale. In D. H. Rost (Hrsg.), *Hochbegabte und hochleistende Jugendliche: Neue Ergebnisse aus dem Marburger Hochbegabtenprojekt* (S. 161–210). Münster: Waxmann.

Friedlmeier, W. (1999). Emotionsregulation in der Kindheit. In W. Friedelmeier & M. Holodynski (Hrsg.), *Emotionale Entwicklung* (S. 197–218). Heidelberg: Spektrum.

Frith, U. (1985). Beneath the surface of developmental dyslexia. In K. E. Patterson, J. C. Marshall & M. Coltheart (Eds.), *Surface Dyslexia* (pp. 300–330). London: Lawrence Erlbaum.
Frostig, M. & Horne, D. (2010). *Visuelle Wahrnehmungsförderung* (3 Bände). Braunschweig: Schroedel.
Fuchs, D., Fuchs, L. S., Mathes, P. G. & Simmons D. C. (1997). Peer-Assisted Learning Strategies: Making classrooms more responsive to diversity. *American Educational Research Journal, 20* (3/4), 174–206.
Fuchs, L. S., Fuchs, D. & Kazdan, S. (1999). Effects of peer-assisted learning strategies on high-school students with serious reading problems. *Remedial and Special Education, 20,* 309–318.
Fuhrer, U. (2005). *Erziehungspsychologie.* Bern: Huber.
Gage, N. L. & Berliner, D. C. (1996). *Pädagogische Psychologie* (5. Aufl.). Weinheim: Beltz.
Galliker, M., Klein, M. & Rykart, S. (2007). *Meilensteine der Psychologie.* Stuttgart: Kröner.
Gasteiger-Klicpera, B. & Klicpera, C. (2004). Lese-Rechtschreib-Schwäche. In G. W. Lauth, M. Grünke & J. C. Brunstein (Hrsg.), *Interventionen bei Lernstörungen* (S. 46–54). Göttingen: Hogrefe.
Gazzaniga, M. S., Ivry, R. B. & Mangun, G. R. (2009). *Cognitive Neuroscience. The biology of the mind* (3rd Edition). New York: Norton.
Gelman, S.A. & Wellman, H.M. (1991). Insides and essences: Early understandings of the non-obvious. *Cognition 38,* 213–244.
George, C., Kaplan, N. & Main, M. (2001). Adult attachment interview (Original 1985). In Gloger-Tippelt, G. (Hrsg.), *Bindung im Erwachsenenalter* (S. 201–225). Bern: Huber.
Gibson, E. J. & Walk, R. D. (1960). The „visual cliff". *Scientific American, 202,* 64–71.
Gläser-Zikuda, M. & Fuß, S. (2004). Wohlbefinden von Schülerinnen und Schülern im Unterricht. In T. Hascher (Hrsg.), *Wohlbefinden in der Schule* (S. 27–48). Bern: Haupt.
Gläser-Zikuda, M., Fuß, S., Laukenmann, M., Metz, K. & Randler, C. (2005). Promoting students' emotions and achievement. Conception and evaluation of the ECOLE approach. *Learning and Instruction, 15,* 481–495.
Gleissner, U. (2007). Lern- und Merkfähigkeit. In L. Kaufmann, H.-C. Nuerk, K. Konrad & K. Willmes (Hrsg.), *Kognitive Entwicklungsneuropsychologie* (S. 177–199). Göttingen: Hogrefe.
Goeschen, K. (1994). Asphyxie unter der Geburt. Probleme und Lösungsmöglichkeiten. In R. Kanitza (Hrsg.), *Hypoxische Gefährdung des Fetus sub partu* (S. 21–30). Darmstadt: Steinkopff.
Götz, T. & Frenzel, A. C. (2006). Phänomenologie schulischer Langeweile. *Zeitschrift für Entwicklungspsychologie und Pädagogische Psychologie, 38* (4), 149–153.
Götz, T. & Frenzel, A. C. (2010). Über- und Unterforderungslangeweile im Mathematikunterricht. *Empirische Pädagogik, 24* (2), 113–134.
Götz, T., Frenzel, A. C. & Haag, L. (2006). Ursachen von Langeweile im Unterricht. *Empirische Pädagogik, 20,* 113–134.
Goldstein, B. E. (2008). *Wahrnehmungspsychologie. Der Grundkurs* (7. Aufl.). Heidelberg: Spektrum.
Goswami, U. (2001). *So denken Kinder. Einführung in die Psychologie der kognitiven Entwicklung.* Bern: Huber.

Literatur

Goulet, L. R. & Baltes, P. B. (Eds.). (1970). *Life-span developmental psychology: Research and theory*. New York: Academic Press.

Grehn, F. (2008). *Augenheilkunde* (30. Aufl.). Berlin: Springer.

Grehn, F., Picht, G. & Lieb, W. (2009). Erkrankungen des Auges. In C. P. Speer & M. Gahr (Hrsg.), *Pädiatrie* (3. vollst. neu bearb. Aufl., S. 817–837). Heidelberg: Springer.

Greve, W. (2000). Psychologie des Selbst – Konturen eines Forschungsthemas. In W. Greve (Hrsg.), *Psychologie des Selbst*. Weinheim: PVU.

Grimm, H. (2003). *Störungen der Sprachentwicklung*. Göttingen: Hogrefe.

Grob, A. (2007). Jugendalter. In M. Hasselhorn & W. Schneider (Hrsg.), *Handbuch der Entwicklungspsychologie* (S. 187–197). Göttingen: Hogrefe.

Grob, A. & Jaschinski, U. (2003). *Erwachsen werden. Entwicklungspsychologie des Jugendalters*. Weinheim: BeltzPVU.

Groeben, N. & Rustemeyer, R. (2002). Inhaltsanalyse. In E. König & P. Zedler (Hrsg.), *Qualitative Forschung* (S. 233–258). Weinheim: UTB.

Groneck, P. (2009). Neonatologie: Perinatale Schäden und ihre Folgen. In C. Speer & M. Gahr (Hrsg.), *Pädiatrie* (3. Aufl., S.150–155). Heidelberg: Springer.

Grube, W. (2009). Kognitive Bedingungen der Rechenschwäche. In A. Fritz, G. Ricken & S. Schmidt (Hrsg.), *Handbuch Rechenschwäche* (S. 181–196). Weinheim: Beltz.

Gruber, C. & Gruber, S. (2010). *Pädiatrie* (2. Aufl.). München: Urban & Fischer.

Gruber, H., Prenzel, M. & Schiefele, H. (2006). Spielräume für Veränderung durch Erziehung. In A. Krapp & B. Weidenmann (Hrsg.), *Pädagogische Psychologie* (S. 99–135). Weinheim: BeltzPVU.

Grundke, B. (2001). *Neuorientierung der Identität. Identitätsentwicklung von Erwachsenen im Rahmen der Fortbildungs- und Umschulungsmaßnahme für den sozialen Bereich*. Dissertation, Friedrich-Schiller-Universität, Jena.

Guilford, J. P. (1967). *The nature of human intelligence*. New York: McGraw-Hill.

Guilford, J. P. (1977). *Way beyond the IQ: Guide to improving intelligence and creativity*. New York: McGraw-Hill.

Guski, R. (2000). *Wahrnehmung* (2. überarb. Aufl.). Stuttgart: Kohlhammer.

Haider, H. & Hoyndorf, A. (2006). Erwerb kognitiver Fertigkeiten. In J. Funke und P.A. Frensch (Hrsg.), *Handbuch der Allgemeinen Psychologie. Kognition* (S. 275–282). Göttingen: Hogrefe.

Haith, M. M. & Benson, J. (1998). Infant cognition. In D. Kuhn & R. S. Siegler (Eds.), *Handbook of Child Psychology. Vol. I.: Cognition, perception, and language* (pp. 199–254). New York: Wiley.

Hamm, A. O. (2006). Psychologie der Emotionen. In H.-O. Karnath & P. Thier (Hrsg.), *Neuropsychologie* (S. 527–534). Heidelberg: Springer.

Hammerl, M. & Grabitz, H.-J. (2006). Lernen: Definitionen, methodische Ansätze, Theorien des Lernens. In J. Funke und P. A. Frensch (Hrsg.), *Handbuch der Allgemeinen Psychologie. Kognition* (S. 203–212). Göttingen: Hogrefe.

Handwerker, H. O. (2006a). Somatosensorik. In R. F. Schmidt & H.-G. Schaible (Hrsg.), *Neuro- und Sinnesphysiologie* (5. Aufl., S. 203–228). Berlin: Springer.

Handwerker, H. O. (2006b). Allgemeine Sinnesphysiologie. In R. F. Schmidt & H.-G. Schaible (Hrsg.), *Neuro- und Sinnesphysiologie* (5. Aufl., S. 182–202). Berlin: Springer.

Hany, E. A. (2002). Begabtenförderung – was ist Schule sonst? Keimzelle für individuelles Lernen. *Labyrinth, 72,* 3–4.

Harris, M. B. (2000). Correlates and characteristics of boredom proneness and boredom. *Journal of Applied Social Psychology, 30,* 576–598.

Literatur

Harter, S. (1983). Developmental perspectives on the self-system. In E. M. Hetherington (Ed.), *Handbook of child psychology: Socialization, personality, and social development* (Vol. IV, pp. 275–386). New York: Wiley.

Harter, S. (2006). The self. In W. Damon & R. M. Lerner (Eds.), *Handbook of child psychology: Social, emotional, and personality development* (Vol. III, 6th ed., pp. 505–570), New York: Wiley.

Hartung, J. (2006). *Sozialpsychologie* (2. Aufl.). Stuttgart: Kohlhammer.

Hascher, T. (Hrsg.). (2004). *Schule positiv erleben*. Bern: Haupt.

Hascher, T. & Edlinger, H. (2009). Positive Emotionen und Wohlbefinden in der Schule. Ein Überblick über Forschungszugänge und Erkenntnisse. *Psychologie in Erziehung und Unterricht, 56*, 105–122.

Hasselhorn, M. & Gold, A. (2009). *Pädagogische Psychologie* (2. durchges. Aufl.). Stuttgart: Kohlhammer.

Hasselhorn, M. & Schneider, W. (2007). Gedächtnisentwicklung. In M. Hasselhorn & W. Schneider (Hrsg.), *Handbuch der Entwicklungspsychologie* (S. 266–276). Göttingen: Hogrefe.

Haußer, K. (1995). *Identitätspsychologie*. Berlin: Springer.

Havighurst, R. J. (1972). *Developmental tasks and education* (3. Aufl.). New York: Davis McKay. (1. Aufl. 1948)

Hayes, K. J. & Hayes, C. (1951). The intellectual development of a home-raised chimpanzee. *Proceedings of the American Philosophical Society, 95*, 105–109.

Heckhausen, J. & Heckhausen, H. (2006). Motivation und Handeln: Einführung und Überblick. In J. Heckhausen & H. Heckhausen (Hrsg.), *Motivation und Handeln* (3. Aufl., S. 1–10). Heidelberg: Springer.

Hedderich, I. (2005). *Einführung in die Montessori-Pädagogik* (2. Aufl.). München: Reinhardt.

Heidbrink, H. (1996). *Einführung in die Moralpsychologie* (2. überarb. Aufl.). Weinheim: Beltz.

Heise E. & Rahm, T. (2007). Schulzufriedenheit: Eine empirische Untersuchung an Schülerinnen und Schülern zweier Gymnasien. *Psychologie in Erziehung und Unterricht, 54*, 15–29.

Heldmann, M., van der Lugt, A. & Münte, T. F. (2008). Willenshandlung, Entscheidungen und „Theory of Mind". In S. Gauggel. & M. Herrmann (Hrsg.), *Handbuch der Neuro- und Biopsychologie* (S. 337–346). Göttingen, Hogrefe.

Heller, K. A. (2000). *Begabungsdiagnostik in der Schul- und Erziehungsberatung*. Bern: Huber.

Heller, K. A., Kratzmeier, H. & Lengfelder, A. (1998). *Ein Handbuch mit deutschen Normen zu den Advanced Progressive Matrices von J.C. Raven*. Göttingen: Hogrefe.

Heller, K. A. & Perleth, C. (2000). *Kognitiver Fähigkeitstest für 4.–12. Klassen, Revision (KFT 4–12+ R)*. Göttingen: Hogrefe.

Hellmich, F. (Hrsg.). (2011). *Selbstkonzepte im Grundschulalter*. Stuttgart: Kohlhammer.

Helmke, A. (1993). Die Entwicklung der Lernfreude vom Kindergarten bis zur 5. Klassenstufe. *Zeitschrift für Pädagogische Psychologie, 7*, 77–86.

Helmke, A. (1998). Vom Optimisten zum Realisten? Zur Entwicklung des Fähigkeitsselbstkonzeptes vom Kindergarten bis zur 6. Klassenstufe. In F. E. Weinert (Hrsg.), *Entwicklung im Kindesalter* (S. 115–132). Weinheim: BeltzPVU.

Helmke, A. & Weinert, F.E. (1997). Bedingungsfaktoren schulischer Leistungen. In F. E. Weinert (Hrsg.), *Psychologie des Unterrichts und der Schule* (S. 71–176). Göttingen: Hogrefe.

Herzog, W. (2005). *Pädagogik und Psychologie*. Stuttgart: Kohlhammer.

Hess, E. H. (1959). Imprinting, an Effect of Early Experience. *Science, 130,* 133–141.

Heubrock, D. (2008). Entwicklung kognitiver Systeme und Entwicklungsneuropsychologie. In S. Gauggel & M. Herrmann (Hrsg.), *Handbuch der Neuro- und Biopsychologie* (S. 305–317). Göttingen: Hogrefe.

Hickling, A. K. & Gelman, S. A. (1995). How does your garden grow? Early conceptualization of seeds and their place in plant growth cycle. *Child Development, 66,* 856–876.

Höffe, O. (2010). *Gerechtigkeit. Eine philosophische Einführung* (4. durchges. Aufl.). München: Beck.

Holle, B. (2000). *Die motorische und perzeptuelle Entwicklung des Kindes*. Weinheim: Beltz.

Holling, H. & Kanning, U. P. (1999). *Hochbegabung. Forschungsergebnisse und Fördermöglichkeiten*. Göttingen: Hogrefe.

Holling, H., Preckel, F. & Vock, M. (2004). *Intelligenzdiagnostik*. Göttingen: Hogrefe.

Holmes, J. (2006). *John Bowlby und die Bindungstheorie* (2. Aufl.). München: Reinhardt.

Holodynski, M. (2005). Am Anfang war der Ausdruck. Meilensteine und Mechanismen der Emotionsentwicklung. *Psychologie in Erziehung und Unterricht, 4,* 229–249.

Holodynski, M. (2006). *Emotionen. Entwicklung und Regulation*. Heidelberg: Springer.

Holodynski, M. (2007). Entwicklung der Leistungsmotivation. In M. Hasselhorn & W. Schneider (Hrsg.), *Handbuch der Entwicklungspsychologie* (S. 299–311). Göttingen: Hogrefe.

Holodynski, M. (2009). Entwicklung. In V. Brandstätter & J. H. Otto (Hrsg.), Handbuch der *Allgemeinen Psychologie. Motivation und Emotion* (S. 463–472). Heidelberg: Springer.

Holodynski, M. & Oerter, R. (2008). Tätigkeitsregulation und die Entwicklung von Motivation, Emotion, Volition. In R. Oerter und L. Montada (Hrsg.), *Entwicklungspsychologie* (S. 535–571). Weinheim: PVU.

Holodynski, M. & Schiefele, U. (2008). Lernpsychologische Befunde. In E. Jürgens & J. Standop (Hrsg.), *Das Grundschulkind* (S. 15–28). Baltmannsweiler: Schneider-Hohengehren.

Holohan, C. K. & Sears, R. R. (1995). *The gifted group in later maturity*. Stanford, CA: Stanford University Press.

Hommel, B. & Nattkemper, D. (2010). *Handlungspsychologie*. Berlin: Springer.

Hosser, D. (2006). Gesellung und Einsamkeit. In H.-W. Bierhoff & D. Frey (Hrsg.), *Handbuch der Sozialpsychologie und Kommunikationspsychologie* (S. 208–214). Göttingen: Hogrefe.

Huch, R. (2006). Beratungsgrundlagen zur Lebensführung in der Schwangerschaft. In H. Schneider, P. Husslein & K.-T. M. Schneider (Hrsg.), *Die Geburtshilfe* (3. Auf., S. 199–218). Heidelberg: Springer.

Hurrelmann, K. (2004). *Lebensphase Jugend. Eine Einführung in die sozialwissenschaftliche Jugendforschung* (7. vollst. überarb. Aufl.). Weinheim: Juventa.

Literatur

Hussy, W. (1998). *Denken und Problemlösen* (2. überarb. u. erw. Aufl.). Stuttgart: Kohlhammer.
Imhof, M. (2010). *Psychologie für Lehramtsstudierende*. Wiesbaden: Verlag für Sozialwissenschaften.
Izard, C. E. (2001). Emotional intelligence or adaptive emotions? *Emotion, 1*, 249–257.
Izard, C. E. (2002). Emotions knowledge and emotions utilization facilitate school readiness. *Social Policy Report, 16*, 7.
Izard, C. E., King, K. A., Trentacosta, C. J., Morgan, J. K., Krauthamer-Ewing, E. S. & Finlon, K. J. (2008). Accelerating the development of emotion competence in Head Start children: Effects on adaptive and maladaptive behavior. *Development and Psychopathology, 20*, 369–297.
Jacobs, C. & Petermann, F. (2008). Rechenstörung. In F. Petermann (Hrsg.), *Lehrbuch der Klinischen Kinderpsychologie* (6., vollst. überarb. Aufl., S. 207–222). Göttingen: Hogrefe.
Jäger, A. O., Holling, H., Preckel, F., Schulze, R., Vock, M., Süß, H.-R. & Beauducel, A. (2006). *Berliner Intelligenzstruktur-Test für hochbegabte Jugendliche (BIS-HB)*. Göttingen: Hogrefe.
Jäger, R. S. (1982). Mehrdimensionale Klassifikation von Intelligenztestleistungen. Experimentell kontrollierte Weiterentwicklung eines deskriptiven Intelligenzstrukturmodells. *Diagnostica, 28*, 145–226.
Jäger, R. S., Süß, H.-M. & Beauducel, A. (1997). *Berliner Intelligenzstruktur-Test: Form 4 (BIS 4)*. Göttingen: Hogrefe.
Jäncke, L. (2006a). Funktionelle Links-rechts-Asymmetrien. In H.-O. Karnath & P. Thier (Hrsg.), *Neuropsychologie* (S. 595–604). Berlin: Springer.
Jäncke, L. (2006b). Verhaltensstörungen durch hirnanatomische Asymmetrien? In H.-O. Karnath & P. Thier (Hrsg.), *Neuropsychologie* (S. 610–616). Berlin: Springer.
Jahn, T. (2007). *Phonologische Störungen bei Kindern* (2. überarb. Aufl.). Stuttgart: Thieme.
James, W. (1890). *Principles of psychology, Vol. I*. New York: Holt.
Jampert, K., Best, P., Guadatiello, A., Holler, D. & Zehnbauer, A. (2007). *Schlüsselkompetenz Sprache. Sprachliche Bildung und Förderung im Kindergarten. Konzepte – Projekte – Maßnahmen* (2. aktual. Aufl.). Weimar: Verlag Das Netz.
Janke, B. (2007). Entwicklung von Emotionen. In M. Hasselhorn & W. Schneider (Hrsg.), *Handbuch der Entwicklungspsychologie* (S. 347–358). Göttingen: Hogrefe.
Jensen, A. R. (1969). How much can we boost IQ and scholastic achievement? *Harvard Educational Review, 39*, 1–123.
Jerusalem, M. & Klein-Heßling, J. (2002). Soziale Kompetenz. Entwicklungstrends und Förderung in der Schule. *Zeitschrift für Psychologie, 210*, 164–174.
Johnson, M. H. (2006). Entwicklungsorientierte Neurowissenschaft. In W. Schneider & B. Sodian (Hrsg.), *Kognitive Entwicklung. Enzyklopädie der Psychologie, Themenbereich C: Theorie und Forschung, Serie V: Entwicklungspsychologie* (Band 2, S. 1–49). Göttingen: Hogrefe.
Johnson, J. & Newport, E. L. (1989). Critical period effects in second language learning: The influence of maturational state on the acquisition of English as a second language. *Cognitive Psychology, 21*, 60–99.
Kammermeyer, G. (2010). Schulreife und Schulfähigkeit. In D. H. Rost (Hrsg.), *Handwörterbuch Pädagogische Psychologie* (S. 718–727). Weinheim: BeltzPVU.

Kandel, E., Schwartz, J. & Jessell, T. (1996). *Neurowissenschaften*. Heidelberg: Spektrum.
Kanning, U. P. (2002). Soziale Kompetenz: Definition, Strukturen und Prozesse. *Zeitschrift für Psychologie, 210*, 154–163.
Karnes, F. A. & Oehler-Stinnett, I. J. (1986). Life events as stressors with gifted adolescents. *Psychology in the Schools, 23*, 406–414.
Kasten, H. (1999). *Pubertät und Adoleszenz. Wie Kinder heute erwachsen werden*. München: Reinhardt.
Kasten, H. (2003). *Geschwister. Vorbilder, Rivalen, Vertraute*. München: Reinhardt.
Kastner, J. & Petermann, F. (2009). Entwicklungsbedingte Koordinationsstörung. *Psychologische Rundschau, 60* (2), 73–81.
Keiley, M. K. (2002). Affect regulation and the gifted. In M. Neihart, S. M. Reis, N. M. Robinson & S. S. Moon (Eds.), *The social and emotional development of gifted children: What do we know?* (pp. 41–50). Waco, TX: Prufrock Press.
Kelek, N. (2002). *Islam im Alltag. Islamische Religiosität und ihre Bedeutung in der Lebenswelt von Schülerinnnen und Schülern türkischer Herkunft*. Münster: Waxmann.
Keller, G. (2000). *Schulische Entwicklungspsychologie*. Donauwörth: Auer.
Kiese-Himmel, C. (2008). Entwicklung sprach- und kommunikationsgestörter Kinder, am Beispiel von „Late Talkers" sowie Kindern mit spezifischen Sprachentwicklungsstörungen. In M. Hasselhorn & R. K. Silbereisen (Hrsg.), *Entwicklungspsychologie des Säuglings- und Kindesalters. Enzyklopädie der Psychologie, Themenbereich C: Theorie und Forschung, Serie V: Entwicklungspsychologie* (Band 4, S. 693–730). Göttingen: Hogrefe.
Klaes, L., Rommel, A. & Kosler, D. (2008). Entwicklung der Fitness von Kindern und Jugendlichen in Deutschland. In L. Klaes, S. Wedekind, Y. Zens & A. Rommel (Hrsg.), *Fit sein macht Schule* (S. 29–44). Köln: Deutscher Ärzteverlag.
Klaes, L., Wedekind, S., Zens, Y & Rommel, A. (Hrsg.). (2008). *Fit sein macht Schule*. Köln: Deutscher Ärzteverlag.
Klein, W. (2000). Prozesse des Zweitspracherwerbs. In H. Grimm (Hrsg.), *Sprachentwicklung. Enzyklopädie der Psychologie, Themenbereich C: Theorie und Forschung, Serie V: Entwicklungspsychologie* (Band 3, S. 538–570). Göttingen: Hogrefe.
Klicpera, C. & Gasteiger-Klicpera, B. (1993). *Lesen und Schreiben: Entwicklung und Schwierigkeiten. Die Wiener Längsschnittuntersuchungen über die Entwicklung, den Verlauf und die Ursachen von Lese- und Schreibschwierigkeiten in der Pflichtschulzeit*. Bern: Huber.
Klicpera, C. & Gasteiger-Klicpera, B. (2000). Sind Rechtschreibschwierigkeiten Ausdruck einer phonologischen Störung? *Zeitschrift für Pädagogische Psychologie, 32* (3), 143–143.
Klicpera, C., Schabmann, A. & Gasteiger-Klicpera, B. (1993). Lesen- und Schreibenlernen während der Pflichtschulzeit: Eine Längsschnittuntersuchung über die Häufigkeit und Stabilität von Lese- und Rechtschreibschwierigkeiten in einem Wiener Schulbezirk. *Zeitschrift für Kinder- und Jugendpsychiatrie, 21*, 214–225.
Klicpera, C., Schabmann, A. & Gasteiger-Klicpera, B. (2007). *Legasthenie* (2. Aufl.). München: Reinhardt.
Klosinski, G. (2004). *Pubertät heute. Lebenssituationen, Konflikte, Herausforderungen*. München: Kösel.
Klug, W. S., Cummings, M. R. & Spencer, C. A. (2007). *Genetik* (8. aktual. Aufl.). München: Pearson.
Kluge, F. (2002). *Etymologisches Wörterbuch* (24. erw. Aufl.). Berlin: de Gruyter.

Literatur

Kluge, N. (2008). Anthropologische Befunde. In E. Jürgens & J. Standop (Hrsg.), *Das Grundschulkind* (S. 41–52). Baltmannsweiler: Schneider-Hohengehren.
Köller, O. (1998). *Zielorientierung und schulisches Lernen.* Münster: Waxmann.
Köller, O. (2004). *Konsequenzen von Leistungsgruppierungen.* Münster: Waxmann.
Kohlberg, L. (1958) *The development of modes of moral thinking and change in the years 10 to 16.* Doctoral Dissertation, Univ. of Chicago Press.
Kohlberg, L. (2006). *Die Psychologie der Moralentwicklung* (6. Aufl.). Frankfurt a. M.: Suhrkamp.
Kohler, R. (2008). *Jean Piaget.* Kings Lynn: Biddles.
Kolb, B. & Wishaw, I. (1996). *Neuropsychologie* (2. Aufl.). Berlin: Spektrum.
Kommer, D. & Röhrle, B. (1981). Handlungstheoretische Perspektiven Primärer Prävention. In W.-R. Minsel & R. Scheller (Hrsg.), *Brennpunkte der Klinischen Psychologie: Prävention* (S. 89–151). München: Kösel.
Konrad, K. (2007). Entwicklung von Exekutivfunktionen und Arbeitsgedächtnisleistungen. In L. Kaufmann, H.-C. Nuerk, K. Konrad & K. Willmes (Hrsg.), *Kognitive Entwicklungsneuropsychologie* (S. 300–320). Göttingen: Hogrefe.
Konrad, K. (2010). Neuroanatomie. In H.-C. Steinhausen, A. Rothenberger & M. Döpfner (Hrsg.), *Handbuch ADHS* (S. 42–56). Stuttgart: Kohlhammer.
Korinthenberg, R. (1992). Entwicklungsprognose des postasphyktischen Neugeborenen. In A. Wischnik, W. Kachel, F. Melchert & K.-H. Niessen (Hrsg.), *Problemsituationen in der Perinatalmedizin* (S. 68–72). Stuttgart: Enke.
Korntheuer, P., Lissmann, I. & Lohaus, A. (2010). Wandel und Stabilität: Längsschnittliche Zusammenhänge zwischen Bindungssicherheit und dem sprachlichen und sozialen Entwicklungsstand. *Psychologie in Erziehung und Unterricht, 57* (1), 1–20.
Kotovsky, L. & Baillargeon, R. (1994). Calibration-based reasoning about collision events in 11-month-old infants. *Cognition, 51,* 107–129.
Krajewski, K. (2008). Vorschulische Förderung mathematischer Kompetenzen. In F. Petermann & W. Schneider (Hrsg.), *Angewandte Entwicklungspsychologie. Enzyklopädie für Psychologie, Themenbereich C: Theorie und Forschung, Serie V: Entwicklungspsychologie* (Bd. 7, S. 275–304). Göttingen: Hogrefe.
Krajewski, K. & Schneider, W. (2005). Früherkennung von Rechenstörungen. In W. von Suchodoletz (Hrsg.), *Früherkennung von Entwicklungsstörungen* (S. 224–244). Göttingen: Hogrefe.
Krajewski, K. & Schneider, W. (2006). Mathematische Vorläuferfertigkeiten im Vorschulalter und ihre Vorhersagekraft für die Mathematikleistungen bis zum Ende der Grundschulzeit. *Psychologie in Erziehung und Unterricht, 53,* 124–142.
Krapp, A., Prenzel, P. & Weidenmann, B. (2006). Geschichte, Gegenstandsbereich und Aufgaben der Pädagogischen Psychologie. In A. Krapp & B. Weidenmann (Hrsg.), *Pädagogische Psychologie* (S. 1–31). Weinheim: BeltzPVU.
Krause, K.-H., Dresel, S., Krause, J., Kung, H. F. & Tatsch, K. (2000). Increased striatal dopamine transporter in adult patients with attention deficit hyperactivity disorder: Effects of methyl-phenidate as measured by single photon emission computed tomography. *Neuroscience Letters, 285,* 107–110.
Krauthausen, G. (2009). Entwicklung arithmetischer Fertigkeiten und Strategien. In A. Fritz, G. Ricken & S. Schmidt (Hrsg.), *Handbuch Rechenschwäche* (S. 100–117). Weinheim: Beltz.
Krist, H. & Schwarzer, G. (2007). Entwicklung von Wahrnehmung und Aufmerksamkeit. In M. Hasselhorn & W. Schneider (Hrsg.), *Handbuch der Entwicklungspsychologie* (S. 232–234). Göttingen: Hogrefe.
Kröner, C. & Koletzko, B. (2010). *Basiswissen Pädiatrie.* Berlin: Springer.

Krowatschek, D. & Domsch, H. (2007). Lernverhalten und Aufmerksamkeit. In T. Fleischer, N. Grewe, B. Jötten, K. Seifried & B. Sieland (Hrsg.), *Handbuch Schulpsychologie* (S. 114–123). Stuttgart: Kohlhammer.

Kultusministerkonferenz (2005). *Bildungsstandards der Kultusministerkonferenz.* Berlin: Luchterhand.

Kurth, B. M. & Schaffrath-Rosario, A. (2007) Die Verbreitung von Übergewicht und Adipositas bei Kindern. *Bundesgesundheitsblatt: Gesundheitsforschung, Gesundheitsschutz, 5/6,* 736–743. Online-dokument, verfügbar unter: http://overweight. euprevent.eu/uploads/2009-09-02-132742Kurth_Uebergewicht.pdf (30.3.2010).

Küspert, P. & Schneider, W. (2009). *Hören, lauschen, lernen. Sprachspiele für Kinder im Vorschulalter. Würzburger Trainingsprogramm zur Vorbereitung auf den Erwerb der Schriftsprache.* Göttingen: Vandenhoeck & Ruprecht.

Ladd, G. W., Birch, S. H. & Buhs, E. S. (1999). Children's social and scholastic lives in Kindergarten: Related spheres of influence? *Child Development, 70* (6), 1373–1400.

Laird, R. D., Jordan, K. Y., Dodge, K. A., Pettit, G. S. & Bates, J. E. (2001). Peer rejection in childhood, involvement with antisocial peers in early adolescence, and the development of externalizing behavior problems. *Development and Psychopathology, 13* (2), 337–354.

Lamnek, S. (2005). *Qualitative Sozialforschung* (4., vollst. überarb. Aufl.). Weinheim: Beltz.

Landerl, K. & Kronbichler, M. (2007). Neurokognitive Leseverarbeitung. In L. Kaufmann, H.-C. Nuerk, K. Konrad & K. Willmes (Hrsg.), *Kognitive Entwicklungsneuropsychologie* (S. 362–382). Göttingen: Hogrefe.

Lane, H. (1976). *The wild boy of Averyon.* Cambridge, MA: Harvard University Press.

Langens, T. A. (2009). Leistung. In V. Brandstätter & J. H. Otto (Hrsg.), *Handbuch der Allgemeinen Psychologie. Motivation und Emotion* (S. 217–224). Göttingen: Hogrefe.

Largo, R. H. (2004). Entwicklung der Motorik. In H. Schlack (Hrsg.), *Entwicklungspädiatrie* (S. 23–35). München: Marseille.

Larson, R. W. & Richards, M. H. (1991). Boredom in the middle school years: Blaming schools versus blaming students. *American Journal of Education, 99,* 418–443.

Lauth, G. W. & Minsel, R. (2009). *ADHS bei Erwachsenen.* Göttingen: Hogrefe.

Lauth, G. W. & Naumann, K. (2009). *ADHS in der Schule. Übungsprogramm für Lehrer.* Weinheim: BeltzPVU.

Lauth, G. W. & Schlottke, P. F. (2009). *Training mit aufmerksamkeitsgestörten Kindern* (6. vollst. überarb. Aufl.). Weinheim: BeltzPVU.

Lazarus, R. S. (1991). *Emotion and adaptation.* New York: Oxford University Press.

Lecanuet, J. P., Granier-Deferre, C. & Busnel, M. C. (1995). Human fetal auditory perception. In J. P. Lecanuet, W. P. Fifer, N. A. Krasnegor & W. P. Smotherman (Eds.), *Fetal development: A psychobiological perspective* (pp. 239–262). Hillsdale, NJ: Erlbaum.

Lehmkuhl, G., Frölich, J., Sevecke, K. & Döpfner, M. (2009). *Aufmerksamkeitsdefizit-/Hyperaktivitätsstörungen im Kindes-, Jugend- und Erwachsenenalter* (3. Aufl.). Bremen: UNI-MED.

Lehr, U. & Thomae, H. (1987). *Formen seelischen Alterns. Ergebnisse der Bonner Gerontologischen Längsschnittstudie (BOLSA).* Stuttgart: Enke.

Lenel, A. (2005). *Schrifterwerb im Vorschulalter.* Weinheim: BeltzPVU.

Leonard, B. E., McCartan, D., White, J. & King, D. J. (2004). Methylphenidate: A review of its neuro-pharmacological, neuropsychological and adverse clinical effects. *Human Psychopharmacology, 19*, 151–180.
Lissmann, U. (2010). Schultests. In D. H. Rost (Hrsg.), *Handwörterbuch Pädagogische Psychologie* (S. 737–751). Weinheim: Beltz.
Locke, J. (2006). *Ein Versuch über den menschlichen Verstand (Teil 1)*. Hamburg: Meiner. (Original 1690: An essay Concerning Human Understanding).
Locke, J. (2007). *Gedanken über Erziehung*. Stuttgart: Reclam. (Original 1693: Some thoughts concerning education).
Logothetis, N. K. (2006). Neuronale Implementierung der Objekt- und Gesichtserkennung. In H.-O. Karnath & P. Thier (Hrsg.), *Neuropsychologie* (S. 117–127). Heidelberg: Springer.
Lohaus, A., Vierhaus, M. & Maass, A. (2010). *Entwicklungspsychologie des Kindes- und Jugendalters für Bachelor*. Berlin: Springer.
Lohrmann, K. (2008). *Langeweile im Unterricht*. Münster: Waxmann.
Lorenz, J. H. (1998). *Anschauung und Veranschaulichungsmittel im Mathematikunterricht* (2. Aufl.). Göttingen: Hogrefe.
Lorenz, J. H. (2004). Rechenschwäche. In G. W. Lauth, M. Grünke & J. C. Brunstein (Hrsg.), *Interventionen bei Lernstörungen. Förderung, Training und Therapie in der Praxis* (S. 34– 45). Göttingen: Hogrefe.
Lorenz, K. (1965). *Über tierisches und menschliches Verhalten. Aus dem Werdegang der Verhaltenslehre. Gesammelte Abhandlungen* (2 Bände). München: Piper.
Lorenz, K. (1988). *Hier bin ich – wo bist Du? Ethologie der Graugans*. München: Piper.
Lück, H. E. (2009). *Geschichte der der Psychologie* (4. überarb. u. erw. Aufl.). Stuttgart: Kohlhammer.
Lüders, K. & Pohl, R. O. (Hrsg.). (2004). *Pohls Einführung in die Physik. Mechanik, Akustik und Wärmelehre* (19. Aufl.). Berlin: Springer.
Lüders, K. & Pohl, R. O. (Hrsg.). (2006). *Pohls Einführung in die Physik. Elektrizitätslehre und Optik* (22. Aufl.). Berlin: Springer.
Lüdtke, O., Köller, O., Artelt, C., Stanat, P. & Baumert, J. (2002). Eine Überprüfung von Modellen zur Genese akademischer Selbstkonzepte: Ergebnisse aus der PISA-Studie. *Zeitschrift für Pädagogische Psychologie, 16* (3/4), 151–164.
Lunzer, E. A. & Harrison, C. (1978). Der Leseprozeß und das Lesenlernen. In G. Steiner (Hrsg.), *Piaget und die Folgen. Psychologie des 20. Jahrhunderts, Bd. VII* (S. 1092–1129). Zürich: Kindler.
Maag Merki, K. (2006). Die Entwicklung des Selbstwertes im Gymnasium. In H.-C. Steinhausen (Hrsg.), *Schule und psychische Störungen* (S. 86–101). Stuttgart: Kohlhammer.
Maccoby, E. E. (1980). *Social Development: Psychological Growth and the Parent Child Relationship*. New York: Harcourt Brace Janovich.
Mähler, C. (1999). Naive Theorien im kindlichen Denken. *Zeitschrift für Entwicklungspsychologie und Pädagogische Psychologie, 31* (2), 53–66.
Magai, C. (2009). Bindung, Emotionen und Persönlichkeitsentwicklung. In G. Spangler & P. Zimmermann (Hrsg.), *Die Bindungstheorie. Grundlagen, Forschung und Anwendung* (S. 140–148). Stuttgart: Klett-Cotta.
Mahoney, A. S. (1998). In search of the gifted identity: From abstract concept to workable counseling constructs. *Roeper-Review, 20*, 222–226.
Maier, S. B. (2008). *Praxie, Dyspraxie und Apraxie bei Kindern*. Stuttgart: VDM.

Main, M. (2009). Desorganisation im Bindungsverhalten. In G. Spangler & P. Zimmermann (Hrsg.), *Die Bindungstheorie. Grundlagen, Forschung und Anwendung* (S. 120–139). Stuttgart: Klett-Cotta.
Mampe, B., Friederici, A. D., Christophe, A. & Wermke, K. (2009). Newborns' cry melody is shaped by their native language. *Current Biology, 19* (23), 1994–1997.
Mann, C., Oberländer, H. & Scheid, C. (2001). *LRS Legasthenie. Prävention und Therapie. Ein Handbuch.* Weinheim: Beltz.
Marcia, J. E. (1966). Development and validation of ego-identity status. *Journal of Personality and Social Psychology, 3,* 551–558.
Marcia, J. E. (1980). Identity in adolescence. In J. Adelson (Ed.), *Handbook of adolescent psychology* (pp. 159–187). New York: Wiley.
Marcia, J. E., Waterman, S., Matteson, D. R., Archer, S. L. & Orlofsky, J. L. (Eds.). (1993). *Ego identity: A handbook for psychosocial research.* New York: Springer.
Markowitsch, H. J. (2006). Neuroanatomie und Störungen des Gedächtnisses. In H.-O. Karnath & P. Thier (Hrsg.), *Neuropsychologie* (S. 448–462). Heidelberg: Springer.
Markstrom-Adams, C. & Adams, G. R. (1995). Gender, ethnic group, and grade differences in psychosocial functioning during middle adolescence? *Journal of Youth and Adolescence, 24,* 397–417.
Marlier, L., Schaal, B. & Soussignon, R. (1998). Neonatal responsiveness to the odor of amniotic and lacteal fluids: A test of perinatal chemosensory continuity. *Child Development, 69,* 611–623.
Marsh, H. W. (1986). Verbal and math self-concepts: An internal/external frame of reference model. *American Educational Research Journal, 23,* 129–149.
Marsh, H. W. (2005). Big-fish-little-pond effect on academic self-concept. *Zeitschrift für Pädagogische Psychologie, 19* (3), 119–127.
Marx, P. (2007). *Lese- und Rechtschreiberwerb.* Paderborn: Schöningh.
Marx, P., Weber, J. & Schneider, W. (2001). Legasthenie versus allgemeine Lese-Rechtschreibschwäche: Ein Vergleich der Leistungen in der phonologischen und visuellen Informationsverarbeitung. *Zeitschrift für Pädagogische Psychologie, 15,* 85–98.
Marx, P., Weber, J. & Schneider, W. (2005). Phonologische Bewusstheit und ihre Förderung bei Kindern mit Störungen der Sprachentwicklung. *Zeitschrift für Entwicklungspsychologie und Pädagogische Psychologie, 37* (2), 80–90.
McElvany, N. (2008). *Förderung von Lesekompetenz im Kontext der Familie.* Münster: Waxmann.
McElvany, N., Kortenbruck, M. & Becker, M. (2008). Lesekompetenz und Lesemotivation: Entwicklung und Mediation des Zusammenhangs durch Leseverhalten. *Zeitschrift für Pädagogische Psychologie,* 3/4, 207–219.
Mennella, J. A., Jagnow, C. P. & Beauchamp, G. K. (2001). Prenatal and postnatal flavor learning by human infants. *Pediatrics, 107,* e88.
Menninger, K. (1957). *Zahlwort und Ziffer. Eine Kulturgeschichte der Zahl. Band I: Zählreiche und Zahlsprache.* Göttingen: Vandenhoeck & Ruprecht.
Menninger, K. (1958). *Zahlwort und Ziffer. Eine Kulturgeschichte der Zahl. Band II: Zahlschrift und Rechnen.* Göttingen: Vandenhoeck & Ruprecht.
Merten, J. (2009). Ausdruck. In H.-O. Karnath & P. Thier (Hrsg.), *Neuropsychologie* (S. 422–428). Heidelberg: Springer.
Meßlinger, K. (2002). Physiologie und Pathophysiologie der Schmerzentstehung. *Manuelle Medizin, 40,* 13–21.
Mey, G. (Hrsg.). (2005). *Handbuch Qualitative Entwicklungspsychologie.* Köln: Kölner Studien Verlag.
Meyer, W.-U. (1984). *Das Konzept der eigenen Begabung.* Stuttgart: Huber.

Meyer, W.-U., Reisenzein, R. & Schützwohl, A. (2001). *Einführung in die Emotionspsychologie. Band I: Die Emotionstheorien von Watson, James und Schachter*. Bern: Huber.
Michaelis, R. (2004a). Frühe Lernstörungen. In H.-G. Schlack (Hrsg.), *Entwicklungspädiatrie* (S.149–160). München: Marseille.
Michaelis, R. (2004b). Entwicklung der Sprache und des Sprechens. In H.-G. Schlack (Hrsg.), *Entwicklungspädiatrie* (S.57–70). München: Marseille.
Michaelis, R. (2009). Entwicklung, Entwicklungsstörungen und Risikofaktoren im Säuglings- und Vorschulalter. In C. Speer & M. Gahr (Hrsg.), *Pädiatrie* (3. Aufl., S. 20–29). Heidelberg: Springer.
Mietzel, G. (2002). *Wege in die Entwicklungspsychologie*. Weinheim: PVU.
Ministerium für Schule, Jugend und Kinder des Landes Nordrhein-Westfalen (2003). *Erfolgreich starten! Schulfähigkeitsprofil als Brücke zwischen Kindergarten und Schule*. Online-Dokument, verfügbar unter: http://www.iflw.de/ausbildungen/fruehfoerderung/Erfolgreich_starten.pdf (4.9.2010)
Möller, J. & Schiefele, U. (2004). Motivationale Grundlagen der Lesekompetenz. In U. Schiefele, C. Artelt, W. Schneider & P. Stanat (Hrsg.), *Struktur, Entwicklung und Förderung von Lesekompetenz. Vertiefende Analysen im Rahmen von PISA 2000* (S. 101–124). Wiesbaden: Verlag für Sozialwissenschaften.
Mönks. F. J. (1963). Beiträge zur Begabtenforschung im Kindes- und Jugendalter. *Zeitschrift für Differentielle und Diagnostische Psychologie*, 23, 232–240.
Mönks, F. J. & Ypenburg, I. H. (1995). *Unser Kind ist hochbegabt*. München: Reinhardt.
Moll, G. H., Heinrich, H., Trott, G., Wirth, S. & Rothenberger, A. (2000). Deficient intracortical inhibition in drug-naive children with attention-deficit hyperactivity disorder is enhanced by methylphenidate. *Neuroscience Letters*, 284 (1–2), 121–125.
Moll, G. H. & Hüter, G. (2006). Aufmerksamkeitsdefizit-/Hyperaktivitätsstörung. Neurobiologie. In H. Förstl, M. Hautzinger & G. Roth (Hrsg.), *Neurobiologie psychischer Störungen* (S. 651–670). Berlin: Springer.
Montada, L. (2008a). Konzeptionen der Entwicklung. In R. Oerter & L. Montada (Hrsg.), *Entwicklungspsychologie* (6. vollst. überarb. Aufl., S. 3–48). Weinheim: BeltzPVU.
Montada, L. (2008b). Moralische Entwicklung. In R. Oerter & L. Montada (Hrsg.), *Entwicklungspsychologie* (6. Aufl., S. 572–606). Weinheim: BeltzPVU.
Montessori, M. (1909). *Selbsttätige Erziehung im frühen Kindesalter. Nach den Grundsätzen der wissenschaftlichen Pädagogik methodisch dargelegt*. Stuttgart: Hoffmann. Online-Ressource, verfügbar unter: http://ia360700.us.archive.org/7/items/selbstttigeerz00mont/selbstttigeerz00mont.pdf (4.9.2010)
Montessori, M. (2009). *Kinder sind anders* (14. durchges. und um ein Vorw. erw. Aufl.). Stuttgart: Klett-Cotta. (Original 1950: Il segreto dell'infanzia).
Moore, K. L. & Persaud, T. V. N. (2007). *Embryologie* (5. Aufl.). München: Urban & Fischer.
Moreno, L. (1996). *Die Grundlagen der Soziometrie: Wege zur Neuordnung der Gesellschaft* (unv. Nachdruck der 3. Aufl.). Opladen: Leske + Budrich.
Morgan, P. L. & Fuchs, D. (2007). Is there a bidirectional relationship between children's reading skills and reading motivation?. *Exceptional Children*, 73 (2), 165–183.
Mulligan, S. (2007). Fortschritte in der Forschung zur Sensorischen Integration. In A. Bundy, S. J. Lane & E. A. Murray (Hrsg.), *Sensorische Integrationstherapie* (3. Aufl., S. 433–476). Heidelberg: Springer.

Mummendey, A. (1985). Verhalten zwischen sozialen Gruppen: Die Theorie der sozialen Identität. In D. Frey & M. Irle (Hrsg.), *Theorien der Sozialpsychologie Band II: Gruppen- und Lerntheorien* (S. 185–218). Bern: Huber.

Natke, U. (2005). *Stottern* (2. vollst. überarb. u. erw. Aufl.). Bern: Huber.

Neisser, U (1987). *Concepts and conceptual development: ecological and intellectual factors in categorization.* Cambridge University Press.

Nellen-Swiatly, M., Zens, Y. C. K., Noll, S., Hegar, U. & Wiegand, C. (2008). Schulen in Bewegung. Interventionserfolge im Rheinland. In L. Klaes, S. Wedekind, Y. Zens & A. Rommel (Hrsg.), *Fit sein macht Schule* (S. 107–132). Köln: Deutscher Ärzteverlag.

Neuenschwander, M. P. (1996). *Entwicklung und Identität im Jugendalter.* Bern: Haupt.

Neuhäuser, G. & Ohrt, B. (2004). Das motorisch ungeschickte Kind. In H. Schlack (Hrsg.), *Entwicklungspädiatrie* (S. 141–148). München: Marseille.

Neumeister, K. L. S. (2004). Understanding the relationship between perfectionism and achievement motivation in gifted collage students. *Gifted Child Quarterly, 48,* 219–231.

Neville, H. J. & Bavelier, D. (1999). Specifity and plasticity in neurocognitive development in humans. In M. S. Gazzaniga (Ed.), *The new cognitive neuroscience* (2nd Ed., pp. 83–98). Cambridge, MA: MIT Press.

Nickel, H. (1967). *Die visuelle Wahrnehmung im Kindergarten- und Einschulungsalter.* Bern: Huber.

Nickel, H. (1972). *Entwicklungspsychologie des Kindes- und Jugendalters. Band 1: Allgemeine Grundlagen. Die Entwicklung bis zum Schuleintritt.* Bern: Huber.

Nickel, H. (1975). *Entwicklungspsychologie des Kindes- und Jugendalters. Band 2: Schulkind und Jugendalter.* Bern: Huber.

Nickel, H. (1989). Das Problem der Schulreife. Eine systematische Analyse und ihre praktischen Konsequenzen. In D. Karch, R. Michaelis, B. Rennen-Allhoff & H. G. Schlack (Hrsg.), *Normale und gestörte Entwicklung* (S. 51–68). Berlin: Springer.

Nickel, H. (2000). Erziehungspsychologie. In G. Wenninger (Hrsg.), *Lexikon der Pädagogik* (S. 421–424). Heidelberg: Spektrum.

Nickel, H. & Schmidt-Denter, U. (1995). *Vom Kleinkind zum Schulkind* (5. Aufl.). München: Reinhardt.

Nippold, M. A. (2004). *Research on later language development.* Amsterdam: Benjamins.

Nußbeck, S. (2007). *Sprache. Entwicklung, Störungen und Intervention.* Stuttgart: Kohlhammer.

Ochse, R. & Plug, C. (1986). Cross-cultural investigation of the validity of Erikson's theory of personality development. *Journal of Personality and Social Psychology, 50,* 1240–1252.

Oerter, R. (2005). Schulwirklichkeit und Entwicklungspsychologie: Wie kann entwicklungspsychologisches Wissen schulisches Lernen verbessern? In G. Büttner, F. Sauter & W. Schneider (Hrsg.), *Empirische Schul- und Unterrichtsforschung* (S. 51–80). Lengerich: Pabst.

Oerter, R. (2008a). Entwicklungspsychologische Befunde. In E. Jürgens & J. Standop (Hrsg.), *Das Grundschulkind* (S. 1–14). Baltmannsweiler: Schneider-Hohengehren.

Oerter, R. (2008b). Kindheit. In R. Oerter & L. Montada (Hrsg.), *Entwicklungspsychologie* (6. vollst. überarb. Aufl., S. 225–270). Weinheim: BeltzPVU.

Oerter, R. & Dreher, E. (2008). Jugendalter. In R. Oerter & L. Montada (Hrsg.), *Entwicklungspsychologie* (6. vollst. überarb. Aufl., S. 271–332). Weinheim: BeltzPVU.

Oerter, R. & Oerter, R. M. (1993). Zur Konzeption der Identität in östlichen und westlichen Kulturen. Ergebnisse von kulturvergleichenden Untersuchungen zum Menschenbild junger Erwachsener. *Zeitschrift für Sozialisationsforschung und Erziehungssoziologie (ZSE), 13* (4), 296–310.

Olszewski-Kubilius, P. & Kulieke, M. J. (1989). Personality dimensions of gifted adolescents. In J. L. VanTassel-Baska & P. Olszewski-Kubilius (Eds.), *Patterns of influence on gifted learners* (pp. 125–125). New York: Teachers College Press.

Olweus, D. (1991). Bully/victim problems among schoolchildren: Basic facts and effects of a school based intervention program. In D. J. Pepler & K. H. Rubin (Eds.), *The development and treatment of childhood aggression* (pp. 411–448). Hillsdale, NJ: Erlbaum.

Ortony, A., Clore, G. L. & Collins, A. (1988). *The Cognitive Structure of Emotions*. Cambridge: Cambridge University Press.

Papousek, H. & Papousek, M. (1999). Symbolbildung, Emotionsregulation und soziale Interaktion. In M. Holodynski & W. Friedlmeier (Hrsg.), *Emotionale Entwicklung: Funktionen, Regulation und soziokultureller Kontext von Emotionen* (S. 1–26). Heidelberg: Spektrum.

Parker, J., Rubin, K., Price, J. & de Rosier, M. (1995). Peer relationships, child development, and adjustment. In D. Cicchetti & D. Cohen (Eds.), *Developmental psychopathology: Vol 2. Risk, disorder, and adaptation* (pp. 96–161). New York: Wiley.

Parker, W. D. & Adkins, K. K. (1995). Perfectionism and the gifted. *Roeper Review, 17* (3), 173–176.

Pauen, S. (2000). Early differentiation within the animate domain: Are humans something special? *Journal of Experimental Child Psychology, 75*, 134–151.

Pekrun, R. (1993). Entwicklung von schulischer Aufgabenmotivation in der Sekundarstufe: Ein erwartungs-wert-theoretischer Ansatz. *Zeitschrift für Pädagogische Psychologie, 7* (2/3), 87–97.

Pekrun, R. (1994). Schule als Sozialisationsinstanz. In K. A. Schneewind (Hrsg.), *Psychologie der Erziehung und Sozialisation. Enzyklopädie der Psychologie: Pädagogische Psychologie* (S. 465–493). Göttingen: Hogrefe.

Pekrun, R. (1998). Schüleremotionen und ihre Förderung: Ein blinder Fleck der Unterrichtsforschung. *Psychologie in Erziehung und Unterricht, 45* (3), 230–248.

Pekrun, R. & Fend, H. (1991). Schule und Persönlichkeitsentwicklung: Schlußfolgerungen und offene Fragen. In R. Pekrun & H. Fend (Hrsg.), *Schule und Persönlichkeitsentwicklung* (S. 325–332). Stuttgart: Enke.

Pekrun, R. & Schiefele, U. (1996). Emotions- und motivationspsychologische Bedingungen der Lernleistung. In F. E. Weinert (Hrsg.), *Psychologie des Lernens und der Instruktion. Enzyklopädie der Psychologie: Pädagogische Psychologie* (Band 2, S. 154–180). Göttingen: Hogrefe.

Penner, Z. (2000). Phonologische Entwicklung: Eine Übersicht. In H. Grimm (Hrsg.), *Sprachentwicklung. Enzyklopädie der Psychologie, Themenbereich C: Theorie und Forschung, Serie V: Entwicklungspsychologie* (Band 3, S. 105–139). Göttingen: Hogrefe.

Peper, M. (2008). Emotionen. In S. Gauggel & M. Herrmann (Hrsg.), *Handbuch der Neuro- und Biopsychologie* (S. 347–358). Göttingen: Hogrefe.

Perrez, M., Huber, G. L. & Geißler, I. (2006): Psychologie der pädagogischen Interaktion. In A. Krapp & B. Weidenmann (Hrsg.), *Pädagogische Psychologie* (5. vollst. überarb. Aufl., S. 357–421). Weinheim: BeltzPVU.
Petermann, F. Koglin, U., Natzke, H. & von Marées, N. (2007). *Verhaltenstraining in der Grundschule*. Göttingen: Hogrefe.
Petermann, F., Natzke, H., Gehrken, N. & Walter, H.-J. (2006). *Verhaltenstraining für Schulanfänger*. Göttingen: Hogrefe.
Petermann, F., Niebank, K. & Scheithauer, H. (2004). *Entwicklungswissenschaft*. Berlin: Springer.
Petermann, F. & Petermann, U. (2007). *Training mit Jugendlichen*. Göttingen: Hogrefe.
Petermann, F. & Petermann, U. (2008). *Training mit aggressiven Kindern* (12. vollst. überarb. Aufl.). Weinheim: BeltzPVU.
Petermann, F. & Petermann, U. (2010). *Übersetzung und Adaptation der WISC-IV® von David Wechsler*. Göttingen: Hogrefe.
Petermann, F. & Schneider, W. (2008). Angewandte Entwicklungspsychologie: Ziele und Themen. In F. Petermann & W. Schneider (Hrsg.), *Angewandte Entwicklungspsychologie. Enzyklopädie für Psychologie, Themenbereich C: Theorie und Forschung, Serie V: Entwicklungspsychologie* (Bd. 7, S. 1–18). Göttingen: Hogrefe.
Petermann, F. & Wiedebusch, S. (2008). *Emotionale Kompetenz bei Kindern* (2. überarb. u. erw. Aufl.) Göttingen: Hogrefe.
Petermann, U. & Petermann, F. (2008). Aggressiv-oppositionelles Verhalten. In F. Petermann (Hrsg.), *Lehrbuch der klinischen Kinderpsychologie* (S. 277–294). Göttingen: Hogrefe.
Pfost, M., Dörfler, T. & Artelt, C. (2010). Der Zusammenhang zwischen außerschulischem Lesen und Lesekompetenz. Ergebnisse einer Längsschnittstudie am Übergang von der Grund- in die weiterführende Schule. *Zeitschrift für Entwicklungspsychologie und Pädagogische Psychologie, 42,* 167–176.
Piaget, J. (1972a). *Sprechen und Denken des Kindes*. Düsseldorf: Schwann. (Original 1923: Le Langage et la pensée chez l'enfant).
Piaget, J. (1972b). *Urteil und Denkprozess des Kindes*. Düsseldorf: Schwann. (Original 1924: Le jugement et le raisonnement chez l'enfant).
Piaget, J. (1972c). Die geistige Entwicklung des Kindes (Original 1943). In J. Piaget, *Theorien und Methoden der modernen Erziehung* (S.187–258). Wien: Molden.
Piaget, J. (1973). *Das moralische Urteil beim Kinde* (Original 1954). Frankfurt a. M.: Suhrkamp.
Piaget, J. (1992). *Das Erwachen der Intelligenz beim Kinde*. Stuttgart: Klett. (Original 1936: La naissance de l'intelligence chez l'Enfant).
Piaget, J. (1993a). Die Stadien der geistigen Entwicklung des Kindes und des Heranwachsenden. In J. Piaget (Hrsg.), *Probleme der Entwicklungspsychologie. Kleine Schriften* (S. 46–55). Hamburg: EVA. (Original 1956: Le problème des stades en psychologie de l'enfant).
Piaget, J. (1993b). Sprache und Denkoperationen. In J. Piaget (Hrsg.), *Probleme der Entwicklungspsychologie. Kleine Schriften* (S. 93–105). Hamburg: EVA. (Original 1954: Problèmes de psycholinguistique: Symposium de l'Association de Psychologie Scientifique de Langue Française).
Piaget, J. & Inhelder, B. (2009). *Die Psychologie des Kindes* (10. Aufl.). München: dtv.
Piechowski, M. M. & Colangelo, N. (1984). Developmental potential of the gifted. *Gifted Child Quarterly, 28*(2), 80–88.

Pienemann, M., Kessler, J.-U. & Roos, E. (Hrsg.). (2006). *Englischerwerb in der Grundschule*. Paderborn: Schöningh.

Pinquart, M. & Silbereisen, R. K. (2000). Das Selbst im Jugendalter. In W. Greve (Hrsg.), *Psychologie des Selbst* (S. 75–95). Weinheim: BeltzPVU.

Pinquart, M. & Silbereisen, R. K. (2002). Persönlichkeitsentwicklung im Jugendalter. In G. Jüttemann & H. Thomae (Hrsg.), *Persönlichkeit und Entwicklung* (S. 99–121). Weinheim: Beltz.

Pohlmann, B., Möller, J. & Streblow, L. (2006). Zur Bedeutung dimensionaler Aufwärts- und Abwärtsvergleiche. *Zeitschrift für Pädagogische Psychologie, 20*, 19–25.

Poortinga, Y. H., Kop, P. F. M. & van de Vijver, F. J. R. (1990). Differences between psychological domains in the range of cross-cultural variation. In P. J. D. Drenth, J. A. Sergeant & R. J. Takens (Eds.), *European perspectives in psychology, Vol. 3* (pp. 355–376). New York: Wiley.

Preckel, F. & Brüll, M. (2008). *Intelligenztests*. München: Reinhardt.

Preckel, F. & Götz, T. (2006). Der Big-fish-little-pond-Effekt (Fischteicheffekt). Eine Untersuchung an der Sir-Karl-Popper-Schule und am Wiedner-Gymnasium in Wien. *News & Science, 1/2006*, 24–26.

Prenzel, M., Krapp, A. & Schiefele, H. (1986). Grundzüge einer pädagogischen Interessentheorie. *Zeitschrift für Pädagogik, 32* (2), 163–173.

Preyer, W. (1882/2007). *Die Seele des Kindes* (digitalisiert 2007 Band 2275 von Harvard medicine preservation microfilm project). Leipzig: Grieben.

Pritzel, M. (2006). Händigkeit. In H.-O. Karnath & P. Thier (Hrsg.), *Neuropsychologie* (S. 505–609). Berlin: Springer.

Pusswald, G. (2006). Apraxie. In J. Lehrner, G. Pusswald, E. Fertl, W. Stubreither & I. Kryspin-Exner (2006). *Klinische Neuropsychologie. Grundlagen, Klinik, Rehabilitation*. Wien: Springer.

Quaiser-Pohl, C. & Rindermann, H. (2010). *Entwicklungsdiagnostik*. München: Reinhardt.

Quetelet, A. (1914). *Soziale Physik oder Abhandlung über die Entwicklung der Fähigkeiten des Menschen (Band 1)*. Jena: Fischer. (Original 1835: Sur l'homme et developpement de ses facultes au essai de physique sociale).

Quillian, M. R. (1966). *Semantic memory*. Cambridge, MA: Bolt, Bernak and Newman.

Rakison, D. H. & Poulin-Dubois, D. (2001). The developmental origin of the animate-inanimate distinction. *Psychological Bulletin. 2*, 209–228.

Ramseier, E. (2004). *Motivation als Ergebnis und Determinante schulischen Lernens*. Dissertation, Universität Zürich. Online-Dokument, verfügbar unter: http://opac.nebis.ch/exlibris/aleph/u18_1/apache_media/PM9CQ93SL5NCB9V3MRQ46GQ77SFCJH.pdf (6.9.2010).

Rauh, H. (2008). Vorgeburtliche Entwicklung und frühe Kindheit. In R. Oerter & L. Montada (Hrsg.), *Entwicklungspsychologie* (6. vollst. überarb. Aufl., S. 149–224). Weinheim: BeltzPVU.

Raver, C. (2002). Emotions matter: Making the case for the role of young children's emotional development for early school readiness. *Social Policy Report of the Society for Research in Child Development, 16* (3), 1–20.

Reimann, P. (2006). Computerassistiertes Lernen. In J. Funke und P. A. Frensch (Hrsg.), *Handbuch der Allgemeinen Psychologie. Kognition* (S. 260–266). Göttingen: Hogrefe.

Reisenzein, M. (2009). Einschätzung. In H.-O. Karnath & P. Thier (Hrsg.), *Neuropsychologie* (S. 435–445). Heidelberg: Springer.
Retelsdorf, J. & Möller, J. (2008). Familiäre Bedingungen und individuelle Prädiktoren der Lesekompetenz von Schülerinnen und Schülern. *Psychologie in Erziehung und Unterricht, 55,* 227–237.
Reusser, K. (2006). Jean Piagets Theorie der Entwicklung und des Erkennens. In W. Schneider & F. Wilkening (Hrsg.). *Theorien, Modelle und Methoden der Entwicklungspsychologie. Enzyklopädie der Psychologie. Themenbereich C: Theorie und Forschung, Serie V: Entwicklungspsychologie* (Band 1, S. 92–190). Göttingen: Hogrefe.
Rheinberg, F. (1996). Flow-Erleben, Freude an riskantem Sport und andere „unvernünftige" Motivationen. In J. Kuhl & H. Heckhausen (Hrsg.), *Motivation, Volition und Handlung. Enzyklopädie der Psychologie, Motivation und Emotion (Band C/IV/4,* S. 101-118). Göttingen: Hogrefe.
Rheinberg, F. (2001). Bezugsnormen und schulische Leistungsmessung. In F. E. Weinert (Hrsg.), *Leistungsmessungen in Schulen* (S. 59–71). Weinheim: Beltz.
Rheinberg, F. (2006). Intrinsische Motivation und Flow-Erleben. In J. Heckhausen & H. Heckhausen (Hrsg.), *Motivation und Handeln* (3. Aufl., S. 331–354). Heidelberg: Springer.
Rheinberg; F. (2008). *Motivation* (7. aktual. Aufl.). Stuttgart: Kohlhammer.
Rheinberg, F. & Fries, S. (2010). Bezugsnormorientierung. In D. H. Rost (Hrsg.), *Handwörterbuch Pädagogische Psychologie* (S. 61–67). Weinheim: BeltzPVU.
Riebel, J. & Jäger, R. S. (2008). Kompetenzen von Schulanfängern. Was sollten Schulanfänger können? *Psychologie in Erziehung und Unterricht, 55* (2), 132–142.
Rittelmeyer, C. (2006). *Frühe Erfahrungen des Kindes.* Stuttgart: Kohlhammer.
Ritter, S. (2008). *Lebensraum Schule. Möglichkeiten, das Wohlbefinden von Kindern in Schulen zu verbessern.* Hamburg: Diplomica.
Robert-Koch-Institut (2008). *Beiträge zur Gesundheitsberichterstattung des Bundes. „Kinder- und Jugendgesundheitssurvey (KiGGS) 2003–2006: Lebensphasenspezifische Gesundheit von Kindern und Jugendlichen in Deutschland".* Berlin: Robert Koch-Institut.
Rogers, C. R. (2004). *Entwicklung der Persönlichkeit. Psychotherapie aus der Sicht eines Therapeuten* (14. Aufl.). Stuttgart: Klett-Cotta (Original 1961: On becoming a person).
Rogoff, B. (1990). *Apprenticeship in thinking.* New York: Oxford University Press.
Rohrbeck, C. A., Ginsburg-Block, M. D., Fantuzzo, J. W. & Miller, T. R. (2003). Peer-assisted learning interventions with elementary school students: A meta-analytic review. *Journal of Educational Psychology, 95,* 240–257.
Roos, E. (2006). Frühes Fremdsprachenlernen. Eine Standortbestimmung. In M. Pienemann, J.-U. Kessler & E. Roos (Hrsg.), *Englischerwerb in der Grundschule* (S. 24–32). Paderborn: Schöningh.
Rosch, E. & Mervis, C. B. (1975). Family resemblances: Studies in the internal structure of categories. *Cognitive Psychology, 7,* 537–605.
Rosch, E., Mervis, C. B., Gray, W. D., Johnson, D. M. & Boys-Bream, P. (1976). Basic objects in natural categories. *Cognitive Psychology, 8,* 382–439.
Rosebrock, C. & Nix, D. (2006). Forschungsüberblick: Leseflüssigkeit (Fluency) in der amerikanischen Leseforschung und -didaktik. *Didaktik Deutsch, 20,* 90–112.
Rose-Krasnor, L. (1997). The nature of social competence: A theoretical review. *Social Development, 6,* 111–135.

Rosengren, K. S., Gelman, S. A., Kalish, C. W. & McCormick, M. (1991). As time goes by: Children's early understanding of growth in animals. *Child Development 62*, 1302–1320.
Rost, D. H. (2009). *Intelligenz. Fakten und Mythen*. Weinheim: Beltz.
Roth, G. (2008). Gehirn und Bewusstsein: Neurobiologische Grundlagen. In S. Gauggel & M. Herrmann (Hrsg.), *Handbuch der Neuro- und Biopsychologie* (S. 17–27). Göttingen: Hogrefe.
Roth, K. & Roth, C. (2009). Entwicklung motorischer Fähigkeiten. In J. Baur, K. Bös, A. Conzelmann & R. Singer (2009), *Handbuch motorische Entwicklung* (S. 227–250). Schorndorf: Hofmann.
Rothenberger, A. & Neumärker, K.-J. (2010). Zur Geschichte der Aufmerksamkeits-Hyperaktivitätsstörung. In H.-C. Steinhausen, A. Rothenberger & M. Döpfner (Hrsg.), *Handbuch ADHS* (S. 11–16). Stuttgart: Kohlhammer.
Rothgang, G.-W. (2009). *Entwicklungspsychologie* (2. durchges. Aufl.). Stuttgart: Kohlhammer.
Rousseau, J. J. (1762/1998). *Emile oder über die Erziehung*. Ditzingen: Reclam.
Rummelhart, D. E. & Ortony, A. (1977). The representation of knowledge in memory. In R. C. Anderson, R. J. Spiro & W. E. Montague (Eds.), *Schooling and the acquisition of knowledge* (pp. 99–135). Hillsdale, NJ: Erlbaum.
Rustemeyer, R. (1992). *Praktisch-methodische Schritte der Inhaltsanalyse*. Münster: Aschendorff.
Saarni, C. (1999). *The development of emotional competence*. New York: Guilford Press.
Sachse, S. (2005). Früherkennung von Sprachentwicklungsstörungen. In W. von Suchodoletz (Hrsg.), *Früherkennung von Entwicklungsstörungen* (S. 155–190). Göttingen: Hogrefe.
Salzen, E. A. (1991). On the nature of emotion. *International Journal of Comparative Psychology, 5*, 47–88.
Saß, H., Wittchen, H.-U., Zaudig, M. & Houben, I. (2003). *Diagnostisches und Statistisches Manual Psychischer Störungen. Textrevision (DSM-IV-TR)*. Göttingen: Hogrefe.
Sattler, J. B. (2000). *Links und Rechts in der Wahrnehmung des Menschen. Zur Geschichte der Linkshändigkeit*. Donauwörth: Auer.
Sattler, J. B. (2007). *Das linkshändige Kind in der Grundschule* (13. Aufl.). Donauwörth: Auer.
Sattler, J. B. (2008). *Der umgeschulte Linkshänder oder: der Knoten im Gehirn* (10. Aufl.). Donauwörth: Auer.
Schachinger, H. E. (2005). *Das Selbst, die Selbsterkenntnis und das Gefühl für den eigenen Wert*. Bern: Huber.
Schäfer, M. (2008). Mobbing unter Schülern. In F. Petermann & W. Schneider (Hrsg.), *Angewandte Entwicklungspsychologie. Enzyklopädie für Psychologie, Themenbereich C: Theorie und Forschung, Serie V: Entwicklungspsychologie* (Bd. 7, S. 521–546). Göttingen: Hogrefe.
Schaefgen, R. (2007). *Praxis der sensorischen Integrationstherapie*. Stuttgart: Thieme.
Schäfers, A. & Teuchert-Noodt, G. (2008). Neurowissenschaftliche Befunde. In E. Jürgens & J. Standop (Hrsg.), *Das Grundschulkind* (S. 29–40). Baltmannsweiler: Schneider-Hohengehren.

Schaffner, E. & Schiefele, U. (2007). Auswirkungen habitueller Lesemotivation auf die situative Textrepräsentation. *Psychologie in Erziehung und Unterricht, 54* (4), 268–286.
Schandry, R. (2006). *Biologische Psychologie* (2. überarb. Aufl.). Weinheim: BeltzPVU.
Schank, R. & Abelson, R. (1977). *Scripts, plans goals, and understanding.* Hillsdale, NJ: Erlbaum.
Scharlau, I. (2007). *Jean Piaget zur Einführung.* Hamburg: Junius.
Scheidt, V. (2009). Motorische Entwicklung in der frühen Kindheit. In J. Baur, K. Bös, A. Conzelmann & R. Singer (2009). *Handbuch motorische Entwicklung* (S. 281–300). Schorndorf: Hofmann.
Scheithauer, H., Hayer, T. & Petermann, F. (2003). *Bullying unter Schülern. Erscheinungsformen, Risikobedingungen und Interventionskonzepte.* Göttingen: Hogrefe.
Scheithauer, H. & Petermann, F (2004). Aggressiv-dissoziales Verhalten. In F. Petermann, K. Niebank & H. Scheithauer (Hrsg.), *Entwicklungswissenschaft* (S. 367–410). Berlin: Springer.
Schermer, F. J. (2006). *Lernen und Gedächtnis* (4. überarb. u. erw. Aufl.). Stuttgart: Kohlhammer.
Schick, H. (2008). *Hochbegabung und Schule.* Münster: LIT.
Schick, H., Vollhardt, J., Herfordt, J., Groeben, N. & Reiß, F. (2000). Beziehungs- oder Prinzipientreue in der Politik? Eine inhaltsanalytische Untersuchung zur moralischen Beurteilung politischer Affären anhand des Stufenmodells nach Kohlberg. *Kölner Psychologische Studien V* (1), 27–55.
Schiefele, U. (1996). *Motivation und Lernen mit Texten.* Göttingen: Hogrefe.
Schiefele, U. (2009). Motivation. In E. Wild & J. Möller (Hrsg.), *Pädagogische Psychologie* (S. 151–177). Heidelberg: Springer.
Schiefele, U. & Köller, O. (2010). Intrinsische und extrinsische Motivation. In D. H. Rost (Hrsg.), *Handwörterbuch Pädagogische Psychologie* (S. 336–344). Weinheim: BeltzPVU.
Schiefele, U., Krapp, A. & Schreyer, I. (1993). Metaanalyse des Zusammenhangs von Interesse und schulischer Leistung. *Zeitschrift für Entwicklungspsychologie und Pädagogische Psychologie, 25,* 120–148.
Schiefele, U. & Schreyer, I. (1994). Intrinsische Lernmotivation und Lernen. Ein Überblick zu Ergebnissen der Forschung. *Zeitschrift für Pädagogische Psychologie, 8* (1), 1–13.
Schiefele, U., Wild, K.-P., Winteler, A. (1995). Lernaufwand und Elaborations-strategien als Mediatoren von Studieninteresse und Studienleistung. *Zeitschrift für Pädagogische Psychologie, 9,* 181–188.
Schipper, W. (2009). Entwicklung arithmetischer Fertigkeiten und Strategien. In A. Fritz, G. Ricken & S. Schmidt (Hrsg.), *Handbuch Rechenschwäche* (S. 118–119). Weinheim: Beltz.
Schlack, H. (2004).Beurteilung der „Schulreife" aus kinderärztlicher Sicht. In H. Schlack (Hrsg.), *Entwicklungspädiatrie* (S. 131–140). München: Marseille.
Schmauder, M. & Solf, J. J. (1992). *Einfluß der Händigkeit bei der Handhabung von Arbeitsmitteln.* Bremerhaven: Wirtschaftsverlag NW.
Schmidt, S. (2009). Arithmetische Kenntnisse am Schulanfang. In A. Fritz, G. Ricken & S. Schmidt (Hrsg.), *Handbuch Rechenschwäche* (S. 77–97). Weinheim: Beltz.
Schmidt-Atzert, L. (1996). *Lehrbuch der Emotionspsychologie.* Stuttgart: Kohlhammer.

Schmidtbleicher, D. (2009). Entwicklung der Kraft und der Schnelligkeit. In J. Baur, K. Bös, A. Conzelmann & R. Singer (2009). *Handbuch motorische Entwicklung* (S. 149–167). Schorndorf: Hofmann.

Schmidt-Denter, U. (2005). *Soziale Beziehungen im Lebenslauf. Lehrbuch der sozialen Entwicklung* (4. Aufl.). Weinheim: BeltzPVU.

Schnabel, K.U. (1998). *Prüfungsangst und Lernen*. Münster: Waxmann.

Schneider, H. & Gniers, J. (2006). Intrapartale Asphyxie. In H. Schneider, P. Husslein & K. T. M. Schneider (Hrsg.), *Die Geburtshilfe* (3. Auf., S. 659–670). Heidelberg: Springer.

Schneider, K. (1996). Intrinsisch (autotelisch) motiviertes Verhalten – dargestellt an den Beispielen des Neugierverhaltens sowie verwandter Verhaltenssysteme (Spielen und leistungsmotiviertes Verhalten). In J. Kuhl & H. Heckhausen (Hrsg.), *Motivation, Volition und Handlung. Enzyklopädie der Psychologie, Motivation und Emotion, Band 4* (S. 119–152). Göttingen: Hogrefe.

Schneider, K. & Schmalt, H.-D. (2009). *Motivation* (4. überarb. u. erw. Aufl.). Stuttgart: Kohlhammer.

Schneider, W. & Büttner, G. (2008). Entwicklung des Gedächtnisses bei Kinder und Jugendlichen. In R. Oerter & L. Montada (Hrsg.), *Entwicklungspsychologie* (6. vollst. überarb. Aufl., S. 480–501). Weinheim: BeltzPVU.

Schneider, W. & Marx, P. (2008). Früherkennung und Prävention von Lese-Rechtschreibschwierigkeiten. In F. Petermann & W. Schneider (Hrsg.), *Angewandte Entwicklungspsychologie. Enzyklopädie für Psychologie, Themenbereich C: Theorie und Forschung, Serie V: Entwicklungspsychologie* (Bd. 7, S. 237–273). Göttingen: Hogrefe.

Schnotz, W. (1994). *Aufbau von Wissensstrukturen. Untersuchungen zur Kohärenzbildung beim Wissenserwerb mit Texten*. Weinheim: BeltzPVU.

Schölmerich, A. & Pinnow, M. (2007). Pränatale Entwicklung. In M. Hasselhorn & W. Schneider (Hrsg.), *Handbuch der Entwicklungspsychologie* (S. 131–142). Göttingen: Hogrefe.

Schöne, C., Dickhäuser, O., Spinath, B. & Stiensmeier-Pelster, J. (2004). Zielorientierung und Bezugsnormorientierung: zum Zusammenhang zweier Konzepte. *Zeitschrift für Pädagogische Psychologie, 18*, 93–99.

Schorch, G. (1982). *Kind und Zeit. Entwicklung und schulische Förderung des Zeitbewußtseins*. Bad Heilbrunn: Klinkhard.

Schüler, J. (2009). Selbstbewertungsmodell der Leistungsmotivation. In V. Brandstätter & J. H. Otto (Hrsg.), *Handbuch der Allgemeinen Psychologie. Motivation und Emotion* (S. 135–141). Göttingen: Hogrefe.

Schuler, P. A. (2002). Perfectionism and the gifted adolescent. In M. Neihart, S. M. Reis, N. M. Robinson & S. S. Moon (Eds.), *The social and emotional development of gifted children. What do we know?* (pp. 71–80). Waco, TX: Prufrock Press.

Schuster, B. (2002). Beziehungen zwischen Pubertät und Individuation in der Präadoleszenz. In H. Uhlendorff & H. Oswald (Hrsg.), *Wege zum Selbst. Soziale Herausforderung für Kinder und Jugendliche*. Stuttgart: Lucius.

Schuster, P. (2001). Von der Theorie zur Praxis. Wege der unterrichtspraktischen Umsetzung des Ansatzes von Kohlberg. In W. Edelstein, F. Oder & P. Schuster (Hrsg.), *Moralische Erziehung in der Schule* (S. 177–212). Weinheim: Beltz.

Schwarzer, G. (2006). Visuelle Wahrnehmung. In W. Schneider & B. Sodian (Hrsg.), *Kognitive Entwicklung. Enzyklopädie der Psychologie, Themenbereich C: Theorie und Forschung, Serie V: Entwicklungspsychologie* (Band 2, S. 109–150). Göttingen: Hogrefe.

Schwarzer, R. (2000). *Streß, Angst und Handlungsregulation* (4. überarb. Aufl.). Stuttgart: Kohlhammer.
Schwenck, C. & Schneider, W. (2003). Der Zusammenhang von Rechen- und Schriftsprachkompetenz im frühen Grundschulalter. *Zeitschrift für Pädagogische Psychologie, 17* (3–4), 261–267.
Seguin, E. (1866). *Idiocy and its Treatment by the Physiological Method*. New York: A. M. Kelley. Online-Ressource, verfügbar unter: http://www.archive.org/details/idiocyanditstre00sggoog (4.9.2010).
Seiffge-Krenke, I. (1984). Formen der Problembewältigung bei besonders belasteten Jugendlichen. In E. Olbrich & E. Todt (Hrsg.), *Probleme des Jugendalters. Neuere Sichtweisen* (S. 353–386). Berlin: Springer.
Sekretariat der Ständigen Konferenz der Kultusminister der Länder in der Bundesrepublik Deutschland (2004). *Standards für die Lehrerbildung: Bildungswissenschaften*. Online-Dokument, verfügbar unter: http://www.kmk.org/fileadmin/veroeffentlichungen_beschluesse/2004/2004_12_16-Standards-Lehrerbildung-Bildungswissenschaften.pdf (4.9.2010)
Sekretariat der Ständigen Konferenz der Kultusminister der Länder in der Bundesrepublik Deutschland (2008). *Ländergemeinsame inhaltliche Anforderungen für die Fachwissenschaften und Fachdidaktiken in der Lehrerbildung. Beschluss der Kultusministerkonferenz vom 16.10.2008 i.d.F. vom 08.12.2008*. Online-Dokument, verfügbar unter: http://www.kmk.org/fileadmin/veroeffentlichungen_beschluesse/2008/2008_10_16-Fachprofile.pdf (4.9.2010).
Selman, R. L. (1984). *Die Entwicklung des sozialen Verstehens*. Frankfurt am Main: Suhrkamp.
Selman, R. L. & Byrne, D. F. (1974). A structural-developmental analysis of levels of role-taking in middle childhood. *Child Development, 45* (3), 803–806.
Shavelson, R. J., Hubner, J. J. & Stanton, G. C. (1976). Self-concept: Validation of construct interpretations. *Review of Educational Research, 46*, 407–441.
Sherif, M. (1966). *Group conflict and cooperation: Their social psychology*. London: Routledge and Kegan Paul.
Sherif, M. & Sherif, C. W. (Eds.). (1969). *Interdisciplinary relationships in the social sciences*. Chicago: Aldine.
Siegler, R. S. (2001). *Das Denken von Kindern* (3. Aufl.). München: Oldenbourg.
Siegler, R. S., DeLoache, J. & Eisenberg, N. (2008). *Entwicklungspsychologie im Kindes- und Jugendalter*. Heidelberg: Spektrum.
Siegmüller, J. (2007). Sprachentwicklung. In L. Kaufmann, H.-C. Nuerk, K. Konrad & K. Willmes (Hrsg.), *Kognitive Entwicklungsneuropsychologie* (S. 119–136). Göttingen: Hogrefe.
Silbereisen, R. K. & Schmitt-Rodermund, E. (1998). Entwicklung im Jugendalter: Prozesse, Kontexte, Ergebnisse. In H. Keller (Hrsg.), *Lehrbuch Entwicklungspsychologie* (S. 377–398). Bern: Huber.
Silverman, L. K. (1999). Perfectionism. *Gifted Education International, 13*, 216–255.
Simon, H. (2005). *Dyskalkulie. Kindern mit Rechenschwäche wirksam helfen*. Stuttgart: Klett-Cotta.
Slater, A. (Ed.). (1998). *Perceptual development*. Hove, UK: Psychology Press.
Slater, A. & Butterworth, G. (1997). Perception of social stimuli: Face perception and imitation. In G. Bremmer, A. Slater &G. Butterworth (Eds.), *Infant development. Recent advances* (pp. 223–245). Hove, UK: Psychology Press.

Smith, C., Carey, S. & Wiser, M. (1985). On differentiation: A case study of the development of the concepts of size, weight, and density. *Cognition, 21*, 177–237.
Sodian, B. (2007). Entwicklung des Denkens. In M. Hasselhorn & W. Schneider (Hrsg.), *Handbuch der Entwicklungspsychologie* (S. 244–254). Göttingen: Hogrefe.
Sodian, B. (2008). Entwicklung des Denkens. In R. Oerter & L. Montada (Hrsg.), *Entwicklungspsychologie* (6. vollst. überarb. Aufl., S. 436–479). Weinheim: BeltzPVU.
Sokolowski, K. (2008). Emotion. In J. Müsseler (Hrsg.), *Allgemeine Psychologie* (2. völlig überarb. Aufl., S. 294–333). Heidelberg: Spektrum.
Solso, R. L. (2005). *Kognitive Psychologie*. Heidelberg: Springer.
Souvignier, E. (2008). Förderung intellektueller Kompetenzen. In F. Petermann & W. Schneider (Hrsg.), *Angewandte Entwicklungspsychologie. Enzyklopädie für Psychologie, Themenbereich C: Theorie und Forschung, Serie V: Entwicklungspsychologie* (Bd. 7, S. 389–412). Göttingen: Hogrefe.
Spangler, G. (1999). Frühkindliche Bindungserfahrungen und Emotionsregulation. In W. Friedlmeier & M. Holodynski (Hrsg.), *Emotionale Entwicklung* (S. 176–196). Heidelberg: Spektrum.
Spangler, G. (2009). Die Rolle kindlicher Verhaltensdisposition für die Bindungsentwicklung. In G. Spangler & P. Zimmermann (Hrsg.), *Die Bindungstheorie. Grundlagen, Forschung und Anwendung* (S. 178–190). Stuttgart: Klett-Cotta.
Spangler, G. & Grossmann, K. (2009). Zwanzig Jahre Bindungsforschung in Bielefeld und Regensburg. In G. Spangler & P. Zimmermann (Hrsg.), *Die Bindungstheorie. Grundlagen, Forschung und Anwendung* (S. 50–66). Stuttgart: Klett-Cotta.
Spangler, G. & Schwarzer, G. (2008). Kleinkindalter. In M. Hasselhorn & R. K. Silbereisen (Hrsg.), *Entwicklungspsychologie des Säuglings- und Kindesalters. Enzyklopädie der Psychologie, Themenbereich C: Theorie und Forschung, Serie V: Entwicklungspsychologie* (Band 4, S. 127–175). Göttingen: Hogrefe.
Spangler, G. & Zimmermann, P. (1999). Bindung und Anpassung im Lebenslauf; Erklärungsansätze und empirische Grundlagen für Entwicklungsprognosen. In R. Oerter, G. Röper, C. von Hagen & G. Noam (Hrsg.), *Lehrbuch der klinischen Entwicklungspsychologie* (S.171–194). Weinheim: BeltzPVU.
Spangler, G. & Zimmermann, P. (Hrsg.). (2009). *Die Bindungstheorie. Grundlagen, Forschung und Anwendung*. Stuttgart: Klett-Cotta.
Sparfeldt, J. R., Buch, S. R., Schwarz, F., Jachmann, J. & Rost, D. H. (2009). „Rechnen ist langweilig". Langeweile in Mathematik bei Grundschülern. *Psychologie in Erziehung und Unterricht, 56* (1), 16–26.
Spearman, C. (1904). „General intelligence" objectively determined and measured. *American Journal of Psychology, 15*, 201–293.
Spinath, B. (2008). Bezugsnormorientierung. In J. Zumbach & H. Mandl (Hrsg.), *Pädagogische Psychologie in Theorie und Praxis* (S. 185–192). Göttingen: Hogrefe.
Spiteri, E., Konopka, G., Coppola, G., Bomar, J., Oldham, M., Ou, J., Vernes, S. C., Fisher, S. E., Ren, B. & Geschwind, D. H. (2007). Identification of the transcriptional targets of FOXP2, a gene linked to speech and language, in developing human brain. *The American Journal of Human Genetics', 81*, 1144–1157.
Spitz, R. A. (1945). Hospitalism. An inquiry into the Genesis of Psychiatric conditions in early childhood. *Psychoanalytic Study of the Child, 1*, 53–74.
Spörer, N., Brunstein, J. C. & Arbeiter, K. (2007). Förderung des Leseverständnisses in Lerntandems und in Kleingruppen: Ergebnisse einer Trainingsstudie zu Methoden des reziproken Lehrens. *Psychologie in Erziehung und Unterricht, 54*, 298–313.

Spörer, N., Seuring, V., Schünemann, N. & Brunstein, J.C. (2008). Förderung des Leseverständnisses von Schülern der 7. Klasse: Effekte peer-gestützten Lernens in Deutsch und Englisch. *Zeitschrift für Pädagogische Psychologie, 22,* 247–259.

Spohr, H.-L. (2006). Das klinische Bild des fetalen Alkohol-Syndroms, Alcohol Spectrum Disorder (FASD). In R. L. Bergmann, H.-L. Spohr & J. W. Dudenhausen (Hrsg.), *Alkohol in der Schwangerschaft* (S. 83–92). München: Urban und Vogel.

Squire, L. R. (1987). *Memory and brain.* New York: Oxford University Press.

Squire, L. R. (2007). Memory systems: A biological concept. In H. L. Roedoger, Y. Dudai & S. M. Fitzpatrick (Eds.), *Science of memory: Concepts* (pp. 3398–343). Oxford: Oxford University Press.

Squire, L. R. & Kandel, E. R. (2009). *Gedächtnis. Die Natur des Erinnerns* (2. Aufl.). Heidelberg: Spektrum.

Sroufe, L. A. (1996). *Emotional development: The organization of emotional life in the early years.* New York: Cambridge University Press.

Stadler-Altmann, U. (2010). *Das Schülerselbstkonzept: Eine empirische Annäherung.* Bad Heilbrunn: Klinkhardt.

Städtler, T. (1998). *Lexikon der Psychologie.* Stuttgart: Kröner.

Standop, J. (2005). *Werte-Erziehung. Einführung in die wichtigsten Konzepte der Werteerziehung.* Weinheim: Beltz.

Standop, J. (2008). Moralische Urteilsfähigkeit und Werteerziehung. In E. Jürgens & J. Standop (Hrsg.), *Taschenbuch Grundschule* (S. 87–98). Bielefeld: Schneider-Hohengehren.

Stapf, A. (2003). *Hochbegabte Kinder: Persönlichkeit, Entwicklung, Förderung.* München: Beck.

Steele, M. & Steele, H. (2009). Intergenerationale Tradierung von Bindung, mütterliche Responsivität und Fremdbetreuung: Eine ideographische Illustration. In G. Spangler & P. Zimmermann (Hrsg.), *Die Bindungstheorie. Grundlagen, Forschung und Anwendung* (S. 161–177). Stuttgart: Klett-Cotta.

Steiner, G. (2006). Lernen und Wissenserwerb. In A. Krapp & B. Weidenmann (Hrsg.), *Pädagogische Psychologie* (5. Aufl., S. 137–206). Weinheim: BeltzPVU.

Steinhausen, H.-C. (Hrsg.). (2006) *Schule und psychische Störungen.* Stuttgart: Kohlhammer.

Steinhausen, H.-C. (2010). Definition und Klassifikation. In H.-C. Steinhausen, A. Rothenberger & M. Döpfner (Hrsg.), *Handbuch ADHS* (S. 17–28). Stuttgart: Kohlhammer.

Steinhausen, H.-C., Rothenberger, A. & Döpfner; M. (Hrsg.). (2010). *Handbuch ADHS.* Stuttgart: Kohlhammer.

Steinhausen, H.-C. & Sobanski, E. (2010). Klinischer Verlauf. In H.-C. Steinhausen, A. Rothenberger & M. Döpfner (Hrsg.), *Handbuch ADHS* (S. 152–171). Stuttgart: Kohlhammer.

Steinmayr, R. & Spinath, B. (2007). Predicting school performance from motivation and personality. *Zeitschrift für Pädagogische Psychologie, 21,* 207–216.

Steins, G. (2009). Empathie. In Otto, J. H. & Brandstätter, N. (Hrsg.), *Handbuch der Allgemeinen Psychologie. Motivation und Emotion* (723–730). Göttingen: Hogrefe.

Stern, E., Hasemann, K. & Grünke, M. (2004). Aufbau elaborierter Rechenfertigkeiten. In G. Lauth, M. Grünke & J. Brunstein (Hrsg.), *Interventionen bei Lernstörungen: Förderung, Training und Therapie in der Praxis* (S. 249–257). Göttingen: Hogrefe.

Stern, W. (1912). *Die psychologischen Methoden der Intelligenzprüfung und deren Anwendung an Schulkindern.* Leipzig: J. A. Barth.

Stiensmeier-Pelster, J. & Heckhausen, H. (2006). Kausalattribution von Verhalten und Leistung. In J. Heckhausen & H. Heckhausen (Hrsg.). *Motivation und Handeln* (3. Aufl., S. 355–392). Heidelberg: Springer.

Stoerig, P. (2006). Blindsehen. In H.-O. Karnath & P. Thier (Hrsg.), *Neuropsychologie* (S. 97–106). Heidelberg: Springer.

Strauch, B. (2007). *Warum sie so seltsam sind. Gehirnentwicklung bei Teenagern.* Berlin: BvT.

Sturm, W. (2008). Aufmerksamkeit. In S. Gauggel & M. Herrmann (Hrsg.), *Handbuch der Neuro- und Biopsychologie* (S. 329–336). Göttingen: Hogrefe.

Suhr-Dachs, L. (2006). Schule und Leistungsängste. In H.-C. Steinhausen (Hrsg.), *Schule und psychische Störungen* (S. 52–67). Stuttgart: Kohlhammer.

Szagun, G. (2010). *Sprachentwicklung beim Kind.* (3., aktual. Aufl.). Weinheim: Beltz.

Tajfel, H. (1982). *Gruppenkonflikt und Vorurteil: Entstehung und Funktion sozialer Stereotypen.* Bern: Huber.

Tajfel, H. & Turner, J. C. (1979). An integrative theory of intergroup conflict. In W. G. Austin & S. Worchel (Eds.), *The social psychology of intergroup relations* (pp. 94–109). Monterey, CA: Brooks-Cole.

Tajfel, H. & Turner, J. C. (1986). The social identity theory of intergroup behavior. In S. Worchel & W. G. Austin (Eds.), *Psychology of intergroup relations* (pp. 7–24). Chicago: Nelson-Hall.

Tausch, R. & Tausch, A.-M. (1998). *Erziehungspsychologie* (11. Aufl.). Göttingen: Hogrefe.

Tent, L. & Birkel, P. (2010). Zensuren. In D. H. Rost (Hrsg.), *Handwörterbuch Pädagogische Psychologie* (S. 949–958). Weinheim: Beltz.

Terman, L. (1925). *Genetic studies of genius, Vol. 1: Mental and physical traits of a thousand gifted children* (2nd. ed., reprinted 1986). Stanford, CA: Stanford University Press.

Terrassier, J. C. (1982). Das Asynchronie-Syndrom und der negative Pygmalion-Effekt. In K. K. Urban (Hrsg.), *Hochbegabte Kinder* (S. 92–96). Heidelberg: Schindele.

Tetens, J. N. (1777). *Philosophische Versuche über die menschliche Natur und ihre Entwicklung 1.* Leipzig: Weidmanns Erben und Reich.

Thier, P. (2006). Die funktionelle Architektur des präfrontalen Kortex. In H.-O. Karnath & P. Thier (Hrsg.), *Neuropsychologie* (S. 471–478). Berlin: Springer.

Thomas, A. & Chess, S. (1977). *Temperament and development.* New York: Brunner/Mazel.

Thurstone, L. L. (1938). *Primary mental abilities.* Chicago, IL: University of Chicago Press.

Tiedemann, D. (1787). Beobachtungen über die Seelenfähigkeit bei Kindern. *Hessische Beiträge zur Gelehrsamkeit und Kunst, 2,* 313–333, 486–502.

Tiedemann, J. & Faber, G. (1994). Mädchen und Grundschulmathematik. *Zeitschrift für Entwicklungspsychologie und Pädagogische Psychologie, 26* (2), 101–111.

Tiso, C. L. (2007). Patterns of overexcitability in identified gifted students and their parents. *Gifted Child Quarterly, 51,* 11–22.

Todt, E. (1985). Die Bedeutung der Schule für die Entwicklung der Interessen von Kindern und Jugendlichen. *Unterrichtswissenschaft, 13,* 362–376.

Tomasello, M. (1999). The human adaptation for culture. *Annual Review of Anthropology, 28,* 509–529.

Träbert, D. (2007). *Konzentrationsförderung in der Grundschule*. Lichtenau: AOL Verlag.
Tracy, R. & Gawlitzek-Maiwald, I. (2000). Bilingualismus in der frühen Kindheit. In H. Grimm (Hrsg.), *Sprachentwicklung (Enzyklopädie der Psychologie, Themenbereich C: Theorie und Forschung, Serie V: Entwicklungspsychologie* (Band 3, S. 495–535). Göttingen: Hogrefe.
Trautner, H. M. (2003). *Allgemeine Entwicklungspsychologie*. Stuttgart: Kohlhammer.
Trautner, H. M. (2006). Entwicklungsbegriffe. In W. Schneider & F. Wilkening (Hrsg.). *Theorien, Modelle und Methoden der Entwicklungspsychologie. Enzyklopädie der Psychologie. Themenbereich C: Theorie und Forschung, Serie V: Entwicklungspsychologie* (Band 1, S. 59–89), Göttingen: Hogrefe.
Trautner, H. M. (2007). Prägung. In M. Hasselhorn & W. Schneider (Hrsg.), *Handbuch der Entwicklungspsychologie* (S. 107–118). Göttingen: Hogrefe.
Trepel, M. (2008). *Neuroanatomie* (4. Aufl.). München: Urban & Fischer.
Treue, S. (2006). Neuronale Grundlagen von Aufmerksamkeit. In H.-O. Karnath & P. Thier (Hrsg.), *Neuropsychologie* (S. 254–260). Heidelberg: Springer.
Ulfig, A. (2003). *Lexikon der philosophischen Begriffe* (2. Aufl.). Wiesbaden: Fourier.
Ullsperger, M. & von Cramon, D. Y. (2006). Funktionen frontaler Strukturen. In H.-O. Karnath & P. Thier (Hrsg.), *Neuropsychologie* (479–488). Berlin: Springer.
Urban, K. K. (1980). Hochbegabte Kinder – eine Herausforderung. *Bildung und Erziehung. Beiheft*, 6, 150–172.
Urban, K. K. (1981). Zur Geschichte der Hochbegabtenforschung. In W. Wieczerkowski & H. Wagner (Hrsg.), *Das hochbegabte Kind* (S. 15–38). Düsseldorf: Schwann.
Urban, K. K. (2000). Kreativität: Vom Störfaktor zum Unterrichtsziel. In H. Wagner (Hrsg.), *Begabung und Leistung in der Schule* (2. überarb. u. erw. Aufl., S. 117–138). Bad Honnef: Bock.
Vaillancourt, T. & Hymel, S. (2006). Aggression, social status and the moderating role of sex and peer-valued characteristics. *Aggressive Behavior*, 32, 396–408.
Valsiner, J. (2000). *Culture and Human development*. London: Sage.
Valsiner, J. (2006). Developmental epistemology and implications for methodology. In R.M. Lerner & W. Damon (Eds.), *Handbook of child psychology*, Vol 1, *Theoretical models of human development* (6th ed., pp. 166–209.). Hoboken, NJ, US: John Wiley & Sons Inc.
Van Dijkstra, T. & Kempen, G. (1993). *Einführung in die Psycholinguistik*. Bern: Huber.
Van Eimeren, L. & Ansari, D. (2009). Rechenschwäche, eine neurokognitive Perspektive. In A. Fritz, G. Ricken & S. Schmidt (Hrsg.), *Handbuch Rechenschwäche* (S. 25–33). Weinheim: Beltz.
Van Lange, P. A. M. & DeDreu, K. W. (2002). Soziale Interaktion: Kooperation und Wettbewerb. In W. Stroebe, M. Reiss & M. Hewstone. *Sozialpsychologie* (S. 381–414). Berlin: Springer.
Van Ophuysen, S. (2008). Zur Veränderung der Schulfreude von Klasse 4 bis 7. Eine Längsschnittanalyse schulformspezifischer Effekte von Ferien und Grundschulübergang. *Zeitschrift für Pädagogische Psychologie*, 22, 293–306.
Volland, C. & Trommsdorff, G. (2003). Mütterliche Feinfühligkeit und die Entwicklung von mitfühlend-prosozialem Verhalten bei Vorschulkindern. Eine Beobachtungsstudie. *Zeitschrift für Entwicklungspsychologie und Pädagogische Psychologie 35(1)*, 2–11.

Von Ehrenfels, C. (1890). Über Gestaltqualitäten. *Vierteljahrsschrift für wissenschaftliche Philosophie, 14*, 249–292.
Von Marées, N. & Petermann, F. (2010). Effektivität des „Verhaltenstrainings in der Grundschule" zur Förderung sozialer Kompetenz und Reduktion von Verhaltensproblemen. *Praxis der Kinderpsychologie und Kinderpsychiatrie, 59*(3), 224–241.
Von Salisch, M. (2002). *Emotionale Kompetenz entwickeln.* Stuttgart: Kohlhammer.
Von Suchodoletz, W. (2005a). Chancen und Risiken von Früherkennung. In W. von Suchodoletz (Hrsg.), *Früherkennung von Entwicklungsstörungen* (S. 1–22). Göttingen: Hogrefe.
Von Suchodoletz, W. (Hrsg.). (2005b). *Früherkennung von Entwicklungsstörungen.* Göttingen: Hogrefe.
Von Suchodoletz, W. (2005c). Früherkennung einer Lese-Rechtschreibstörung. In W. von Suchodoletz (Hrsg.), *Früherkennung von Entwicklungsstörungen* (S. 191–223). Göttingen: Hogrefe.
Von Suchodoletz, W. (Hrsg.). (2006). *Therapie der Lese-Rechtschreib-Störung (LRS)* (2. überarb. Aufl.). Stuttgart: Kohlhammer.
Von Suchodoletz, W. (2008). Sprech- und Sprachstörungen. In F. Petermann (Hrsg.), *Lehrbuch der Klinischen Kinderpsychologie* (S. 223–237). Göttingen: Hogrefe.
Von Suchodoletz, W. (2010). Was wird aus Kindern mit umschriebenen Sprachentwicklungsstörungen? In M. Noterdame & F. J. Freisleder (Hrsg.), *Entwicklungsstörungen im Überblick* (S. 89–105). München: Zuckschwerdt.
Vosniadou, S. & Brewer, W. F. (1992). Mental models of the earth: A study of conceptual change in childhood. *Cognitive Psychology, 24,* 535–585.
Wagner, J. W. L. & Alisch, L.-M. (2006). Zum Stand der psychologischen und pädagogischen Freundschaftsforschung. In L.-M. Alisch & J. W. L Wagner (Hrsg.), *Freundschaften unter Kindern und Jugendlichen* (S. 11–94). Weinheim: Juventa.
Warnke, A. & Plume, E. (2008). Umschriebene Lese-Rechtschreibstörung. In F. Petermann (Hrsg.), *Lehrbuch der klinischen Kinderpsychologie* (6. vollst. überarb. Aufl., S. 189–206). Göttingen: Hogrefe.
Weber, S. (2008). *Linkshändige Kinder richtig fördern* (3. Aufl.). München: Reinhardt.
Wechsler, D. (1955). *Die Messung der Intelligenz Erwachsener.* Bern: Huber.
Wehner, K. (2006). Freundschaftsbeziehungen von Kindern und Jugendlichen und soziale Unterstützung. In L.-M. Alisch & J. W. L Wagner (Hrsg.), *Freundschaften unter Kindern und Jugendlichen* (S. 119–136). Weinheim: Juventa.
Weichold, K. & Silbereisen, R. K. (2008). Pubertät und psychosoziale Anpassung. In R. K. Silbereisen & M. Hasselhorn (Hrsg.), *Entwicklungspsychologie des Jugendalters. Enzyklopädie für Psychologie, Themenbereich C: Theorie und Forschung, Serie V: Entwicklungspsychologie* (Band 5, S. 3–53). Göttingen: Hogrefe.
Weinert, F. E. (2010). Entwicklung, Lernen, Erziehung. In D. H. Rost (Hrsg.), *Handwörterbuch Pädagogische Psychologie* (S. 132–143). Weinheim: BeltzPVU.
Weinert, S. (2000). Beziehungen zwischen Sprach- und Denkentwicklung. In H. Grimm (Hrsg.), *Sprachentwicklung. Enzyklopädie der Psychologie, Themenbereich C: Theorie und Forschung, Serie V: Entwicklungspsychologie* (Band 3, S. 311–361). Göttingen: Hogrefe.
Weinert, S. (2006a). Sprachentwicklung. In W. Schneider & B. Sodian (Hrsg.), *Kognitive Entwicklung. Enzyklopädie der Psychologie, Themenbereich C: Theorie und Forschung, Serie V: Entwicklungspsychologie* (Band 2, S. 609–719). Göttingen: Hogrefe.

Weinert, S. (2006b). Sprachentwicklung einschließlich Bilingualismus. In J. Funke & P. A. Frensch (Hrsg.), *Handbuch der Allgemeinen Psychologie. Kognition* (S. 656–664). Göttingen: Hogrefe.

Weinert, S. & Weinert, F. E. (2006). Entwicklung der Entwicklungspsychologie: Wurzeln, Meilensteine und Entwicklungslinien. In W. Schneider & F. Wilkening (Hrsg.), *Theorien, Modelle und Methoden der Entwicklungspsychologie. Enzyklopädie der Psychologie. Themenbereich C: Theorie und Forschung, Serie V: Entwicklungspsychologie* (Band 1, S. 3–58), Göttingen: Hogrefe.

Weinert, S. & Grimm, H. (2008). Sprachentwicklung. In R. Oerter & L. Montada (Hrsg.), *Entwicklungspsychologie* (6. vollst. überarb. Aufl., S. 502–534). Weinheim: BeltzPVU.

Weinert, S. & Lockl, K. (2008). Sprachförderung. In F. Petermann & W. Schneider (Hrsg.), *Angewandte Entwicklungspsychologie. Enzyklopädie für Psychologie, Themenbereich C: Theorie und Forschung, Serie V: Entwicklungspsychologie* (Bd. 7, S. 91–134). Göttingen: Hogrefe.

Weiß, R. H. (2006). *Grundintelligenztest Skala 2 Revision (CFT 20-R)*. Göttingen: Hogrefe.

Weißhaupt, S. & Peucker, S. (2009). Entwicklung arithmetischen Vorwissens. In A. Fritz, G. Ricken & S. Schmidt (Hrsg.), *Handbuch Rechenschwäche* (S. 52–76). Weinheim: Beltz.

Weißhaupt, S., Peucker, S. & Wirtz, M., (2006). Diagnose mathematischen Vorwissens im Vorschulalter und Vorhersage von Rechenleistungen und Rechenschwierigkeiten in der Grundschule. *Psychologie in Erziehung und Unterricht, 53* (4), 236–245.

Wellman, H. M. & Gelman, S. A. (1998). Knowledge acquisition in foundational domains. In W. Damon, D. Kuhn & R. S. Siegler (Eds.), *Handbook of child psychology: Vol. 2. Cognition, perception, and language* (5th ed., pp. 523–573). New York: Wiley.

Wensauer, M. (2009). Bindung, soziale Unterstützung und Zufriedenheit im höheren Erwachsenenalter. In G. Spangler & P. Zimmermann (Hrsg.), *Die Bindungstheorie. Grundlagen, Forschung und Anwendung* (S. 232–248). Stuttgart: Klett-Cotta.

Whorf, B. L. (2008). *Sprache, Denken, Wirklichkeit. Beiträge zur Metalinguistik und Sprachphilosophie* (25. Aufl.). Reinbek: Rowohlt. (Original 1956: Language, thought and reality).

Wilkening, F. & Krist, H. (2008). Entwicklung der Wahrnehmung und Psychomotorik. In R. Oerter & L. Montada (Hrsg.), *Entwicklungspsychologie* (6. vollst. überarb. Aufl., S. 413–435). Weinheim: BeltzPVU.

Wilkening, F., Huber, S. & Cacchione, T. (2006). Intuitive Physik im Kindesalter. In W. Schneider & B. Sodian (Hrsg.), *Enzyklopädie der Psychologie: Entwicklung, Vol. 2, Kognitive Entwicklung* (S. 823–859). Göttingen: Hogrefe.

Willimczik, K. & Singer, R. (2009). Motorische Entwicklung: Gegenstandsbereich. In J. Baur, K. Bös, A. Conzelmann & R. Singer (2009). *Handbuch motorische Entwicklung* (S. 15–24). Schorndorf: Hofmann.

Winkler-Metzke, C., Achermann, N., Pecorari, C., Steinhausen, H.-C. (2006). Erlebte schulische Umwelt und seelisches Befinden. In H.-C. Steinhausen (Hrsg.), *Schule und psychische Störungen* (S. 102–116). Stuttgart: Kohlhammer.

Winkler-Metzke, C. & Steinhausen, H.-C. (2002). Bewältigungsstrategien im Jugendalter. *Zeitschrift für Entwicklungspsychologie und Pädagogische Psychologie, 34* (4), 216–226.

Winner, E. (1998). *Hochbegabt. Mythen und Realitäten von außergewöhnlichen Kindern*. Stuttgart: Klett-Cotta.

Witte, E. H. & Linnewedel, J. (1993). Die Sicherung der Identität: Theoretische Vorstellungen und ein Experiment. In B. Pörzgen & E. H. Witte (Hrsg.), *Selbstkonzept und Identität. Beiträge des 8. Hamburger Symposions zur Methodologie der Sozialpsychologie* (S. 29–48). Braunschweig: Technische Universität, Fb 9, Abteilung Sozialarbeitswissenschaft des Seminars für Soziologie und Sozialarbeitswissenschaft.
Wittgenstein, L. (1946/2001). *Philosophische Untersuchungen.* Frankfurt a. M.: Suhrkamp.
Wolff Metternich, T. & Döpfner, M. (2006). Aufmerksamkeitsdefizit-/Hyperaktivitätsstörungen. In H. C. Steinhausen (Hrsg.), *Schule und psychische Störungen* (S. 177–189). Stuttgart: Kohlhammer.
Wulf, C. (2001). *Einführung in die Anthropologie der Erziehung.* Weinheim: Beltz.
Wygotsky, L. S. (1978). *Mind in society. The development of higher mental processes.* Cambridge, MA: Harvard University Press.
Wynn, K. (1992). Addition and subtraction by human infants. *Nature, 358,* 749–750.
Zahn-Wachsler, C., Robinson, J. L. & Emde, R. N. (1992). The development of empathy in twins. *Developmental Psychology, 28,* 1038–1049.
Zeidner, M. & Matthews, G. (2000). Intelligence and personality. In R. J. Sternberg (Ed.), *Handbook of intelligence* (pp. 581–610). New York, NY: Cambridge University Press.
Zeller, W. (1936). *Der erste Gestaltwandel des Kindes.* Leipzig: Barth.
Zentner, M. R. (1993). *Die Wiederentdeckung des Temperaments.* Paderborn: Junfermann.
Zentner, M. R. (1999). Temperament und emotionale Entwicklung. In M. Holodynski & W. Friedlmeier (Hrsg.), *Emotionale Entwicklung: Funktionen, Regulation und soziokultureller Kontext von Emotionen* (S. 156–175). Heidelberg: Spektrum.
Ziegler, A. (2008). *Hochbegabung.* München: Reinhardt.
Ziehl, J. (2006). Zerebrale Blindheit und Gesichtsfeldausfälle. In H.-O. Karnath & P. Thier (Hrsg.), *Neuropsychologie* (S.88–96). Berlin: Springer.
Zierer, K. (2003). *Grundschule als pädagogisch gestalteter Lebensraum.* Baltmannsweiler: Schneider-Hohengehren.
Zierer, K. (Hrsg.). (2010). *Schulische Werteerziehung: Kompendium.* Bielefeld: Schneider Hohengehren.
Zimmermann, P. (1999). Emotionsregulation im Jugendalter. In W. Friedlmeier & M. Holodynski (Hrsg.), *Emotionale Entwicklung* (S. 219–240). Heidelberg: Spektrum.
Zimmermann, P. (2009). Bindungsentwicklung von der frühen Kindheit bis zum Jugendalter und ihre Bedeutung für den Umgang mit Freundschaftsbeziehungen. In G. Spangler & P. Zimmermann (Hrsg.), *Die Bindungstheorie. Grundlagen, Forschung und Anwendung* (S. 203–231). Stuttgart: Klett-Cotta.
Zuo, L. & Cramond, B. (2001). An examination of Terman's gifted children from the theory of identity. *Gifted Child Quarterly, 45,* 251–259.
Zwirner, P. (2005). Rechtzeitiges Erkennen von Kindern mit Hörstörungen. In W. von Suchodoletz (Hrsg.), *Früherkennung von Entwicklungsstörungen* (S. 245–260). Göttingen: Hogrefe.

Stichwortverzeichnis

A

Adaptation 132
ADHS 110, 111, 114, 175
Adoleszenz 33, 74, 76, 78, 256
Aggression 217, 239, 253
Aktionspotential 58, 59, 89, 98
Alkoholembryopathie 55
Anlage-Umwelt-Debatte 29
Assoziationen 181
Aufmerksamkeit 85, 104, 106, 116, 188, 197
Aufmerksamkeitsstörungen 55
Auge 86, 88, 89

B

Beliebtheit 249, 255
Belohnung 182
Bestrafung 184
Bewältigung 37, 79
Bezugsnorm 196, 223, 260, 263
Bezugsrahmen 261
Bildungsstandards 46
Bindung 18, 34, 63, 201, 242, 245, 251
– Bindungsorganisation 202, 203
– Bindungsqualität 203, 216
– Bindungsrepräsentation 204
– Bindungsstile 18, 203
– Bindungsverhalten 201, 202
Bullying 243, 250, 254, 255

C

Chromosomenaberration 54
Chronosystem 28

D

Denken 85, 117, 119, 124, 197
Diagnostische Kompetenz 46
Drei-Berge-Versuch 225
Dyskalkulie 179
Dyslexie 173
Dyspraxie 174

E

Egozentrismus 129
Embryo 51, 54, 56
Emotionale Kompetenz 216, 217
Emotionen 207, 252
– Ausdruck 208, 209
– Basisemotionen 213
– Lernemotion 193, 219, 252
– negative 184, 208, 223, 263
– positive 223, 263
– Regulation 206, 209, 213, 214
– Verarbeitung 60
Empathie 224, 238, 252
Entwicklung 13, 14, 29, 39, 42, 49
– aggressiven Verhaltens 240
– der Aufmerksamkeit 109
– der Identität 265
– der Intelligenz 160
– der Leistungsmotivation 194
– des Denkens 126, 128, 132, 134
– des Gedächtnisses 122
– des Gerechtigkeitsverständnisses 230
– des Hörens 99
– des Sehens 94
– des Sprechens 142
– kognitive 78, 85, 117, 126
– moralische 230, 231
– motorische 64, 70, 72
– pränatale 30, 51, 53, 82
– soziale 224, 238

- sozio-emotionale 201, 251
- über die Lebensspanne 15, 30, 38
Entwicklungsaufgaben 32, 35, 38, 80
Entwicklungsbedingungen 15, 29
Entwicklungsdiagnostik 15
- durch Befragung 19
- durch Testung 17
- durch Verhaltensbeobachtung 17
Entwicklungsimpulse 24, 26, 36, 132
Entwicklungspsychologie 13, 14, 16, 24, 50
Erziehung 39, 40, 50, 137
- Erziehungsbedingungen 41
- Erziehungsnormen 40
- in der Schule 40, 41, 45
Exosystem 28
Experiment 18, 21

F

Fähigkeitsselbstkonzept 223, 252, 260, 262, 273
Feinmotorik 61, 65, 83
Feldexperiment 21
Fetal Alcohol Syndrome – FAS 55
Fetus 52, 53, 56
Flow-Erleben 220
Forschungsmethoden 16, 22
Forschungsstandards 16, 19
Freundschaften 246, 247, 250, 254

G

Gedächtnis 118, 119, 187, 198
- Arbeitsgedächtnis 120, 156
- Gedächtnisspanne 120
- Gedächtnisstrategien 120
- Kurzzeitgedächtnis 122
- Langzeitgedächtnis 121
Gehirn 57, 59, 60, 61, 85, 104, 119, 139, 187
Gerechtigkeitsgefühl 229
Gerechtigkeitsverständnis 253
Geschwister 26
Gestaltpsychologie 92, 102
Gestaltwandel 69, 77
Grobmotorik 64, 83
Grundschulalter 33, 36, 81, 240, 246, 248, 262
Gruppe 228, 253, 269, 270

Gruppenkonflikt 228, 253, 271

H

Habituation 53, 122, 181
Händigkeit 66, 71, 83
Handlungssteuerung 60, 108
Häufigkeit 20
Hidden Curriculum 195
Hochbegabung 163, 165
Hören 52, 61, 70, 96, 98, 145
Hormone 61, 75, 77
Hyperaktivität 55, 110

I

Identität 33, 258, 272
- ethnische 268, 272
- nationale 268
- personale 264
- soziale 267, 269, 270
Identitätsarbeit 266
Impulskontrolle 110
Intelligenz 27, 86, 112, 119, 142, 151, 156, 163, 170, 196, 199
- Intelligenzmodelle 152, 156, 161
- Intelligenzquotient 159, 160
- Intelligenztest 152, 156, 159, 161
- Stabilität 161
Interesse 15, 194, 223
Invarianz 18, 130

J

Jugendalter 33, 36, 74, 81, 135, 143, 198, 216, 240, 246, 248, 264

K

Keimling 51
Kernwissen 135, 186
Kleinkindalter 32
Kognitive Funktionen 85, 196, 197
Konditionierung 182, 185
Konzentration 85, 107, 109
Kooperation 226
Korrelation 20
Kreisreaktion 128
Krise 37, 38, 266

- kritisches Lebensereignis 32
- psychosoziale 32
- pubertäre 75, 79, 80

L

Langeweile 185, 220, 222
Längsschnittmethode 22, 36, 50
Lautstärke 52, 96, 97, 99
Lebensumwelt 28, 44, 56
Leistung 189, 220
Lernen 180, 183, 220
- am Modell 183, 238
- assoziatives 182
- kooperatives 227
- Lernstrategien 188
- Lerntransfer 188
Lernfreude 224
Lernschwäche 55, 57
Lesen 172, 176, 199
Lese-Rechtschreibschwäche 174
Lese-Rechtschreibstörung 101, 175, 177

M

Makrosystem 28
Mesosystem 28
Metakognition 135
Mikrosystem 28
Mobbing 243, 244
Moralität 229
Motivation 189, 200
- extrinsisch 192
- intrinsisch 192, 194
- Leistungsmotivation 189
- Lernmotivation 189, 195

N

Nervenzelle 58
Neugier 194
Neuronales Netzwerk 57, 62, 120
Normalverteilung 164, 165

O

Objektivität 16
Ohr 86, 96, 98
Overachiever 194

P

Pädagogik 39, 40, 43, 50, 136
Passung 205
Peers 245, 246, 249, 250, 254
Perfektionismus 167, 169, 191
Persönlichkeit 166, 205, 256, 272
Perspektivübernahme 225, 226, 252
Phonologische Bewusstheit 146, 150, 171, 177
Prägung 42
Problemlösen 118, 119, 126, 134
Prosoziales Verhalten 238
Prüfungsangst 221
Pubertät 74, 76, 78, 84

Q

Querschnittmethode 22

R

Rechenschwäche 178
Rechnen 171, 178, 199
Reifung 26, 132, 133
Reliabilität 16
Rezeptoren 86

S

Sauerstoffmangelsyndrom 55
Säuglingsalter 32, 186
Schema 125, 133
Schreiben 66, 71, 171, 173, 199
Schule 170, 195, 229, 237, 239, 243, 244, 262, 271, 273
- Entwicklungsbereiche 44
- Funktionen 44
- Grundschule 72, 95, 109, 123, 170, 176, 178, 215
- Klassenfahrt 228
- Sekundarstufe 72, 103, 123, 177, 216
Schulfähigkeit 69, 84
Schulleistungen 199, 250
Schulleistungsstörungen 101
Schulleistungstest 162
Schulnoten 162, 263
Schulsport 71, 72, 81, 84
Sehen 53, 59, 61, 70, 88, 90, 94

Selbst 256
Selbstkonzept 257, 259
Selbstreflexion 265
Sensible Phase 43, 62, 64, 83
Sinnesempfindung 87
Soziale Kompetenz 238, 253
Sozialisation 26, 28, 40, 224, 254
Sozialverhalten 206, 239, 241, 244
Soziometrie 249
Spätentwickler 70, 95
Sprache 67, 118, 138, 198
- Komponenten 140
- Late Talker 146
- Mehrsprachigkeit 147
- Sprachförderung 150
- Sprachstörung 55, 139, 142, 145
Standardabweichung 164
Stottern 146
Stufentheorie 24, 31, 128, 134, 138, 248
Synapse 59

T

Temperament 205, 212, 242
Teratogene 53
Transmitter 59, 114

U

Umwelteinfluss 26, 161
Underachiever 194
Unterricht 56, 71, 81, 96, 100, 102, 103, 109, 113, 116, 117, 136, 149, 150, 162, 169, 176, 187, 193, 196, 198, 227, 250, 253, 254
- entwicklungspsychologische Grundlagen 48
- Klassengröße 17

- Unterrichtsqualität 187, 223
- Unterrichtsstörung 82, 116, 184, 185, 217, 229

V

Validität 16, 19
Varianz 20
Veränderung 13, 14, 15, 39, 41, 49
Verstärkerpläne 183, 184, 219
Verstärkung 182
Viktimisierung 243, 244
Vorschulalter 33, 57, 69, 83, 143, 150, 171, 178, 186, 248
Vorwissen 170, 185
Vulnerabilität 53

W

Wahrnehmung 85, 86, 196
- analytische 103
- auditive 96
- Grenzen 93
- holistische 102
- intermodale 100
- visuelle 88, 91
Wendepunkte der Entwicklung 38
Werteerziehung 237
Wettbewerb 219, 227, 228, 253
Wissensaufbau 180, 185, 187, 200
Wissenserwerb 170
Wissensorganisation 188

Z

Zeitbezug 13
Zentrierung 131
Zwillingsstudien 26
Zygote 51, 54

2011. 484 Seiten mit 138 Abb. und
5 Tab. Fester Einband
€ 35,90
ISBN 978-3-17-021553-5

Doris Bischof-Köhler

Soziale Entwicklung in Kindheit und Jugend

Bindung, Empathie, Theory of Mind

Gegenwärtig wird Entwicklung überwiegend unter kognitiver Perspektive gesehen. Dabei besteht die Tendenz, sozial kompetentes Verhalten von Kleinkindern aus einer einfachen Vorform der gleichen rationalen Mechanismen zu erklären, die später auch für die entsprechenden Leistungen bei Erwachsenen verantwortlich sind. Motivationale und emotionale Verarbeitungsprozesse führen in solchen Ansätzen eher ein Schattendasein, obwohl gerade sie unter evolutionärer Perspektive als Bestandteile der sozialen Kognition und ihrer Auswirkungen auf das Handeln unverzichtbar sind. Ziel dieses Lehrbuches ist es, diese Komponenten stärker als üblich in die Betrachtung einzubeziehen, und zwar nicht isoliert, sondern unter Herausarbeitung des integrativen und systemischen Zusammenspiels aller beteiligten Faktoren. Damit vermittelt es eine ungewohnte, aber zum Weiterdenken anregende Sicht auf Entwicklungsphänomene.

▶ **www.kohlhammer.de**

W. Kohlhammer GmbH · 70549 Stuttgart
Tel. 0711/7863 - 7280 · Fax 0711/7863 - 8430

2010. 371 Seiten mit 35 Abb. und
38 Tab. Fester Einband
€ 48,–
ISBN 978-3-17-019290-4

Hans-Christoph Steinhausen/Aribert Rothenberger
Manfred Döpfner (Hrsg.)

Handbuch ADHS

Grundlagen, Klinik, Therapie und Verlauf der Aufmerksamkeitsdefizit-Hyperaktivitätsstörung

Mit diesem Handbuch wird eine umfassende Darstellung aller bedeutsamen Aspekte von ADHS vorgelegt, um den verschiedenen Perspektiven dieser Störung über die Lebensspanne gerecht zu werden und die Qualitätssicherung bei der Versorgung der Betroffenen zu unterstützen. Die Beiträge basieren auf den umfangreichen Kenntnissen der Herausgeber sowie weiterer führenderer Experten in Forschung, klinischer Praxis und evidenzbasierter Medizin. Vermittelt werden u. a. Grundlagen zur Definition, Klassifikation und Epidemiologie, Forschungserkenntnisse zu den Ursachen sowie differenzierte Darstellungen der vielfältigen Aspekte von Klinik, Untersuchung, Therapie und Verlauf von ADHS.

▶ www.kohlhammer.de

W. Kohlhammer GmbH · 70549 Stuttgart
Tel. 0711/7863 - 7280 · Fax 0711/7863 - 8430